한국형 저널리즘 모델

한국형 저널리즘 모델

| 한국 저널리즘 선진화를 위한 성찰 |

이재경 지음

| 머리말 |

한국 저널리즘의 위기가 심각하다. 미국 등 선진국 상황보다 위기의 성격이 훨씬 다중적이다. 미국 저널리즘의 위기는 비즈니스 모델이 무너진 것이 핵심 원인이다. 『저널리즘의 기본원칙』을 쓴 톰 로젠스틸(Tom Rosenstiel)의 진단이다. 로젠스틸은 인터넷과 스마트폰으로 대표되는 디지털 혁명이 저널리즘의 중추였던 신문 산업을 무너트리는 것이 미국 저널리즘 위기의 본질이라고 말했다.

한국의 상황은 몇 배는 더 심각하다. 인쇄 매체들의 쇄락도 문제지만, 근본적으로 저널리즘 자체의 소멸이, 또는 변질이 걱정되기 때문이다.

이 책은 한국 저널리즘의 위기가 더 깊은 원인을 저널리즘 제도의 차이, 또는 한국 저널리즘 제도의 특수한 조건들에서 찾는다. 그래서 비교언론학(Comparative journalism studies)적 관점을 토대로 한다. 다시 말해서 한 사회의 저널리즘 제도는 그 사회의 특수한 역사, 정치, 문화적 조건들이 상호 작용하며 형성된다는 기본 관점을 유지한다. 이는 어느 사회나 저널리즘의 존재 양식은 비슷할 것이라는 보편주의적 가정을 거부한다는 의미다.

단순하게 말하면, 한국 저널리즘 현실은 미국과 다르고, 일본의 상황과도 많이 다르다. 따라서 위기의 성격도 다를 수밖에 없다. 이러한 근본적인 차이를 인정하지 않으면, 한국 현실의 개선에 대한 논의는 공허할 수 밖에 없다.

이 책은 저널리즘 제도의 핵심 요소를 3개로 정리했다. 첫째는 기사에 대한 관행화된 생각, 둘째는 기자가 채용되고 일하는 방식, 마지막은 사회가 공유하는 저널리즘 철학이다.

미국 언론학자 제임스 캐리(James Carey)의 말을 빌리면, 저널리즘은 민주주의라는 정치 제도의 주춧돌이다. 제대로 된 저널리즘 없이는 주권을 행사할 수 있는 시민이 존재할 수 없다. 물론 완벽한 저널리즘 제도는 없다. 완전한 민주주의가 있을 수 없는 것과 같은 이유다. 그러나 더 좋은 저널리즘 제도는 항상 가능하다. 시민이 소비하는 기사의 품질을 높이고, 기사를 만들어내는 기자의 일하는 조건을 개선하는 일은 다시 건강한 민주 시민과 강력하게 작동하는 민주주의를 가능하게 하기 때문이다.

이 책은 저널리즘 제도는 개선이 가능하다는 전제에서 썼다. 제도 개선에 필요한 선결 과제는 당연히 현재 작동하는 제도의 구조적 문제들을 정확히 인식하는 일이다. 그 다음 과제는 이러한 문제에 대한 생각을 폭넓게 사회적으로 공유하는 일이다. 이 책이 이러한 선순환의 단초가 되기를 희망한다.

이 책에서는 한두 장을 제외하고는 언론이라는 우리 용어보다 저널리즘이라는 외래어를 중심 개념으로 사용한다. 그 이유는 언론이라는 용어가 포괄하는 범위가 너무 넓어, 논의의 핵심을 흐리기 때문이다. 특히 언론인이라는 표현은 디지털 혁명 이후 기자와 논설위원, 발행인 등 전통적인 저널리스트 외에도 아나운서와 토론 사회자, 사이버 논객, 정체불명의 블로거 등 너무 다양한 사람들이 스스로를 부르는 이름으로 개념이 확장돼, 이 책이 주목하는 현상의 범위를 크게 벗어난다.

독자로, 시청자로, 현장에서 일하는 기자로, 그리고 공부하는 관찰자로 한국 저널리즘과 인연을 맺은 지 40년에 이른다. 지난 20년 동안 많은 학생들을 현장 기자로 보내왔다. 이 책은 그러한 여정을 거치며 단단해진 생각들을 정리한 결과물이다. 함께 공부하고 고민해준 학생들과 동료 연구자들, 그리고 이 책에 포함된 여러 논문을 위해 기꺼이 연구 파트너가 되어준 현장 기자들과 원로 기자들에게 감사한다.

이화여대출판부와 책을 함께 만드는 두 번째 경험을 하며 다시금 신뢰가 더해진다. 책의 수준을 높이기 위해 어느 것 하나 놓치지 않는 편집팀의 노력에도 깊이 감사한다.

이재경(이화여자대학교 언론홍보영상학부)

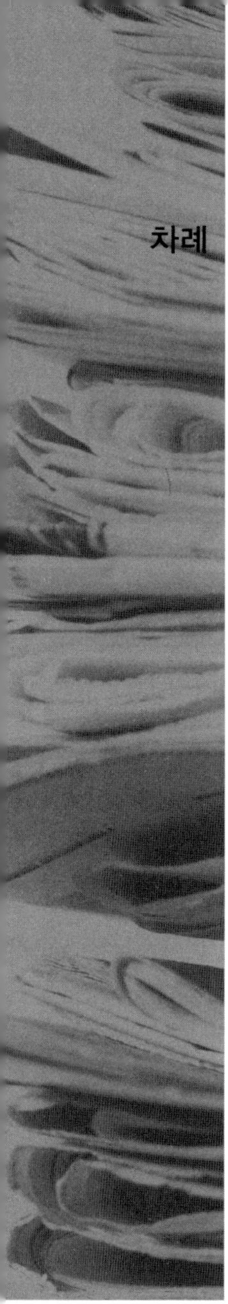

차례

1부

한국형 저널리즘 모델의 한계

1장

한국형 저널리즘 모델의 핵심 요소

1. 악화하는 저널리즘 환경

"윌리엄 워즈워스(William Wordsworth)와 존 키츠(John Keats)의 시를 읽는 사람 수는 뉴욕 타임스 1면에 게재된 어느 기자의 기사를 읽는 독자 수를 도저히 따라갈 수 없다."

미국 컬럼비아대학교 저널리즘 스쿨에서 가르치던 제임스 캐리 교수가 한 말이다. 그는 낭만주의 영시를 대표하는 시인과 신문기자의 글을 대비시켜 기사의 영향력, 신문의 힘을 강조했다. 1980년대 얘기다. 그랬던 캐리 교수가 2000년대 초에는 "커뮤니케이션 산업은 거대해지는데, 저널리즘은 사라져간다"고 걱정했다(코바치와 로젠스틸, 2009). 20여 년 사이 미국 신문 산업이 급격히 쇠퇴했다는 뜻이다.

2008년부터 금융위기를 겪으며 이 추세는 더 빨라졌다. 2009년 발표된 레너드 다우니 2세(Leonard Downie, Jr)와 마이클 셔츤(Michael Schudson) 교수의 보고서 「미국 저널리즘의 재건The Reconstruction of American Journalism」(Downie, Jr. & Schudson, 2009)을 보면, 대부분 주요

신문의 편집국은 그 규모가 절반 수준으로 축소됐다. 심한 곳은 취재 인력이 60%나 줄었고, 파산을 선언하는 신문사는 계속 늘어나는 추세다.

핵심 원인은 인터넷이다. 야후, 구글, 페이스북 등 인터넷 매체들이 신문의 사업 기반을 차례로 무너트려왔다. '저널리즘을 염려하는 언론인 위원회'(Committee of Concerned Journalists, 이하 CCJ)를 주도하는 톰 로젠스틸은 전통적 종이 신문의 사업 모델(business model)의 수명이 다해간다고 진단한다. 그는 현실적 대안이 없으면 신문이 계속 살아 있기 어렵다고 예상했다.

2010년 4월 퓨(Pew)연구센터가 조사한 자료를 보면, 미국 전역의 신문 편집국장들과 방송사 보도국장들 가운데 자신들의 회사가 10년 후에도 존속하리라고 믿는 사람은 50%가 안 됐다. 30% 정도는 5년을 버티는 일도 쉽지 않다는 의견을 갖고 있는 것으로 조사됐다(News Leaders and the Future, 2010). 이러한 현실을 반영하듯이, 다우니 2세와 셔츤 교수는 그들의 보고서를 "미국 신문은 격변의 시기를 맞고 있다"는 문장으로 시작한다.

그나마 다행인 점은 미국 내에는 다양한 현실 진단이 끊임없이 진행되고, 신문과 저널리즘의 위기를 타개하기 위한 해결책도 다각도로 모색되고 있다는 사실이다. 1990년대 중반 '저널리즘을 염려하는 언론인 위원회' 출범, 2001년 『저널리즘의 기본원칙』 출판, 2004년 저널리즘 사이트(www.journalism.org) 개설 등은 이러한 노력이 만들어낸 구체적인 결실들이다.

2008년 설립된 '프로퍼블리카(Propublica)'라는 탐사보도 전문 매체는 신문의 쇠퇴로 권력 감시 기능이 약화되는 상황을 우려한 대응책이었다. 이 매체는 불과 30여 명의 취재 인력으로 벌써 퓰리처상을 두 차례나 수상했다. 퓰리처상위원회는 이러한 매체를 고려해 심사 규정을 바꿔 인터넷 매체도 수상 대상에 포함시켰다. 2008년 금융위기 이후, 미국 각 주요 도시에서는 프로퍼블리카와 비슷한 비영리 인터넷 매체가 급격히 느는 추세다. 약해지는 저널리즘의 사회 감시, 권력 감시 기능을 보완하려는 움직임이다.

한국의 현실

한국 신문의 상황은 훨씬 더 어렵다. 한국은 지난 10여 년 사이 금융위기를 두 차례나 겪었다. 그동안 신문사의 매출은 줄거나 제자리걸음을 했다. 반면에 네이버와 다음 등 인터넷 매체는 비약적 성장을 지속했다. 또 민주화의 부작용에 따른 극심한 정파주의 확산으로 신문은 뉴스의 전달보다 이념 대결의 선봉 역할에 매몰돼왔다. 세계 최고 수준의 인터넷 인프라는 역설적으로 가장 강력하게 한국 신문 산업의 존립을 위협하는 형국이다.

그러다 보니, 신문의 경영 환경은 악화일로다. 또 뉴스의 품질과 기자들의 근무 환경은 지속적으로 나빠질 수밖에 없는 구조다. 더욱 안타까운 점은 한국에는 미국의 경우처럼 급변하는 미디어 환경에서 우리 사회가 반드시 지켜내야 할 저널리즘의 가치는 무엇이고, 그렇게 하려면 기자와 미디어 경영자를 포함한 사회 구성원들은 무엇을 해야 하는가를 조사하고 대안을 강구하는 기자들의 노력이 조직화하지 못했다는 사실이다. 다급한 경영 현실과 대화가 불가능한 저널리즘의 정파화가 중심 원인으로 판단된다.

2. 저널리즘 모델의 핵심 요소

이 책은 이러한 한국 저널리즘의 현실에 대한 진단서다. 이 책은 저널리즘의 현실을 크게 3가지 부문으로 나눠서 한국 저널리즘의 구조적 문제를 분석한다. 이 책에서 다루는 분야는 첫째, 기사 부문, 둘째, 기자 부문, 셋째, 저널리즘 철학 부문이다. 필자는 이 3분야의 문제는 서로 긴밀하게 관계를 맺고 있다고 믿는다. 그리고 이 3분야에서 구조화한 특성들이 모여서 '한국형 저널리즘 모델'을 형성한다고 생각한다.

따라서 이 책에서 분석하는 '한국형 저널리즘 모델'은 최근 몇 년의 단기간에 만들어진 결과물이 아니다. 적어도 수십 년에 걸친 집단적인 경험과 제도적 진화 작업이 축적돼 형성된 관행의 결합체다. 그렇기 때문에 현장에서 일하는 기자들이나 편집자들, 경영자들은 문제 자체를 인식하지 못할 수도 있다. 이미 문제를 제기할 필요를 느끼지 못할 정도로 체질화된 집단 문화로 뿌리내렸기 때문이다. 사회 전체가 공유하는 저널리즘 철학의 문제도 마찬가지다. 대통령을 비롯한 정치 지도자들이나, 고위 공직자들, 대기업 총수들이 저널리즘과 뉴스를 대하는 지극히 도구주의적인 자세는 우리 사회가 공유하는 그릇된 저널리즘 철학이 바탕에 깔려 있기 때문이다. 결국 저널리즘이 독자의 신뢰를 회복하려면, 한국형 저널리즘 모델을 이루는 근본 요소들이 개선되어야 한다는 것이 이 책의 핵심 주장이다. 물론 기자와 언론사의 노력이 가장 중요하다. 그러나 저널리즘 생태계를 구성하는 취재원과 광고주, 독자 등 사회 전체 구성원의 참여 또한 반드시 필요하다.

3. 기사의 문제

한국형 저널리즘 모델을 구성하는 3가지 주요 요소 가운데 가장 중요한 것은 기사다. 기사는 뉴스를 담는 그릇이고, 독자에게 뉴스를 전하는 매개체이기 때문이다. 다시 말하면 기사는 신문과 방송사가 소비자인 독자를 위해 생산하는 상품이다. 기사가 중요한 이유는 이 상품의 상업적 가치가 아니라 공공적 가치 때문이다. 기사는 민주 사회에서 주권자인 시민이 정부의 일과 세상의 일들이 어떻게 돌아가고 있는지를 알게 해주는 역할을 담당한다. 시민은 기사를 통해 얻는 정보와 지식을 바탕으로 자신의 정치적 의사를 결정하고, 그 결정을 투표 행위를 통해 표현한다. 이러한 이유로 『저널리즘의 기본원칙』에서 저자들은 저널리즘이 존재하는 가장 중요한 이유는 "시민을 자유롭게 하고 시민이 스스로를 다스릴 수 있도록 정보를 제공하는 것"이라고 말했다(코바치와 로젠스틸, 2009). 그러나 기사는 모두 같은 가치를 갖지는 않는다. 어떤 기사는 시민을 현명하게 만들고, 어떤 기사는 시민을 오도한다. 어떤 기사는 사실을 정확하게 전하고, 어떤 기사는 온전하지 않은 부분적 사실이나 정치적으로 계산된 오염된 사실을 전달하기도 한다.

기사의 품질

좋은 기사와 나쁜 기사는, 다른 상품과 마찬가지로, 그 품질에서 분명한 차이를 드러낸다. 기사의 품질을 결정하는 기준은 크게 2가지로 나누어볼 수 있다. 하나는 기사에 사용되는 재료의 수준이고, 다른 하나는 재료를 사용해 기사를 생산해내는 과정의 엄밀성이다.

이 책은 2부에서 한국형 기사의 문제를 다룬다. 한국 신문 방송사들이 만들어내는 기사의 집단적 특징을 분석한다. 기사의 핵심 재료인 취재원이 어떻게 다루어지는지, 그리고 기사가 만들어지는 과정이 얼마나 엄밀한 검증 절차를 거치는지에 주목해 한국형 기사의 구조적 한계와 거기서 파생하는 문제점도 제시한다.

4. 기자의 문제

2012년 총선거와 대통령 선거에서는 정치에 뛰어드는 기자들 이야기가 많이 보도됐다. 50세도 안 된 전직 기자들이 각 지역에서 여당과 야당의 공천을 받아 국회의원이 되기 위해 뛰어다녔다. 이러한 상황은 선거 때마다 되풀이되는 현상이다. 다음 글은 40여 년 전 천관우 선생이 샘터에 기고한 칼럼이다. 「보람 있게 사는 길」이란 제목으로 의원직과 기자직에 대한 그의 소회를 표현했다.

"이젠 국회의원이나 한번 나가보지." — 고향 친구들을 만나면 이런 말을 가끔 듣는다. 신문 잡지에 더러 이름이 오르고 하니까, 소위 유명인 축에 끼워주느라고 하는 것인지도 모른다. "신문기자나 제대로 해보아야 하겠는데, 그것도 쉽지 않네그려." — 건성으로 이렇게 대답을 하곤 하지만, 이런 말을 들을 때마다 씁쓰름한 느낌을 가누는 데 한참이 걸린다. 나에게 국회의원 될 역량도 포부도 없는 것은 내가 잘 안다. 그러나 아무튼 국회의원 해보라는 기대라도 걸어주는 옛정이 고맙고, 또 그 친구들 말이 뻔히 '지나가는 말'인 줄 알면서도 듣기에 과히 거슬리지 않다가, 다음 순간에는 좀 씁쓸해지는 것이다. — 신문기자는 아무래도 국회의원만 못한 것이로구나, 국회의원 하는 분들이 이 글을 읽으면 허허 하고 웃을 것이고 또 웃어주어야 할 일이지만, 신문기자를 앞에 놓고 그 국회의원 한번 나가보라니, 이건 신문기자를 무얼로 알고 하는 말인지 모르겠다는 생각이 어느 구석인가에 있기에 씁쓸해지는 것일 것이다(『샘터』, 1970. 6., 「천관우 산문선」, 심설당).

국회의원이 되기 위해 뛰는 기자들도 많지만 여전히 천관우 선생처럼 기자를 천직으로 애쓰는 사람도 많다. 안타까운 사실은 한국 언론계에서는 환갑 너머까지 글 쓰는 현장을 지키는 일이 거의 불가능하다는 점이다. 한국 기자의 정년은 대체로 55세 전후다. 그러나 현실은 더 어렵다. 55세 되기 전에 회사를 떠나거나 정년을 채우더라도 기자가 아닌 다른 일을 하는 경우가 많다.

문제는 한국식 기자 제도다. 기자 제도는 처음 신입 기자로 채용되는 방법에서부터 회사에 들어가 경력을 축적하는 과정, 정년을 마치고 회사를 떠나는 전체 과정을 포괄하는 개념이다. 이를 한국식 기자 제도라고 하는 이유는 한국에 있는 대부분의 신문사, 통신사, 방송사에서 지극히 유사한 인사, 경력 관리 제도를 유지하고 있기 때문이다.

한국식 기자 제도의 특징을 압축해보면, 시험을 통한 신입 기자 공채, 기수를 토대로 한 순환 보직 체제, 정년 제도에 따른 기자 생활의 종료 등으로 요약할 수 있다. 물론 경력 기자 수시 채용과 인턴제 실시 등 인력 운용 체제에 변화는 있었다. 그러나 주류 기자의 채용과 퇴직은 여전히 기존 제도의 골간을 유지하고 있다. 이 제도는 우수한 인력을 차별 없이 뽑을 수 있는 장점을 유지해왔다. 회사 입장에서는 효율적으로 인력을 운용하다 한꺼번에 퇴사시킬 수 있는 장점이 있고, 기자들에게는 경력 관리 측면에서 상당히 평등권이 보장되는 제도였다. 이 제도는 여러 사람에게 기회가 고르게 분배되는 장점은 있지만 개인의 특출한 능력을 지속적으로 발휘할 수 있는 공간은 인정하지 않는다. 그렇기 때문에 문화부장을 5~10년 하거나, 도쿄 특파원을 10년씩 하는 일은 있을 수가 없다. 편집국장도 2년을 넘게 하는 경우는 지극히 예외적인 사례에 속한다. 다시 말하면, 한국식 기자 제도는 전문성과 경륜을 갖춘 기자를 배출하는 데 실패했다. 회전식 인사와 조기 정년퇴직제 때문이다. 물론 환경, 의학 등 분야에서 전문기자제가 시도되고는 있으나 아직 정년의 벽을 허물지는 못한다.

1970년대 워터케이트 사건 보도를 지휘했던 워싱턴 포스트의 벤 브래들리(Ben Bradlee) 편집국장은 1965년 국장에 취임해 1990년대 초까지

30년 가까이 이 신문의 편집을 지휘했다. 기자에 관한 인사권과 지면에 대한 편집권을 거의 제한받지 않고 행사하다가 1995년 부사장으로 물러나며 그 권한을 후배에게 넘겼다. 한국식 체제에서는 상상할 수 없는 일이다. 브래들리가 지휘하는 동안 워싱턴 포스트는 2류 신문에서 초일류 신문으로 탈바꿈한다. 같은 신문의 정치 전문 기자였던 데이비드 브로더(David Broder)는 다른 곳에서 14년 경력을 쌓은 뒤 1967년에 워싱턴 포스트로 스카우트된다. 그 뒤로 그는 2009년까지 42년을 오로지 정치 문제만 보도했다. 1972년 워터게이트 보도의 주역인 밥 우드워드(Bob Woodward) 기자는 현재까지도 이 신문에서 탐사보도 담당 부국장으로 역시 40여 년을 한길만 파고 있다. 이들은 모두 미국 전역에서, 아니 전 세계적으로 자신의 분야를 상징하는 대표 기자로 인정받는다. 평등주의와 회전식 인사 제도, 정년 제도를 갖고는 얻어낼 수 없는 성과물이다.

최근의 예로는 뉴욕 타임스의 빌 켈러(Bill Keller) 기자가 있다. 그는 2003년 제이슨 블레어(Jason Blair) 사건이 나자 사태 수습을 위해 편집인으로 임명됐다. 그 뒤로 2012년 말 칼럼리스트로 물러나기까지 8년을 뉴욕 타임스 책임편집자로 일했다. 켈러는 이 기간 동안 뉴욕 타임스의 지면과 취재 인력에 대한 강력한 권한을 유지했다. 요즘처럼 급변하는 세태에도 한 사람에게 8년씩 세계 최고 신문 편집의 지휘봉을 맡기는 건 역시 한국식 기자 제도에서는 생각할 수 없는 일이다.

경륜과 전문적 식견을 갖춘 기자를 배출하지 못하니, 신문에 대한 존경과 신뢰도 유지되기 어렵다. 그러다 보니, 신문을 상징하는 인물은 점차 기자에서 사주와 경영진으로 바뀌어간다. 퇴직을 앞둔 기자들이 계속 정치와 재벌에 줄을 대야 하는 한국적 기자 제도의 결함은 근본적인 해결책을 필요로 한다. 더 늦기 전에 기자 교육과 채용, 경력 관리 체제 전반에 대한 혁신이 이루어져야 신문이 사회 다른 분야에 뒤쳐지는 상황을 극복할 수 있다.

기자의 문제는 이 책의 3부에서 다룬다. 여기서는 한국 저널리즘 현실에 지속적으로 영향을 미쳐온 미국과 일본의 기자 제도 틀에 견주어 한국의 현실을 조명하고, 기자 양성의 기초가 되는 교육 제도 문제도 제시한다.

5. 저널리즘 철학의 문제

앞에서 얘기한 기사와 기자 문제는 그 뿌리를 추적해보면 결국 철학의 문제로 귀결된다. 이 책에서는 기자에게 정보를 제공하는 취재원, 기자를 고용해 신문을 발행하는 경영주, 그리고 생계를 유지하기 위해 기사를 생산하는 기자 등 저널리즘 생태계의 직접적인 행위 주체들뿐 아니라 신문을 구독하는 일반 시민들까지 함께 공유하는 저널리즘의 가치를 저널리즘 철학이라고 정의한다. 다시 말하면, 여기서 얘기하는 저널리즘 철학은 서양의 민주주의 교과서에 나오는 개념이 아니라, 오늘 한국 사회가 함께 이해하고 실천하는 저널리즘에 대한 상식화된 생각이다.

필자가 관찰하기에, 우리 사회에서 가장 폭넓게 통용되는 저널리즘 철학은 '도구주의적 언론관'이다. 정계, 관계, 경제계, 각종 사회 단체, 그리고 언론계와 기자들까지 모두 도구주의적 저널리즘 철학을 일상화하고 있다. 이는 진보적 대통령이나 보수적 대통령이나 민주화 이후 취임한 모든 대통령과 그 주변 사람들이 예외 없이 유지했던 언론관이다. 조금 더 확장해서 말하면, 정치하는 사람들은 여당이든 야당이든 관계없이 신문을 홍보 도구로, 기자를 메신저로 생각한다는 뜻이다. 1980년대 5공화국 시대부터, 청와대가 공영 방송과 관변 매체를 관리하는 방식은 철저하게 이러한 인식을 바탕에 깔고 있다. 노무현 정부가 그랬고, 이명박 정부도 그렇다. 따라서 시민의 알 권리와 언론이 권력을 감시할 수 있는 기능, 또는 민주적 공론장으로서의 언론의 기능을 인정하고 격려하는 언론 정책은 한국의 정치 지도자들로부터는 기대하기가 어렵다. 최근 로버트 게이츠, 미국의 전직 국방장관이 미국 공무원 교육 기관에서 공직자들은 "정책에 비판적인 기사를 껄끄럽게 여기지 말고, 자신의 업무를 도와주는 선물이라고 생각하라"고 한 충고는 그런 의미에서 되새길 가치가 크다.

경제계의 도구주의적 저널리즘 철학은 어찌 보면 자연스런 일이다. 기업이 상품을 홍보하고, 회사와 경영진의 이미지를 보호하는 일은 고유한 권한이기도 하기 때문이다. 그러나 그러한 목적을 위해 취재를 제약하고 편집 과정에 부당한 압력을 행사하는 일은 바람직한 저널리즘 생태계의 모습은 아니다.

기자와 신문 경영자의 도구적 언론관 또한 자주 그 모습을 드러낸다. 이는 권력의 문제와 맞물려 있으면서, 사실은 더욱 심각하게 신문의 신뢰 기반을 무너뜨리는 요소다. 가장 눈에 띄는 경우는 역시 기자가 국회의원 후보로 공천을 받거나, 정부 고위직으로 옮겨가는 사례들이다. 사람마다 모두 사정이 다르고 동기가 다르겠지만, 상당수는 언론사 경력을 밑거름으로 출세를 지향하는 사람들임을 부정하기 어렵다. 그들은 기자를 하는 동안에도 상당히 긴 시간을 자신의 정치적 미래를 위한 준비에 투자했을 것으로 판단된다. 그 과정이 단순하게 친분을 유지하는 수준이었을 수도 있지만, 경우에 따라서는 그가 쓰는 기사의 내용에도 영향을 미쳤을 수도 있다. 정년퇴직 후, 대통령 후보 캠프에 합류해 자신이 근무했던 언론사에 영향력을 행사하는 일도 똑같이 도구주의적 언론관이 기자에 의해 드러나는 사례들이다.

기업과 신문의 특수 관계, 광고를 매개로 한 기사 거래 등은 신문 경영 차원의 도구주의라 할 수 있다. 민주화 이후 극심해진 신문의 정파성도 도구주의 말고는 설명이 어렵다. 그렇지 않고서야 어떻게 사실을 자신들의 정파적 입장에 맞추어 선택적으로 보도할 수가 있는가. 국민의 알 권리나 사건의 진실을 철저하게 추구하려는 원칙이 존중되는 매체에서는 일어날 수 없는 일이다.

> 언론사가 매스미디어를 특정한 목적을 위한 수단으로 삼는 상황에서는 객관주의가 뿌리내릴 수 없다. 언론사가 그때 그때 목적을 달리해가며 매스미디어를 전략적으로 이용하려 할 경우 객관 보도를 외면하고 사실을 왜곡하게 마련이기 때문이다(김민환, 2007, p.133).

한국 신문에서 객관주의적 보도 자세가 자리 잡지 못한 과정을 역사적으로 분석한 김민환 교수가 결론에서 밝힌 말이다. 그에 따르면, 한국 언론은 식민 지배와 권위적 정권, 또 산업화를 위한 압축 성장과 민주화 투쟁 과정 등을 거치며, 한 번도 제대로 객관주의적 저널리즘 철학을 정착시키지 못했다. 오늘날 인터넷 시대에 한국 신문업계가 서구 선진국들보다 더 극심한 혼란을 겪는 바탕에는 이러한 역사적 배경이 자리한다는 뜻이다. 돌아보면, 한국 사회는 지난 100여 년, 격동의 현대사를 지나오며, 차분하게 저널리즘의 의미를 새기고, 우리에 적합한 실천철학을 형성할 여유가 없었다. 이는 민주주의 철학이나 제도가 여전히 한국 사회에 제대로 뿌리내리지 못하는 현실과도 궤를 같이한다.

저널리즘 철학의 문제는 4부에서 다룬다. 한국 저널리즘 현실을 규정해온 도구적 언론관의 역사적 배경과 자유로운 저널리즘이 가능하려면 어떠한 철학적 기반이 필요한지 등이 여기서 제시된다.

참고문헌

김민환(2007). "한국 언론과 객관주의 보도원칙." 임상원 외. 『민주화 이후의 한국 언론』. 101~138. 서울: 나남

박재영(2006). "뉴스 평가지수 개발을 위한 신문 1면 머리기사 분석." 『한국의 뉴스 미디어 2006』. 147~220. 서울: 한국언론재단.

빌 코바치 · 톰 로젠스틸(2009). 『저널리즘의 기본원칙』(개정판). 이재경 옮김. 서울: 한국언론재단.

이재경(2003). "언론인 인식을 통한 한국 사회와 언론 자유의 조건 연구." 『한국언론학보』 47(2): 54~77.

______(2006). "한국 언론 취재원 사용 보고서." 『이화여대 언론홍보영상학부 보고서』.

______(2006). "한 · 미 신문의 대통령 취재관행 비교: 조선일보와 뉴욕 타임스." 『언론과 사회』 14(4): 37~69.

______(2007). "한국 언론과 글로벌 스탠더드." 임상원 외. 『민주화 이후의 한국 언론』. 183~232. 서울: 나남.

______(2007). "한국 언론의 사상적 토대." 『커뮤니케이션 과학』 24: 1~24.

천관우(1970). "보람 있게 사는 길." 『샘터』 1970년 6월호.

Downie, Jr. L. & Schudson, M.(2009). "The Reconstruction of American Journalism."(Columbia Journalism School Website).

News Leaders and the Future(2010). "A Project for Excellence in Journalism Report."(www.journalism.org).

2장

저널리즘의 패러다임 변화*

: 한국 저널리즘의 낡은 패러다임

1. 저널리즘 현실을 보는 시각

> 뉴스원이 분명치 않고, 확인되지 않은 소문은 뉴스가 아니다. 아니면 말고식의 무책임한 형태는 절대로 저널리즘이 될 수 없다. 그런데도 이런 풍토가 마치 시대의 흐름인 것처럼 일상화되어가고 있다. 사회의 목탁이란 말은 꺼낼 수도 없고, 모든 언론인이 무관의 제왕은 고사하고 시정잡배 취급도 제대로 받지 못할 판국이 되었다. 자유가 범람하면서 맞게 된 이 난장판의 모습을 우리는 어떻게 해석하고 대응해야 하는가? (최서영, 2009)

한 은퇴 기자가 관훈저널에 기고한 글의 일부다. 그는 한국 저널리즘의 현실을 "난장판"이라 부르고, 기자는 "시정잡배" 대접도 받지 못할 처지라고 개탄했다. 성장하는 미디어 산업과 발전하는 디지털 기술보다 추락하

* 이 글은 "한국 신문 저널리즘의 성찰 및 미래 전략"를 주제로 열린 한국언론학회 세미나(2010년 3월 11일, 프레스센터 국제회의장)에서 발표한 "저널리즘의 패러다임 변화: 한국 저널리즘의 새로운 패러다임을 위한 제언"과 같다.

는 한국 저널리즘의 수준과 상대적으로 축소된 기자들의 위상에 주목한 평가다.

2009년 11월 26일 관훈클럽이 개최한 "언론계 갈등 극복 대안 찾기" 토론회에서 남시욱은 한국 언론계가 반목하고 갈등하는 현실에 대해 다음과 같이 진단했다.

> 한국 언론계가 이렇게 된 데는 외부적 환경 요인과 내부적 요인이 있다. 앞서 언급한 우리 사회의 격렬한 이념 대립과 정치적 분열이 외부적 환경 요인이라면, 언론사의 자사이기주의와 언론인들의 정치 오염과 직업윤리 및 직무수행능력 저하가 내부 요인이라 할 것이다(남시욱, 2009).

대단히 신랄한 현실 진단이다. 특히 내부 요인으로 꼽은 내용들은 4가지 모두 현장 기자들에게 심각한 반성을 촉구하는 내용이다.

전직 기자인 소설가 김훈의 진단도 가혹하기는 마찬가지다.

> 요즘 신문, 저널 읽기가 고통스럽고 목이 멘다. (……) 현재 우리 사회의 지배적 담론들은 사실과 의견을 구분할 줄 모르는데, 그것은 자신의 당파성이 정의라고 믿기 때문이다(박선희, 2008).

김훈이 한 포럼에서 한 강연 내용의 일부다. 그는 같은 강연에서 한국 저널리즘 현실을 비판하며 "우리 시대 언어의 모습은 돌처럼 굳어지고 완강해 무기를 닮아가고 있다"고도 말했고, 글 쓰는 이들이 "의견을 사실처럼 말하고, 사실을 의견처럼 말하기 때문에 언어가 소통이 아니라 단절로 이르게 된다"고도 했다(김태훈, 2008).

다행인지 모르겠으나, 저널리즘 현실에 대한 이러한 진단은 한국만의 상황은 아니다. 수정헌법 1조 등 가장 선진적 저널리즘 제도를 갖고 있는 미국에서도 저널리즘 학자와 현장 기자들이 이미 10여 년 전부터 거의 비슷한 관점의 진단을 제시했다. 1997년 6월 하버드대학교 교수 클럽에 미국의 저명 언론인과 학자 25명이 모였다. 이들은 미국 저널리즘의 변질과 타락을 걱정했다. 더 나가 저널리즘의 소멸을 두려워했다. 저널리즘이 10년 후에도 살아남아 있을까? 남아 있다면 어떤 모습일까? 그들은 오래 전부터 자신들의 직업과 관련해 무언가가 심각하게 잘못됐다고 느꼈다. 동료들이 생산하는 신문과 방송 기사들 가운데, 저널리즘이라고 인정하고 싶은 기사가 적은 것이 문제였다. "편집국 안에서 우리는 더 이상 저널리즘에 대해 말하지 않는다." 그날 모임에서 당시 필라델피아 인콰이어러 신문의 편집인이었던 맥스웰 킹(Maxwell King) 씨가 한 말이다(Kovach & Rosenstiel, 2007, p.3).

컬럼비아대학교 저널리즘 스쿨의 제임스 캐리 교수는 좀 더 종합적인 관찰을 제시하며, 그날 모임에 참석한 사람들이 해야 할 일을 제시했다.

> 문제는 점점 더 거대해지는 커뮤니케이션 산업의 영역 안에서, 저널리즘이 사라지는 현실을 여러분이 보고 있다는 점이다. 여러분이 하고 싶어 하는 일은 그 거대한 커뮤니케이션의 세계에서 저널리즘을 다시 살려내는 일이다 (Kovach & Rosenstiel, 2007, p.3).

이들은 이 모임을 통해 '저널리즘을 염려하는 언론인 위원회'를 결성한다. 그러고는 미국 저널리즘 현실에 대한 정밀 진단에 착수한다.

돌아보면 1990년대 중반부터 저널리즘의 패러다임은 혁명적 변화를 겪어왔다. 이 변화는 저널리즘의 글쓰기 방식에서부터 뉴스의 생산 방식과 전달 매체, 언론사의 경영 구조, 심지어는 독자와 시청자의 성격에 이르기까지 저널리즘의 모든 요소를 포함한다. 이러한 저널리즘 패러다임의 변화는 1990년대 중반에 시작돼 현재까지도 지속되는 것으로 판단된다. 앞으로 어느 정도 시간이 더 지나야 새로운 패러다임의 저널리즘 질서가 안정적으로 자리를 잡게 될지는 정확한 예측이 어렵다. 그러나 최근 진행되는 미국 미디어의 변화를 보면, 머지않은 장래에 어느 정도는 정리된 저널리즘의 새로운 패러다임이 자리 잡을 것으로 기대된다.

이 글은 이러한 관점에서 한국 저널리즘이 경험하고 있는 다양한 변화와 위기의 상황들을 패러다임 전환의 증상들로 규정한다. 이러한 규정을 토대로 이 글은 우선 미국 저널리즘의 패러다임 전환 추세를 정리했다. 그 다음 미국 경험과 대비해 패러다임 전환 과정에서 나타나는 한국 저널리즘의 특성을 저널리즘을 형성하는 주요 요소별로 정리했다. 이 글은 마지막으로, 이러한 논의를 바탕으로 한국 저널리즘이 추구해야 할 새로운 패러다임의 주요 가치들은 무엇인가를 제시한다.

2. 이 장의 접근법

이 장은 크게 2가지 자료에 의지해 논지를 전개한다. 하나는 문헌 자료들이고 두 번째 자료는 필자의 현실에 대한 경험과 관찰에서 얻어진 정리된 생각들이다. 문헌 자료는 크게 책과 연구 논문들, 다양한 전문지와 일간 신문들의 기사 등을 포함한다. 특히 미국의 저널리즘 패러다임 변화를 설명하는 부분은 코바치와 로젠스틸(Kovach & Rosenstiel)이 함께 쓴 『저널리즘의 기본 원칙The Elements of Journalism』(2007)의 개정판과 다우니 2세와 셔츤(Downie, Jr. & Schudson, 2009)이 공동으로 발표한 보고서인 「미국 저널리즘의 재건」이라는 자료를 중점적으로 활용했다. 미국 저널리즘 현실에 대한 논의는 이밖에 뉴욕 타임스 미디어 면에 실리는 기사들과 저널리즘 사이트(www.journalism.org)에 발표된 뉴스 미디어 현황 보고서(The State of the News Media Report)를 많이 참고했다.

한국의 저널리즘 현실에 대한 논의는 다양한 학술 논문과 연구 보고서, 전문지 기사 등을 자료로 한다. 지난 20여 년 동안 연구자가 저널리즘 현장을 대상으로 진행한 전문가로서의 관찰은 이 장에서 사용하는 2차 자료들의 의미를 체계화하는 일종의 분석틀로 활용했다.

3. 저널리즘의 주요 요소와 패러다임 변화

이 장에서는 모두 5가지를 저널리즘을 형성하는 주요 요소로 다룬다. 이들은 기사와 기자, 경영 주체(발행인), 뉴스의 전달 매체와 수용자를 포함한다.

기사는 뉴스를 담는 표현 양식이다. 글이나 소리가 중심이 되지만 텔레비전에서는 영상을 포함한다. 인쇄 매체에서 사진이 포함됨은 물론이다. 기자는 기사를 생산하는 사람이다. 전통적으로는 신문이나 방송·통신사에 고용된 전문직 종사자를 일컬었으나 인터넷 등장 이후 그러한 제한이 거의 무의미해졌다. 경영 주체는 신문이나 방송사를 경영하는 주체를 말한다. 기사에 관해 최종 결정 권한을 행사하는 주체라 할 수 있다. 기자의 채용과, 해임을 결정하는 행위자이기도 하다. 뉴스의 전달 매체는 신문, 라디오, 텔레비전, 인터넷, 휴대폰 등 뉴스를 수용자에게 전달하는 매체를 말한다. 수용자는 신문의 독자와 텔레비전 뉴스를 시청하는 사람 또는 인터넷을 통해 뉴스를 찾아 읽는 사람을 모두 포함한다.

저널리즘은 이들 5가지 요소가 함께 어우러져 만드는 뉴스의 생태계를 종합적으로 일컫는 말이다. 이들 5가지 요소 가운데 어느 하나라도 빠지게 되면 저널리즘 현상은 형성되기 어렵다. 또 이 가운데 어느 한 요소에 관해서라도 중요한 변화가 일어나면, 이는 예외 없이 다른 4가지 요소에 그에 상응하는 변화를 만들어 낸다. 5가지 요소는 기본 속성상 서로 상호 작용을 하게 된다는 뜻이다.

이 5가지 요소를 기능에 따라 분류하면, 기사는 상품 또는 생산물이라 할 수 있다. 그리고 경영 주체와 기자는 생산 기능을, 수용자는 소비 기능을 담당한다. 전달 매체는 생산자와 소비자를 연결시켜주는 역할을 수행하는데 기사라는 상품은 매체를 통해서 생산자로부터 소비자에게로 전달된다.

패러다임의 변화(Paradigm Shift)는, 한 시대를 지배하던 사고 체계 또는 연구 전통(research traditions)이 전혀 새로운 사고 체계(연구 전통)로 대체되는 변화를 말한다(Kuhn, 1962). 하버마스(1973)는 이러한 변화를 시스템 이론적 관점을 활용해 시스템의 조직 원리(organizing principles)가 바뀌는 상황이라고도 표현했다.

이 장에서 현재 저널리즘의 상황을 패러다임의 변화로 규정하는 이유는 한국뿐 아니라 전 세계의 저널리즘 생태계가 경험하는 변화가 단순히 1가지 요소의 변화로 그치지 않기 때문이다. 1920~30년대 라디오가 새로운 매체로 등장했을 때나 1950~60년대 텔레비전이 새로운 매체로 등장했을 때 신문을 비롯한 인쇄 매체들은 심각한 위협을 느꼈었다. 이러한 새로운 매체의 도전은 기존 매체의 위기로 규정되었고, 전통 매체들은 그러한 위기를 극복하기 위해 뉴 저널리즘이나 섹션 신문의 개발, 전문화 등 생존을 위한 전략을 개발해 자신의 터전을 지켜내며, 상당 부분 성장도 이루어낼 수 있었다. 탐사보도 기법도 이러한 노력의 결과였다. 다시 말해, 위기는 있었지만, 저널리즘은 오히려 더 다양해졌고, 공중과의 관계를 더 깊게 다질 수도 있었다는 뜻이다.

그러나 1990년대 중반부터 현재에 이르는 상황은 과거 전통 매체들의 위기와는 여러 면에서 근본적으로 다른 양상을 드러내왔다. 현재 진행되는 변화는 특정한 기업이나 매체의 실패가 아니라, 캐리 교수의 말처럼, 저널리즘 자체의 소멸을 가져올 수도 있기 때문이다. 따라서 이 글에서 현재 상황을 패러다임의 변화로 규정하는 이유는 이처럼 근본적으로 깊이와 폭이 다른 변화의 성격을 제대로 이해해야 하기 때문이다. 현재 진행되는 저널리즘의 변화를 매체 기술의 진화 때문에 벌어지는 또 하나의 지나가는 위기로 진단해서는 제대로 된 대응 방안을 제시하기가 어려워진다. 또 잘못된 처방을 고집하게 되면, 한국의 저널리즘은 돌이킬 수 없는 소멸의 길로 접어들 수도 있다.

4. 미국 저널리즘의 패러다임 변화 증상

미국 저널리즘에 근본적인 문제가 생겼다는 것을 먼저 느낀 사람들은 의식 있는 현장 기자들과 저널리즘 연구자들로, 1990년대 중반쯤이었다. 문제의 심각성을 느낀 기자들은 1997년 '저널리즘을 염려하는 언론인 위원회'(CCJ)를 결성한다. 그러고는 3년여에 걸친 전문가 포럼 개최와 100여 명의 저명 언론인을 대상으로 한 심층 인터뷰 등 연구 작업을 실시해 미국 저널리즘의 현실을 진단하는 작업을 수행한다. 이들은 이러한 노력을 통해 미국 저널리즘을 변화시키는 3개의 커다란 동력이 작용한다고 주장했다(Kovach & Rosenstiel, 2007, pp.63~67).

첫째는 인터넷으로 대표되는 과학 기술의 발전이다. 이들 주장에 따르면, 인터넷과 디지털 기술의 발전은 지역사회(Community)를 토대로 유지돼오던 언론사와 수용자의 관계를 근본적으로 변화시키기 시작했다. 다시 말하면, 공간적 조건이 지배하고 정치 공동체가 중심이던 과거 체제가 공간 제약을 넘어 상거래나 이익을 바탕으로 한 새로운 인터넷 공동체로 대체된다는 뜻이다.

두 번째 동력은 언론사의 거대기업화(Conglomeration)다. GE 사가 NBC를 사고, 디즈니 사가 ABC를 소유하는 사례들이 이 추세를 대표한다. 타임 사를 아메리카온라인(AOL)이 인수하는 것도 예외가 아니다. 문제는 이렇게 되면, 저널리즘 회사가 제조업, 금융업 또는 인터넷 기업의 자회사로 편입되는 구조에서 발생한다. 이들 거대 기업은 저널리즘을 가장 중요한 가치로 생각하지 않는다. 자신들 주력 기업의 이윤 확대가 최우선 과제이기 때문이다. 이러한 소유 구조에서 저널리즘은 어쩔 수 없이 모회사의 이익에 봉사하는 역할을 강요받게 된다.

CCJ가 제시하는 저널리즘 변화의 세 번째 동력은 세계화(globalization)이다. 이들에 따르면 세계화는 자본과 수용자 모두의 다국적화를 의미한다. 이러한 상황에서 뉴스는 특정한 국가나 민족만을 대상으로 생산되지 않는다. 다양한 시장에서 모두의 관심을 끌어야 하기 때문이다. 저널리즘이 세계화되면, CCJ 사람들이 제기하는 커다란 걱정은, 저널리즘의 전통적인 기능인 권력에 대한 감시견(watch dog) 역할을 수행할 가능성이 줄어드는 점이다. 이들이 지적하는 또 다른 문제는, 모든 나라 수용자가 관심을 가질 수 있는 명사(celebrity) 중심의 뉴스나 선정적 기사들을 주요 뉴스로 다루려는 언론사들의 상업주의 확산이다.

'저널리즘을 염려하는 언론인 위원회' 사람들은 이러한 구조적 원인들로 인해 미국 저널리즘의 수준이 심각하게 저하됐다고 진단한다. 이에 따라 그들은 저널리즘 현실에 대한 정기적인 진단을 제도화하고 기자들에 대한 순회 교육을 강화하는 한편 저널리즘의 기본 가치를 다시 정립하는 교재인 『저널리즘의 기본원칙』(2001)을 출판한다. 이 책에서 공동 저자인 코바치와 로젠스틸은 주관성이나 의견을 앞세우는 주장 저널리즘(journalism of assertion)이나 정파성을 드러내는 옹호 저널리즘(advocacy journalism), 여러 매체의 기사를 포털들이 모아서 전하는 집합의 저널리즘(journalism of aggregation) 등 새롭게 세력을 키워가는 저널리즘의 부정적 요소들의 폐해를 구체적으로 제시했다.

이 책이 출판된 지 3년 뒤인 2004년, 당시 L.A. 타임스의 편집인(executive editor)이었던 존 캐롤(John Carrol)은 미국 저널리즘의 문제를 다음과 같이 제시했다.

> 미국 전역에 걸쳐, 편집국을 꼭 빼닮은 사무실들이 발견된다. 그리고 이 사무실들에는 기자를 닮은 사람들이 일한다. 그러나 그들은 저널리즘에 종사하지 않는다. 그들이 하는 일은 저널리즘이 아니다. 왜냐하면 그들의 일은 독자를 — 방송의 경우는 시청자를 — 그들이 섬겨야 할 대상으로 생각하지 않기 때문이다. 반대로, 그들은 자신들의 수용자를 차가운 냉소주의로 대한다. 나는 이 영역을 사이비 저널리즘(pseudo-journalism)이라고 부르는데, 이곳에서 수용자는 이용당하는 대상이다. 그리고 수용자가 오도됐을 때, 사이비 편집국(pseudo-newsroom)에서 일하는 사람은 아무도 그 일에 대해 저항하지 않는다(Carrol, 2004).

이 장에서 캐롤이 겨냥한 대상은 주로 라디오 토크쇼들과 인터넷 매체들이었다. Fox TV 같은 정파적 매체들도 비판의 대상이었다. 그러나 이 무렵까지만 해도 저널리즘의 주류 언론사들이나 기자들이 심각한 타격을 받으리라고 예상하지는 않았다.

2008년 금융위기가 닥치면서 상황은 급격히 악화됐다. 인쇄 신문을 포기하고 인터넷으로만 뉴스를 전하는 신문이 속출하고, 전통 저널리즘의 중추적 존재인 취재와 편집 인력에 대한 감원 작업이 급격히 확산됐다. 2009년 이러한 저널리즘 현황을 조사했던 레너드 다우니 2세와 마이클 셔슨(Leonard Downie, Jr. & Machael Schudson, 2009)은 그들의 보고서 첫 단락을 다음과 같이 시작했다.

> 미국 저널리즘은 격변의 순간(a tranformational moment)을 맞았다. 지배적인 신문들과 강력한 영향력을 가졌던 네트워크 텔레비전 뉴스 보도국이 급격히 쇠퇴하고 있다. 그 대신 뉴스의 취재와 전달 능력은 광범위하게 분산되었

다. 거의 모든 사람이 알고 있듯이, 오랫동안 광고에 의지하던 미국 신문들의 경제적 토대는 이제 무너지고 있다. 그리고 독립적 보도의 가장 중요한 원천이었던 신문들 자신은 말 그대로 급격히 축소되고 있다. 숫자가 크게 줄어든 편집국 기자들은 역시 페이지가 크게 준 지면에 훨씬 적은 량의 뉴스를 보도 한다. 지난 세기의 마지막 30여 년 동안 거의 독점적 지위를 누리던 대도시 신문들의 영향력은 그들의 주요 독자가 떠나면서, 이제 종착역에 다다르고 있다. 상업적 텔레비전 뉴스 또한 과거 오랫동안 누리던 신문의 중요한 경쟁 상대로서의 지위에 타격을 받았다. 텔레비전 저널리즘 영역에서는 시청자와 광고 수입, 그리고 취재 인력까지 모두 감소하는 것이 현실이다(Downie, Jr. & Schudson, 2009. p.1).

다우니 2세와 셔츤은 신문이나 텔레비전 뉴스가 조만간 사라진다고 예견하지는 않는다. 그러나 그 역할이 크게 축소되는 것은 어쩔 수 없는 현실이라고 주장한다. 이러한 변화의 가장 큰 동력은 역시 매체의 디지털화 추세다. 이들에 따르면, 지난 10여 년 사이 "뉴스의 성격은 새롭게 재구성(reconstructed)되고 있고, 취재의 도구들은 재발명(reinvented)되었으며, 취재 능력은 훨씬 다양한 전통적 매체와 완전히 새로운 매체들로 급격히 확산돼왔다."

이들이 제시한 보고서에서 우선 눈길을 잡는 사실은 전통적인 신문들에서 급속히 진행되는 취재 인력의 감축 현상이다. 다음의 표(34쪽)는 그 상황을 정리한 내용이다.

다우니 2세와 셔츤이 추산한 종합적 통계를 보면, 미국의 신문기자 수는 1971년 4만 명 정도에서, 1992년 6만 명으로 크게 늘었다가 2009년에는 다시 4만 명 수준으로 줄었다.

신문 업계의 어려움을 보여주는 또 다른 증거는 계속 보도되는 신문사의 파산과 매각, 폐업 사례 등이다. 파산의 가장 대표적인 사례는 L.A. 타

<표 1> 주요 신문의 취재 인력 감축 현황

신문	과거 기자 수	현재 기자 수	감소자 수	감소율(%)
볼티모어 선 (The Baltimore Sun)	400	150	-250	62.5
필라델피아 인콰이어러 (The Philadelphia Inquirer)	600	300	-300	50
클리블랜드 플레인딜러 (The Cleveland Plain Dealer)	400	240	-160	40
샌프란시스코 크로니클 (The San Franscisco Chronicle)	500	200	-300	60
L.A. 타임스(The L.A. Times)	1,100	600	-500	45

* Downie, Jr & Schudson(2009), p.17.

임스와 시카고 트리뷴(The Chicago Tribune), 뉴욕 뉴스 데이(The New York News Day), 볼티모어 선(The Baltimore Sun)과 올랜도 센티널(The Orlando Sentinel) 신문을 갖고 있는 트리뷴 사(The Tribune Company)의 경우다. 2009년 덴버 시의 록키 마운틴 뉴스(The Rocky Mountain News) 사는 폐업을 선언했다. 비슷한 시점에 시애틀의 포스트 인텔리겐서(The Seattle Post-Intelligencer) 지는 소수의 취재 인력만 남겨 인터넷으로만 뉴스를 전달하기로 했다.

2009년 후반에 이르자 토요일에 신문을 인쇄하지 않고 인터넷으로만 전하기로 한 신문이 전국에서 100개를 넘겼다(Downie, Jr & Schudson, 2009). 신문이 인터넷으로만 뉴스를 전하기로 하거나 취재 인력을 감축하는 기사들은 뉴욕 타임스 미디어 면을 보면 2010년에도 하루가 멀다 하고 등장한다. 2010년 2월 4일에는 CBS 뉴스가 새해 들어 수십 명의 보도 인력을 감원한다는 기사가 실렸다. 이 감축 계획에는 아침 뉴스 프로그램인 <The Early Show>와 <60 Minutes>, 그리고 해외나 국내 지역 취재팀 인력 축소가 포함됐다고 이 기사는 보도했다(Stelter, 2010). 2010년 2월 12

일자 신문에는 버클리 데일리 플래닛(The Berkeley Daily Planet)이라는 캘리포니아 주의 지역 신문이 2월 말부터 인터넷으로만 뉴스를 전하기로 했다는 기사가 실렸다(Wollan, 2010). 2월 14일에는 미네소타 주 미니애폴리스에서 발행되는 스타 트리뷴(The Star Tribune)이라는 신문에 이 회사 기자 노조가 2006년 이후 신문사를 떠난 기자들을 기억하는 광고를 실었다는 기사를 올렸다(Perez-pena, 2010). 이 기사에 따르면, 스타 트리뷴은 2006년 400명에 달하던 편집국 기자 수가 2010년에는 250명 정도로 축소됐다고 한다. 이 신문기자들은 과거 이러한 회사의 정책에 저항해 기사에 기자 이름 밝히기 거부 투쟁(byline strike)도 했었다고 이 기사는 전했다.

여기까지 살펴본 미국 저널리즘의 변화는 코바치와 로젠스틸(2007)이나 다우니 2세와 셔츤의 표현대로 그 성격이 매우 근본적이다. 또 변화의 영향이 미치는 범위는 앞에서 제시한 저널리즘의 5가지 요소를 모두 포괄한다. 가장 직접적인 타격을 입는 대상은 지속적인 감원과 파산 사례들에서 알 수 있듯이 기자들과 경영 주체들이다. 그러나 사회적으로 더욱 중요한 문제는 이러한 취재 환경의 급격한 위축이 초래하는 기사 품질의 저하와 저널리즘 가치들의 훼손이다. '저널리즘을 염려하는 언론인 위원회'(CCJ)와 다우니 2세와 셔츤 같은 사람들은 이러한 상황이 지속되면, 시민을 위해 독립적 시각으로 뉴스를 공급하는 저널리즘(Independent Journalism)은 사라지고, 홍보와 선전을 교묘하게 뉴스로 포장하는 사이비 저널리즘(pseudo-journalism)만 남을 수 있다고 걱정한다.

빔과 위버, 브라운 리(Beam et al, 2009) 등은 2002년과 2007년 사이 5년 동안 미국 기자들의 전문직 정신(professionalism)이 어떻게 변화했는지를 분석하는 패널 연구를 시도했다. 미국 전역에서 400명 정도 되는 기자들을 5년 간격을 두고, 2회에 걸쳐 실시한 설문 조사에서, 이들은 2가지 결론을 강조했다. 하나는 중요한 주제들을 취재하는 능력이 크게 축소됐다는 기자들의 인식이 확인된 점이다. 특히 이러한 인식은 가장 중요한 뉴스 공급자인 일간 신문기자들에서 더 두드러졌다. 두 번째 결론은 대규모 감원이나 명예퇴직이 시행된 매체들의 경우, 기자들의 독립성이 눈에 띄게 축소됐다는 인식을 확인한 점이다. 이러한 회사에서 일하는 기자들은 예외 없이 담당 업무가 크게 증가했다고 응답했다. 빔 등(Beam et al, 2009)은 이 논문에서 "미국 기자들에게 지금보다 더 불확실성이 높았던 시기는 없었다"고 강조했다.

5. 미국 저널리즘 업계의 대응

이러한 근본적 위기에 대응하는 움직임은 그 주체에 따라 크게 3가지로 나눠볼 수 있다. 첫째는 의식 있는 기자 집단의 대응이고, 두 번째는 개별 매체사들의 대응 노력이며, 세 번째는 사회 전체 차원에서 제도적으로 추구할 수 있는 대응 노력이다.

1) 엘리트 기자들의 대응

엘리트 기자들의 대응 노력은 앞에서 여러 차례 소개했듯이 '저널리즘을 염려하는 언론인 위원회'(CCJ)가 중심이 돼, 이미 1997년부터 체계적인 노력을 기울여왔다. 빌 코바치와 톰 로젠스틸이 주도하는 CCJ는 2001년 『저널리즘의 기본원칙』이라는 책을 출판하며, 1차적으로 저널리즘의 기본 가치를 다시 확립하고, 변하는 매체 환경에서도 현장 기자들이 반드시 지켜야 할 행동 준칙들을 10가지로 나눠 제시했다. 2004년부터는 저널리즘 사이트(www.journalism.org)를 만들어, 저널리즘 산업과 취재 보도 현장에서 일어나는 일들을 다양한 통계 자료와 연구 보고서 등을 통해 대중화하기 시작했다. 특히 해마다 3월이 되면 이 사이트에 발표되는 「뉴스 미디어 현황 보고서」는 신문, 잡지, 텔레비전, 인터넷 등 각 분야별 매체들의 경영이나 인력 구조 변화 현황을 전체적으로 파악할 수 있도록 체계적인 자료를 제공한다.

2) 뉴욕 타임스의 대응

개별 매체사의 대응은 소유 구조와 경영 철학 등의 차이로 편차가 대단히 크다. 트리뷴 사의 경우는 L.A. 타임스를 인수하는 등 사세 확장을 꾀하다가 불경기를 만나, 회사를 매각하고, 급기야는 파산에 이르렀다. 그런가 하면 뉴스 코퍼레이션(News Corperation)은 소유주인 루퍼트 머독(Rupert Murdoch)의 지휘 아래, 미국을 대표하는 전국지인 월 스트리트 저널(The Wall Street Journal)을 인수해 계열사를 확장했다. 그러고는 현재 인터넷 중심의 독자 구도로 재편되는 추세를 고려해, 인터넷 독자들에 대한 유료 모델을 개발해 실험하는 중이다. 신문 재벌 가운데는 가네트(The Gannett) 사에 이어 두 번째 규모를 자랑하던 나이트 리더(The Knight-Ridder) 사가 그보다 규모가 훨씬 작은 맥클래치(The McClatchy Company) 사에 매각됐다. 맥클래치 사는 나이트 리더를 인수한 뒤, 경영이 어려워져 주식 가격이 매입 시에 비해 30% 수준으로 폭락하는 어려움을 겪고 있다. 4대 일간지의 하나였던 L.A. 타임스는, 앞서 표로 보여준 것처럼, 한때 1,100명에 달하던 편집국 인력을 5~6년 사이 600명 수준으로 축소했다. 존 캐롤(John Carrol)이 편집인으로 있을 때, 한 해 퓰리처 상을 7개나 타내며 수준 높은 저널리즘을 추구하던 신문의 명예가 형편없는 수준으로 추락할 수밖에 없었다.

그러나 뉴욕 타임스의 대응은 달랐다. 인터넷의 도전과 금융위기로 광고가 급격히 줄면서 회사의 수익 구조는 크게 악화됐지만, 뉴욕 타임스는 대규모 감원을 실시하지 않았다. 2009년, 자회사인 보스턴 글로브

(The Boston Globe)가 경영난을 겪으며, 회사 자금 상황을 압박할 때도, 뉴욕 타임스는 저널리즘의 수준을 유지하려면 최고의 인력을 확보해야 한다는 생각으로 감원을 자제했다. 이 회사 경영진은 기자를 60여 명 감원하는 안과 전체 직원의 급여를 한시적으로 5% 삭감하는 안을 놓고 기자 노조와 협상을 시도했다. 양측이 합의한 대책은 감원을 최소화하는 대신 일정 기간 동안 전체 직원의 급여를 일부 삭감하는 안이었다.

뉴욕 타임스는 최고 수준의 저널리즘을 추구하기 위해 여러 지역에 소유하고 있던 지역 방송사들을 매각했다. 설즈버거 2세(Arthur Sulzberger, Jr.)의 생각은 뉴욕 타임스의 핵심 역량은 모기업인 신문의 저널리즘 기능이므로 그곳에 모든 에너지를 집중하는 것이 맞다는 것이었다.

뉴스의 취재와 편집을 책임지는 편집인(executive editor) 빌 켈러(Bill Keller)는 2003년 벌어진 제이슨 블레어 사건을 딛고 일어서기 위해 가장 중요한 것은 독자의 신뢰(credibility)를 회복하는 일이라고 강조했다. 그는 2005년 편집국의 운영 원칙으로 천명되는 「신뢰도 보고서The Credibility Report」를 발표하면서, 독자들과의 교감을 강화하고, 독자의 소리를 제도적으로 수용하기 위해 두 개의 새로운 서비스를 시작한다. 하나는 옴부즈맨 제도인 시민 편집인(The Public Editor)을 임명한 것이고, 다른 하나는 인터넷 홈페이지에 「편집국과의 대화Talk To The Newsroom」 섹션을 개설한 것이다.

시민 편집인은 다른 회사에서 명예로운 기자 경력을 축적한 기자를 초빙해 계약직으로 임명하는 자리다. 객관적이고 독립적인 기능이 가능하도록 고려한 원칙이다. 2005년 다니엘 오크렌트(Daniel Okrent), 2007년 바이런 컬레임(Byron Calame)에 이어 현재는 클라크 호이트(Clark Hoyt)가 시민 편집인을 맡고 있다. 시민 편집인의 역할은 말 그대로 시민의 시각으로 뉴욕 타임스 기사를 감시하는 일이다. 시민 편집인은 2주에 한 번 신문에 칼럼을 게재한다. 홈페이지에 있는 시민 편집인 코너에는 독자들의 질문과 비판이 그때 그때 요약돼 제시된다. 시민 편집인이 싣는 칼럼을 보면 편집인 빌 켈러를 비롯한 각 부문 담당 에디터들의 답변들이 실명으로 인용된다. 시민 편집인이 독자의 질문들을 토대로 담당자에게 문제를 제기하면, 책임자는 반드시 실명으로 응답하도록 회사에서 규칙으로 강제하기 때문이다.

「편집국과의 대화」는 담당 에디터가 직접 독자와 인터넷을 통해 대화하는 공간이다. 뉴욕 타임스는 첫 회에 빌 켈러 편집인을 시작으로, 매주 한 사람씩 이 코너의 담당자를 지정한다. 그러면 독자들은 자신들이 궁금한 점을 이 사람에게 메일로 질문한다. 담당자는 자신이 맡은 1주일 동안 이렇게 들어오는 질문들에 대한 답변을 인터넷에 올리도록 돼 있다. 이 코너에 들어가 보면, 2005년 시작했을 때부터 현재에 이르기까지, 독자들의 질문에 답변한 에디터들과 전문 기자들의 명단이 모두 올라와 있고, 그들과 독자들의 대화 내용도 보관돼 있다.

따라서 이 글들을 보면, 이 신문의 편집 책임자들이 어떠한 기준으로 기사를 판단하고 취재하는지, 독자들은 어떠한 문제에 관심을 갖고 있는지 등을 구체적으로 알 수 있도록 돼 있다. 이 코너는 특히 선진적 편집 관행에 관한 구체적인 정보를 얻을 수 있다는 점에서, 취재 · 편집 수준을 높이고 싶어 하는 한국의 기자들에게도 매우 유용한 정보원이 될 수 있다.

이러한 노력에도 뉴욕 타임스의 주식 가격은 크게 떨어졌다. 금융위기로 광고 매출도 대폭 줄었다. 그래서 2011년부터는 인터넷 독자들 경우, 한 달에 일정한 숫자 이상의 기사를 보게 되면, 요금을 부과하도록 인터넷 유료화를 추진했다. 매일 2천만 명 이상 찾아오는 인터넷 독자를 수익원으로 전환해보려는 구상이다. 페이 월(pay wall)이라 불리는 이 시도는 2년여 만에 70만이 넘는 유료 구독자를 확보함으로써 놀랄 만한 성공 사례로 평가받고 있다.

3) 사회 제도적 대응

저널리즘 패러다임 변화에 대응하는 미국의 사회 제도적 대응은 아직은 지극히 초기적 수준에 머물고 있다. 1947년 제시된 허친스위원회(The Hutchins Commission)보고서 같은 포괄적인 대안은 조금 더 시간이 지나야 구체화될 것으로 보인다. 현재 시점에서 그래도 가장 종합적인 제안은 다우니 2세와 셔츤(2009)이 내놓은 「미국 저널리즘의 재건」에 담겨 있다. 이 보고서는 신문과 네트워크 TV 등 무너져 내리는 전통적 저널리즘 매체들의 공백을 메워줄 대안을 어디서 어떻게 찾을 수 있을 것인가에 전체 지면 98쪽의 60% 이상을 사용한다. 그리고 보고서의 마지막 결론 부분에서는 독립적 저널리즘이 유지될 수 있게 하려면 미국 정부와 사회가 어떠한 일을 해야 하는가를 6가지 제안(recommendation)으로 정리해 제시한다.

다우니 2세와 셔츤은 새롭게 독립 저널리즘 매체를 만들어내는 집단을 크게 3가지로 나눈다. 첫째 집단은 기존 신문과 방송사를 떠난 전직 기자들이다. 두 번째 집단은 전국 대학의 저널리즘 스쿨과 그곳에서 공부하는 학생들이다. 마지막 집단은 인터넷 블로거들과 시민 기자들(citizen journalists)이다.

이들은 캘리포니아 주의 샌디에고(San Diego)에서 텍사스(Texas), 아이오와(Iowa)와 미네소타(Minnesota), 뉴저지(New Jersey)에 이르기까지 미국의 전 지역에 등장하기 시작했다. 이들이 취재하는 영역은 주로 각 도시의 지역 뉴스(local news)이다. 이들은 또 정치나 환경, 세금 문제 등 특정한 분야를 집중적으로 심층 취재하는 탐사 저널리즘을 추구하기도 한다. 가장 많이 사용하는 기사 게재 공간은 인터넷이지만, 이들은 각 지역의 공영 방송(라디오)과 신문, 잡지, 텔레비전에 자신들의 기사를 제공하기도 하고, 타 지역에 있는 비슷한 매체들과 제휴해 전국적인 네트워크를 구축하기도 한다. 다우니 2세와 셔츤(2009)의 조사에 따르면, 이러한 매체들은 영리(for profit)법인도 있고, 비영리(non-profit)법인의 형태도 있다. 경우에 따라서는 이 2가지를 혼합한 형태를 띠는 매체도 발견된다.

흥미로운 점은 뉴욕을 포함한 각 지역에서, 이들 같은 독립 저널리즘 매체를 재정적으로 지원하려는 자선 재단(Foundation)들이 적지 않다는 사실이다. 예를 들면, 나이트 재단(Knight Foundation)과 샌디에고 재단(Sandiego Foundation)은 2009년 www.voiceofsandiego.org라는 매체를 위해 각각 10만 달러 씩을 후원했고, 샌디에고 재단은 자신의 건물 공간을 이 매체에 좋은 조건으로 임대하기도 했다.

뉴욕 시에는 2008년 프로퍼블리카(ProPublica)라는 미국에서 가장 큰 규모의 비영리 탐사보도 전문 매체가 등장했다. 프로퍼블리카는 30여 명의 경력 기자와 에디터를 고용했다. 편집장은 월스트리트 저널의 전 편집국장 폴 스테이거(Paul Steiger)이며, 기금 3천만 달러는 캘리포니아의 금융 재벌 샌들러(Sandler) 부부가 만든 자선기금에서 제공했다. 프로퍼블리카는 정부의 재정 지출이나 경제 위기, 에너지, 교육, 건강 분야 등에 대한 탐사보도만을 추구한다. 프로퍼블리카는 이미 워싱턴 포스트와 뉴욕 타임스, L.A. 타임스, ABC, CBS, CNN 등에 자신들이 생산한 기사를 게재했다. 이 기사들은 프로퍼블리카 홈페이지에도 공개된다.

다우니 2세와 셔츤은 대학과 공영 방송들이 독립 저널리즘의 유지를 위해 수행할 역할이 크다고 주장한다. 대학은 저널리즘 교수들의 전문적 능력과 풍부한 학생 자원을 활용해 수준 높은 권력 감시 기능을 수행할 수 있고, 공영 방송들은 기존의 전국적인 네트워크를 활용해 저비용으로 이들이 생산하는 기사를 보도할 수 있기 때문이다.

이러한 독립 매체들의 활동을 지원하기 위해 AP 통신도 참여를 선언했다. 2009년 6월 13일자 뉴욕 타임스 기사에 따르면, AP 통신은 탐사보도를 전문으로 하는 4개의 비영리 매체들과 기사 배달을 위한 협정을 체결했다(Perez-Pena, 2009, June, 13). 이 작업에 참여한 4개의 비영리 매체는 프로퍼블리카와 공공정직센터(The Center for Public Integrity, 워싱턴 D.C.). 아메리칸대학에 있는 탐사보도워크샵(the Investigative Reporting Workshop, 워싱턴 D.C.), 탐사보도센터(the Center for Investigative Reporting, 버클리, 캘리포니아) 등이다. 이 협정에 따르면 AP 통신은 이들이 생산한 기사를 전국에 있는 회원사들에게 전송한다. 그러면 AP 회원사들은 무료로 이들의 기사를 자사의 신문이나 잡지, 방송 뉴스 등에 사용할 수 있다.

블로그를 통해 뉴스와 주장을 전하는 신종 매체들의 성장도 빠르다. 다우니 2세와 셔츤(2009)에 따르면, 블로그를 통해 개인들이나 소집단으로 활동하는 이 사람들은 전통 매체들과 공생적 관계를 형성하며, 뉴스거리를 제공하고 서로가 기사의 진실을 검증하며, 디지털 저널리즘 생태계를 확장시킨다. 이들 가운데 대표적인 블로그는 조지 마샬(Josh Marshall)이라는 사람이 맨하튼의 첼시(Chelsea) 지역에서 운영하는 'TPM'(Talking Points Memo)이라는 매체다. 중도진보적 성격의 이 블로그는 뉴스와 오피니언을 섞어서 전하는데, 1년에 60만 달러 정도의 예산으로 뉴욕과 워싱턴 지역에 소수의 기자를 주재시키며 기사를 생산한다. 이 블로그는 2008년 부시 정부에서 검사들을 정치적으로 해고한 사안을 탐사보도한 공로로 조지 포크 상(The Georg Polk Award)을 수상하기도 했다.

TPM 이외에도 데일리 코스(the Daily Kos)나 허핑턴 포스트(the Huffington Post), 데일리 비스트(the Daily Beast) 등의 매체는 상당한 방문자를 끌어모으며, 이 분야의 대표적 매체로 성장했다. 특히 허핑턴 포스트 경우는 워싱턴 D.C.에 'Huffington Post Investigative Fund'라는 비영리 기금을 설치해 175만 달러를 투입했다. 과거 워싱턴 포스트에서 탐사보도 에디터로 일했던 래리 로버츠(Larry Roberts)가 책임을 지게 된 이 기금은 프로퍼블리카와 같은 방식으로 워싱턴 지역을 중심으로 연방 정부 관련 탐사 기사를 생산한다.

대학 저널리즘 스쿨의 노력은 미주리대학교처럼 전통적으로 유지해온 지역 신문의 발간 작업을 강화하는 일과 인터넷 사이트를 만들어 학생들이 쓴 기사를 게재하는 일 등이 주류를 이룬다. 최근 들면서는 저널리즘 현장에서 일하던 탐사 기자들을 교수로 초빙하거나 프로젝트 담당자로 고용해 과거보다 크게 강화된 탐사보도 프로그램을 운영하는 학교가 느는 추세다. 컬럼비아대학교의 'The Stabile Center for Investigative Journalism'이 대표적인 사례다. 그런가 하면, 버클리대학교 저널리즘 스쿨의 학생들은, 샌프란시스코 지역에서 방송하는 KQED라는 공영 방송과 협정을 맺어 2010년부터 이 방송의 라디오와 텔레비전 뉴스를 위해 기사를 공급하기 시작했다. 버클리대학교 저널리즘스쿨 학장인 닐 헨리(Neil Henry) 교수는 "이 지역의 취재 인력이 절반으로 축소될 만큼 뉴스의 위기가 급박하기 때문에, 학교가 더 적극적인 노력을 강화해야 한다"고 말했다(Downie Jr. & Schudson. 2009. p.61).

좀 더 적극적인 대학들은 스스로 운영하는 통신사를 설립했다. 다음 표는 다우니 2세와 셔츤(2009)이 소개하는 대학 통신사들을 정리한 내용이다.

〈표 2〉 대학 저널리즘 스쿨이 운영하는 통신사

통신사	대학	뉴스 공급 대상
Cronkite News Service	애리조나주립대학교	아리조나 주 내 30개 매체에 뉴스 공급
Capital News Service	매릴랜드대학교	워싱턴 D.C.와 주 수도에 사무실
Medill School of Journalism News Service	노스웨스턴대학교	워싱턴 D.C. 소재 전국에 있는 매체에 기사 공급

* Downie, Jr. & Schudson(2009), pp.61~62.

4) 다우니 2세와 셔츤의 6가지 제안

독립적인 저널리즘의 명맥을 이어가기 위해 다우니 2세와 셔츤은 6가지 구체적인 제도적 대안을 권고했다. 이들은 그러나 많은 유럽 국가들 사례처럼, 정부가 직접 보조금을 지원하는 방식을 제안하지는 않는다. 정부가 TV 네트워크에 자본을 대거나 통제권을 행사하는 것도 반대한다. 미국 국민의 정서가 정부의 직접 개입에 대해서는 강한 불신을 보여왔기 때문이다. 그러나 이들은 예술 분야나 인문학, 과학 등을 지원하는 정도의 정부 역할은 거부할 일이 아니라고 주장한다.

정부가 매체의 저널리즘 활동에 영향력을 미치지 못하도록 제도적 장치를 마련한다는 전제하에서, 다우니 2세와 셔츤은 다음의 6가지 제도적 개선을 제안한다.

1. 국세청이나 의회는 독립적 뉴스 조직이 공공의 사안을 충실하게 보도할 수 있도록, 이들을 비영리법인이나 저영리(Low-profit) 법인으로 규정해주어야 한다. 국세청이나 의회는 또 소규모 매체들에 대한 재정 지원이나 광고, 협찬 등의 행동도 같은 기준으로 취급하고, 영리 매체가 보도하는 공공성이 강한 뉴스 프로그램에 대한 협찬도 이러한 기준을 적용해야 한다.
2. 자선 단체나, 공익 재단, 지역 재단 등은 공공성이 강한 뉴스를 공급하는 뉴스 매체에 대한 지원 규모를 대폭 늘려야 한다.
3. 공영 라디오와 텔레비전 방송은 지역의 중요한 공적 사안들을 충분히 보도하도록 기능이 강화돼야 하고, 의회는 이들에 대한 재정 지원을 증가시켜야 한다.
4. 대학들은 주립이나 사립을 막론하고, 교육적 사명 외에 공공적 문제를 취재해 보도하는 기능을 강화해야 한다. 스스로 매체를 운영하

고, 사회와 연계해 협력 사업을 추진해야 하며, 뉴스의 취재와 전파를 효율적으로 하는 데 필요한 디지털 혁신 작업의 실험실 기능도 담당해야 한다.

5. 지역 뉴스를 위한 기금(Fund for Local News)을 만들어야 한다. 재원은 FCC가 통신 사업자나 방송사 인터넷 사업자에게서 걷는 면허세(License Fee)를 활용하면 된다.
6. 기자와 비영리 조직, 정부 등은 공공 정보의 접근성과 활용성을 강화해, 시민들이 이들을 활용할 수 있도록 해야 한다.

6. 한국 저널리즘의 패러다임 변화 증상

1920년 동아일보가 창간할 때, 편집국 인력은 논설반과 국장, 부장 등을 합쳐 22명이었다(동아일보사, 2000). 편집국에서 일선 취재를 담당하는 기자 수는 16명에 불과했다. 신문의 발행 부수는 1만 부, 발행 지면은 하루 4면이었다. 8 · 15 해방과 6 · 25전쟁을 마친 1954년 무렵, 조선일보는 6만 부 정도를 인쇄했다. 당시 편집국 사원수는 41명이었다. 여기에는 그 해 새로 선발한 수습 기자 8명도 포함돼 있다(권영기, 1999).

2010년 현재 두 신문사의 편집국 인력은 모두 300명을 웃돈다. 발행 부수는 200만 부 전후이고, 평일 인쇄하는 지면은 50면을 넘는다. 이 두 신문은 1920년 창간 이후 90년을 지나며, 여러 측면에서 엄청난 양적 성장을 이뤘다. 인력은 15배, 지면은 10배, 발행 부수는 100배쯤 되는 셈이다.

그러나 매체의 사회적 영향력을 따지면, 현재의 조선일보와 동아일보는 1920년대, 또는 1950년대 이 신문들의 영향력에 비해 크게 밀릴 수밖에 없다. 왜냐하면 1920년대와 1950년대 초에는 텔레비전도 없었고, 인터넷은 더욱 없었기 때문이다.

1950년대 말, 텔레비전이 등장하며 신문은 강력한 경쟁 매체를 맞게 된다. 그러나 매체 시장에 대한 포괄적인 정부 규제와 신문과 방송의 겸영을 통해 큰 어려움 없이 성장을 계속할 수 있었다. 1980년대 초 5공화국에 의한 상업 방송의 공영화와 1도 1사 원칙 등에 따른 신문 시장의 정비는 정치 환경은 지극히 부자유했지만, 경제적으로는 매우 안정적인 영업 기반을 마련해줬다.

한국 매체 시장은 1980년대 말, 민주화가 시작되며 격변기를 맞는다. 정기간행물 등에 관한 법률의 자유화 조치 덕분에 등록제에서 신고제로 신문 설립 규정이 바뀌자, 신문사 숫자가 크게 늘었다. 1980년, 1만 명 수준이던 전국의 신문 종사자 수는 10년 뒤인 1991년 2만 명을 넘어섰다. 1990년대 초 케이블 TV와 지역 민영 방송들이 등장하며, 1980년 7천 명 수준이던 방송 종사자 수도, 1997년에는 2만 명을 넘었다(한국신문방송연감, 1997).

그러나 신문과 텔레비전 등 전통적 대중매체의 성장은 1990년대 말 두 개의 강력한 구조적 장애 요인을 만난다. 하나는 IMF 사태로 알려진 1997~98년의 외환위기이고, 다른 하나는 인터넷으로 대표되는 디지털 기술의 확산이다. 1997년 말에 닥친 외환위기는 금융업과 제조업뿐 아니라 신문과 방송사에도 엄청난 타격을 가했다. 가장 눈에 띄는 충격은 역시 거의 모든 매체에서 진행된 큰 폭의 감원 사태였다. 다음 표는 당시 주요 신문과 방송사의 감원 현황을 정리한 내용이다.

이 숫자에는 기자직뿐 아니라 총무직과 기술직 등 다른 직종의 인력도 포함돼 있다. 이 자료에는 또 단순 감원만이 아니라 자회사의 설립을 통한 분사 대상 인력도 함께 계산돼 있다. 그러나 2년 정도의 기간에 전 산업적으로 이처럼 대규모 인력 감축이 진행된 사례는 과거에는 찾아볼 수가 없었다. 이는 한국 매체 시장의 성격이 근본적으로 변하고 있는 사실

〈표 3〉 외환위기 당시 매체별 감원 현황

매체	종사자수		감원율(%)
	1997년	1999년	
경향신문	1017	575	43.5
동아일보	1032	652	36.8
문화일보	576	375	34.9
조선일보	1028	871	15.3
중앙일보	1362	637	53.2
한국일보	1279	932	27.1
KBS	6245	5517	11.7
MBC	4296	3238	24.6
SBS	1421	791	44.3

* 한국언론재단(1999).

을 보여주는 증거다. 이러한 대량 감원 사태 이후로 한국 매체 시장에는 크게 2가지 부정적 변화가 나타났다. 의사 결정에서 경영적 고려가 저널리즘적 고려에 우선하는 것이 하나이고, 기자에 대한 경영 주체(발행인)의 장악력이 거의 절대적으로 변한 것이 다른 하나다.

디지털 기술의 발전과 초고속 인터넷망의 보급은 뉴스 전달과 소비 방식을 혁명적으로 바꾸기 시작했다. 네이버와 다음, 야후 등 포털 사들의 발전은 수용자들의 뉴스를 포함한 정보 소비 양식을 인터넷 중심으로 바꾸며, 미국식 집합의 저널리즘(journalism of aggregation) 시대를 열었다. 초고속 인터넷 기반의 확산은 이와 함께 오마이뉴스와 프레시안 등 인터넷으로만 뉴스를 전하는 매체들의 성장을 위한 토양으로 작용했다. 초고속 인터넷망을 바탕으로 한 진보와 보수 등 정치적 성향을 분명히 드러내는 웹진과 블로그들의 등장은 주장 저널리즘(journalism of assertion)과 정파 저널리즘(advocacy journalism)을 일상화시켰다.

이들 정파적 매체들은 노동, 교육, 환경, 복지 등 사회적 쟁점들에 대해 적극적인 목소리를 펼치기 시작했다. 인터넷을 중심으로 주관적 정파적 글쓰기 방식이 세력을 키워가자 전통 매체인 신문과 방송의 표현 방식도 급속히 정파성을 강화했다. 물론 신문과 방송 등 전통 매체들의 정파화는 정치권에서 대립하는 진보, 보수 세력과 조응하는 매체를 필요로 했던 사회정치적 필요가 중요하게 작용했다. 또 급격히 떨어져나가는 독자들을 정파적 동질감으로 붙잡아보려는 신문들의 판매 전략도 무시할 수 없는 기능을 했다.

돌아보면, 1990년대 말의 금융위기와 그 무렵부터 속도를 내기 시작한 디지털 기술의 발전, 민주화 이후 일상화한 정파 저널리즘(partisan journalism) 등은 앞에 소개한 미국 사례 가운데 '저널리즘을 염려하는 언론인 위원회'가 제시했던 디지털 기술의 발전과 세계화, 매체의 거대 기업화 등 거시 요인들과 중복되는 부분이 많다. 차이가 있다면 한국의 외환위기가 10년쯤 일찍 발생하며 경제적 요인을 제외한 디지털 기술의 발전이나 매체 회사의 융합화, 거대화 등 다른 주요 요인들이 저널리즘에 미치는 파괴적인 영향력을 제대로 보지 못하도록 한 점이다.

다시 말하면, 한국 저널리즘의 패러다임 변화는 이미 10여 년 전에 시작됐다. 언론 학계와 언론계에서 외환위기의 파괴력 때문에 현상의 본질을 꿰뚫어보지 못했을 뿐이다. 여기에 한국 사회가 지나와야 했던 민주화 과정이 만들어낸 지독한 정파적 갈등 구조도 문제를 잘못 진단하게 하는 중요한 요인으로 작용했다. 이러한 환경적 조건은 한국 사회의 저널리즘 문제에 대한 처방이 주로 매체사의 생존과 정파 저널리즘 극복 쪽으로 집중하게 하는 결과를 낳았다. 이러한 2가지 가치는 물론 중요하다. 그러나 저널리즘의 기본 원칙을 희생하는 매체 회사의 생존은 바람직한 선택이 아니다. 또 정파 저널리즘 관점에서 균형을 추구하기 위해, 보수 신문에 맞설 수 있는 진보 신문을 정부가 지원하는 정책도 바람직하지 않기는 마찬가지다. 이러한 사회 문화적 구도에서는 "얻을 수 있는 최선의 진실"보다는 극단적으로 편파적인 기사들이 독자들에게 전달돼 사회적 갈등을 촉발하기 때문이다.

7. 패러다임 변화 과정에서 나타나는 한국 저널리즘의 특징

지난 10여 년 급격한 구조 변화를 겪으며 한국 저널리즘은 몇 가지 뚜렷한 긍정, 부정적 특징을 드러내왔다. 우선 눈에 띄는 긍정적 특징은 다음의 3가지다.

1) 긍정적 특징

표현 자유의 확장

디지털 기술의 발전은 표현의 자유를 거의 무제한으로 넓혀줬다. 인터넷과 휴대전화가 보편화하면서, 개인의 의사 표현이나 시민 단체의 집단 행동 등이 전혀 제약을 받지 않는 상황이 됐다. 심지어 동영상을 방송하는 인터넷 매체의 설립도 어렵지 않은 환경이 만들어졌다. 유튜브나 트위터, 싸이월드, 마이스페이스 등의 서비스는 국가의 경계를 넘어 표현의 자유를 확장해주는 추세다.

의제 설정 능력의 다원화

표현 자유의 확장과 매체 설립의 자유화는 자연스레 사회적 의제 설정 능력을 과점하던 전통 매체들의 영향력을 약화시켰다. 과거에는 주류 매체들이 단합해 특정한 사실을 보도하지 않는 경우, 그 의제는 여론을 형성할 수 없었지만, 디지털 미디어 시대에는 개인 블로그를 통해서도 세상을 바꾸는 여론 형성 작업이 가능해졌다. 1990년대 중반 반미 의식을 크게 높였던 미선 · 효순 양 사건을 전 국민적 의제로 바꾼 것이 오마이뉴스에 게재된 기사 1건이었던 점이나, 최근 쟁점이 됐던 미네르바 사건이 한 청년의 블로그에 올라왔던 글이었다는 점 등은 이러한 현실을 보여주는 사례들이다.

게이트 키핑의 과점 해제

과거 뉴스의 흐름을 통제하는 게이트 키핑 권력은 전통 매체의 기자들이 과점적으로 행사했었다. 주요 매체의 보도 책임자만 설득하면, 특정 뉴스의 전파를 막을 수 있었다는 뜻이다. 그러나 표현 도구가 크게 늘며, 이러한 게이트 키핑 질서는 유지될 수 없게 됐다. 특정 세력이나 권력자들이 원하지 않는 정보의 흐름을 완전하게 차단하는 일이 원천적으로 불가능해졌다는 뜻이다. 과거 권위주의 시대 정치권력이 미디어를 통제하던 정보 관리 방식이나 주류 매체들이 담합해 정보 흐름을 왜곡하는 일이 기술적으로는 어려워진 것이다.

2) 부정적 특징

패러다임 변화 과정이 만들어낸 한국 저널리즘의 부정적 특징은 다음의 5가지다.

저널리즘 가치보다 경영 우선 추세

외환위기 이후 광고 물량이 급감하며, 앞에 제시한 바와 같이, 전통 매체들은 대량의 인력 감축을 포함하는 구조 조정을 실시했다. 그 이후 신문사와 방송사의 의사 결정 구조는 경영 측이 주도해왔다. 어찌 보면 위기를 맞은 기업에서 이는 당연한 결과이다. 그러나 문제는 저널리즘이 기본적으로 공익적 기능을 자임하는 특별한 산업이라는 데 있다. 시민을 위해 정부와 기업을 감시하는 역할을 수행하는 언론사가 진실 보도나 공정한 보도보다 회사의 이익 증대를 위해 기사에 관한 결정을 내리고, 취재 인력을 운용하는 관행이 일상화해버렸다. 이는 대부분 주요 매체의 임원이나 국장급 간부들이 임명되는 사례들을 보면 쉽게 확인되는 관행이다. 좋은 예가 사장 또는 비서실장, 기획실장 등의 보직에 각 사의 유력한 기자를 임명하는 추세다. 이러한 보직은 최고 경영자의 경영적 결정을 보좌하는 직책이다. 저널리즘적 가치나 판단보다는 경영자의 대리인적 성격이 강하다. 그런데 지난 10여 년 추세를 보면, 이러한 경력을 거치지 않은 사람이 편집국장(보도국장)이나 편집 담당 임원으로 기용되는 사례는 극히 드물었다. 이러한 인사 관행이 지배하면, 편집의 독립은 불가능해진다.

정부(권력) 감시 능력의 쇠퇴

지난 10여 년 한국 저널리즘이 보여준 또 하나의 부정적 특징은 정부와 대기업 등 권력에 대한 감시 기능이 약화된 사실이다. 이러한 추세에는 2가지 요인이 작용한다. 첫째는 경영 압박에 따른 경제적 요인이다. 외환위기 이후 모든 주류 매체는 광고가 급감했다. 따라서 신문과 방송사에 광고를 줄 수 있는 능력을 갖고 있는 정부 각 기관과 대기업의 영향력은 상대적으로 크게 강화됐다. 정부는 또 다양한 방법으로 신문과 방송에 정책적 혜택을 제공할 수 있는 장치를 갖고 있어 매체 장악력이 더 커졌다. 지역 언론 지원 예산의 배분이나, 정부 정보에 대한 선택적 접근 허용, 세무적 압력 수단의 활용 등 정부가 사용할 수 있는 수단들의 위력은 위기가 지속되는 기간에 더욱 커졌다.

두 번째 요인은 매체의 정파성이 강화된 사실이다. 주류 신문과 방송사들이 정권의 성격에 따라 보수와 진보로 확연히 나뉘어 모든 기사를 보도

하다 보니, 권력에 대한 감시보다는 반대편 정파와 매체에 대한 비판과 비난이 더 중요한 일이 돼버렸다. 이러한 정파적 보도 환경에서는 시민을 위한 권력의 감시는 우선순위에서 뒤로 밀릴 수밖에 없다.

사실의 상대화

앞에서 제시한 두 요인이 매체의 경영과 관리 측면에 관한 내용이라면, 사실의 상대화는 기자가 생산하는 기사의 핵심 성격과 관계되는 문제다. 과거 1970~80년대 권위주의 시대에는, 권력의 압력 때문에 기사를 보도하지 못하는 경우가 많았다. 사실을 왜곡하는 사례도 적지 않았다. 그러나 발생한 사실에 대한 기술이 신문이나 방송사의 성향 때문에 정반대로 제시되는 경우는 드물었다.

1990년대 중반 이후 상황이 크게 변했다. 지난 10여 년, 한국 사회의 정파 갈등이 강화되면서, 정치성이 조금이라도 내포된 사안의 경우는 보도하는 매체의 성향에 따라 예외 없이 진보적 관점이나 보수적 관점의 편향적 기술이 일상화했다. 이러한 사실의 상대화 현상은 북한 문제나 한미 관계, 노동 문제 등 이념적으로 민감한 영역에만 제한되지 않는다. 황우석 교수의 줄기세포 연구 논란이나 〈PD 수첩〉 방송으로 문제가 된 광우병에 대한 과학적 해석에 대해서도 진보적 사실은 보수적 사실과 전혀 다른 모습으로 제시됐다. 이는 서로 다른 진영의 기자들과 매체들이 사실을 형성하는 다양한 요소들을 자신들의 이념적 틀에 맞춰 선택적으로 조합하는 일이 일상적으로 벌어진다는 뜻이다. 더 안타까운 점은 한국 사회가 이러한 현실을 자연스럽게 받아들인다는 사실이다. 이는 다시 말하면, 한국의 저널리즘 이론은 기자에게 최대한 진실을 완전하게 복원하려고 노력하도록 요구하지 않는다는 뜻으로 이해할 수도 있다. 매체별로 각자가 원하는 진실의 버전을 제시하는 것이 한국식 저널리즘 원칙이고, 그러한 진실의 종류가 다양하면, 그것이 미디어의 다양성을 구현하는 일이 된다.

기사 품질에 대한 인식 부족

한국 신문이나 방송 뉴스는 기사 품질이 좋고 나쁨을 판단하는 품질 기준에 대한 고려를 제도화해본 경험이 적다. 일부 신문과 방송사가 탐사보도팀을 구성해 심층 취재를 제도화하고, 일부 신문은 한때 퀄리티 페이퍼(quality paper)를 명시적으로 지향하기도 했지만, 여러 학자들의 비교언론학적 연구는 한국의 주요 매체들이 생산하는 기사의 품질이 선진국 매체가 생산하는 기사들과는 크게 다르다는 점을 확인해줬다(박재영, 2006; 이건호 등, 2007; 이재경, 2006). 이러한 현실은 한국 저널리즘이 시급히 극복해야 할 과제이다. 그러나 앞에 제기한 경영 중심의 매체 운영 현실이나, 정파주의에 매몰된 보도 관행, 여전히 계속되는 경영 환경의 위기는 수준 높은 저널리즘을 추구할 환경을 만들어주지 않는다.

정치의 덫에 빠진 방송 저널리즘

1980년대 초 출범한 공영 방송 체제는 사실은 5공화국 정부가 직접 통제하는 관영 방송이었다. 방송위원회가 있고, 각 사의 이사회도 있었지만, KBS와 MBC 두 방송사의 사장이 모두 청와대 대변인이나 문화공보부 장관 출신이었던 사실이 이러한 체제의 실상을 말해준다. 1980년대 말 민주화가 시작되며 방송법도 개정됐다. 그때 도입된 체제가 1990년대 말 부분적 수정을 거쳐 현재까지 유지되는 2기 공영 방송 체제다. KBS이사회와 방송문화진흥회(MBC)로 대표되는 현재의 공영 방송 체제는 켈리(Kelly, 1984)의 분류에 따르면, '방송 지분의 정파 배분 구조'(Politics-in-broadcasting) 체제에 가깝다. 집권 세력과 야당이 6대 3으로 이사회를 구성하도록 한 이사회 운영 방식 때문이다. 과거 5공화국과 그 이전 체제는 켈리의 구분에 따르면, '방송에 대한 정권의 직접 통제 체제'(Politics-over-broadcasting) 방식이었다. 켈리가 제시하는 또 다른 체제는 '독립적 방송제도'(autonomous) 체제이다. 물론 이 3가지 체제는 완전히 상호 배타적이지는 않다. 현대 방송에서는 방송사의 일상적 운영은 어느 정도는 현장의 전문가들에게 맡겨야 하기 때문이다. 영국의 BBC나 일본의 NHK가 상대적으로 정치적으로 독립적인 보도를 유지할 수 있는 근거도 이러한 전문직 정신(professionalism)이 작동하고, 또 존중되기 때문이다.

그러나 한국의 현실은 그렇지 못하다. 특히 정권이 교체되는 시점에는 정치가 저널리즘에 개입하는 방식이 대단히 직접적이다. 보수 정권에서 진보 정권으로 권력이 이동하거나 진보에서 보수로 권력이 이동하거나 상황은 마찬가지다. 이러한 지배 구조에서 높은 수준의 방송 보도, 시청자를 위해 권력을 감시하는 이상적인 공영 방송은 실천할 수 없는 환상일 뿐이다. 이러한 방송 구조는 탁월한 방송인을 키워낼 수도, 독립적인 방송 저널리즘을 발전시킬 수도 없는 조건이다.

8. 한국 저널리즘의 과제

미국과 한국의 저널리즘은 똑같이 급격한 패러다임 변화의 소용돌이에 빠져 있다. 두 나라 매체 사들과 기자들이 겪고 있는 작업 환경의 악화는 비슷한 강도로 진행된다고 판단된다. 그러나 두 사회와 두 나라 기자 집단의 대응 방식은 커다란 차이를 보인다. 미국 기자와 학자들은 1990년대 중반부터 '저널리즘을 염려하는 언론인 위원회'(CCJ)를 만들어 조직적으로 현실을 성찰하고, 체계적인 자료를 통해 대응 방안을 모색하며 실천해왔다. 또 『저널리즘의 기본원칙』이라는 책을 저술해 동료 기자와 독자들에게 왜 현재에도 저널리즘이 중요하고, 저널리즘은 어떠한 기능을 해야 하는가를 교육해왔다. 그러나 한국 저널리즘 업계는 이 기간 동안 정파적 갈등에 매몰돼, 거꾸로 저널리즘의 신뢰도를 추락시켜왔다.

미국에서는 최근에도, 다우니 2세와 서츤(2009)의 작업처럼, 독립 저널리즘(independent journalism)의 가치를 재확인하는 조사 활동이 진행돼, 사회 전체가 독립 저널리즘의 명맥을 유지하지 위해 어떻게 이러한 노력을 기울이는 기자와 매체들을 지원해야 하는가를 계몽해나가고 있다. 그런데 한국 사회에서는 종합편성 채널을 따내기 위한 신문사들의 경쟁과 방송사의 주도권을 둘러싼 정치 투쟁 등으로 저널리즘의 위기는 고민할 여력도 없어 보인다.

이러한 상황이 지속되면, 한국 저널리즘의 미래는 어둡다. 미디어 산업의 존립 기반도 더욱 부실해진다. 우선 단기적으로 다음 6가지 과제가 시급해 보인다.

첫째, 저널리즘의 기본가치들에 대한 사회적 합의가 필요하다.

민주화가 진행되며 정파 저널리즘은 한국형 저널리즘의 고정형이 되다시피 했다. 그 결과 언론사와 기자의 이념적 경향에 따라 대단히 상충적인 저널리즘 철학이 공존하는 것이 오늘의 현실이다. 극단적으로 말하면, 보수주의 기자가 생각하는 저널리즘의 역할과 기자의 기능은 진보주의 기자가 생각하는 역할과 기능과 현격하게 다르다.

이처럼 기자들이 진영에 따라 서로 다른 저널리즘의 이상을 실천하는 상황에서는 정부나 정치인, 기업인 등 사회 구성원들과 뉴스를 소비하는 수용자들에게 저널리즘의 가치를 설명하는 일이 불가능하다. 저널리즘이 왜 필요하며, 정부나 사회 세력들로부터의 독립은 무엇을 위한 것인지도 설명할 방법이 없다.

한국 저널리즘은 한국의 역사적 맥락 속에서 오늘날의 정체성을 형성해왔다. 이제 이 과정에 대한 비판적 성찰이 필요하다. 그러한 과정을 통해 한국 사회에서의 저널리즘의 역할과 기자의 정체성 등에 대한 합의(consensus)를 끌어내야 한다. 그리고 이러한 합의가 한국의 저널리즘 이론으로 뿌리내려야 한다. 1990년대 중반 관훈클럽에서 주도했던 「한국언론 2000년 위원회 보고서」나 2000년대 초 조선일보 후원으로 한국언론학회 연구팀이 출판한 『민주화 이후의 한국 언론』 등 작업이 도움이 될 수 있다. 미국의 '저널리즘을 염려하는 언론인 위원회'(CCJ)가 출간한 책과 보고서들도 좋은 참고 자료가 될 수 있다.

중요한 것은 이러한 작업을 지도적 언론인들이 주도해야 한다는 점이다. 그래야 현장에서 실천력이 생기고, 저널리즘에 대한 사회의 신뢰가 회복될 수 있다. 이렇게 제시되는 한국적 저널리즘 이론은 선진국 이론의 주요 내용을 그대로 도입할 수도 있다. 그러나 선진국의 저널리즘 가치가 한국 사회에 어떻게 적용될 수 있으며, 그러한 가치들은 왜 필요한지를 한국 사회의 현실적 조건과 엮어서 설명하는 일은 반드시 필요하다.

둘째, 경영보다는 저널리즘 중심의 의사 결정 체제의 회복이 중요하다. 이는 모든 매체에 해당되기는 어려운 주문이다. 그러나 엘리트 기자들을 보유한 지도적 위치에 있는 신문사는 창간의 초심을 되새길 필요가 있다. 경영보다 저널리즘을 중요하게 강조하는 일은 최고 경영자(발행인)의 몫이다. 회사를 위해 일하는 기자들이 나서서 해결하기 어려운 과제다. 뉴욕 타임스나 워싱턴 포스트 등 최고의 신문들은 모두 최고 경영자의 저널리즘 철학을 토대로 오늘의 위치에 갈 수 있었다. 한국의 주요 신문사도 훌륭한 지도자들이 있어 이만큼 이나마 성장할 수 있었다. 오늘날 같은 격변기에 다시 저널리즘과 공익을 앞세우는 지도자가 절실히 필요하다.

셋째, 정부와 그 밖의 권력에 대한 감시자로서의 기능을 회복해야 한다. 정권은 보수나 진보에 관계없이 언론을 길들이고 홍보에 활용하고자 한다. 그러기 위해 정부는 사용할 수 있는 가용 수단을 모두 동원하려한다. 그러한 회유와 압력을 거부하지 않고는 시민을 대신해 권력을 감시하기 어렵다. 거대 기업에 대한 감시와 사회 세력에 대한 감시도 소홀히 하면 안 된다. 지난 10여 년 정파주의에 휘둘린 매체들은 취재 대상에 대한 자세에서도 지나칠 정도로 차별이 분명했다. 저널리즘은 독립적 자세가 유지되지 않으면 수용자의 신뢰를 얻기가 어렵다.

넷째, 저널리즘의 수준을 높이는 노력을 체계화해야 한다. 신문과 방송사들은 스스로 생산하는 기사의 수준을 주기적으로 평가하고, 개선할 수 있는 방안을 모색해야 한다. 경쟁사의 기사나 선진국 신문, 방송사의 기사를 벤치마킹하는 방법은 매우 유용한 수단이다. 저널리즘의 수준을 높이는 일에는 취재 시스템에 대한 성찰이나 기자 인력의 재교육 체제 등에 대한 노력도 포함돼야 한다. 2007년, 50대 대기업의 매출액 대비 교육 훈련비가 0.78% 수준인 데 비해, 전국 종합 일간지의 교육 예산은 0.08%, 방송사는 0.23%에 그쳤다(황치성 외, 2009). 신문사는 대기업의 10%, 방송사는 30% 정도의 교육 훈련비를 사용한다는 의미다.

다섯째, 동시에 고려할 과제는 기자의 경력 관리 제도다. 현재 대부분의 언론사는 수습기자 선발을 통한 신입 인력 충원을 토대로, 지극히 관료화된 인력 운용 제도를 유지한다. 그러다 보니, 부장이나 국장 등의 보직은 길어야 2년 정도를 담당하는 순환 제도가 고착됐다. 이 제도의 장점은 많은 사람이 비교적 공평하게 보직을 경험하는 기회를 갖는 것이다. 문제는 이러한 제도는 강력한 지도력을 갖는 언론인을 키워내기 힘든 점이다. 워터게이트 사건을 지휘했던 워싱턴 포스트의 벤 브래들리(Ben Bradlee)는 30여 년을 에디터로 일하며, 이 신문을 최고의 신문으로 키울 수 있었다. UPI 통신에서 일했던 헬렌 토머스(Helen Thomas) 기자는 50년이 넘게 백악관을 취재했다. 그녀가 취재한 대통령이 9명에 달한다. 한국의 청와대 출입 기자는 2명의 대통령을 취재한 경우가 많지 않다. 이러한 제도로는 권위 있는 기자를 많이 양성하기가 어렵다.

여섯째, 한국적 풀뿌리 독립 저널리즘이 성장할 수 있는 환경이 조성되도록 기성 매체의 도움이 필요하고 사회 제도의 정비도 중요하다. 미국의 신문과 방송, 통신사들은 탐사보도나 지역 뉴스를 전문으로 보도하는 풀뿌리 매체의 기사를 실어 그들의 기사가 많은 독자들에게 전달되도록 지원한다. 다양한 자선기금이나 공공기금 등은 이들 매체가 시도하는 공공성이 강한 취재 프로젝트에 비용을 지원한다. 한국 사회에서도 부분적으로 탐사 기획에 취재비를 지원하는 사업이 진행되고 있다. 그러나 대부분 일회성으로 그치고, 기성 매체에 대한 지원인 경우가 많다. 이러한 지원 제도가 보다 확장되고 지속적 지원이 되도록 강화돼야 한다. 공공성이 강한 풀뿌리 매체가 보다 쉽게 활동할 수 있는 비영리법인 제도의 도입도 고려해야 한다.

1) 소유와 경영의 문제

신문은 중소기업이다. 2011년 시작된 종합편성 채널을 포함해도 신문사의 매출 규모는 수천억 원 정도에 지나지 않는다. 삼성전자의 분기 순이익 규모에도 미치지 못하는 수준이다. 그러나 사회적 영향력은 아직도 상당하다. 지식 산업이기 때문이고 여론에 영향을 미치기 때문이다. 상대적으로 약화되고는 있지만 권력을 감시하는 기능을 상시적으로 수행하도록 법률적으로 인정받는 것도 중요한 이유다.

이러한 신문의 기능은 따라서 지극히 공공재적 성격이 강하다. 민주주의 체제가 작동하려면 가장 중요한 요소가 자유 언론이라는 정치 이론가들의 주장도 이러한 신문의 성격을 뒷받침해왔다. 그러나 대부분 신문의 소유 구조는 공공적이 아니다. 한국 신문의 대다수는 사기업이다. 과거부터 전해오는 가업이거나 사적 자본의 결합체가 신문을 소유하는 형태다.

지극히 공적이어야 하는 신문의 역할과 사적 기업으로 이윤을 만들어내야 하는 소유 구조의 특이한 관계 때문에, 신문사 사주는 다른 기업과는 전혀 다른 품성과 경영 철학을 필요로 한다. 신문사 경영자가 지켜줘야 할 가장 중요한 원칙은 경영과 편집의 독립적 관계를 제도적으로 보장하는 일이다. 단순화시켜 말하면, 기사와 영업을 연결시키면 안 된다는 말이다. 타임 매거진의 발행인이었던 헨리 루스(Henry Luce)는 이 원칙을

"교회와 국가의 분리"(separation of the Church from the State)라고 표현했다. 뉴욕 타임스 발행인 아돌프 옥스(Adolph Ochs)는 "두려움도 호의도 없이"(without fear or favor) 뉴스를 전하는 것이 신문의 사명이라고 선언했다(코바치와 로젠스틸, 2009). 모두 기사를 쓰고, 편집하는 과정에 정치적, 상업적 고려를 하지 않겠다, 오직 공공의 이익을 위해 중요한 뉴스인가만을 고려하겠다는 원칙을 사주들이 직접 밝힌 말이다. 더욱 중요한 사실은 이들이 이 원칙을 철저하게 지키도록 회사 직원들을 독려해서 세계 최고의 시사 잡지와 신문을 만들었다는 점이다. 시카고 트리뷴 사를 설립한 맥코믹 씨는 한발 더 나가 건물 설계에서부터 편집국과 광고, 업무국을 분리시켰다. 그래서 기자들과 업무직 직원들은 서로 다른 승강기를 타도록 했다. 평소에 이들이 접촉할 가능성을 구조적으로 차단하겠다는 생각에서였다.

한국 신문업계에도 이러한 원칙을 천명하고 지키려한 사주와 경영인이 있었다. 스스로 신문인임을 자랑스러워했던 한국일보 사주였던 장기영 씨는 신문에 관한 수많은 명언을 남겼다. 사건 취재를 위해 출동하는 사회부 기자에게 자기 차를 내주는 일은 빈번했고, 회사의 모든 일은 취재와 신문 발행을 위해 존재했다. 동아일보 사장이었던 최두선 씨는 편집에 관여하지 않기 위해 편집국 방문을 철저히 자제했다. 기자 관련 보직 인사에도 의견을 내지 않고 편집국장에게 일임했다. 당시 편집국장으로 일했던 박권상 선생의 증언이다.

그러나 1980년대 들며 상황이 크게 나빠졌다. 필자가 연구를 위해 인터뷰한 원로 기자들은 5공화국 언론 통폐합 이후 정권이 미디어에 대한 통제를 강화하며, 신문 사주와 관영 매체 경영자의 힘이 절대화했다고 말한다(이재경, 2003). 언론 통폐합과 기자 대량 해직 사태를 거치며, 과거 편집 간부였던 권력과의 대화 창구가 사주와 경영자로 올라갔다. 그러면서 신문사에서 경영과 편집의 관계가 근본적으로 변질됐다.

권위주의 시절 변질된 관계는 민주화 이후에는 신문 간 경쟁의 격화로 경영적 고려가 전면에 등장하며 더 나빠졌다. 1997년 아시아 금융위기와 2008년 미국 금융위기에 이르기까지 신문은 지속적인 독자 감소와 광고의 이탈로 어려움을 겪었다. 그러다 보니, 저널리즘적 가치보다는 생존을 위한 경영 전략이 우선시되는 환경이 지배했다. 사장실 간부직을 거쳐야 주요 신문들의 편집국장으로 임명되고, 편집국 경제부장이 광고국장으로 가는 상황도 자주 발견됐다. 교회와 국가의 분리가 아니라 경영 효율성을 고려한 최대한 시너지 효과의 창출이 신문 경영의 표준 가치가 된 느낌이다. 살아남는 것이 미덕이 되다 보니, 신문 본연의 가치인 "저널리즘"과 "뉴스"의 중요성을 강조하는 사주는 더 이상 찾아보기 어려운 것이 오늘의 신문 현실이다. 적어도 사회적으로 주목받을 만한 저널리즘의 원칙을 공개적으로 천명한 신문 사주는 특히 민주화 이후 최근 20여 년 동안은 기억해내기가 어렵다. 더 걱정되는 요인은 주요 신문에서 진행되는 소유권의 승계 움직임이다. 신문의 가치를 투철하게 인식하고 존중하던 창업자가 회사를 2세, 3세에게로 넘기며, 신문에 대한 가치관은 실종되고, 신문사에 대한 재산권만 상속되는 느낌이 강하기 때문이다.

신문의 신뢰는 어떤 의미에서는 기자에 대한 신뢰보다 사주에 대한 신뢰가 더욱 중요하다. 경영자가 어떠한 원칙을 가지고 있는가가 취재와 편집, 경영의 관계를 구조적, 장기적으로 결정하기 때문이다. 요즘 같은 격동기에는 사주의 역할이 더욱 중요하다. 뉴욕 타임스는 신문 저널리즘의 경쟁력을 유지하기 위해 지난 10여 년간 주가가 3분의 1로 떨어지는 과정에도 거의 감원을 실시하지 않았다. 그리고 역설적으로 각 지역에 소유하고 있던 방송사들을 모두 팔아 신문에 재투자했다. 그러는 과정에 설즈버거 회장은 지속적으로 자신의 경영 원칙을 공개적으로 제시했다. 뉴욕 타임스의 퀄리티 저널리즘을 어떠한 대가를 치루더라도 지켜내겠다는 내용이었다.

안타깝지만 한국 신문 업계에서는 이러한 사주의 소리가 들리지 않는다.

2) 한국 저널리즘 선진화를 위한 과제

한국 저널리즘은 어려운 도전에 직면해 있다. 인터넷과 스마트폰으로 대표되는 디지털 기술의 도전은 지난 100여 년 저널리즘의 주공급원으로 군림해오던 신문의 존립 기반을 뿌리부터 흔들고 있다. 어떻게 해야 이 난국을 헤쳐갈 수 있을까?

가장 시급한 일은 저널리즘의 가치 기준을 분명히 천명하는 일이다. 여기에는 기사의 수준을 높일 수 있는 제도적 개선책이 포함돼야 하고, 그러한 개선책을 실현할 수 있는 실천 계획도 제시돼야 한다. 이 작업에는 미국의 우수 기사 프로젝트(the Project for Excellence in Journalism, 이하 PEJ)가 제시한 우수 기사의 조건들이 참고자료로 활용될 수 있겠다. 사실과 의견이 무분별하게 섞여 전달되는 폐단을 고치려면 팩트-체커 제도의 도입도 필요하다. 기사 검토 과정에서 사실 확인 제도가 일반화할 수 있으면 정파 저널리즘의 문제도 상당 부분 완화시킬 수 있게 된다.

신문의 신뢰 회복에는 사주 또는 발행인의 역할이 대단히 중요하다. 뉴욕 월드 신문의 조셉 퓰리처나 뉴욕 타임스의 아돌프 옥스는 자기 신문의 저널리즘 가치를 천명하고 수호하는 상징들이었다. 두 사람 모두 대학 문턱도 가보지 못한 신문쟁이들이었지만 이들이 제시한 저널리즘의 원칙과 제도들은 100년이 지난 오늘날도 미국의 고급 저널리즘을 유지하는 초석으로 남아 있다. 요즘 같은 격동기에 한국 신문이야말로 원칙을 분명히 밝히고, 그를 실천하는 사주의 존재가 절실히 필요하다. 그러한 사람의 제대로 된 비전을 자신의 신문기자들과 사회가 공유할 수 있으면, 신문의 신뢰 회복은 물론 우리 사회의 선진화에도 크게 기여할 수 있을 것으로 기대한다.

기자의 선발과 교육, 은퇴에 이르는 한국식 기자 제도 또한 근본적인 혁신이 필요하다. 한국 신문에는 영웅이 존재하지 않는다. 다양한 취재 분야에서 수십 년의 경험을 축적한 기자들이 정부의 일을 따지고 논평할 수 있어야 신문의 가치가 올라갈 수 있다. 정치부장 출신 홍보수석이 브리핑을 하고 그 밑에서 일하던 기자가 출입 기자로 취재를 하는 구조에서는 절대로 중량감 있는 청와대 기사를 보도할 수 없다. 국회와 법조, 경제부처 또한 마찬가지다. 적어도 60대까지, 현장에서 취재할 수 있는 기자 제도로의 전환을 시작해야 한다.

마지막으로 한국 사회의 저널리즘 철학 수준을 높일 수 있는 노력을 강화해야 한다. 저널리즘의 역사가 130년에 이르지만, 한국 정치, 경제, 사회 지도층의 저널리즘에 대한 인식은 지극히 도구주의적 수준에 머물러 있다. 심지어 기자들도 그 틀에서 벗어나지 못하는 것이 부정하기 어려운 현실이다. 대통령이나 대통령이 되려는 사람들, 그리고 그 주변 사람들의 저널리즘 철학을 바꾸지 못하면, 자유 언론의 실현은 이루기 어려운 꿈이다. 선진국 사람들이 찾아낸 1가지 해법은 저널리즘 현상을 주요 취재 대상으로 삼아 적극적으로 보도하고 논평하는 것이다.

참고문헌

권영기(1999). "격랑 60년: 방일영과 조선일보." 『방일영 문화재단 총서 6』.

김태훈(2008). "무기를 닮아가는 우리 시대의 언어 - 소설가 김훈, 문화포럼 강연." 『조선일보』 2008년 09월 11일자(A25면).

김경희(2009). 『한국 사회와 인터넷 저널리즘』. 서울: 한울

남시욱(2009). "언론의 위기와 직업 언론인의 책무." 『관훈저널』 113: 89~111.

동아일보사 엮음(2000). 『민족과 더불어 80년: 동아일보 1920-2000』. 서울: 동아일보사

박선희(2008). “소설가 김훈 씨 「우리 사회의 언어, 의견과 사실 구분 못해」.” 『동아일보』 2008년 09월 11일자.

박재영(2006). “뉴스 평가 지수 개발을 위한 신문 1면 머리기사 분석.” 『한국의 뉴스 미디어 2006』. 147~220. 서울: 한국언론재단.

이건호 · 정완규(2007). “한 · 미 신문의 기사 형식과 내용.” 『조사분석 2007-03』. 서울: 한국언론재단.

이재경(2003). “언론인 인식을 통한 한국사회와 언론 자유의 조건 연구.” 『한국언론학보』 47(2): 54~77.

______(2006). “한미 신문의 대통령 취재 관행 비교: 조선일보와 뉴욕 타임스.” 『언론과 사회』 14(4): 37~69.

______(2007). “한국 언론의 사상적 토대.” 『커뮤니케이션 과학』 24: 1~24.

______(2008). “한국의 저널리즘과 사회갈등: 갈등 유발형 저널리즘을 극복하려면.” 『커뮤니케이션 이론』 4(2): 48~72.

임상원 외(2007). 『민주화 이후의 한국 언론』. 서울: 나남.

최서영(2009). “언론인의 위상은 변치 말아야 한다.” 『관훈저널』 113: 3~6.

황치성 · 송상근 · 정완규(2009). “언론인의 직업 환경과 역할 정체성.” 『한국언론재단 연구서』. 서울: 한국언론재단.

한국언론재단 엮음(1997). 『한국신문방송연감』. 서울: 한국언론재단.

______(1999). 『IMF 사태 이후 한국의 미디어 산업』. 서울: 한국언론재단.

Beam, R. A., Weaver, D. H., Brown Lee, B. J.(2009). “Changes in Professionalism of U.S. Journalists in the Turbulent Twenty-first Century.” *Journalism & Mass communications Quarterly*. 86(2): 277~298.

Carr, David.(2009). “The Media Equation: News Erupts, and So Does a Web Debut.” The *New York Times*. Nov. 09, 2009.

Carroll, John.(2004). “The Wolf in Reporter's Clothing: The Role of Pseudo-Journalism in America.” Ruhl Lecture text(University of Oregon, 05/06/2004).

Downie, Jr., Leonard & Schudson, Michael(2009). “The Reconstruction of American Journalism.”(Columbia Journalism School Website, 10/20/2009).

Harbermas, Juergen(1973). *Legitimation Crisis*. Boston: Beacon Press.

Kelly, Mary(1984). “Influences on Broadcasting Policies for Election Coverage.” In J. Blumler, Ed. *Communicating To Voters: Television in the First European*

Parliamentary Elections. pp.65~82. London: Sage.

Kovach, Bill & Rosensteil Tom(2007). *The Elements of Journalism: What Newspeople Should Know and the Public Should Expect*. New York: Three Rivers Press.

Kuhn, Thomas. S.(1962). *The Structure of Scientific Revolution*. Chicago: University of Chicago Press.

Lee, Jae-Kyoung(2002). "The Asian Financial Crisis and the Tribulations of the South Korea Media." *Gazette* 64(3): 281~297.

Perez-Pena, Richard(2009). "A.P. in Deal to Deliver Nonprofit's Journalism." *The New York Times*. June 13, 2009.

______(2010). "A Newsroom's Salute to It's Departed." *The New York Times*. Feb. 15, 2010.

Project for Exellence in Journalism(2010). "How News Happens: A Study of the News Ecosystem of One American City."(www.journalism.org, 1/11/2010).

Stelter, Brian(2010). "CBS News Lays Off Dozens in New Round of Staff Cuts." *The New York Times*. Feb. 04, 2010.

Wollan, Malia(2010). "California: Newspaper shifts from Print to web." *The New York Times*. Feb. 12, 2010.

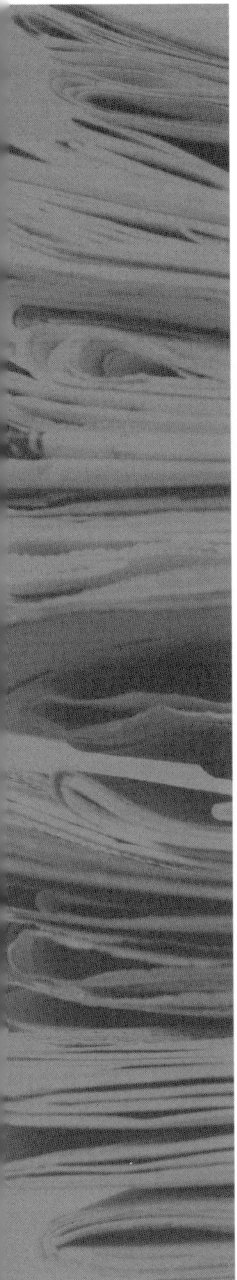

2부

한국형 기사의 특징과 한계

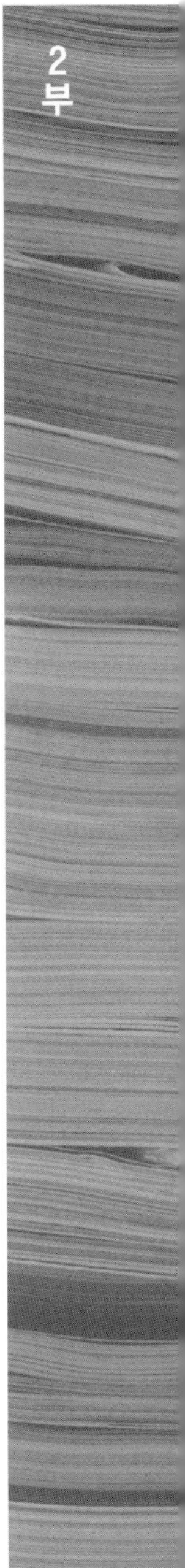

3장

한국의 저널리즘과 사회 갈등*

: 갈등 유발형 저널리즘의 원인과 과제

해방 후 한국 언론의 행적을 되돌아보면, 기자들과 신문, 방송사들은 스스로 그릇된 정체성을 형성해왔다. 또 잘못된 사회, 정치적 역할을 자임하는 한국적 언론 관행을 고정시키면서 오늘에 와서는 언론이 사회를 위기에 빠트릴 수도 있는 상황에 이르렀다. 디지털 기술의 발전에 따라 부정확한 정보의 확산이 가속화하는 현실은 저널리즘을 문제 제기자가 아니라 문제 자체로 진단해야 할 필요를 깨우쳐준다. 기자들의 저널리즘에 대한 기본적인 인식은 그들이 생산하는 기사의 특성과 제작 방식과 밀접하게 관계돼 있다. 이 문제는 또 매체의 소유 구조와 경제적 환경 요소들이 만들어낸 결과물이기도 하다. 이 장은 한국 신문과 방송사들이 실천하는 저널리즘의 기본 성격을 실증 자료를 토대로 한 분석이 아니라 과거 관행에 대한 성찰을 바탕으로 연역적으로 규정한 뒤, 그 근거들을 제시하는 방식으로 구성했다. 이 장에서는 한국의 신문과 방송사, 인터넷 매체

* 이 글은 『커뮤니케이션 이론』 4권 2호(48~72)에 실린 "한국의 저널리즘과 사회 갈등: 갈등 유발형 저널리즘을 극복하려면"(이재경, 2008)과 같다.

가 생산해내는 뉴스의 속성을 "갈등 유발형 저널리즘"이라고 규정한다. 이러한 주장을 뒷받침하기 위해 크게 4가지 관점에서 한국 저널리즘이 갈등을 유발하는 구조적 원인을 제시한다. 마지막 부분에서는 지난 60여 년의 역사적 체험을 통해 잘못 형성돼온 저널리즘의 구조적 문제들을 해결하려면 우리 사회와 언론인이 무엇을 해야 하는가를 3가지 과제로 제시한다.

1. 저널리즘 관행에 대한 문제 제기

> 뉴스 보도는 후보자와 유권자를 연결하는 다리가 아니라 그 사이를 가로막는 장애물이 돼버렸다(Patterson, 1994, p.25).

언론이 사회 발전에 장애 요소가 되고 있다는 위의 인용은 더 이상 미국과 같은 선진국에서만의 문제가 아니다. 국내에서도 대통령 선거와 관련한 언론 보도의 부작용에 대한 비판이 일고 있다. 지난 2007년 대통령 선거를 살펴보면, 대통령 선거의 주역은 김경준과 그가 설립한 투자 회사인 BBK였다. 한나라당의 이명박 후보나 그에 맞섰던 대통합민주신당의 정동영 후보는 조연에 불과했다. 신문과 방송사가 전달했던 뉴스가 그랬다는 뜻이다. 각종 시사 잡지와 인터넷 매체에서 다룬 뉴스 또한 비슷했다. 적어도 김경준이 귀국한 2007년 11월 16일부터 투표일 직전까지의 분위기는 그랬다. 전국의 뉴스 매체는 앞다투어 김경준과 그의 변호인, 가족 측의 주장을 중계했다. 심지어 그가 구속된 상태에서 흘려준 메모까지도 1면 머리기사로 대서특필됐다.

이처럼 '선거판의 태풍'으로 등장한 BBK 논란은 대통령 후보 자질이나 정책 검증 등의 쟁점을 모조리 덮어버릴 만큼 강력한 선거 의제가 됐다.

이러한 상황은 정상적 여론 형성 과정이 아니다. 당시 대한민국의 차기 대통령은 한국 유권자의 이성적인 판단이 김경준과 그가 가져온 BBK 의제에 의해 결정되는 그런 상황처럼 보였다.

5년을 거슬러 2002년 대통령 선거로 돌아가보면, 거의 똑같은 상황이 다시 연출된다. 이번에는 주역이 이회창 후보 아들의 병역비리 문제를 폭로한 김대업이라는 사람이다. 이러한 폭로는 선거 이후에 허위로 판명이 났다. 하지만 당시 김대업의 폭로는 대대적 언론 보도를 통해 미국 시민 김경준이 가져온 BBK 사건보다 파괴력이 더 컸으며, 당선자가 바뀌었다는 평가까지 있다.

한국 사회는 2008년 봄 미국 쇠고기 수입을 둘러싼 광우병 파동과 정부의 기능을 마비시키다시피 한 촛불 시위의 확산을 목격했다. 〈PD 수첩〉 프로그램으로 사태를 촉발시킨 텔레비전은 물론이고, 신문과 인터넷 매체는 이 과정에서도 예외 없이 정부의 쇠고기 수입 결정과 그에 저항하는 촛불 시위에 관한 기사로 화면과 지면을 채웠다.

국가적으로 중요한 문제에 대한 뉴스를 집중적으로 다루는 일은 언론기관이 당연히 수행해야 할 사회적 책무다. 한국의 신문과 방송사, 인터넷 매체는 국가적으로 중요한 일이 있을 때마다 국민의 알 권리를 위해 적극적인 역할을 자임해왔다. 그러나 한국 언론의 행적을 역사적 관점에서 되돌아보면, 기자와 신문사, 방송사는 스스로 그릇된 정체성을 형성해왔다. 또 정치사회적 역할을 자임하면서 국내에 잘못 자리 잡은 저널리즘 관행이 한국 사회를 위기에 빠트릴 수 있는 상황에까지 이르렀다(이재경, 2008). 디지털 기술의 발전에 따라 부정확한 정보의 확산이 가속화하는 현실은 저널리즘을 문제 제기자가 아니라 문제 자체로 진단해야 할 필요를 깨우쳐준다. 앞에 인용한 패터슨(Patterson, 1994)은 미국 사회와 언론의 관계를 설명하며, "문제는 언론인들이다. 후보자들이 아니라 기자들이 바람에 흔들리는 갈대들"이라고 진단하기도 했다(p.16).

저널리즘에 대한 기자들의 기본적인 인식은 당연히 그들이 생산하는 기사의 특성과 제작 방식과 밀접하게 관계돼 있다. 이 문제는 또 매체의 소유 구조와 경제적 환경 요소들이 만들어낸 결과물이기도 하다.

이 장은 한국 신문사와 방송 기관이 실천하는 저널리즘의 기본 성격을 실증 자료를 토대로 분석하지 않았다. 대신에 과거 국내 언론 관행에 대한 성찰을 바탕으로 저널리즘의 기본 성격을 연역적으로 규정한 뒤, 그 근거를 제시하는 방식으로 구성했다. 다시 말하면, 이 장은 독립적인 실증 자료를 토대로 논지가 펼쳐지지는 않았다. 대신에 잘못 자리 잡은 국내 언론의 관행에 대해 성찰적이며 이론적인 비판을 체계적으로 시도해보았다.

2. 갈등 유발형 저널리즘의 성격 규명

빌 코바치와 톰 로젠스틸(Kovach & Rosenstiel, 2001)은 『저널리즘의 기본원칙』이란 저서에서 "저널리즘의 가장 중요한 목적은 시민들이 자유로울 수 있고 또 스스로를 다스릴 수 있도록 그들이 필요로 하는 정보를 제공하는 데 있다"고 밝혔다(p.12). 코바치와 로젠스틸의 이러한 주장은 그 두 사람만의 생각이 아니다. 이들은 1997년부터 미국의 저명한 언론인들이 결성한 '저널리즘을 염려하는 언론인 위원회'(CCJ)를 대표해 3년여에 걸친 집단 토론을 거쳐 이 책을 집필했기 때문이다. 따라서 『저널리즘의 기본원칙』이 규정하는 저널리즘의 의미는 미국의 양식 있는 언론인이 합의한 교과서적인 정의라고 말할 수 있다.

이러한 정의를 바탕으로, 코바치와 로젠스틸은 같은 책에서 저널리즘의 첫째 의무는 진실을 추구하는 일이라고 말한다. 그리고 그러한 진실 추구의 과정은 사실(fact)에 대한 검증의 철저함을 본질로 삼아야 한다고 주장한다. 다시 말하면, 기자가 해야 하는 일은 사실에 관한 정보를 수집하고 그 정보들의 사실성을 철저하게 검증한 뒤, 조심스럽게 시민들에게 전달하는 작업이라는 뜻이다.

이밖에도 '저널리즘을 염려하는 언론인 위원회'(CCJ)에서는 특히 갈등 요소를 포함하는 기사의 경우에는 다원적 관점을 기사에 담아주는 일이 중요하다고 강조한다. 이는 하나의 취재원에만 의지해 기사를 생산할 경우, 편파적 정보가 시민들에게 전달될 가능성이 높아 결과적으로 사회적 갈등을 유발할 수 있기 때문이다.

"사실만 부탁합니다."

UPI 통신의 사훈이다. 이 회사에서 1950년대부터 2010년 무렵까지 9명의 미국 대통령을 취재해온 헬렌 토머스(Helen Tomas, 2006) 기자에 따르면, UPI 통신사는 모든 기사에서 형용사나 부사, 동사들 가운데 의견을 표출하는 단어는 예외 없이 삭제한다는 원칙을 갖고 있다. 토머스가 소개하는 스크립스 하워드(Scripps Howard) 사의 실무 지침서 또한 같은 원칙을 담고 있다.

> 우리는 정치에 개입하지 않는다. 우리는 공화당원도 민주당원도 아니다. 우리는 그가 어느 정당에 소속돼 있든지, 착한 사람은 지원하고 나쁜 사람이면 비판한다. 우리는 사랑이건, 돈을 위해서건, 어느 사람이나 정책에 대해 거짓을 말하지 않는다(Thomas, 2006, p.198).

헬렌 토머스가 제시하는 저널리즘은 코바치와 로젠스틸이 말하는 『저널리즘의 기본 원칙』을 잘 실천하는 저널리즘이다. 물론 미국의 신문, 방송사들이 모두 이러한 보도 자세를 견지하지는 않는다. 토머스의 관찰에 따르면, 지난 50여 년 사이에 미국 언론에서도 다음과 같은 비판이 제기됐다.

무언가 핵심적인 가치가 소멸했다. 그래서는 되지 않는다. 이제 기자들은 진실(truth)보다 의제(agenda)를 더 추구하는 것 같다(Thomas, 2006, p.xiii).

헬렌 토머스보다 더 강력하게 저널리즘을 비판하는 사람은 토머스 패터슨(Patterson, 1994)이다. 패터슨은 『고장난 제도Out of Order』라는 저서에서 "선거 과정을 뉴스 미디어에 의지해 진행하는 한, 미국은 지각 있는 대통령 선거를 실시할 수 없다"고까지 주장했다. 뉴스 미디어가 자신들의 잘못된 속성 때문에 미국의 대통령 선거 제도를 비정상으로 만들었다는 진단이다. '저널리즘을 염려하는 언론인 위원회'(CCJ)나 『저널리즘의 기본 원칙』의 등장은 토머스나 패터슨이 진단하는 미국 저널리즘 현실의 문제들에 대한 미국 지식인 사회의 양식 있는 대응 작업이다.

한국 사회에서도 민주화 이후 꾸준히 저널리즘의 문제를 논의해왔고, 몇 차례 체계적인 진단과 처방이 제시됐었다(한국 언론보고서, 2000; 임상원 외, 2007). 그러나 안타깝게도 저널리즘의 현실은 의미 있는 변화를 보이지 않는다. 오랫동안 기자를 체험했던 소설가 김훈의 증언이 한국 저널리즘의 현실을 잘 드러내준다.

요즘 신문, 저널읽기가 고통스럽고 목이 멘다. (……) 현재 우리 사회의 지배적 담론들은 사실과 의견을 구분할 줄 모르는데, 그것은 자신의 당파성이 정의라고 믿기 때문이다(박선희, 2008).

그는 또 "우리 시대 언어의 모습은 돌처럼 굳어지고 완강해 무기를 닮아가고 있다"고도 말했다(김태훈, 2008). 김훈은 "의견을 사실처럼 말하고, 사실을 의견처럼 말하기 때문에 언어가 소통이 아니라 단절로 이르게 된다"고까지 진단한다(김태훈, 2008). 지극히 단순한 규정이지만, 김훈의 말들이 많은 사람의 공감을 이끌어냈다. 그만큼 한국 저널리즘의 현실을 김훈과 같은 '안타까움'으로 보는 사람이 많다는 뜻이다.

다시 이 장의 처음으로 돌아가 김경준과 BBK 사례를 돌아보면, 한국 저널리즘의 문제를 더 분명히 이해할 수 있다. 지난 2008년 6월 27일 김경준은 법정에서 2007년 말 대통령 선거 기간에 자신이 제기했던 주장들은 모두 거짓이었다고 진술했다. 그가 법정에서 읽은 진술서에 따르면, "대한민국 국민과 판사, 검사, 그들의 가족, 그리고 이명박 대통령께 끼친 피해에 대해 한 없이 죄송하게 생각한다"고 적혀 있다. 이 자리에 함께 있던 김씨의 변호인은 "검찰의 공소 사실을 모두 인정한다"고 밝혔다. 이는 재판에서 유리한 결과를 얻어내기 위해 대통령 선거 과정을 이용했다는 뜻이다. 김경준과 그의 변호인의 진술은 그날 신문과 방송에 의해 독자와 시청자에게 전달됐다.

문제는 김경준이 이번에는 진실을 말했는가 하는 점이다. 만약 그가 법정에서 한 진술이 사실이라면, 한국의 모든 신문과 방송사는 대통령 선거 기간에 김경준의 주장을 사실인 것처럼 보도했던 잘못에 대해 정정 보도나 사과 방송을 했어야 한다. 사과만으로 그칠 일이 아니라, 선거 기간 동안 무엇이 어떻게 잘못돼서 오보를 하게 됐는지를 돌아가 검토하고 다시 그러한 일이 발생하지 않도록 진상 조사 보고서를 발표해야 한다. 그러나 김경준과 BBK 관련 보도에 대해 이러한 성찰 과정을 고려하는 신문사나 방송사는 없었다.

반대로 만약 김경준이 2008년 6월 27일 법정에서 진술한 내용이 지난번 대통령 선거에 이겨 집권한 권력에 대한 두려움 때문에 형량을 경감하기 위해서 부득이하게 발표할 수밖에 없었던 거짓이라면, 이를 그대로 진실인 양 국민에게 전했던 신문과 방송은 또 다시 오보를 낸 셈이다. 그러면 도대체 진실은 무엇인가?

전체 상황을 종합해보면, 김경준은 2007년 말 대통령 선거 기간이든 2008년 법정에서든, 한 번은 분명하게 거짓말을 한 셈이다. 그리고 한국의 신문과 방송, 잡지사는 두 차례 모두 그의 말을 국민이 진실로 생각하도록 보도했다. 하지만 그들은 아무 일도 없었다는 듯이 다음 기사거리로 넘어갔다.

김경준과 BBK 관련 보도가 한국의 선거 과정을 어떻게 왜곡했는지, 그 보도가 유권자를 얼마나 혼란스럽게 했는지 등에 대해서는 전혀 뒤를 돌아볼 이유가 없는 것인가? 어떠한 이유 때문에 대다수 한국의 신문사와 방송사 기자들은 김경준이 했던 말을 제대로 검증하려는 노력도 없이 그대로 보도해왔는가? 이는 혹시 진실성의 검증은 저널리즘의 책임이 아니라는 생각이 바탕에 있기 때문은 아닌가?

안타깝지만, 이러한 인식 수준이 한국 저널리즘의 현주소라는 사실을 부인할 수 없다. 2002년 선거에서 김대업과 관련한 보도들도 김경준 사례와 다르지 않았다. 2008년 봄, 온 나라를 뒤흔들었던 미국 쇠고기 수입과 광우병 관련 보도는 물론이고 최근의 경제 상황을 잘못 예측했던 미네르바 사태 보도도 마찬가지다.

이러한 사례를 통해 되풀이해서 확인할 수 있는 한국 저널리즘의 핵심 문제는 김훈이 지적하듯 의견을 사실로 포장해 전달하는 보도 자세다. 2007년 대통령 선거 기간에는 김경준의 주장이 모두 사실인 것처럼 독자와 시청자에게 전달됐다. 2008년 촛불 시위 기간에는 확인할 수 없는 인터넷 소문이 아무런 검증 과정을 거치지 않고 기사로 변신해 사회 갈등을 부추겼다.

문제는 이처럼 국민을 호도하는 일종의 선전 공작의 과정에 청와대와 주요 정당, 시민 단체가 거의 일상적으로 참여하고 있다는 사실이다. 이는 다시 말하면, 한국의 신문과 방송, 인터넷 매체가 언제부턴가 철저한 검증을 바탕으로 진실을 추적하는 보도 기관이라기보다는, 자신들의 정치적 노선과 방향을 공유하는 다양한 정치 세력의 대리인처럼 행세하는 처지로 전락했다는 의미다.

그러다 보니, 한국의 신문, 방송사는 코바치와 로젠스틸이 말하는 것처럼 독자를 자유롭게 하고, 시민이 스스로 나라를 다스릴 수 있도록 시민의 판단에 필요한 정보를 전달한다고 여겨지지 않는다. 오히려 자사와 이해관계를 같이하는 집단의 입장이 기사에 반영돼 시민의 생각을 그쪽으로 유도하는 기능을 자신들의 임무로 생각하고 보도하는 경향까지 보인다.

이러한 현실에서는 "사실만 부탁합니다" 하는 UPI 통신의 철학은 수용되기 어렵다. 오히려 헬렌 토머스가 말하는 "의제(agenda)를 앞세우는 기사와 칼럼 쓰기가 일상화"되는 것이 자연스런 귀결처럼 보인다.

이 글에서 제시하는 갈등 유발형 저널리즘은 이러한 한국 저널리즘의 상황을 요약해보려는 개념이다. 중요한 점은 기자나 신문사, 방송사들이 의도적으로 사회나 집단 갈등을 조장하려 해서 이러한 저널리즘이 형성된 것이 아니라는 사실이다. 기자는 자신이 보도하는 기사가 그러한 결과를 낳는다는 사실을 의식하지 못할 수가 있다. 그러면 무엇이 한국의 저널리즘을 이렇게 만들었는가? 한국 저널리즘이 이처럼 문제 체질을 구조화한 데는 어떠한 원인들이 있는가?

3. 갈등 유발형 저널리즘의 원인 규명

한국 저널리즘이 매체에 관계없이 기본적으로 갈등 유발형으로 발전해온 데는 크게 4가지 원인이 있다. 이글에서 제시하는 4가지 원인은 첫째, 저널리즘 철학의 문제, 둘째 정파적 저널리즘 환경의 문제, 셋째 경영우선주의에서 오는 부실한 전문직 제도화의 문제와 마지막으로 한국식 기사형으로 고착된 단편적 기사 쓰기의 문제 등을 포함한다.

여기 제기되는 문제들은 하나씩 심층적으로 검토하면 모두가 서로 긴밀히 연결되는 속성을 드러낸다. 그러나 이 글에서 제시하는 네 영역은 각 분야별로 분명한 행위 주체가 구분될 수 있고, 또 문제 자체의 성격에서도 분명한 경계를 설정할 수 있기 때문에 별도 유형으로 제시한다.

1) 저널리즘 철학의 문제

한국 언론에 문제가 있다면, 그 뿌리의 한 줄기는 필연적으로 저널리즘 철학의 부재에서부터 찾을 수밖에 없다. 여기서 철학은 관념적 체계로서 저널리즘 이론을 말하는 것이 아니다. 문제가 되는 저널리즘 철학은 적어도 기자, 편집자, 발행인을 포함하는 현장 언론인들과 대통령을 비롯한 정치 · 경제 · 사회 지도자들, 그리고 사회 전체 구성원인 신문의 독자와 방송의 시청자들이 실천적 행동 강령으로 이해하고 있는 언론관을 뜻한다. 이는 다시 말하면, 한국 사회가 묵시적으로 공유하는 저널리즘과 기자의 역할에 대한 상식화된 생각이다. 오늘날 한국의 저널리즘이 겪고 있는 어려움은 바로 이러한 저널리즘 철학이 잘못돼 있기 때문이다. 이 문제는 아래와 같이 "도구주의적 언론관"과 연결해 진단해볼 수 있다.

> 한국 사회는 지난 120여 년 동안, 언론을 중요한 사회 제도로 운영해왔지만, 언론은 무엇인지, 언론의 핵심 기능은 무엇이어야 하는지 등에 대한 근본적인 생각을 정리하거나 체계화하지 못했다(이재경, 2007, p.21).

국내 언론계와 언론학계는 그동안 서양의 언론 사상을 소개하는 글이나 이론서를 다양하게 출간했다. 그러나 서양 사상을 한국의 사회 현실과 한국인들의 일상적 행동 체계에 구체적으로 도입하지 못했다. 실천적 규칙이나 행동 원리로 정착시키는 작업도 제대로 시도되지 못했다. 그러다 보니 시대별로 각각의 행위 주체들은 자신들이 필요로 하는 방식으로 저널리즘을 정의하고 실천해왔다. 도구주의 언론관이란 이러한 상황을 종합적으로 정리한 개념이다.

도구적 언론관을 간단히 설명하면, 한국인들은 저널리즘을 개화 운동기에는 개화와 계몽의 도구로 생각했고, 경제 발전기에는 발전 저널리즘의 관점에서 발전의 도구로 인식했다. 민주화 운동기에는 다시 민주화를 위한 선도 역으로 저널리즘을 이해하고 활용해왔다. 다시 말하면, 한국 사회에서 "언론을 보는 시각은 항상 무엇인가를 위한 도구적 존재로서였다. 한국 사회는 언론을 언론 자체가 스스로 존재 이유를 갖는 대상으로 인식하지 않았다"는 뜻이다(이재경, 2007, p.21).

이는 심각한 문제다. 근본적으로 객관적 보도의 철학적 토대를 부정하기 때문이다. 이러한 인식은 저널리즘 스스로를 위한 철학적 토대를 부정한다기보다는 긍정적인 저널리즘 정체성을 형성하지 못하도록 유도한다고 보는 것이 옳겠다. 이처럼 도구적 언론관이 한국 사회 구성원의 저널리즘 철학으로 상식화되다보니, 민주화 이후 대통령 등 정치지도자나 언론사 사주와 언론인이 그들의 사적인 이익을 위해 신문과 방송을 급속도로 사유화해도 효과적인 제어 논리를 제시할 수 없게 된 배경이다.

도구적 언론관이 얼마나 구조적으로 한국 저널리즘을 지배하는가는 수많은 실증적 증거들이 광범위하게 증언한다(이재경, 2007). 대표적인 예는 정부가 운영하는 청와대 브리핑과 국정 브리핑, KTV 등 정부 직영 매체들이다. 대통령이 제기하는 반론 보도 요청이나 언론 중재 요청, 각 신문과 방송이 지속적으로 실시하는 각종 캠페인, 순전히 돈벌이를 위해 제작되는 각종 신문 섹션들의 범람도 예외가 될 수 없다. 거기에 기자직을 발판으로 정치에 진출하는 무수한 정치 언론인들이 또 다른 측면에서 체질화된 도구주의를 입증하는 사례라 여길 수 있다.

2) 정파주의 고착의 문제

2007년 대통령 선거과정에서 김경준과 BBK 이슈에 관한 보도와 2008년 봄 미국 쇠고기 수입과 촛불 시위에 관한 보도를 보면, 한국의 매체 시장이 어떻게 극단적으로 정파화됐는지를 뚜렷하게 확인할 수 있다. BBK 이슈와 촛불 시위는 모두 실체적 존재를 갖는 대상들인데, 보수 신문들과 진보적 매체들이 이러한 대상을 보도하는 방식은 너무도 극단적인 차이를 보여왔다.

조선일보, 동아일보, 중앙일보 등 보수적 신문의 보도에 따르면, 김경준은 선거 국면을 이용해 자신의 형량을 줄이고 싶어 하는 사기꾼이고, 미국 쇠고기는 광우병 위험 노출도가 그다지 심각하지 않다. 그러나 경향신문이나 한겨레신문, 문화방송 등의 보도를 따라가보면, 김경준이 주장하는 내용들은 상당히 신뢰할 근거가 있으며, 미국산 쇠고기는 광우병에 노출됐을 가능성이 높아 한국에 수입되면, 국민 건강, 특히 학교 급식을 이용하는 청소년들의 건강에 심각한 위협이 된다. 한쪽 눈에는 촛불 시위대가 용기 있고 선량한 민주 시민들이지만, 다른 시각에서는 이들의 상당 부분이 폭도로 인식된다.

객관적 현실을 이처럼 현격하게 차이가 나도록 보도하는 일은 정상적으로 진실을 추구하는 저널리즘에서는 있을 수 없는 일이다. 문제는 이러한 보도 행태가 거의 매일 유수한 신문과 방송에서 되풀이된다는 사실이다. 2008년 후반에 사회 이슈가 됐던 종합부동산세 관련 보도가 또 다른 좋은 예다. 국제 중학교 설립 등과 관련된 교육 문제, 초 · 중 · 고 학생들의 학력 평가 시험 문제나 교원 평가 제도의 도입에 관한 문제도 같은 맥락에서 지독하게 정파적으로 취급되는 기사였다. 인터넷 댓글을 규제하려는 법안을 두고 벌어지는 소위 "최진실법 논쟁"도 예외가 아니다. 정파적 보도의 폐해는 북한 관련 쟁점이나 미국 관련 문제 등 외교, 군사 문제에 대해서는 더욱 심각한 증상을 드러낸다.

언론의 보도 자세가 정치 세력 또는 정파의 정책 노선과 밀접하게 공조 현상을 보이는 상태를 커뮤니케이션학에서는 "정당과 매체의 병행 관계(Press-Party Parallelism)"라고 부른다. 윤영철(2000)은 한국에서 1998년 김대중 정부가 시작된 이후 이러한 병행 관계가 강화됐다고 분석했다. 그가 제시하는 이유는 2가지다. 하나는 신문이 판매 전략을 고려해 보수와 진보로 양분된 독자들의 정서를 기사 생산과 신문 편집에 적극적으로 반영했기 때문이라고 본다. 다른 하나는 신문사 경영 주체들의 이념 성향 차이가 극명하게 나뉘면서 그러한 사주의 성향이 여과 없이 보도틀에 반영된다는 것이다.

한국 매체들의 정파성이 강화되는 과정에는 집권 세력의 언론 정책과 기자들의 정치 또는 공직 진출 욕구도 중요한 요소로 작용해왔다. 이러한 추세는 거의 모든 정권에서 청와대 보좌관이나 국회의원, 장 · 차관으로 진출해온 언론인들의 면면을 보면 쉽게 확인할 수 있다. 게다가 KBS, MBC, 연합뉴스, YTN, Skylife, KTV 등 정부가 통제하는 매체의 임직원 자리가 채워지는 방식 또한 이러한 매체들의 정파성을 결정하는 요소로 자리잡아왔다. 방송위원회의 임직원 자리나 한국언론재단, KBS, MBC의 이사진 임명도 철저하게 정파적이었음을 부인하기 힘들다.

태생부터 정파 저널리즘의 원조격인 유럽 여러 나라의 저널리즘은 대체로 탈정치화와 중도화 추세를 보여왔다(Hallin & Mancini, 2004). 이러한 추세와는 반대로, 한국에서는 민주화 진행과 함께 정파성의 강도가 오히려 강화되고 새로운 신문법을 통해서 제도적으로 고착화되는 경향까지 보인다.

말할 나위 없이, 정파 저널리즘의 가장 큰 피해자는 독자와 시청자들이다. 진실을 추구하는 뉴스를 접할 수 없을뿐더러, 구조화된 사회 갈등의 쳇바퀴를 탈출구 없이 맴돌아야 하기 때문이다. 현장에서 기사를 생산하는 기자들 또한 심각한 피해를 입기는 마찬가지다. 뉴스를 공급해 사회적 신뢰를 축적하는 것이 아니라 신문과 방송에 대한 불신을 구조적으로 심화하고 자신들의 생명선인 사회 전체의 신뢰 문화도 붕괴시켜가기 때문이다.

미국의 탁월한 칼럼니스트이자 학자인 월터 리프먼(1922)은 그의 명저 『여론Public Opinion』에서 사람들은 "관찰 대상을 먼저 살펴보고 그에 대해 의미를 부여하기보다, 우선 대상을 규정한 뒤, 현실을 관찰한다(first define and see)"고 말한 적이 있다. 여기서 리프먼의 말은 정파적 고정관념이 객관적 현실 인식을 지배한다는 의미는 아니다. 그의 말은 복잡한 세상을 살아야 하는 현대인들이 어쩔 수 없이 사회를 인식하는 과정에서 기존의 선입관이나 통념에 영향을 받을 수밖에 없다는 뜻이다. 그런데 현재 한국 저널리즘의 정파성은 이러한 리프먼 차원의 문제를 크게 넘어선다는 데 그 문제의 심각성이 있다. 한국 신문사와 방송사의 문제는 정치적 함의를 포함하는 거의 대다수 쟁점들을 고정된 색안경을 통해서 봐왔으며, 철저하게 자신들의 색깔을 덧씌워 보도하는 자세가 일상화돼간다는 사실이다.

3) 전문직 제도화 부실의 문제

오늘날 한국 저널리즘은 신문이든 방송이든 현장에서 기사를 취재하고 편집하는 기자나 에디터가 주도한다기보다 소유 구조에 따라 해당 매체를 소유한 개인이나 기업 또는 정부가 주도해오고 있다. 다시 말하면 경영이 편집에 대해 강력한 영향력을 일상적으로 행사한다는 뜻이다. 이는 전문직 체제가 제대로 갖춰진 선진 언론계에서는 이해하기 어려운 현실이다.

경영자가 편집 담당자들을 강력하게 지배한다는 것은 편집국에서 선택하는 보도 대상이 되는 사안을 저널리즘적 관점에서 취재하고 판단하기보다 사업적 관점에서 접근할 가능성이 커진다는 뜻이다. 또 한국의 현실처럼 정부가 영향력을 행사하는 매체가 많은 경우, 이들 신문이나 방송사들은 기사를 정치적 고려를 토대로 선택하고 편집할 가능성이 크다는 의미다.

이러한 조건 아래서, 코바치와 로젠스틸(2001)이 주장하는 시민이 스스로를 다스릴 수 있도록 객관적인 정보를 공급하는 저널리즘의 이상은 제대로 실천되기가 어려울 수밖에 없다. 더구나 언론사 경영까지 매체 외부의 이념적 세력에 의해 영향을 받는 한국의 현실은 기자의 독립적 판단을 최대한 존중해 보도하는 전문직주의와는 현격한 거리감을 느끼게 한다.

역사적으로 한국 저널리즘에서 경영이 편집을 압도하게 된 계기는 1960년대부터 1980년대 말까지 이어진 권위적 군사정부의 강압적 언론 통제 조치를 지목하는 언론인들이 많다(이재경, 2003).

> 사주가 편집권에 간여하는 것은 1965년까지는 거의 없었어요. 그런데 60년대 후반부터 70년대 경제 물량이 늘어나면서, 유신 하면서부터 사주가 신문 경영 전반을 책임지고, 독려하고, 좌지우지할 수 있는 권력을 쥐었죠. 군사정부가 그렇게 만들어버렸다고요. 그러니까 지금은 사주가 기자 뽑는 데 전부 간여하고 있잖아요. 기자 목숨도 좌지우지하고, 편집 방향, 논조까지 사주가 다 결정해요(이재경, 2003, p.68).

언론 자유의 조건을 밝혀보기 위해 인터뷰했던 원로 언론인 D의 발언이다. 그의 관찰에 따르면, 사주 또는 매체 경영자의 권력을 강화시켜준 주체는 권위주의 정부였다. 관변 매체는 정부가 경영진을 직접 임명했으며, 개인 신문사는 사주와 정부의 제휴를 통해서 편집 책임자가 가진 독립적 판단의 영역을 지속적으로 축소시킬 수 있었다. 1980년대 말 민주화가 진행되면서 경영의 영향력을 제어할 수 있는 세력이 형성되기는 했으나 이 세력은 전문직으로서의 기자들 모임이 아니라, 근로자의 집단인 노동조합이었기 때문에 경영을 견제하려는 지향점이 편집국이나 보도국의 자유로 집중돼 있지 않았다.

사회와 정치의 민주화는 자연스레 언론 매체 수의 급격한 증가를 결과했다. 그러나 이러한 언론 환경의 변화는 저널리즘 전문직의 발전으로 이행되기보다는 영세한 신문, 방송사들의 난립 구도를 형성했다. 그리고 제한된 시장에서 격화된 경쟁 환경은 수준 높은 저널리즘의 성장이 아니라 생존을 위해 상업적 이익을 우선하는 경영 우선 체제가 자리 잡는 토양이 돼버렸다. 특히 1990년대 말 외환위기를 지나면서 이러한 매체 경영 환경이 고착화한 추세이다.

한국 신문과 방송사에서 경영주가 편집을 지배하는 방법은 당연히 인사권 행사이다. 편집국장이나 보도국장, 논설실장 등 보도 관련 주요 보직은 사주나 경영자의 의지가 반영되지 않은 기자에게는 돌아가지 않는다. 주요 부장이나 해외 특파원 임명 역시 마찬가지다. 경영 쪽에서 편집부문을 통제하는 또 하나 주요한 인사 경로는 사장 비서실장이나 기획실장 등 최고 경영자를 가까이서 보좌하는 보직을 편집국장이나 보도국장이 되고자하는 후보자들 가운데서 임명하는 방식이다. 이는 이미 주요 신문사와 방송사에서 관행이 된 인사 방식이다. 장래 편집국장 후보를 곁에 두고 경영과 편집 부문을 연결하게 하면서 사장을 보좌하도록 하는 이러한 제도는 경영과 편집이 분리된 선진국에서는 수용될 수 없는 인사 방식이다. 그러나 한국 언론계에서는 편집국장이나 보도국장이 되기 위한 전단계로 사장실장 혹은 비서실장 자리를 희망하는 기자들이 늘어나는 경향까지 보인다.

이러한 인사 구조에서는 경영과 맞설 수 있는 전문 언론인을 양성해낼 수가 없다. 아니 경영의 눈치를 살피지 않고 저널리즘적 가치만을 기준으로 기사를 판단하고 보도할 수 있는 기자를 양성하기도 어렵다. 아마도 이러한 경영 환경이 한국 언론계에서 50대 현역 기자를 찾기가 거의 불가능하게 한 것 같다. 그래도 70년대까지는 찾아볼 수 있었던 기개 있는 대기자의 모습을 발견하기 어려운 것도 같은 이유 때문으로 보인다.

4) 단편적 기사 쓰기 관행의 문제

한국 저널리즘이 사회통합에 기여하기보다 갈등 유발적 기능을 하게 된 가장 중요한 이유는 기자들이 생산하는 상품인 기사 자체의 성격이 지나치게 단편적, 파편적이기 때문이다. 신문이나 방송 뉴스를 막론하고 한국 기사는 저널리즘 선진국인 미국이나 영국 매체들의 기사와 비교하면 현격하게 그 길이가 짧다. 조사한 사람과 대상에 따라 미세한 편차는 있지만, 대체로 한국 신문 기사는 미국 신문 기사의 1/4에서 1/3 정도의 길이로 조사됐다(박재영, 2004; 이재경, 2006). 저녁 종합 뉴스에서 방송되는 텔레비전 기사의 경우는 평균적으로 한국 기사가 1분 10초에서 1분 20초 정도인 데 비해 미국과 영국 방송들은 2분 20초나 그 이상의 길이로 제작된다.

기사의 길이는 크게 2가지 측면에서 사회 갈등에 통합적 효과를 갖느냐 아니면 갈등 조장적 효과를 유발하느냐의 문제에 밀접하게 관계된다. 한쪽 측면은 기사에 등장하는 취재원의 수와 그를 통해 반영되는 관점의 다원성이다. 다른 한쪽은 기사를 취재하고 보도하는 기자가 얼마나 종합적이고 다원적으로 자신이 취재하는 사안에 접근하는가이다.

한국과 미국 신문의 2001년도 취재원 사용 현황이 〈표 1〉에 나타나 있다. 이는 한국 신문 4개의 1면 기사와 미국 신문 2개의 1면 기사를 비교한 자료다.

한국 신문과 뉴욕 타임스의 취재원 사용 방식은 〈표 1〉에서 보듯 현격한 차이가 나타난다. 한국 신문 가운데 가장 많은 취재원을 사용하는 한겨

〈표 1〉 신문 1면 기사당 평균 취재원 수

	신문	기사당 평균 취재원 수
한국	경향신문	1.82
	조선일보	1.25
	중앙일보	1.73
	한계레신문	2.12
미국	뉴욕 타임스	11.29
	디트로이트 프리 프레스	8.12

* 이재경(2001).

레신문에 비해서도 뉴욕 타임스는 5배 이상의 취재원을 활용해서 기사를 작성한다.

기사에 반영되는 관점의 다원성을 비교한 작업에서는 〈표 2〉에서 보듯, 취재원 사용 관행과 거의 비슷한 상황을 확인할 수 있다. 미국의 '저널리즘을 염려하는 언론인 위원회'(CCJ)가 조사한 내용과 박재영(2006)이 분석한 한국 신문의 자료를 〈표 2〉에서 정리, 비교해봤다.

한국 신문 기사의 59%는 〈표 2〉에서 보듯 "한 가지 관점 혹은 대체로 하나의 관점"에서 보도하는 경향을 보이는 반면에, 미국 신문에서는 이에 해당하는 기사의 비율이 18%에 그친다는 사실을 알 수 있다. 다시 말하면, 미국 신문 기사는 82%가 2개 이상의 관점을 한 기사에 담는다. 대다수 신문은 2개 이상의 관점이 포함되지 않은 기사를 생산하지 않는 것을

〈표 2〉 기사별 관점 현황(%)

	한국 신문	미국 신문
다원적 관점	42	82
대체로 하나의 관점	40	9
한 가지 관점	19	9

불문율로 생각한다. 반면 국내 신문에서는 다원적 관점을 포함시키는 기사 비율이 42% 정도에 그치고 있다. 더구나 여기 사용된 자료가 한국 신문은 1면 머리기사들이었지만, 미국 신문은 1면 전체에서 추출된 기사이다. 국내 기사 가운데 가장 중요하며 취재가 제대로 이루어졌다고 여겨지는 일면 머리기사를 선택해 미국 신문의 1면 기사 전체와 비교한 수치가 이러한 차이를 보여줬다. 한국의 평균적 기사를 사용한다면 한국과 미국 신문 사이에 관점의 다양성 차이는 더 벌어질 것으로 예측된다.

한국의 기사들은 이처럼 길이가 상대적으로 짧고 사용되는 관점이나 취재원의 수도 기본적으로 적다. 이러한 기사의 속성은 자연스레 기사가 전하는 메시지의 토막성, 또는 단편성으로 연결될 수밖에 없다. 이는 다시 말하면, 기자나 편집자가 대체로 하나의 새로운 정보, 하나의 사실만을 중심으로 기사를 작성하도록 관습화됐다는 의미다. 이렇게 일하는 방식이 고정된 편집국에서 기자가 복합적, 통합적 관점과 사고들을 발전시키는 일을 기대하기 어려울 듯이 보인다.

〈표 3〉에서는 조선일보와 뉴욕 타임스의 대통령 뉴스 보도 방식을 비교하는 연구를 통해 두 신문의 저널리즘 모델의 차이를 분석했다(이재경,

〈표 3〉 한국과 미국의 저널리즘 모델

	조선일보	뉴욕 타임스
기사 길이	짧은 저널리즘 Short journalism	긴 저널리즘 Long journalism
현실인식 방식	단순 사실 중심 Simplistic view of reality	사실의 복합성 전제 Complex view of reality
대통령 기사 구조	개인 중심 기사 Person-centered story	견제와 균형이 반영된 기사 Pluralized story structure
편집 방식	조합식 구성 Mosaic make-up	통합적 접근 Integrated story approach

* 이재경(2006), p.65.

2006). 이 저널리즘 모델에 따르면, 〈표 3〉에서 보듯이, 한국과 미국을 대표하는 두 신문사가 생산하는 기사의 구조와 이 신문사에 소속되어 있는 기자들의 사고틀에는 분명한 차이가 나타나고 있음을 엿볼 수 있다. 단편적이고 토막적인 기사는 종합적이고 복합적인 기사에 비해 당연히 선정적이고 정파적일 가능성이 크다. 문제는 한국의 신문사와 방송사가 생산하는 기사의 대다수가 여전히 이러한 저널리즘 모델에서 분류한 형식을 유지하고 있다는 사실이다.

3. 결론과 제언: 갈등 유발형 저널리즘을 극복하려면

위에서 제시한 한국 저널리즘의 문제들은 그 뿌리가 깊어 고치기 힘들 만큼 체질화돼있다. 그래서 그러한 특징들을 종합해 한국형 저널리즘 모델이라는 이름을 붙여봤다. 이 한국형 저널리즘 관행들은 이 글이 지적하듯이 근본적으로 사회 통합적 기능을 수행하는 데 도움이 되기보다는 갈등을 유발하고, 정파적 행동을 자극하는 데 기여할 가능성이 높다. 김경준과 BBK 관련기사들이나 촛불 시위 관련 기사들의 사례가 이러한 문제점을 분명하게 보여준다. 따라서 한국 저널리즘의 요소들 가운데 문제가 심각한 속성들을 가능한 빨리 바람직한 방향으로 개선해나가야 한다. 문제는 개선을 위한 실천 방안이 쉽지 않다는 점이다. 왜냐하면, 저널리즘의 실천에 관한 개선은 외과적 수술로 가능한 작업이 아니라 참여자들 스스로가 문제의 심각성을 체득하고, 자율적으로 개선의 방향을 잡아 일상생활에서 바꿔가는 작업을 주도해야 하기 때문이다.

이러한 현실적 어려움 때문에 이 글에서는 상대적으로 실천 가능하고, 구체적인 개선 방안 3가지를 제안해보고자 한다.

첫째, 좋은 기사의 기준을 세밀하게 설정해서 제시하고, 이러한 뉴스 제작의 기준과 편집에 대한 원칙을 독자와 기자들, 편집 간부와 경영진까지 충분히 이해할 수 있을 만큼 사회 전체에 알려야 한다. 이러한 접근법은 미국에서 '저널리즘을 염려하는 언론인 위원회'가 선택한 방법이기도 하다. 그들이 편찬한 『저널리즘의 기본원칙』 발간이나 온라인에서 운영하는 저널리즘 사이트(www.journalism.org)는 모두 좋은 기사, 나아가서는 좋은 저널리즘의 기준을 대중화하려는 시도이다. 우리 사회도 이러한 노력을 좀 더 체계적으로 시도해야 한다. 그래서 대통령에서부터 일반 학생들까지 좋은 저널리즘의 기준을 구체적으로 이해해야 한다. 그래야 뉴스 생산의 일선에 있는 기자들에게 자극을 주고, 도덕적 압력을 가할 수 있다. 이러한 일을 주도하는 세력이 양식 있는 언론인들의 모임이면 바람직하겠다.

둘째, 저널리즘이나 미디어 문제를 취재해 보도하는 기자들과 이러한 미디어 비평 프로그램을 제작하는 실력과 수준이 크게 향상돼야 한다. 자기 신문이나 방송의 홍보나 방어, 적대적 매체에 대한 정파적 공격 등이 주를 이루는 저널리즘 비평이나 매체 비평은 저널리즘의 문제를 개선하는 데 전혀 도움이 되지 않는다. 오히려 상호 비방의 악순환을 되풀이함으로써 독자와 시청자의 신뢰 기반을 허무는 데 기여할 뿐이다. 그러나 자기 회사의 잘못도 철저하게 지적하고, 구체적 쟁점을 파고들어 취재와 보도의 문제점들을 세밀하게 비판할 수 있다면, 이는 기자들과 편집자들의 긴장감을 높여 기사의 수준을 향상시킬 수 있다. 뿐만 아니라, 독자와 시청자가 비판적으로 기사를 보는 안목을 높이는 데도 지속적인 기여를 할 수 있다.

셋째, 저널리즘 교육 기반을 확충하는 일이 시급하다. 저널리스트를 양성하는 교육 체제가 잘돼 있다면, 앞에서 제시한 문제는 어느 것 하나도 발생하지 않았을 것이다. 한국에 저널리즘이 도입된 지 120년이 넘었고, 저널리즘 교육이 국내 대학에 도입된 지 60년이 지났지만, 우리 사회에는 여전히 제대로 된 저널리즘 교육기관이 존재하지 않는다. 이는 대다수 대학이 커뮤니케이션 이론 연구에 집중하고, 언론인 양성 교육을 제대로 시키지 못하기 때문이다. 나아가서 기자 채용은 1950년대부터 계속되는 고답적인 수습기자 공채 방식을 고집해 대학에서 저널리즘 교육의 정상화를 방해하고 있다. 이러한 구조적 이유 때문에 정작 기자로 채용된 사람들에게는 한국언론재단에서 제공하는 2주짜리 기본 연수 프로그램이 체계적으로 저널리즘을 공부하는 유일한 기회인 상황이 지속된다. 이렇게 부실한 교육 기반을 갖고는 수준 높은 저널리즘 철학의 보급도, 양식 있는 기자의 양성도 모두 불가능하다.

참고문헌

김태훈(2008). "무기를 닮아가는 우리 시대의 언어 — 소설가 김훈, 문화포럼 강연." 『조선일보』 2008년 09월 11일자(A25면).

박선희(2008). "소설가 김훈 씨 「우리 사회의 언어, 의견과 사실 구분 못해」." 『동아일보』 2008년 09월 11일자.

박재영(2004). 『신문지면의 구성요소』. 서울: 미디어연구소.

______(2006). "뉴스 평가 지수 개발을 위한 신문 1면 머리기사 분석." 『한국의 뉴스 미디어 2006』. 147~220. 서울: 한국언론재단.

심재철(2007). "대통령 선거보도의 이상과 현실." 『언론과 법』 6: 295~315.

양승목(2007). "신뢰도 하락과 위기의 한국 언론." 임상원 외. 『민주화 이후의 한국 언론』. 139~182. 서울: 나남.

윤영철(2000). "권력이동과 신문의 대북정책 보도: 신문과 정당의 병행관계를 중심으로." 『언론과 사회』 27: 48~81.

이재경(2001). "한국과 미국 신문의 취재원 사용관행 비교." 『보도비평: 한미 신문의 취재원 이용관행』. 53~182.

______(2003). "언론인 인식을 통한 한국 사회와 언론 자유의 조건연구." 『한국언론학보』 47(2): 54~77.

_____(2006). “한 · 미 신문의 대통령 취재관행 비교: 조선일보와 뉴욕 타임스.” 『언론과 사회』 14(4): 37～69.
_____(2007). “한국 언론과 글로벌 스탠더드.” 임상원 외. 『민주화 이후의 한국 언론』. 183～232. 서울: 나남.
_____(2007). “한국 언론의 사상적 토대.” 『커뮤니케이션 과학』 24: 1～24.
_____(2008). “한국 언론제도 개선을 위한 방법론.” 심재철 · 이병혜 · 심재웅 엮음. 『한국 언론 시스템의 선진화 방법론』. 서울: 한선재단.
임상원 엮음(2007). 『민주화 이후의 한국 언론』. 서울: 나남.
한국 언론 2000년 위원회 엮음(2000). 『한국 언론 2000년 위원회 전문위원 보고서』. 서울: 관훈클럽.

Hallin, D. C., & Mancini, P.(2004). *Comparing media systems: Three models of media and politics*. New York: Cambridge University Press.
Kovach, B., & Rosenstiel, T.(2001). *The elements of journalism*. New York: Crown Publishers.
Lippmann, W.(1922). *Public opinion*. New York: Free Press.
Patterson, T. E.(1994). *Out of order*. New York: Vintage books.
Project for Excellence in Journalism(PEJ)(2005). “The state of the news media: An annual Report of American journalism.”(www.journalism.org).
Thomas, H.(2006). *Watchdogs of democracy?: The waning washington press corps and how it has failed the public*. New York: Scribner.
“Preserving our readers' trust.” *The New York Times Credibility Group Report*. May 2005.

4장

의견 신문에서 뉴스 신문으로*

: 1면 머리기사의 변화 100년(1898~2001)

1. 문제 제기: 왜 1면 머리기사를 연구하는가?

1면이 그날 신문의 가장 중요한 전시장(Shaw, 1984)이라면, 그중에서도 1면 머리기사는 치열한 과정을 통해 가장 좋은 기사라고 선택된 얼굴 중의 얼굴이다. 김두겸(1999)은 매일 열리는 편집회의에서 1면 머리기사와 중간머리기사만 정해지면 그날 신문은 이미 다 만든 것이나 다름없다고 말했다. 동아일보의 방형남 부국장(2006)은 "1면의 머리기사는 어떤 기사보다도 꼼꼼하게 신경 써야 할 우리 신문만의 기사이며, 기자들은 1면 톱을 한 번 쓰면 아직도 동료들에게 밥을 사야 할 정도로 명예롭게 생각한다"고 말한다.

1면에 싣는 기사들의 선택은 "편집국 내에서의 수많은 거래와 협상의 결과"라고 한 시갈(Sigal, 1973)의 말처럼, 신문 1면 제작은 치열한 논의와

* 이 글은 한국언론학회 가을철 정기학술대회(2006년 10월 14일)에서 발표한 논문과 같다. 이화여대 언론홍보영상학부 석사과정 대학원생(정예은, 김창숙, 조유미, 김수진)들이 자료 표집과 분석 작업에 참여했다.

경쟁 속에서 이루어진다. 그중에서도 머리기사 선택의 과정은 신문 제작의 핵심 과정이다. 왜냐하면 1면 머리기사의 선정은 각 지면의 기사 배치뿐 아니라 경쟁지 상황까지 모두 고려한 편집자의 전략적인 뉴스 판단의 결과이기 때문이다(한국편집기자협회, 2001).

반허스트와 네론(Barnhust & Nerone, 1991)은 1면 안에서도 각 기사들의 배열 순서는 편집의 상대적 중요성을 판단하는 기준에 의해 결정된다고 설명했다. 한국의 신문사 편집국에서는 하루에 200건이 넘는 기사들이 출고된다. 그 가운데, 오직 1개의 기사만이 머리기사로 선정된다는 사실은 머리기사를 둘러싼 각 부서와 기자들의 경쟁이 매우 치열함을 반증한다.

1면 머리기사는 신문의 편집 과정에서뿐 아니라, 독자들에게 그날의 가장 중요한 쟁점과 사회적 관심사에 대한 의제를 제공한다는 점에서도 주목받을 가치가 있다. 한국의 모든 신문이 1990년대 가로짜기로 전환한 이후 독자들은 신문 1면의 좌측 상단에 실린 기사를 그날의 가장 중요한 기사로 인식해왔다. 박재영(2005)에 따르면, 편집자가 부여한 의미만큼은 아니더라도, 독자들은 그날 신문 1면의 가장 큰 제목이 신문사가 가장 중요하게 생각하는 기사라는 시각적 단서(visual cue)를 바탕으로 머리기사에 주의를 집중하고 신문 읽기를 시작한다.

이 장에서는 이러한 인식을 기초로 신문 1면의 머리기사를 분석했다. 한성순보를 기점으로 한국 신문의 역사는 130여 년에 이른다. 그동안 저널리즘의 역사에 관한 연구들은 꾸준히 시도돼왔지만 머리기사에 주목한 작업은 거의 없었다. 한국 신문의 머리기사는 과연 그 동안 어떠한 형식으로 변화했는가? 한 사람이 발행인, 인쇄인, 편집인의 역할을 겸했던 19세기 말 신문에서, 수십 차례의 지면 개혁을 통해 변화를 거듭하고 있는 한국 신문의 머리기사는 주제와 기사 양식, 취재원 활용 방식 등에서 어떻게 바뀌어왔는가?

1면 머리기사의 성격에 대한 장기적인 분석은 머리기사 자체의 특성을 밝히는 의미와 함께 한국 신문저널리즘의 발달 과정, 나아가 한국저널리즘의 성격이 지난 100여 년 사이 어떠한 구조적 변화를 겪었는지를 알아보는 데도 중요한 단서가 되리라 기대한다. 또 머리기사의 변화 양상을 한국 사회의 역사적 흐름과 연결해 검토할 수도 있다는 점에서 신문의 사회적 역할에 대한 언론인들의 인식 변화도 추적할 수 있는 기회를 제공한다.

1) 1면 머리기사 연구의 흐름

해외와 국내 모두 1면 머리기사에 대한 독립적인 연구는 거의 없다. 1면 연구의 하부 주제로 머리기사 문제에 주목한 작업들이 몇 개 있을 뿐이다. 국내에서는 신문 1면 내용을 분석하면서 머리기사를 하부 항목으로 함께 고려한 정연구(1997)와 김두겸(1999)의 연구와, 독자의 신문 읽기 행위를 조사하며 머리기사 열독률을 분석한 박재영(2005)의 연구가 있다.

정연구(1997)가 주목한 내용은 신문사들 사이 1면 머리기사의 중복 현상이었다. 정연구는 1956년부터 1996년까지 40년 동안 국내 9개 종합 일간지 1면을 분석하면서 세부 항목으로 신문사 간 1면 머리기사가 얼마나 중복되는가를 조사했다. 결과는 1956년에는 50.7%에서 1966년에는 69.7%로, 1976년에는 83%로 높아졌다가 다시 1986년에는 45.3%, 96년에는 24%로 낮아지는 현상을 보였다. 그는 1950년대는 신문사별로 같은 날의 1면 머리기사들이 어느 정도 개성을 유지하다가 1960년대에 중복률이 점점 높아져 유신시대인 1976년에는 천편일률적인 획일성을 나타내는 상황으로까지 발전했고, 다시 1980~90년대에 이르면서 어느 정도 개성을 찾아가는 추세를 보였다고 설명했다.

또 정연구(1998)는 1997년부터 1998년 사이 4개 종합 일간지의 1면 머리기사를 분석했다. 이 작업은 기사 길이에 주목했는데, 중앙일보의 경우 머리기사 246건 가운데 200자 원고지 6.5매 이상인 기사의 비율이 67.9%로 다른 세 신문에 비해 상대적으로 긴 기사를 게재하는 것으로 조사됐다. 조선일보는 200자 원고지 3매 미만의 짧은 기사 비율이 4.1%로 다른 세 신문에 비해 높은 편이었다.

김두겸(1999)은 1999년 1월 한 달간 한국의 중앙일보, 일본의 아사히신문, 미국의 워싱턴 포스트의 종합 1면을 비교하면서 머리기사의 제목과 위치, 면적 등을 분석했다. 결과는 세 신문 간에 1면 머리기사의 위치나 면적에 대한 인식이 서로 다른 것으로 나타났다. 위치의 경우 중앙일보는 왼쪽 상단에, 아사히신문은 오른쪽 상단에 고정적으로 배치하는 반면, 워싱턴 포스트는 관행적으로는 오른쪽 상단에 머리기사를 배치하지만 조사 기간 중에는 위치에 크게 집착하지 않는 경향을 보였다. 김두겸은 중앙일보의 제목, 부제의 행수가 평균 3.6행인 아사히신문과 3.2행인 워싱턴 포스트와 비교할 때 3.9행이나 되는 결과에 대해, 제목을 많이 달아 본문을 읽지 않아도 기사 내용을 알 수 있게 한다는 독자 서비스 정신과, 아직 가로짜기 편집에 익숙하지 않은 상태에서 완전히 사라지지 않은 세로짜기 편집 관습이라는 복합적인 이유가 작용한 탓이라고 해석했다.

박재영(2005)은 신문을 읽는 수용자 입장에 주목해 중앙일보와 동아일보 두 신문 각 지면 머리기사의 실제 열독률을 연구했다. 실제 열독률은 기사 전체를 읽은 경우를 말한다. 분석 결과 종합 1면의 머리기사 실제 열독률은 40.3%로, 전체 지면 22개 머리기사 평균 열독률 25.4%보다 높았다. 그는 사회2면 머리기사의 실제 열독률은 42.9%로 1면 머리기사 열독률보다 높게 나왔다고 밝혔다. 그러나 제목만 읽은 사람까지 합할 경우, 종합 1면의 머리기사를 읽은 독자는 81.2%로 조사됐다. 박재영에 따르면 가장 높은 실제 열독률을 보였던 사회2면은 이 비율이 69.%로 1면 머리기사에 비해 크게 낮다.

해외에서 진행된 신문 1면에 대한 연구는 크게 신문의 내용적 특성에 관한 연구와 편집 양식과 신문 디자인 등 외적 측면에 관심을 두는 연구 두 갈래로 나뉜다.

쇼(Shaw, 1984)의 작업은 언론 담당 전문 기자로서 기사를 쓰기 위한 비교적 단순한 분석이었는데, 미국의 로스엔젤레스 타임스와 뉴욕 타임스, 워싱턴 포스트 등 세 신문의 1면 머리기사를 비교했다. 그에 따르면, 신문사별 편집방침과 편집인들의 각기 다른 삶의 경험과 상황들의 차이로 같은 날의 머리기사(lead story)라 할지라도 세 신문은 전혀 다른 기사를 머리기사로 다뤘다.

타이완에는 타이페이에서 발행되는 종합 일간지 3개를 대상으로 1952년에서 1996년까지 45년 동안의 신문 1면 디자인 특성을 연구하면서 세부 항목으로 머리기사의 위치와 면적, 길이 등을 분석한 연구를 시도했다(Lo, Paddon & Wu, 2000). 연구 결과에 따르면, 신문 1면의 전체 면적에서 제목이 차지하는 면적은 점점 커졌으며, 1980년대 중반까지는 신문 머리기사의 85%가 세로쓰기였으나 1988년 이후 급격하게 가로쓰기 체제로 변화했다. 이들의 작업에 따르면, 머리기사의 위치도 전통적인 방식인 오른쪽 상단에서 지면 중간에 놓이는 경우가 많아졌다. 또 1988년 이후 타이완 신문들의 머리기사는 덜 혼란스러운 디자인 개념을 도입해 단순하게 처리하는 경향이 강해졌다.

신문 기사의 형식이나 주제의 변화는 매체 자체의 속성 변화와 더불어 사회 구조의 변화, 독자 욕구의 다양화 등과 연결돼 진행돼왔다(나관호, 2000). 100년에 걸친 미국 신문 1면 디자인 변화를 분석한 반허스트와 네론(Barnhust & Nerone, 1991)은 신문 지면 디자인의 역사적 변화가 단순한 편집 디자인의 변화뿐 아니라 뉴스와 신문의 사회적 기능을 이해하는 기자와 사회의 시각 변화를 반영한다고 말했다. 이재경과 김연미(1997) 역시 사회의 조건에 따라 신문 편집 개념과 뉴스관이 달라질 수 있음을 지적했다.

1883년 간행되기 시작한 한국 최초의 신문인 한성순보를 보면, 현재의 신문 편집 개념이 전혀 보이지 않는다(차배근, 1996). 신문 편집의 기본 요소인 제목 달기나 활자의 차별화 등에 대한 인식조차 없었다는 뜻이다. 우승용(2002)에 따르면 초기의 신문에서는 한 사람이 발행인, 인쇄인, 편집인의 역할을 겸하는 경우도 많았다.

한국 신문사 편집국 조직에 대한 기록을 보면, 조선일보와 동아일보는 1920년 창간하며 정리부라는 부서를 두어 당시 앞서가던 일본 신문의 편집 스타일을 도입하기 시작했다(임준수, 1995). 그러나 실제로는 편집국장이 정리부장까지 겸해, 그 기능이 미미할 수밖에 없었다. 그러다 명실상부한 편집부가 생겨난 것은 1937년 조선일보가 12월 29일 기구 개편을 단행하면서부터이다. 이때부터 조선일보는 정치부, 사회부, 지방부, 경제부의 편집 담당자를 한데 모아 편집국장 또는 편집부장이 별도의 부원을 거느리는 편집부를 만들었다. 이미 1911년 편집부가 독립 부서로 존재했던 일본 신문(차배근, 1996)과 비교하면 크게 뒤쳐진 사실을 확인할 수 있다.

이 장에서는 이러한 이론적, 역사적 배경을 바탕으로 한국 신문의 1면 머리기사가 그 양식적 특성과 주제의 성격 등에서 어떠한 변화를 겪어왔는지를 탐구한다.

2) 연구 문제

독립신문의 머리기사는 '논설'이라는 이름으로 게재된 사설이었다. 그러나 오늘날 일간 신문에서 머리기사에 사설을 배치하는 경우는 찾기 어렵다. 130여 년이 진행된 한국 신문 역사의 어느 시점에서부터 근본적인 변화가 있었다는 뜻이다. 또 1950~60년대만 해도 1면 머리기사는 거의 정치 관련 기사였다. 그러나 1990년대 이후 이러한 고정형은 급격히 해체돼 최근에는 기획취재 기사가 머리기사로 등장하는 빈도가 잦아졌다.

이 연구는 이러한 거시적 머리기사 특성의 변화를 추적하기 위해 다음의 연구 문제들을 설정했다.

- 연구 문제 1. 한국신문 1면 머리기사의 양식적 특성은 어떻게 변화했는가?
  - 1-1. 1면 머리기사가 사설에서 뉴스로 바뀌는 시점은 언제인가?
  - 1-2. 1면 머리기사가 사실 기사(뉴스)일 때 그 기사 유형은 어떻게 변화했는가?

- 연구 문제 2. 1면 머리기사의 주제는 어떻게 변화했는가?
- 연구 문제 3. 1면 머리기사에서 기명 기사는 언제부터 등장하는가?
- 연구 문제 4. 1면 머리기사의 취재원 사용 관행은 어떻게 변화했는가?

3) 연구 방법

분석 대상 신문

분석 대상 신문은 모두 6개로, 독립신문, 황성신문, 조선일보, 동아일보, 중앙일보, 한겨레신문이다. 1896년 창간된 독립신문은 민간 신문의 시대를 시작해 그 후 여러 민간 신문들이 창간되는데 영향을 주었다. 1899년 발행을 중지해 43개월의 수명에 그쳤지만 근대 한국 신문의 대표성 때문에 분석 대상에 포함시켰다. 황성신문은 1898년 창간된 한말 대표적인 민족지다. 1910년 한일합방 직후 폐간했으나 역시 당시를 대표하는 신문이기에 포함시켰다. 조선일보와 동아일보의 경우, 현존하는 신문 가운데 가장 긴 역사를 가지고 있기 때문에 한국 신문의 역사적인 변천을 연구하는 데 유용하며, 중앙 일간지들 중에서도 큰 영향력을 발휘하는 신문으로 판단하여 선정했다. 중앙일보와 한겨레신문은 다른 중앙 일간지들에 비해 역사는 짧지만 지면 체제의 현대화를 상대적으로 빨리 시도했고, 변화 내용도 순 한글 신문의 실천과 섹션 체제의 도입 등 적극적이라 분석 대상으로 선택했다.

분석 기간

1898년부터 2001년까지 104년간으로 모두 582개의 기사를 표집했다. 구체적으로 독립신문은 1898년 1년치 신문을, 황성신문은 1899년부터 1909년까지 11년치 신문을 대상으로 표본을 추출했다. 조선과 동아일보는 1921년부터 2001년까지 81년치 신문에서 표본을 뽑았고, 중앙일보는 1966년부터 2001년까지 36년, 한겨레신문은 1991년부터 2001년까지 11년치의 신문을 대상으로 분석 기사를 표집했다.

표집 단위

분석 단위는 오간 등(Ogan et al., 1975)의 연구 방법을 참고해 5년을 표집 단위로 삼았다. 분석 대상 일자 선정은 계절적 요인을 통제하기 위해 회전식 표집 방법을 사용해 선정된 5년 단위의 각 해마다 1월부터 12월까지 각 달의 하루씩을 선정하여 2주일을 구성했다. 1월에는 첫째 주 월요일, 2월에는 둘째 주 화요일, 3월에는 셋째 주 수요일, 4월에는 넷째 주 목요일을 선정하는 방식으로 12월까지 모두 12일을 구성했다. 다음 해는 1월 둘째 주 화요일, 2월 셋째 주 수요일, 3월 넷째 주 목요일을 선정하는 방식으로 주와 요일을 회전시켜 1921년부터 2001년까지 17년치를 분석했다. 분석 대상에서 일요일은 제외했다. 일요일에 신문이 발행되었던 시기가 적었고, 발행도 규칙적이지 않았기 때문이다.

또한 조·석간제가 실시된 시기에는 조간을 표집했다. 정간과 폐간, 전쟁으로 인한 휴간 등으로 빠진 일자는 그해의 다음 날짜, 전날 날짜, 다음

해의 같은 날짜 순으로 보충했다. 특히 조선, 동아일보의 경우 표집 단위에 해당하는 1941년이 폐간 기간으로 1년치 자료의 표집이 불가능해 1939년과 1940년에 걸쳐 같은 방식으로 표집했다. 분석 일자 선정 방식은 〈표 1〉과 같다.

〈표 1〉 표집 방법

	표본1	표본2	표본3	표본4	표본5	표본6
첫 해 1주	1월 첫째 월요일	2월 둘째 화요일	3월 셋째 수요일	4월 넷째 목요일	5월 첫째 금요일	6월 둘째 토요일
첫 해 2주	7월 셋째 월요일	8월 넷째 화요일	9월 첫째 수요일	10월 둘째 목요일	11월 셋째 금요일	12월 넷째 토요일
다음 해 1주	1월 둘째 화요일	2월 셋째 수요일	3월 넷째 목요일	4월 첫째 금요일	5월 둘째 토요일	6월 셋째 월요일
다음 해 2주	7월 넷째 화요일	8월 첫째 수요일	9월 둘째 목요일	10월 셋째 금요일	11월 넷째 토요일	12월 첫째 월요일

머리기사의 정의

이 연구에서 머리기사는 신문 1면에서 제호와 가장 가까운 곳에 있는 기사로 정의한다. 머리기사의 위치를 정하는 기준은 제목의 위치다. 분석 대상 기간 동안 신문 편집 방식이 세로쓰기에서 가로쓰기로 변했기 때문에 머리기사의 분석 기준도 2가지로 나누었다. 세로쓰기 신문에서는 제호 바로 옆에 위치하며 글을 읽는 방향에 따라 오른쪽 맨 위 첫 단 기사를 머리기사로 규정했다. 가로쓰기 신문에서는 제호 바로 아래 위치하며 글을 읽는 방향에 따라 왼쪽 상단에 있는 기사를 머리기사로 판단했다.

분석 유목과 분석 방법

기사 형식이 어떻게 변화했는가를 알아보기 위해 2가지 작업을 했다. 1차로는 100년이 넘는 기간 동안 진행된 머리기사의 변화를 거시적으로 알아보기 위해 크게 사설, 뉴스, 광고로 나누어 분류했다. 1차 분류 결과 기사가 뉴스인 경우, 이를 다시 스트레이트, 기획, 인터뷰 기사로 분류했다. 사설은 국내외의 정치, 경제, 사회 등의 시사 문제에 대해 견해나 주장을 논리적으로 내세운 기사를 말한다. 스트레이트 기사는 기본적으로 6하 원칙(누가, 언제, 어디서, 무엇을, 어떻게, 왜)에 맞춰 객관적인 사실을 위주로 쓴 기사다. 최근에는 해설 기사와 스트레이트 기사의 구분이 모호해지는 경우도 있기 때문에, 이 연구에서는 사실에 대한 심층적 해석이 가미된 기사도 스트레이트 기사로 분류했다. 기획 기사는 일정한 주제를 미리 정한 다음에 취재해 작성하는 기사이다. 인터뷰 기사는 기자가 1명 혹은 다양한 취재원을 대상으로 인물에 초점을 맞춰 쓴 기사를 말한다. 질문 답변식으로 구성되기도 하고, 서사적 구성인 경우도 있다.

기사 주제의 변화를 알아보기 위해 정치, 경제, 사회, 국제, 문화, 정보, 과학, 스포츠, 북한 등 8개 분야로 기사를 분류했다. 처음에 단독 항목으로 분류하지 않았던 북한 관련 머리기사는 1951년 이후 꾸준히 등장해 별도의 유목으로 처리했다.

기명 기사는 기자의 이름을 제시한 기사를 말한다. 취재원은 기사의 소재가 되는 내용을 제공한 사람이나 단체, 또는 문서를 의미한다. 취재원은 익명, 실명 취재원으로 나뉜다. 실명 취재원은 이름이나 직책이 드러난 경우를 말한다. 그렇지 못한 경우는 익명 취재원으로 분류했다. 취재원 수는 등장한 횟수와 상관없이 같은 사람을 인용할 경우 1개로 세었다. 통신사 기사는 기사에 등장하는 취재원의 숫자와 관계없이 취재원 1개로 처리했다.

자료는 4명의 대학원생들이 나누어 분석한 뒤, 독립신문의 경우는 1년치 중의 3달치를 뽑아 신뢰도를 조사했고, 나머지 5개 신문은 1년치 씩을 조사해 모두 84개의 기사를 대상으로 신뢰도를 측정했다. 전체 코딩 작업에 대한 신뢰도는 96.43%였다.

4) 연구 결과

기사 형식의 변화

분석 대상으로 6개 신문에서 표집된 전체 기사는 582개다. 이들을 사설과 뉴스, 광고 등 메시지 내용의 종류에 따라 시대별로 분류한 결과는 〈표 2〉와 같다. 빈도 옆에 제시된 비율은 각 연도별 기사들의 합을 100으

〈표 2〉 머리기사 내용의 시대별 변화(단위: 수, %)

	논설	기사	광고
	수(%)	수(%)	수(%)
1898	12(100)		
1899	8(67)	2(17)	2(17)
1904		12(100)	
1909	4(33)	3(25)	5(42)
1921	20(100)		
1926	22(100)		
1931	23(100)		
1936	14(58)	10(42)	
1939	16(66)	7(29)	1(4)
1941	6(85)	1(15)	
1946	17(77)	5(23)	
1951		21(100)	
1956	3(12)	21(88)	
1961		24(100)	
1966		36(100)	
1971		36(100)	
1976		36(100)	
1981		36(100)	
1986		36(100)	
1991		48(100)	
1996		48(100)	
2001		48(100)	

로 보았을 때 백분율로 표시한 상대적 비중이다.

〈표 2〉 결과를 보면, 한국 신문 머리기사의 내용적 변화는 사설 중심의 시대에서 뉴스 중심 시대로 진행했음을 알 수 있다. 시대 구분은 크게 세 시기로 나누어진다. 첫째 시기는 1면 머리기사 자리에 고정적으로 사설을 배치한 기간이다. 분석 자료에 따르면, 이 시기는 독립신문 시대부터 1930년대 초반까지 이어진다. 황성신문의 경우 1904년 예외적으로 사설이 아닌 내용이 머리기사에 배치되기도 했지만, 이들은 모두 기사의 형식을 갖춘 글이 아니라 정부 관리들의 인사 이동에 관한 문서 내용을 그대로 옮겨놓은 자료들이었다. 동아일보와 조선일보는 창간 이후 10여 년은 예외 없이 사설을 머리기사로 배치했었다.

1930년대 중반부터 1946년 무렵까지는 사설과 뉴스가 혼재했던 과도기로 볼 수 있다. 그러나 자료를 보면 이 기간에도 뉴스보다는 사설의 비중이 2배 이상의 빈도로 나타났다. 여전히 1면 머리기사로는 사설을 실어야 한다는 인식이 신문 편집자들에게 강하게 남아 있었던 시기로 판단된다. 그러나 1951년 이후부터는 상황이 완전히 달라진다. 1면 머리기사가 100% 뉴스로 바뀌기 때문이다. 1956년 몇 차례 사설이 배치됐던 경우를 제외하면 1950년대 이후에는 1면 머리기사 자리는 예외 없이 사실기사의 몫으로 고정됐다.

광고의 경우, 1939년 조선일보의 1월 초 신문에 신년인사 형식으로 1면 전체를 차지한 경우가 있다. 이 외에는 1898년과 1909년 황성신문의 광고를 제외하고는 전체 분석 기간 중에 광고가 1면 머리기사로 등장한 적은 없었다. 황성신문의 광고 내용은 신문 인쇄비가 모자라니 제발 구독료를 내달라는 내용이 대부분이었다. 이는 황성신문이 항상 재정이 넉넉치 못하여 정부의 도움을 받았다는 점을 고려하면 그 동기를 짐작할 수 있다(차배근, 1996).

전체 기사 가운데 사설과 광고를 뺀 기사 유형에 따른 뉴스 431개를 다

〈표 3〉 머리기사 기사 유형의 시대적 변화(단위: 개수, %)

	스트레이트 기사	기획 기사	인터뷰 기사
	개수(%)	개수(%)	개수(%)
1899	1(100)		
1904	12(100)		
1909	4(100)		
1936	10(100)		
1939	6(86)		1(14)
1940	2(100)		
1946	5(100)		
1951	21(100)		
1956	24(100)		
1961	24(100)		
1966	34(100)		
1971	35(100)		
1976	36(100)		
1981	36(100)		
1986	36(100)		
1991	48(100)		
1996	46(96)	2(4)	
2001	46(96)	2(4)	

시 스트레이트 기사와 기획 기사, 인터뷰 기사로 분류했다. 결과는 〈표 3〉과 같다.

분석 기간 중 뉴스가 처음 등장한 1899년부터 1936년까지 표집된 모든 뉴스는 스트레이트 기사였다. 1939년 동아일보에서 처음으로 인터뷰 기사가 머리기사로 편집된 사례가 발견된다. 미군 중장 '하지'란 인물을 인터뷰해 일대일 대담 형식으로 머리기사를 내보냈다. 당시로는 매우 특별한 시도였던 것으로 판단된다.

그 뒤로도 머리기사는 대부분 스트레이트 기사로 채워져왔다. 그러다가 1990년대 중반에 와서 작은 비중이지만 기획 기사가 1면 머리기사로 등장하는 사례가 나타난다. 이 추세는 2001년에도 비슷한 비중(4%)으로 계속되는 것으로 조사돼, 1990년대 이후 스트레이트 기사 중심이라는 고정관념에도 변화가 생겼음을 확인할 수 있다.

이러한 변화의 시작은 1966년에 발견됐다. 1966년에 기획 기사가 머리기사로 2건이 발견되는데 이는 모두 조선일보 기사로, 하나는 부정부패를 추방하자는 기획 기사로 각계 인사 160명의 말을 특집으로 다뤘다. 다른 하나는 환경오염 캠페인으로 '지상 시리즈 제~탄'의 형식으로 머리기사에 기획 기사 시리즈를 게재했다.

1996년과 2001년 기획 기사는 중앙일보와 한겨레신문에서 각각 2건씩 나타났다. 이 기사들은 '지역구 얽매여 정책은 뒷전'(1996, 중앙), '안기부법 개정반대 51'(1996, 한겨레), '사주 입맛 맞추기 자괴감 느낀다 피해 증언: 기자 고백'(2001, 한겨레) 등 직접 여론조사나 탐사보도 등을 시도한 경우였다.

기사 주제 분포의 변화

기사 주제는 모두 8항목으로 분류했다. 분석 결과 가장 많이 다룬 기사 주제의 순서는 정치, 사회, 국제, 경제, 북한 순이었다. 1920년대에서 40년대 사이에는 정치 기사보다 오히려 사회나 국제 관련 기사가 더 많았다. 이는 일제강점기에 국내 정치가 존재하지 않았기 때문으로 보인다. 일제강점기에는 머리기사로 문화나 스포츠 기사가 배치되는 경우도 있었다. 미술제전이나 도시 대항 축구 결승 대회 등과 관련한 내용이었다. 결과는 〈표 4〉와 같다.

이 표를 보면 1면 머리기사 주제 분포 변화가 주권을 빼앗겼던 일제강점기와 주권이 유지되던 시대의 차이를 뚜렷하게 드러낸다. 가장 두드러진 차이는 정치 기사가 머리기사로 편집되는 비율이다. 한일합방 직전인

〈표 4〉 머리기사 주제의 시대별 변화(단위: 개수, %)

	정치	경제	사회	국제	문화	과학	스포츠	북한
	개수(%)	개수(%)	개수(%)	개수(%)	개수(%)	개수(%)	개수(%)	개수(%)
1898	1(12)		5(88)					
1899	5(50)	1(10)	4(40)					
1904	12(100)							
1909	5(71)	1(14)	1(14)					
1921	2(10)	3(15)	7(35)	10(40)				
1926	2(10)	1(5)	9(40)	10(45)				
1931	2(8)	2(8)	15(65)	4(17)				
1936	2(11)	1(6)	5(28)	8(44)	2(11)			
1939	3(13)	1(4)	7(30)	10(43)	2(9)			
1940	2(29)	1(14)	1(14)	2(29)			1(14)	
1946	6(27)	2(9)	6(27)	7(32)	1(5)			
1951								21(100)
1956	17(71)	3(13)	3(13)					1(4)
1961	14(58)	6(25)	2(8)	1(4)				1(4)
1966	19(54)		4(11)	10(29)			1(3)	2(6)
1971	21(58)	1(3)	4(11)	7(19)				3(8)
1976	11(31)	9(26)	7(20)	5(14)				3(9)
1981	10(26)	6(15)	14(36)	7(18)	2(5)			
1986	19(54)	6(17)	6(17)	1(3)				3(9)
1991	21(45)	1(2)	4(9)	17(36)			1(2)	3(6)
1996	15(31)	4(8)	20(42)	5(10)				4(8)
2001	21(44)	10(21)	8(17)	7(15)				2(4)

1909년 황성신문 자료를 보면 그해 머리기사의 71%가 정치 주제를 다룬 기사였다. 10년 전인 1899년 자료도 정치 기사의 비율이 50%에 이른다. 그러나 일제강점기에는 이 비율이 10%대 수준으로 떨어진다. 해방 후 정부가 수립된 이후에는 정치 기사의 비율이 다시 50% 이상으로 크게 늘어

난다. 1956년에는 71%, 1961년 58%, 1971년에도 58%의 머리기사가 정치 주제를 다룬 것으로 조사됐다.

1960~70년대 정치 기사가 꾸준히 50% 이상을 점유했던 이유 가운데 하나는 당시 정권의 언론 장악 의지가 한 몫을 한 것으로 판단된다. 이는 실제 기사들 가운데, 대통령이 한 말을 그대로 전달하거나, 근황을 알려주는 보도가 상당히 많이 발견되었던 점과도 연결된다. 여러 기사가 처음부터 끝까지 "박정희 대통령은 ~라고 말했다"라는 문장으로 이루어진 사례를 많이 발견했다. 1966년부터는 경제나 사회, 국제기사가 이전보다 비중이 높아진다. 2001년에 이르러서는 정치, 경제, 사회, 국제분야의 머리기사 비율이 44: 21: 17: 15의 비율로 나타나 과거보다 크게 다양해지고 있음을 알 수 있었다.

경제 뉴스의 경우 1976년과 2001년에 급증했다. 1960년대 중반부터 시작된 급격한 산업화와 박정희 정권의 '경제개발 5개년 계획' 등으로 1970년대 후반에 이르러서 크게 발전한 한국 경제의 상황을 반영한 것으로 해석된다. 2001년의 경우는 1990년대 말부터 시작된 외환위기의 위기의식으로 경제 문제에 대한 관심이 증가한 것으로 해석된다.

국제 뉴스는 일제강점기가 지속되는 동안 가장 비중 있게 머리기사로 게재됐었다. 1926년 45%, 1936년 44%, 1939년 43%의 머리기사가 국제뉴스였던 것으로 조사됐다. 해방 후에는 상대적 비중이 크게 떨어졌으나 1991년 걸프전쟁 시기에는 36%나 되는 빈도를 보이기도 했다.

사회 기사는 시기별로 머리기사로 게재되는 비율의 차이가 크게 나타났다. 일제강점기인 1931년에는 전체 기사의 65%를 차지할 만큼 많이 게재됐으나 1950~60년대에는 머리기사로 게재되는 비율이 불과 10% 수준에 머물렀다. 그러나 1980년대 초 41%에 이를 만큼 비중이 확대되기도 했고 1990년대 이후에는 10% 후반대 점유율을 기록했다. 특히 1996년은 42%를 차지해 정치 중심의 머리기사 편집 방침이 분명히 다원화하는 추세를 읽을 수 있었다. 이는 신문의 1면이 종합면으로 변신해야 한다는 인식이 머리기사에도 드러나는 추세를 보여준 사례로, 1981년 11월에 머리기사로 등장한 '통금 내년에 없어진다'라는 제목의 기사에서부터 산아 제한, 대학 입시 제도, 낙동강 물이 맑아졌다는 환경 관련 기사 등 시간이 가면서 다양한 사회 기사가 머리기사로 등장하는 경우가 늘어났다.

스포츠 기사가 머리기사로 등장한 것은 분석 기간 중 3건이었다. 전국체육대회 개막이나 김환기 선수의 마라톤 한국신기록 달성 등이 그러한 기사였다.

과학 기사는 머리기사로 한 번도 등장하지 않았다.

1951년의 경우 모든 기사가 북한과 관련이 있는데, 이는 한국전쟁 기간 중이라서 그러한 것으로 보인다. 그 후 2001년까지 북한 관련 기사는 4%에서 9% 사이로 꾸준히 머리기사로 등장한다. 이는 분단 이후 남북과 관련된 통일이나 군사, 안보에 관련된 특수한 한국적 역사 배경이 작용했다고 판단된다.

기사 기명화의 추세

이 연구에서 한국 신문에 한국 기자의 이름이 머리기사에 명시적으로 기재된 사례가 처음 발견된 시점은 1971년이다. 한국 신문에서 기사 기명화의 시작은 그 무렵쯤으로 봐도 무리가 없다는 의미다. 구한말에서부터 일제강점기까지는 머리기사에 기자 이름을 밝히고 게재한 사례가 없었다.

형식적으로는 1951년에 처음으로 기명 기사가 등장한다. 그때 등장한 기명 기사는 AP나 UPI 같은 외국 통신사의 이름을 밝히거나 외국 통신사 기자의 이름을 밝히는 것이 대부분이었다. 동아일보와 조선일보 모두 통신사와 기사를 쓴 기자의 이름을 함께 인쇄했다. 그러다가 통신사 기자의 이름을 언급한 기사는 1956년부터 사라진다. 그 후에는 AP, UPI 연합통신 등으로 통신사만 기재하거나, 특파원과 연합통신 기사의 내용을 합쳐

〈표 5〉 머리기사 중 기명 기사의 시대별 변화(단위: 개수, %)

	기명		무기명	
	수	%	수	%
1898			6	100
1899			10	100
1904			12	100
1909			7	100
1921			20	100
1926			22	100
1931			23	100
1936			24	100
1939			24	100
1940			7	100
1946			22	100
1951	4	19	17	81
1956	2	8	22	92
1961	3	13	21	87
1966			36	100
1971	7	19	29	81
1976	2	6	34	94
1981	2	6	34	94
1986	4	11	32	89
1991	10	21	38	79
1996	39	81	9	19
2001	48	100		

쓰는 경우가 있었다. 자사 기자를 기명으로 게재한 기사는 1990년대 이후에야 20%를 넘어선다. 그리고 1996년에는 이 비율이 81%를 기록해 기명 기사의 시대가 도래했음을 알 수 있다. 2001년 조사에서는 머리기사의 100%가 기명으로 게재됐음을 확인했다. 1950년대와 1960년대까지 이러한 유형의 기명 기사는 전체 머리기사의 10% 이내에 머물렀다.

2001년 기명 기사의 특징은 하나의 머리기사에 대해 2명의 기자가 함께 쓴 경우가 많았다는 점이다. 특히 경제 분야의 머리기사는 대부분 기자 2명의 공동 작업으로 이뤄졌다. 한 사안에 대해 국내 기자와 해외 특파원이 함께 쓴 기사들도 발견되었다. 이는 1가지 이슈에 대해 여러 부서들이 종합적으로 관여함으로써 기사의 취재를 다원화하려는 노력의 표현으로 해석된다. 또한 기자의 이름 옆에 이메일이나 블로그 주소 등을 표기한 것도 2001년 머리기사에서 발견된 특징이다. 이는 인터넷을 이용하는 독자들이 많아짐에 따라 독자와의 커뮤니케이션 채널을 열려는 신문사 정책의 결과로 보인다.

취재원 사용 관행 변화

1898년부터 2001년까지 신문 1면 머리기사의 한 기사당 평균 취재원, 실명 취재원과 익명 취재원 비율의 변화는 다음의 〈표 6〉과 같다. 취재원 사용에 관한 분석 작업은 논설과 광고를 제외하고 뉴스라고 분류된 431개의 기사를 대상으로 했다.

1면 머리기사의 취재원 사용 관행 변화는 100여 년에 걸쳐, 느리지만 꾸준히 취재원 수가 증가하는 추세를 드러낸다. 1898년에서 1909년까지 독립신문과 황성신문은 대부분이 사설이었기 때문에 취재원을 찾을 수 없었고, 1921년에서 1931년까지의 기간에도 머리기사는 모두 사설이어서 취재원을 찾을 수 없었다.

스트레이트 기사를 머리기사로 게재하기 시작한 1936년에는 기사 하나에 1개꼴로 취재원이 사용됐는데, 이 시기에는 모두 취재원을 익명으로 표기했다. 1939년 기사당 취재원 수는 0.4개로 조사됐고, 1946년에는 이 숫자가 1이었으며, 실명과 익명 취재원 비율은 6대 4 정도였다. 1951년 기사당 평균 취재원은 1.5개, 1956년 2.5개, 1966년 2개, 1971년 2.1개로, 1950년대 중반 이후 1970년대 초까지는 1면 머리기사에 사용한 취

〈표 6〉 머리기사 취재원 사용 관행 변화(단위: 개, %)

	1기사당 평균 취재원 수	실명	익명	실명:익명(%)
1898	0	0	0	0:0
1899	0.5	1	0	100:0
1904	1	12	0	100:0
1909	1.3	4	0	100:0
1921	0	0	0	0:0
1926	0	0	0	0:0
1931	0	0	0	0:0
1936	1.1	0	11	0:100
1939	0.4	2	1	67:33
1940	0.5	1	0	100:0
1946	1	3	2	60:40
1951	1.5	24	7	76:24
1956	2.5	30	22	58:42
1961	2.1	35	17	67:33
1966	2	49	24	67:33
1971	2.1	53	23	70:30
1976	1.8	50	13	79:21
1981	1.9	45	23	66:34
1986	2.4	70	17	80:20
1991	2.2	70	36	66:34
1996	2.3	65	43	60:40
2001	3.3	117	40	75:25
총	2.1	631	279	69:31

재원 수가 2개 이상을 유지한 것으로 조사됐다.

1976년과 1981년에 평균 취재원 수는 1.8와 1.9개로 조금 감소했다가 1981년부터 다시 증가하여 1986년부터는 머리기사 하나당 평균 취재원이 2.4개, 2.2개, 2.3개 수준에서 지속된다. 2001년에는 기사당 취재원 수가 3.3개를 기록해 취재가 과거에 비해 다각적으로 이루어지고 있음을 보여준다.

1면 머리기사에서 사용된 실명과 익명 취재원의 비율은 전체 분석 대상시기를 통해 70대 30 정도로 분석됐다. 특별히 익명 취재원의 비율이 높았던 해는 1956년과 1996년이었는데, 모두 40%가 넘는 취재원이 이름이나 직책을 드러내지 않고 머리기사에 사용됐다. 상대적으로 익명 취재원 비율이 낮았던 시기는 1976년, 1986년 기사들이었는데 당시 익명 취재원 비율은 20% 수준이었다. 가장 최근 자료인 2001년은 익명 취재원 비율이 25%였다. 1991년 34%, 1996년 40%에 비해 크게 낮아진 수치다. 전체적으로 취재원의 숫자는 3개 이상으로 늘어나고 취재원 사용 방식의 투명성은 바람직한 방향으로 발전돼가는 경향을 보여주는 자료로 판단된다.

5) 결론 및 논의

100여 년에 걸친 1면 머리기사를 체계적으로 분석한 결과, 이 연구는 크게 4가지 주요 변화를 파악할 수 있었다. 이들은 기사 형식과 주제의 변화, 기사 기명화의 진행과 취재원 사용 관행의 변화이다.

우선 기사 형식 측면에서 한국 신문은 1940년대 후반까지 1면 머리기사에 논설을 싣는 비중이 더 컸다. 특히 1930년대 중반까지는 머리기사의 100%가 사설이었다. 이는 엘리트주의적인 언론관이 지배해 신문은 국민 계몽을 위한 도구로 인식됐음을 의미하고 그러한 목적을 위해 논설이 중요한 기능을 했다는 점을 알려준다. 특히 1면 머리기사 자리에 논설을 배치하는 것은 독립신문의 영향을 받은 것으로 보인다. 한성순보, 한성주보의 경우 사설란이 특별히 없었고, 지구론 같은 해설적인 논문과 외국 신문의 번역물 등이 주 내용이었던 것에 비해 독립신문의 경우 1면 머리기사가 차지하는 논평과 비판의 기능이 강했다(김호준, 1998).

1936년부터 1면 머리기사에는 논설과 기사가 함께 등장하다가 1940년대 중반까지 혼재 상황을 지나, 1950년 이후부터는 스트레이트 기사가 머리기사로 완전히 자리를 잡는다. 이러한 변화는 신문의 기본 성격이 지사형이나 계몽적 특성에서 객관주의적 사실 보도기관으로 변화했음을 보여준다. 이러한 변화는 특히 미군정이 시작되며 미국 언론의 객관 보도 전통이 유입된 영향도 작용한 것으로 보인다. 이재경 등(2001)의 연구에서도 한국 신문의 사회 기사에 1930년대부터 역피라미드 기사가 등장한 후, 서구의 기사 형식이 신문 지면에 수용되고, 기사 형식이 전과 확연히 달라졌음을 지적했다. 또 신문사의 기업화, 상업화가 진행되며 상품으로서의 신문이 강조된 것도 머리기사 형식의 변화에 영향을 준 것으로 판단된다(유선영, 1995).

1950~60년대 압도적 정치 기사 중심에서 경제, 사회, 국제기사 등의 비중 확대로, 1면 머리기사 성격이 다양화한 점이 이 연구의 두 번째 주요 발견이다. 1956년 정치 기사가 71%, 경제와 사회는 각각 13% 정도의 비중에 그쳤으나, 2001년에는 정치 기사 44%, 경제 21%, 사회 17%, 국제기사 15% 등으로 상대적으로 다양한 주제의 기사가 머리기사로 게재됐다. 이는 독자 주권의 강화와 텔레비전, 인터넷 등 매체 간 경쟁의 격화, 사회의 민주화에 따른 관심사의 다원화, 외환위기와 세계화 등 신문을 둘러싼 국내외 환경 변화가 기자들의 뉴스 가치에 영향을 미친 결과로 판단된다.

기사의 기명화는 기사를 누가 썼는지를 밝힘으로써 독자들에게 그만큼 기자의 책임이나 기사의 신뢰도에 무게를 주는 효과가 있다(Barnhust & Nerone, 1991). 1면 머리기사를 통해 살펴본 결과에 따르면, 한국 신문에서는 1991년까지 무기명 기사가 더 많은 비중을 차지했다. 기명 기사 비율은 1991년 21%에 그치다가 1996년에야 80%로 늘고 100% 기명화는 2001년 자료에서나 확인된다. 이는 한국 신문 기사의 기명화가 1990년대에야 빠른 속도로 진행됐음을 의미한다. 1920년대에 이미 기명 기사가 처음 등장해, 1950년대에 약 70%가 기명 기사였던 미국 뉴욕 타임스의 경우(Ogan et al., 1975)와 비교했을 때 한국 신문 기사 기명화가 미국 신문에 비해 어느 정도 시차가 있는지를 확인할 수 있다.

취재원 사용 관행은 1950년대 이후 느리지만 꾸준히 바람직한 방향으로 발전해왔다. 1면 머리기사에 사용된 취재원은 1946년 기사당 평균 1개에서 1951년 1.5개, 1966년 2개, 1986년 2.4개, 2001년 3.3개로 늘어온 것으로 조사됐다. 모든 기사에 해당되는 통계일 수는 없지만, 그날의 가장 중요한 기사에서만큼은 적어도 이제 3개 정도의 취재원을 사용하게 됐다는 의미다. 이는 한국 신문 저널리즘의 다원성과 투명성이 크게 향상됐다는 지표이기도 하다. 실명과 익명 취재원 비율은 대체로 70대 30 정도인 것으로 조사됐다. 익명 취재원 사용의 증감은 특별히 일정한 추세가 발견되지 않아 일반적인 의미를 부여하기 어려웠다.

참고문헌

강호수(1992). "한국 신문의 지면구성에 관한 연구." 중앙대학교 박사학위 논문.

김두겸(1999). "한 · 미 · 일의 신문 1면 지면구성에 대한 비교연구: 중앙일보, 워싱턴 포스트, 아사히신문을 중심으로." 성균관대학교 석사학위 논문.

김민환(2002). 『한국언론사』(개정판). 서울: 나남.

김택환 · 이상복(2006). 『신문의 파워』. 서울: 커뮤니케이션북스.

김호준(1998). 『사설(社說)이란?』. 서울: LG상남언론재단.

나관호(2000). "신문의 체제변화에 따른 지면구성에 관한 연구." 중앙대학교 석사학위 논문.

박권상 외(1997). "한국 신문의 1면 처리 이대로 좋은가: 공적 기능이 영리수단이 되면 그런 신문은 썩은 것이나 마찬가지." 『저널리즘 비평』 20: 30~38.

박재영(2005). "독자 중심의 신문 편집과 독자의 실제 열독률." 한국언론학회 2005년 가을철 학술대회(연세대) 저널리즘분과 발표문.

우승용(2002). 『편집권 독립, 반세기의 고민』. 서울: 한국언론재단

유선영(1995). "객관주의 100년의 형식화 과정." 『언론과 사회』 10: 86～128.

이재경 · 김연미(1997). "한미신문의 1면 특성 비교: 동아일보와 뉴욕타임스의 공통점과 차이점." 『언론연구』 7: 47～70.

이재경 · 김진미(2000). "한국 신문 기사의 취재원 사용 관행." 한국언론학연구 봄철 정기학술 발표대회 발표문.

이재경 · 정미영 · 송미재 · 고지운(2001). "한국 신문의 역피라미드형 기사 도입과 정착에 관한 연구." 『한국언론학보』46(1): 413～442.

임준수(1995). 『신문은 편집이다: 편집기자 30년의 메모』. 서울: 나남.

정연구(1997). "한국 신문 1면 분석: 9대 중앙 종합 일간지의 경우를 중심으로." 『저널리즘 비평』 20: 39～43.

_____(1998). 『한국신문 1면 연구: 경제위기 극복과 뉴스가치판단』. 서울: 한국언론연구원.

정진석(1992). 『한국언론사』. 서울: 나남.

차배근(1996). "한국 근대 신문의 생성과정과 독립신문." 『언론과 사회』 14: 5～33.

차배근 · 오진환 · 정진석 · 이광재 · 임준수 · 신인섭(2001). 『우리 신문 100년』. 서울: 현암사.

한국언론연구원(1997). 『가로신문 새 디자인』. 서울: 한국언론연구원.

한국언론재단(2005). 『수용자 평가에 나타난 신문의 위기, 위기의 한국신문』. 서울: 한국언론재단.

한국편집기자협회(2001). 『신문편집』. 서울: 한국편집기자협회

홍승균(1997). "한국 신문 사고의 성격에 관한 연구." 이화여자대학교 석사학위 논문.

Barnhust, Kevin G. & Nerone, John C.(1991). "Design trend in U.S front page, 1885-1985." *Journalism Quarterly* 68: 796～804.

Bridges, Janet A.(1989) "News use of the front pages of the American Daily." *Journalism Quarterly* 66: 333～337.

Bridges, Janet A. & Bridges, Lamar W.(1997) "changes in news on the front pages of the American Daily." *Journalism & Mass Communication Quarterly* 74: 826～838.

Middlestadt, Susan E. & Barnhurst, Kevin G.(1999) "The Influence of Layout on the

Perceived Tone of News Articles." *Journalism & Mass Communication Quarterly* 76: 264~277.

Ogan, C., Plymale, I., Smith, D. L., Turpin, W.H. & Shaw, D. L.(1975). "The Changing front page of the New York Times, 1900-1970." *Journalism Quarterly* 52: 340~344.

Reisner, Ann E.(1992). "The news conference: How daily newspaper editors construct the front page." *Journalism Quarterly* 69: 971~986.

Shaw, David.(1984). "The front page." *Press Watch*, pp.24~53. New York: Macmillan.

Sigal, Leon V.(1973). "Organizational politics at the Times and the Post." *Reporters and Officials*. pp.7~36. Lexington, Mass: D. C. Health and Company.

Lo, V., Paddon, A. & Wu, H.(2000). "Front pages of Taiwan daily newspapers 1952-1996: How ending martial law influenced publication design." *Journalism & Mass Communication Quarterly* 77: 880~897.

동아일보 방형남 편집부국장과의 인터뷰(2006년 5월 22일, 동아일보 편집국 회의실)

독립신문의 경우 1년만 표집한 이유는 1896년과 1899년이 각각 창간과 폐간된 해라서 온전하게 1년치 신문이 존재하지 않았고, 1898년에야 주 3회 발간을 매일 발행으로 바꿨기 때문이다.

각 신문의 정간. 폐간. 휴간 기간은 다음과 같다.

• **독립신문**

1896년 4월 7일 창간

1899년 12월 4일 폐간(총 43개월간 발행)

• **황성신문**

1898년 9월 5일 창간

1905년 11월 20일 '시일야방성대곡'으로 신문 정간

1906년 2월 12일 복간

1910년 8월 28일 종간, 30일 한성신문으로 개제

1910년 9월 14일 폐간

• 조선일보

1920년 3월 5일 조선일보 창간
1920년 8월 27일 ~ 1920년 9월 2일(7일) 제1차 정간
1920년 9월 5일 ~ 1920년 11월 5일(62일) 제2차 정간
1925년 9월 8일(38일) 제3차 정간(무기 정간)
1928년 5월 9일 ~ 1928년 9월 19일(133일) 제4차 정간
1940년 8월 10일 폐간
1945년 11월 23일 복간
1950년 6월 29일 ~ 1950년 10월 22일 전쟁으로 휴간

• 동아일보

1920년 4월 1일 창간
1920년 9월 25일 ~ 1921년 1월 10일(108일) 제1차 정간
1926년 3월 7일 ~ 1926년 4월 19일(44일) 제2차 정간
1930년 4월 17일 ~ 1930년 9월 1일(138일) 제3차 정간
1936년 8월 27일 ~ 1937년 6월 2일(279일) 제4차 정간
1940년 8월 10일 폐간
1945년 12월 1일 복간
1950년 6월28일 ~ 1950년 10월 4일 전쟁으로 발행 중지
1951년 1월 4일 ~ 1951년 1월 10일 1 · 4 후퇴로 휴간
1955년 3월 18일 ~ 1955년 4월 18일 제5차 정간

• 중앙일보

1965년 9월 22일 창간

• 한겨레신문

1988 5월 15일 창간

5장

한국 신문 기사의 취재원 사용 관행*

1. 왜 취재원 사용 관행을 분석하는가?

"기자에게 대부분의 뉴스는 실제로 발생한 일이 아니라 누군가가 발생했다고 말한 내용이다. 그래서 취재원의 선택은 매우 중요하다"(Sigal, 1973, p.69). 『기자들과 관료들Reporters and Officials』이라는 책에서 시걸이 한 말이다. 셔츤(Schudson, 1978)은 『뉴스의 발견Discovering the News』이라는 책에서 취재원에 대해 논의하며 "뉴스의 생산 과정은 취재원에서 시작하며, 저널리즘이 역사의 초고(the first rough draft of history)라면, 취재원은 저널리즘의 초고"라고 표현했다.

위 두 인용문은 기사에서 취재원이 차지하는 의미를 단적으로 드러내준다. 그리고 기자들이 얼마나 취재원에 의존하는지도 분명하게 알 수 있게 해준다.

* 이 글은 『한국언론학 연구』 2호(160~181)에 실린 "한국 신문 기사의 취재원 사용 관행 연구"(이재경 · 김진미, 2000)와 같다.

기자의 임무는 기본적으로 기사거리를 찾아 사실에 관한 정보를 수집하고 그렇게 모인 자료를 글로 표현하는 일로 구성된다. 이는 다시 말하면 취재와 기사 작성의 두 과정이다. 사설이나 칼럼 등 일부 의견 기사는 예외가 될 수도 있으나 그밖의 모든 사실 기사(straight news)는 취재 과정 없이 만들어질 수 없다는 뜻이다. 여기서 취재 과정은 말할 나위 없이 기자와 취재원의 만남을 의미한다.

이처럼 중요하기 때문에 취재원은 오래 전부터 기사 속에 고정적인 형식 요소로 자리 잡아왔다. 터크먼(Tuchman, 1972)은 이러한 관행을 언론인들이 기사의 객관성을 인증받기 위한 전략적 의례(strategic ritual)로 활용해왔다고 비판적으로 해석하기도 했다. 그러나 거의 모든 현업 언론인에게 취재원의 존재와 기사 속에서 취재원을 밝히는 일(attribution)은 기사의 사실성과 기자의 객관성을 지탱해주는 가장 핵심적인 요소로 인식되고 있다. "취재 기자의 생명선은 취재원"이라는 송효빈(1993)의 말은 이 같은 집단 인식을 잘 요약한다.

너무 일상화한 현상이기 때문인지, 아니면 역시 언론학 전반의 연구기반이 여전히 부실한 이유인지, 한국에서 취재원 문제를 체계적으로 다룬 연구 사례는 찾아보기 힘들다. 홍용락(1986), 이원락(1991), 김연미(1997) 등의 석사학위 논문이 이 분야 문제에 대한 학문적 작업을 대표하는 정도다. 이들 문건 외에 취재원 문제를 다루는 글들은 조용중(1989)과 이용식(1993) 등이 쓴 언론 비평적 논의들이 전부다.

따라서 이 장에서는 아직 기초적 자료조차 제대로 정리되지 않은 취재원 사용 관행을 체계적으로 분석해 한국 신문과 기자들은 취재원에 대해 어떠한 인식을 제도화시켜왔는가를 밝혔다. 또 이 같은 분석을 통해 한국 언론이 발전시켜온 취재원 사용 관행이 어떠한 우려할 만한 문제점을 제기하는지를 검토하고, 그 원인은 무엇인지도 정리했다.

2. 취재원 연구의 흐름

취재원 연구는 크게 2가지 흐름을 형성했다. 하나는 기자들이 얼마나 편향적으로 공직자나 저명인사들을 취재원으로 사용해왔는가에 관심을 가진 연구들이다. 압도적으로 많은 연구들이 이 같은 관점을 견지했다. 다른 조류는 익명 취재원의 비중과 문제점에 주목해온 연구들이다. 적은 수이지만 이러한 연구는 지속적으로 진행돼왔다.

1) 취재원 편향성 분석

취재원에 대한 체계적인 학문적 분석은 미국의 경우는 1970년대 초반 이후에 본격적으로 진행됐다. 시걸(1973)은 공직자와 기자의 관계를 다각적으로 조명하며 특히 뉴욕 타임스와 워싱턴 포스트 등 주요 신문사가 얼마나 공직자를 중요한 취재원으로 다루는지를 계량적 자료를 통해 입증했다. 시걸에 따르면 두 신문에 등장하는 취재원의 46.5%는 미국 연방정부 공직자거나 공공기관이었고 외국 공직자가 27.5%, 지방정부 근무자가 4.1%였다. 이는 거의 80% 가까운 취재원이 미국 또는 외국의 공직자라는 뜻이다. 이 연구는 그만큼 당시 미국 언론의 정부 기관 중심 보도가 심각했다는 사실을 강조한다. 공직자 아닌 일반 미국인이 신문에 취재원으로 등장한 경우는 14.4%에 불과했다. 두 신문을 구분해서 보면 눈에 띄는 차이가 드러나는데, 워싱턴 포스트는 미국 공직자 비중이 62.8%, 외국 공직자는 13.5%인 반면 뉴욕 타임스는 미국 공직자 42.3%, 외국 공직자는 31.4%인 것으로 나타난다. 이는 뉴욕 타임스의 국제적 취재 관행과 워싱턴 포스트의 미국 정치 중심 취재 경향을 간접적으로 드러내는 것으로도 해석됐다.

『뉴스의 선택Deciding What's News』이라는 책에서 다각적으로 미국 언론의 특징을 파악하려고 노력했던 갠즈(Gans, 1979)는 역시 시걸과 마찬가지로 누가 취재원이 되는가에도 관심을 가졌다. 그러나 그는 공직자가 얼마나 중요한 비중을 차지하는가가 아니라 정치 · 경제 · 사회 · 문화의 각 분야에서 활동하는 저명인사와 그렇지 못한 일반 시민의 상대적 취재원 등장 빈도를 조사했다. 결과는 저명인사의 취재원 등장 빈도가 4배 정도나 더 많은 것으로 나타났다. 그는 같은 연구에서 취재원의 선택 기준을 5가지로 정리한다. 첫째는 과거에 좋은 기사거리를 제공했는가, 둘째는 적은 노력으로 많은 결과를 얻을 수 있는가, 셋째는 최소한의 확인만으로 정확한 기사를 생산할 수 있는가이다. 갠즈는 이밖에 신뢰도가 높은가와 권위가 있는가 등을 좋은 취재원의 조건으로 제시하는데, 그 기준들로 볼 때 역시 저명인사들과 공식 기관들이 기자들에게 좋은 취재원으로 자리잡고 있음을 알 수 있다고 말했다.

엡스타인(Epstein, 1975), 터크먼(Tuchman, 1978), 마노프와 셔슨(Manoff and Schudson, 1986) 등은 관점을 조금 바꿔 기자들은 왜 고정된 출입처를 갖고 있으며, 출입처 중심으로 취재원을 접촉하고, 기사 쓰기 또한 출입처 체제의 틀 속에서 수행하는가를 분석했다. 그들의 결론은 큰 차이가 없었다. 대체로 신문이 짧은 시간 안에 많은 기사를 담아내야 하는 부담이 있고 가용 인력은 극히 제한돼 있기 때문에 출입처 제도와 출입처 중심의 취재원 사용 관행은 어쩔 수 없는 선택이라는 의견을 제시했다.

1980년대와 그 이후 연구의 흐름도 이전 연구 경향에서 크게 벗어나지 않는다. 예를 들면 브라운 등(Brown, Bybee, Weardon, and Straughan, 1987)의 연구나 핼린 등(Hallin, Manoff, and Weddle, 1993)의 연구도 1970년대 시걸과 갠즈의 연구가 지적했던 취재원의 편향적 사용 관행이 정도의 차이는 줄었으나 여전히 계속된다는 결론을 제시한다.

지난 10여 년간 언론 관행은 그대로 유지되고 있다. 전국지나 지역지 양쪽 모두에서 정부 관료와 저명인사들은 여전히 대부분의 정보를 제공하는 위치를 고수한다(Brown et al., 1987, p.54).

연구 결과가 축적되면서 분석 대상이 다양화하고 편향성 개념도 세분되는데, 예를 들면 챙(Chang, 1999)은 자동차 산업 관련 보도에서 주요 자동차 회사 중역들이 얼마나 영향력 있는 취재원이가를 조사했고, 그래이브 등(Grabe, Zhou, and Barnett, 1999)은 텔레비전 뉴스 매거진을 대상으로 고급 시사 매거진인 〈60 Minutes〉와 선정적인 타블로이드 프로그램인 〈Hard Copy〉는 어떻게 서로 다른 취재원 사용 관행을 드러내는가를 연구했다. 이들은 이 연구에서 특히 여성과 소수 민족, 노동자 집단 등 힘없는 사람들이 여전히 조직적으로 배제되는 점을 주요 문제점으로 제기하기도 했다.

2) 익명 취재원 문제에 관한 논의

익명 취재원의 문제는 미국 언론계에서는 오래 전부터 지속적으로 논란이 이어져왔다. 주요 관점은 2가지로, 하나는 기자의 신뢰성을 확인하려는 입장에서 취재원의 실재 여부를 질문하는 내용이다. 다른 한 관점은 주로 일선 기자들이 지지하는 입장으로 익명 취재원은 기사를 불완전하게 만들 수는 있지만 사회, 국가적으로 중요한 일들이 기사의 형식적 완전성 문제로 공론에 부쳐지지 못하는 것은 더욱 커다란 손해이기 때문에 익명 취재원 사용 관행은 반드시 필요하다는 주장이다. 이 같은 논란은 문제가 불거질 때마다 한국에서도 계속 이어져온 경험을 갖고 있다.

학계에서는 컬버트슨(Culbertson, 1978, 1980)이 이 문제를 지속적으로 연구했다. 그는1974년 뉴욕 타임스, 워싱턴 포스트 등 12개의 신문을 대상으로 익명 취재원에 대한 분석을 했는데, 그 결과 전체 분석 기사 중 3

분의 1가량이 익명 취재원을 이용하고 있었다. 익명 취재원의 유형으로는 기구나 단체가 압도적으로 많았다. 대부분 기구의 이름(공화당, 제너럴 모터스 사 등)이나 직함(대변인)으로 표기되고 있었고, 이런 기사에는 독자들이 취재원의 신뢰도를 평가할 수 있는 정보가 거의 들어 있지 않았다. 분석 결과에서 나타나듯 상당히 많은 숫자의 기사가 익명 취재원을 통해 쓰여지고 있는 데 대해, 언론인들은 중요한 기사의 폭로를 위해서나 취재원을 계속 확보하기 위해서는 익명 취재원의 사용이 불가피하지만, 자신들의 "파수견"으로서의 역할이 희석되거나 관료들로부터 역이용당할지 모른다는 점에서는 우려를 표명한다. 신문 독자들 역시 취재원의 직업적 비밀 보장이 이루어져야 한다는 점에 있어서는 익명 취재원 관행에 대해 동의하고 있지만, 익명 취재원 기사에 대해서는 그 신뢰도에 회의를 품고 있는 것으로 나타났다.

컬버트슨은 계속해서 1979년 미국 전역에 있는 209명의 신문 편집자들을 대상으로 조사를 실시해 익명 취재원 사용 실태와 그 문제에 대한 언론인들의 인식을 확인했다. 그 조사에 따르면 조사 대상자의 87%는 익명 취재원을 사용하지 않을 수 없다고 답했다. 이유는 그렇지 않고는 권력형 비리를 폭로할 방법이 없다는 것이었다. 그러나 역시 압도적 다수인 81%의 편집자들은 익명 취재원은 실명보다 신뢰감이 떨어진다고 인정했고, 56%는 언론인들이 노력하면 많은 경우 실명으로 보도할 수 있을 것이라는 의견을 제시했다.

앤더슨(Anderson, 1982)은 심층 보도의 실패 사례로 등장한 워싱턴 포스트의 자넷 쿡 사건 이후 신문 보도에서 익명 기사는 어떠한 빈도의 변화를 보이는지를 조사했다. 그는 이 논문에서 워터게이트 사건 이후 현격하게 증가한 익명 취재원 사용 보도는 편집자들도 우려할 수준에 이르렀으며, 특히 자넷 쿡 스캔들 이후에는 92%의 언론인들이 취재원을 익명으로 처리한 기사에 대해서는 한층 세심한 주의를 기울이게 됐다는 조사 결과를 보고했다.

스웨인과 로버트슨(Swain and Robertson, 1995)은 분석 대상을 익명 취재원 사용의 대가인 밥 우드워드(Bob Woodward) 워싱턴 포스트 심층 취재 담당 국장으로 좁혀 이 문제를 둘러싼 여러 쟁점을 검토한다. 그에 따르면, 우드워드가 워터게이트 사건 취재 때 사용한 익명 취재원 'Deep Throat'는 존재하지 않거나, 여러 사람일 수도 있고, 심지어는 기사의 편의를 위해 합성된 사람일 수도 있다는 것이다. 그는 이 글의 마지막 부분에서 우드워드는 익명 취재원 사용으로 언론의 권력 감시 기능에는 크게 공헌했지만, 기자의 전문직으로서의 신뢰도에는 근본적인 문제를 제기했다고 말한다. 따라서 그는 어떻게 하면 독자로 하여금 기자의 성실성을 믿도록 취재 관행을 변화시키는가가 시급한 미국 언론계의 과제라고 지적한다.

3. 한국에서의 취재원 연구

한국의 취재원 연구는 크게 부족하다. 앞에서도 제시했듯이 3개의 석사 논문이 거의 전부이다. 그리고 이들 연구는 대체로 미국적 연구 틀을 한국 언론 현실에 적용하는 방식을 따랐다. 홍용락(1986)의 경우는 신원이 공개되지 않은 취재원의 인용 형태가 역사적으로 어떠한 변화를 보이는지를 분석했다. 동아일보와 서울신문을 대상으로 한 이 연구에서 그는 2공화국 시기에 상대적으로 익명 취재원이 적고 그 이후로는 지속적으로 증가 추세를 보인다는 조사 결과를 제시했다. 이 같은 결과가 나타나는 이유로 홍용락은 3공화국 이후 정치적 통제가 심해지며 기자들이 외압을 피하기 위해 익명 취재원 사용을 늘렸을 것이라고 추정한다. 미국에서와 마찬가지로 취재원의 보호와 취재 대상의 확장을 위해 익명을 사용했다는 의미다.

그런가 하면 이원락(1991)은 민주화가 한참 진행되던 시점인 노태우 정부 시기를 택해, 언론 활동이 자유로워졌는데도 편향적 보도가 계속되는 이유는 무엇인지를 알아보기 위해 취재원 분포를 조사했다. 그의 연구 결과를 보면, 모두 4,844건의 분석 대상 기사 가운데 행정부와 사법부, 입법부 등 국가 기관이 취재원인 경우는 모두 3,876건으로, 무려 80%가 소위 말하는 관급기사라는 사실을 알 수 있다. 정치 기사의 경우는 더욱 심각해서 97.8%가 국가 기관을 취재원으로 한 것으로 나타났다. 이는 한국 언론의 취재 관행이 70년대 미국 언론의 관급 기사 의존도보다 비교할 수 없을 만큼 권력 중심으로 편향돼 있다는 사실을 알려주는 내용이다.

김연미(1997)의 연구는 역사적으로 한국 신문의 정치 기사가 얼마나 많은 취재원을 활용해왔으며 취재원을 밝히는 관행은 어떻게 진화해왔는가를 알아보고자 했다. 조선일보와 동아일보를 분석한 이 연구에 따르면, 1955년 한 기사에 0.93명이던 취재원 수는 1975년에는 0.99명, 1995년에는 0.98명으로 40년이 지나면서 거의 아무런 변화가 없었다. 다시 말하면 한국 신문의 정치 기사는 대체로 1명의 취재원을 사용해 작성해왔고, 그 같은 관행은 최근에도 계속된다는 의미다. 반면에 취재원을 밝히는 관행은 뚜렷한 변화를 보이는데, 김연미는 1950년대 "소식통"이란 표현이나 애매한 직책을 제시하던 관행은 1990년대 오면서 비교적 정확한 직함과 성명을 제시하게 됐으며, 익명일 때도 "하더라" 식으로 소문을 옮기기보다는 "~관계자에 따르면" 등의 표현으로 가능한 한 구체적으로 취재원을 제시하려는 추세를 보여준다고 말한다.

그밖에 신문 취재원에 대한 연구는 아니지만 강명구(1990)의 텔레비전 뉴스 취재원에 대한 연구에서도 취재원의 편향성에 대한 문제가 제기된 바 있다. 정보 채널을 공식 채널, 비공식 채널, 자발적 채널, 불확실한 채널과 같이 4가지로 분류했을 때, 한국 텔레비전 뉴스에 가장 빈번하게 나타나는 것은 공식 채널(55.2%)로서 그중 프레스 릴리스가 가장 높은 빈도수를 드러내는 것으로 나타났다. 강명구는 이러한 원인으로 출입처 제도의 문제를 지적한다. 그는 기자들이 능동적으로 취재하기보다는 쉽게 주어지는 정보를 통해 기사를 작성하는 관행이 만연해 있다고 비판한다.

4. 연구 문제

이 장의 연구 작업은 김연미의 분석과 성격을 같이한다. 취재원을 얼마나 많이 사용하는가와 익명 취재원의 비중은 어떠한가를 조사하는 점에서 그렇다. 따라서 이 장에서는 관급 기사의 많고 적음이나 저명인사의 분포 등에는 관심을 두지 않는다. 이미 연구가 시도됐기도 하지만, 그보다는 기자들의 취재원에 대한 관행화된 인식이 더 중요하다고 생각하기 때문이다. 다시 말하면, 기사를 쓸 때 기본적으로 몇 개의 취재원을 사용해야 하는가 하는 기자의 인식은 쓰는 기사가 얼마나 다원적인 시각을 바탕에 두고 있는지를 짐작할 수 있게 해준다는 뜻이다. 미국의 언론학 교과서들과 언론 윤리 교재들은 하나같이 적어도 2개 이상의 취재원을 확보하도록 요구하는 "삼각 확인"(Triangulation)적 취재 관행을 바람직한 규범으로 강조한다. 이 장에서는 한국의 신문 기사들이 이 같은 고려사항을 어떻게 관행화시켰는지 또는 그러지 않았는지를 알아보았다.

이 장에서 조사한 구체적인 문제들은 다음과 같다.

- 한국의 신문 기사는 주제별로 평균 몇 개씩의 취재원을 사용하는가?
- 신문사별 취재원 수에는 어떠한 차이가 있는가?
- 취재원을 밝히지 않는 기사의 비중은 어느 정도인가?
- 한국의 신문 기사에서 사용하는 익명 취재원의 비중은 어느 정도인가?

5. 분석의 대상과 절차

분석 대상은 국내 종합 일간지 중 열독률, 구독률 등에서 가장 많이 읽히는 세 신문을 골랐다. 여러 조사 결과를 고려해 조선일보와 중앙일보, 동아일보를 선택했다. 각 신문 모두 1999년 1년치를 표집 단위로 삼았는데, 요일적 · 계절적 특성이 분석에 실제 이상으로 반영되는 것을 막기 위해 월요일부터 토요일까지 일주일간의 신문이 모두 한 번씩 표본이 되도록 두 달 간격으로 한 요일씩 신문을 선택했다. 또한 주간의 특성 반영 역시 배제하기 위해 1월 첫째 주 월요일 신문을 표집한 경우 그 다음에는 3월 둘째 주 화요일 신문을 표집하는 방식을 사용했다.

〈표 1〉 표집 방법

	표본 1	표본 2	표본 3	표본 4	표본 5	표본 6
조선일보	1월 첫째 월요일	3월 둘째 화요일	5월 셋째 수요일	7월 넷째 목요일	9월 첫째 금요일	11월 둘째 토요일
동아일보	2월 첫째 월요일	4월 둘째 화요일	6월 셋째 수요일	8월 넷째 목요일	10월 첫째 금요일	12월 둘째 토요일
중앙일보	1월 셋째 월요일	3월 넷째 화요일	5월 첫째 수요일	7월 둘째 목요일	9월 셋째 금요일	11월 넷째 토요일

다양한 지면 가운데 분석 대상은 1면에 실린 기사로 제한했다. 아직도 정치, 경제 기사가 1면에 배치되는 경우가 많지만 국제, 사회, 문화 기사 등도 자주 등장하기 때문에 다양한 주제의 기사를 볼 수 있으리라고 예상했다. 또 1면 기사는 다른 면 기사에 비해 편집 과정에서 더 많은 주목의 대상이고 그래서 완성도가 상대적으로 높으리라는 것도 고려됐다.

각 신문 1면에 실린 기사 수를 계산할 때에는 사진 기사는 포함하고 광고나 사고, 지면 안내, 만화, 그래프 등은 포함하지 않았으나, 연구의 목적과 무관한 사진 기사의 취재원에 대한 논의는 생략했다.

개별 기사는 먼저 기사 분야를 분류했는데, 해당 기사를 작성한 기자가 당시 속해 있던 근무 부서를 그 기준으로 삼았다. 당초 기자가 자신이 속한 부서와는 다른 분야의 기사를 쓰는 예외가 있을 수 있다고 예상했으나, 기사 내용과 비교해본 결과 분석 대상 기사들 중에는 이 같은 예외가 발견되지 않았다. 그러나 한 기사를 2명의 다른 부서 소속의 기자가 작성하거나 기자 이름 대신 정치부, 경제부, 사회부 등으로 표기한 기사가 4건(조선일보 11월 13일자, 동아일보 8월 26일자, 중앙일보 5월 5일자, 11월 27일자) 있었다. 기사 분야별 취재원의 양상을 보는 것도 분석의 일부분이었기 때문에 이 기사들은 2개 혹은 3개의 기사로 중복 계산했고 따라서 이들의 합계는 기사 수의 단순 합계보다 더 크게 나타났다.

각 기사에는 사람, 외신, 신문, 공식 보고서 등 다양한 취재원이 사용되었는데, 특히 사람의 경우 이름이나 직위 등이 명시되었을 때는 실명 취재원, '정부의 한 고위 관계자'의 경우처럼 명시되지 않았을 때는 익명 취재원으로 간주했다. 사람이 아닌 경우에도 '한나라당'이나 '검찰' 등 단체나 기관의 공식적인 발표가 있었던 사실이 드러나 있으면 실명 취재원으로, "~인 것으로 알려졌다" 등 취재 경로가 불분명한 경우에는 익명 취재원으로 분류했다.

이 장에 사용된 신문사별, 주제·분야별 분석 대상 기사의 분포는 〈표 2〉와 같다. 〈표 2〉에서 보는 바와 같이 전체 분석 대상 기사는 119개였고, 신문사별로는 조선이 53개, 동아 32개, 중앙 34개의 기사가 분석에 포함됐다. 주제별로 보면 정치 기사는 41개로 31.7%였고, 경제 기사 24개 18.6%, 사회 기사 30개 23.2%, 국제 기사와 문화 기사는 각각 10.8%와 0.78%의 비중을 차지했다. 문화 기사의 수가 너무 적어 일반적인 추세를 파악하기 어려운 점을 제외하면, 나머지 분야별 기사는 비교적 적절하게 분석에 포함됐음을 알 수 있다. 중복 수치를 포함한 전체 기사 124건

〈표 2〉 분석 대상 기사 분포

	정치 기사	경제 기사	사회 기사	국제 기사	문화 기사	사진 기사	사고	합계
조선일보	18(33.33)	11(20.37)	12(22.22)	7(12.96)	0(0)	6(11.11)	0(0)	54/53*
동아일보	9(25)	5(13.89)	12(33.33)	3(8.33)	1(2.78)	3(8.33)	3(8.33)	33/32*
중앙일보	14(35.90)	8(20.51)	6(15.38)	4(10.26)	0(0)	5(12.82)	2(5.13)	37/34*
합계	41(31.78)	24(18.60)	30(23.26)	14(10.85)	1(0.78)	14(10.85)	5(3.88)	124/119

* 오른쪽 합계에서 앞의 숫자는 사고(社告), 만화는 제외하고 사진 기사는 포함한 기사 수 단순 합계, 뒤의 숫자는 한 기사가 2개 이상의 분류에 속하는 기사(예: 정치, 경제 기사)의 중복 수치를 뺀 실질적인 총 기사 수.

** 괄호는 백분율. 소수점 세 자리 이하는 반올림.

중 사진 기사 14건을 제외하면 실제로 이 장의 작업에 포함된 분석 대상 기사는 모두 110건이었다. 여기서 문화 기사는 전체 가운데 1건밖에 안 돼 분석의 의미가 약화돼서 제외하기로 했다. 이에 따라 최종적으로 분석 대상은 109건으로 정리됐다.

6. 분석 결과 및 논의

한국의 3개 주요 종합 일간지를 대상으로 분석한 결과는 다음의 〈표 3〉과 같다. 전체 대상 기사는 109개였고 그 기사들에서 정리한 취재원의 합계는 147개였다. 이는 평균적으로 한국 신문은 기사 하나에 1.35개 정도의 취재원을 사용함을 의미한다. 대체로 한 기사는 1개의 취재원에 의존해 쓰여짐을 알 수 있고 어쩌다 2개 이상의 취재원이 사용되기도 하는 것이 현재 한국 기자들의 기사 쓰기 관행이다.

주제 분야별 취재원 사용 실태를 보면, 정치 기사는 하나당 1.49개의 취재원을 사용해서 경제나 사회, 국제 분야에 비해서는 더 많은 취재원을

〈표 3〉 분야별 취재원 수

분야 \ 구분	기사 수	취재원 수	평균 취재원 수
정치	41	61	1.49
경제	24	32	1.33
사회	30	36	1.20
국제	14	18	1.29
합계	109	147	1.35

사용했다. 경제는 1.33개, 사회 1.20개, 국제는 1.29개의 취재원을 평균적으로 사용하는 것으로 나타났다.

가장 기사 수가 많은 정치 분야에서 나타난 전형적인 취재원 사용 방식은 "이와 관련, 여권의 한 고위 관계자는 ~라고 말했다. 한편, 청와대 이강래 정무수석은 ~고 밝혀……"(조선일보, 1999년 1월 4일자)와 같은 형태이다.

신문사별로 취재원을 사용하는 실태는 다음의 〈표 4〉와 같이 나타났다. 세 신문사 가운데는 중앙일보가 기사당 1.5개의 취재원을 사용해 상대적으로 많은 취재원을 기사에 활용하는 것으로 드러났고, 동아일보는 1.34개, 조선일보는 기사당 1.25개의 취재원을 사용했다.

이 같은 신문사별 취재원 사용 편차는 각 사의 편집 정책이 반영되는 것으로 보이는데 조선일보의 경우는 가능하면 많은 기사를 1면에 싣고자 하는 편집 정책이 기사수의 차별화로 드러나고 있고, 그러한 정책의 결과

〈표 4〉 신문사별 취재원 수

신문	기사 수	취재원 수	평균 취재원
조선일보	48	60	1.25
동아일보	29	39	1.34
중앙일보	32	48	1.5

〈표 5〉 취재원 수별 기사 수

취재원 수 / 기사 수	0	1	2	3	4	5	6
조선일보	6	28	8	4	1	0	0
동아일보	4	19	3	1	1	0	1
중앙일보	4	14	5	4	1	1	0
합계	14(13.3)	61(58.0)	16(15.2)	9(8.5)	3(2.8)	1(0.9)	1(0.9)

* 괄호는 백분율. 소수점 세 자리 이하는 반올림.

로서 자연스레 1면에 실리는 기사의 길이가 짧아지고 따라서 취재원도 적게 사용할 수밖에 없는 것으로 해석된다. 그런가 하면 중앙일보는 여러 부서가 함께 작업하는 비교적 긴 기획 기사들을 이따금 1면에 배치해오고 있기 때문에 그로 인해 취재원의 평균 숫자가 경쟁사들보다 많은 것으로 짐작된다.

〈표 5〉는 취재원이 없는 기사에서부터 취재원을 가장 많이 사용한 기사까지를 취재원 수를 기준으로 다시 정리한 내용을 담고 있다.

이 표를 보면 전체 기사 가운데 58%가 1개의 취재원에만 의지해 쓰여졌음을 알 수 있다. 2개의 취재원을 이용한 기사는 15.2%, 3개의 취재원을 사용한 기사는 8.5%였다. 그리고 4개 이상의 취재원을 사용하는 경우는 모두 합해서 5% 정도의 분포를 차지했다.

가장 많은 취재원을 사용한 경우는 6명을 동원한 기사 1건으로 정치부에서 작성한 국회 청문회 관련 기사였다.

이날 옷값 대납 요구 여부에 대해 이형자 씨는 ~고 주장한 반면 배정숙 씨는 "그런 적이 없다"고 부인했다. 정일순씨도 "옷값 대납과 관련해 이형자 씨 자매에게 전화를 한 적이 없다"고 말했다. (……) 연씨는 "그런 말을 한 적이 없다"고 부인했고, (……) 이은혜 씨도 "그 자리에 있었으나 그런 말을 들은 적이 없다"고 말했다. (……) 사직동팀은 1월 15일이라고 밝혔으나 (……) (동아일보, 1999년 8월 26일자).

각 증인과 질문자들을 하나하나 취재원으로 계산했기 때문에 이러한 이례적인 숫자가 나왔다. 그러나 기사를 쓴 기자는 실제로 한 청문회장에서 해당 기사를 작성했다.

눈길을 끄는 내용은 취재원이 없다고 분석된 14개의 기사다. 이처럼 취재원이 없는 기사는 전체 기사 가운데 13.3%를 차지했는데 그 유형을 보면 주로 "~한 것으로 알려졌다"는 투의 기사와 대통령의 해외 순방 등 주요 인사의 동정을 단신으로 처리한 기사들, 그리고 해외의 기상이변을 전하는 화제성 날씨 기사들이었다. 다음 두 기사는 취재원 없는 기사의 예들이다.

김대중 대통령은 필리핀 마닐라에서 열리는 동남아 국가연합+한 · 중 · 일 정상회의 및 한 · 아세안 정상회의에 참석한 뒤 필리핀을 국빈방문하기 위해 27일 출국한다(중앙일보, 1999년 11월 27일자).

새해 벽두부터 미국 중서부와 스페인 등 일부 유럽지역에 강한 폭풍을 동반한 눈보라가 몰아쳐 곳곳에 사고를 유발했다(조선일보, 1999년 1월 4일자).

4개의 취재원을 사용한 기사는 모두 3개였는데 두 기사는 정치 협상을 다룬 기사로 주요 정당의 원내 총무들 입장을 모두 반영하기 위해 4명의 취재원이 사용됐다.

한나라당 하순봉 사무총장은 이날 회의에서 ~고 말해 '전국구-비례대표제'인 당론의 수정 가능성을 시사했다. (……) 국민회의 한화갑 사무총장은 "복합선거구제안은 절충점을 찾기 위한 시도가 될 수 있다"고 말해 협상 타결을 위해서는 기존 중선거구제 당론은 바꿀 수도 있음을 내비쳤다. 그러나 자민련은 ~며 전국적인 소선거구제에 대해서는 반대 입장을 분명히 했다. (……) 국민회의 박상천 원내 총무는 회의 후 ~라고 말했다(동아일보, 1999년 12월 11일자).

나머지 한 기사는 이스라엘과 팔레스타인의 평화 협상 진행 상황을 다루면서, 역시 이해 당사자와 중재를 위해 노력하는 미국 지도자의 논평을 전달한 외신 기사를 번역해 실은 기사였다. 그런데 이 기사의 경우 외신이 아닌 국제부 기자의 이름이 명시돼 있으나 직접 취재한 것이 아니기 때문에 유의미한 분석 결과로 보기 어렵다. 이런 상황은 국제 기사 모두에 적용되는 것으로, 한국 신문기자들의 취재 관행을 살펴보기 위한 이 연구에서는 직접 취재한 것이 아니라 외신 등의 간접적인 채널을 이용해 작성한 국제 기사의 경우는 별도의 문제 제기가 필요하다는 것이다.

한편, 한국 신문 기사가 익명의 취재원을 얼마나 사용하는가를 조사한 결과는 다음의 〈표 6〉로 정리했다. 분석 결과를 보면 전체적으로 한국 신문의 익명 기사 비율은 26.2% 정도인 것으로 나타났다. 조선일보가 상대적으로 익명성이 높아 31.2% 정도를 보였고, 동아일보는 25%, 중앙일보는 비교적 낮아서 18.5% 정도의 기사를 익명의 취재원에 의지했다.

〈표 6〉 실명/익명 취재원 기사 수

기사 수 \ 취재원	실명	익명	합계
조선일보	33(68.75)	15(31.25)	48
동아일보	21(75)	7(25)	28
중앙일보	22(81.44)	5(18.52)	27
합계	76(73.79)	27(26.21)	103

* 괄호는 백분율. 소수점 세 자리 이하는 반올림.

조선일보의 경우 컬버트슨이 1970년대 미국 신문 익명 취재원을 분석했을 당시의 3분의 1이라는 수치와 거의 비슷한 31.5%라는 결과가 나왔다.

익명 취재원에 대한 문제와 가장 밀접하게 관련된 문제는 기사 신뢰도의 문제이다. 가령 "내달 초순 대폭 개각"이라는 제목의 한 기사는 "김대중 대통령은 러시아-몽골 방문 직후인 내달 초 대폭 개각할 것이라고 청와대의 한 고위 관계자가 18일 말했다(조선일보, 1999년 5월 19일자)"와 같은 기사의 경우 청와대 고위 관계자의 정보 유출(leaks)인지 아니면 기자가 익명의 취재원을 내세워 자신이 들은 풍문을 기정사실화한 것인지 독자로서는 판단하기 어렵다.

익명 취재원 분포를 주제 분야별로 조사해보니, 정치 기사의 경우 10명이 익명으로 처리됐고, 경제 기사는 8명, 사회 기사는 9명의 취재원을 익명으로 처리한 것으로 나타났다. 따라서 분야별 익명 취재원 사용 관행에는 커다란 차이가 없는 것으로 드러났다.

7. 결과 논의 및 결론

기사당 취재원의 개수는 얼핏 보기에는 단순한 미시적 형식 요건의 분석 자료로 해석될 수도 있지만, 기사를 쓰는 기자와 그 기자가 속해 있는 언론사, 나아가 언론계에게는 적어도 2가지 근본적인 가치를 반영하는 핵심적인 자료다. 첫 번째 가치는 기자의 성실성과 균형 보도에 대한 자세다. 기자의 전문성은 성실한 취재에 기초하는 경우가 많다. 기자는 전하고자 하는 사실을 처음 인지한 뒤 육하원칙에 따라 해당 사실을 구성하는 각각의 구성 요소를 최대한 정확하게 확인하려고 노력한다. 취재원은 이러한 사실 확인 과정이 얼마나 철저했는가를 입증하는 유일한 형식적 요소이다.

더욱 중요한 고려 사항은 거의 모든 사실은 적어도 양면성, 나아가서는 다면적 해석의 여지가 있다는 점이다. 대부분의 언론학 연구자들은 기사가 취재원의 말을 옮겨적은 글이라고 정의한다. 이는 기사의 불완전성이나 편향성을 근본적으로 예방하기 어렵다는 판단을 가능하게 한다. 그래서 언론 윤리 교재들은 복수의 취재원을 이용한 교차 확인 또는 삼각 확인을 바람직한 취재 지침으로 강조한다. 취재원 숫자를 분석하는 일은 이 같은 기본적 가치가 얼마나 잘 생활화되고 있는가를 확인할 수 있는 작업이었다.

두 번째로 고려할 수 있는 가치는 보다 집단적 차원에서 신문사들이 어떠한 취재 관행을 제도화시켰는가와 관련된다. 한 신문사는 새로운 인력이 선발되면, 자사의 근무에 필요한 기본적인 지식과 관행을 교육시킨다. 이는 해당 회사의 제도화된 인식틀을 전수하는 과정이다. 여러 신문이 비슷한 작업 관행을 유지한다면, 그러한 사실은 해당 사회의 언론계가 공통적으로 발전시켜온 관행으로 이해해도 큰 무리가 없다. 한 기사를 작성하며 몇 명의 취재원을 사용해야 하는가는, 좀 더 범위를 넓혀 얘기하면, 이처럼 한 사회의 언론계 취재 문화를 구성하는 매우 중요한 관행적 요소이기도 하다.

이 장에서 조사한 한국 주요 신문의 기사당 취재원 수는 평균 1.35개였다. 정치 기사는 1.49개, 경제 1.33개, 사회 기사의 취재원은 평균 1.2개였다. 1면에 실린 기사이기 때문에 경제, 사회면에 실리는 기사들보다 지면을 적게 사용해야 하는 부담이 있으리란 점을 감안해도 이는 적은 숫자이다. 참고로 버코비츠(Berkowitz, 1987)가 제시하는 미국 언론의 취재원 사용 관행을 보면 이 같은 사실을 더욱 분명하게 알 수 있다.

다음 〈표 7〉은 이번 조사에 포함된 한국 신문과 비교될 만한 미국 전국지가 기사당 7.6개의 취재원을 사용한다는 자료를 제시한다. 미국 기자는 기사 하나를 쓰기 위해 7~8명의 사람을 만난다는 뜻이다. 가장 많은 기

〈표 7〉 기사당 취재원 수(미국)

	TV		신문	
	지역	네트워크	지역지	전국지
평균	1.87	2.93	5.6	7.6
최대치	7	13	16	26

* Berkowitz(1987), p.512.

사는 26개의 취재원을 사용한 경우도 있었다. 미국에서는 지역 신문도 5.6개의 취재원이 평균치였고, 보도 시간이 더욱 제약을 받는 네트워크 텔레비전 뉴스에서도 기사당 3명 정도의 취재원을 사용하는 것으로 제시됐다. 이 같은 사실은 미국 기자들의 기사를 대하는 기본 자세와 한국 기자들의 자세가 근본적으로 다르다는 점을 암시한다. 개인적으로 더 성실하기 때문이기보다는 직업의 전문성에서 미국 언론계가 더욱 철저한 취재 기준을 제도화하고 있기 때문이 아닐까 짐작해본다.

김병국(1999)은 한국 신문 기사가 미국 신문 기사보다 훨씬 짧고 단편적이라는 분석 결과를 내놨다. 따라서 기사에 투영된 기자들의 사고 역시 종합적이거나 분석적이기보다는 조각 사실을 전하는 양태를 띠는 경우가 많다는 것이 그의 의견이다. 적은 취재원의 사용은 이러한 기사 쓰기 관행과 긴밀하게 연결돼 있다. 기사의 길이에 대한 일반화된 개념과 언론계의 편집 관행과 연결해서도 체계적인 검토를 필요로 하는 부분이다. 어쨌거나 취재원 숫자에 대한 분석 결과는 한국의 주요 신문들이 균형 보도의 필요조건인 2개의 취재원도 충족시키지 못하는 사실을 확인시켜줬다. 어떻게 해서 이 같은 관행이 만들어졌고 왜 여전히 현업에서는 아무런 문제도 제기되지 않는지, 이러한 관행을 한국 저널리즘의 특징이라고 합리화할 수 있을지 등은 더 검토돼야 할 사항이다.

이번 연구에서 발견하는 한국 신문 관행의 부정적 측면 가운데 하나는 분석 자료가 보여주듯이 한국 기자들은 어쩌면 자신들도 모르는 사이에 지극히 기계적인 기사 쓰기의 전형을 만들어왔다는 점이다. 여기서 기계적인 기사 쓰기 전형이라는 말은 최소한의 객관성 요건을 갖추면 기자로서의 면책 요건을 갖춘다는 인식을 의미한다. 최소한의 요건은 당연히 1명의 취재원이다. 이는 다시 말하면 누군가가 기자가 필요로 하는 말을 했으며, 그 말의 사실성과 진실성은 확인이 안 되더라도 그 취재원이 그러한 말을 했다는 것은 사실이기 때문에 기사의 요건을 갖춘다는 뜻이다. 이러한 인식은 취재편의주의, 편집편의주의라고밖에 표현할 수 없다. 최소한의 객관주의에 기대는 이 같은 취재관행은 개선돼야 한다. 한 사람의 자의적 판단이 충분한 확인과 논의 과정 없이 신문에서 곧바로 사실로 기록되는 한국의 언론 관행은 하루빨리 균형 보도의 원칙을 생각하고 다원적 사고가 반영되는 취재 보도 관행으로 개선돼가야겠다.

참고문헌

강명구(1990). "한국 텔레비전 뉴스의 내용과 형식에 관한 분석." 『텔레비전 뉴스보도』. 3~132. 서울: 한국언론연구원.

김병국(1999). "신문과 정치." 『한국 언론의 병리』. 236~404. 서울: 커뮤니케이션북스.

김연미(1997). "한국 신문 정치 기사의 취재원과 취재원 밝히기 — 역사적 분석 1955~1995년." 이화여자대학교 석사학위 논문.

송효빈(1993). 『체험적 신문론』. 서울: 나남.

이원락(1991). "한국 신문의 관급보도에 관한 연구." 서울대학교 석사학위 논문.

이용식(1993). "얼굴 없는 출처불명 기사." 『저널리즘』. 38~40.

조용중(1989). "뉴스원 비닉과 보호의 한계." 『신문과 방송』 217: 2~3.

홍용락(1986). "한국 신문 기사에 인용되는 공개되지 않은 뉴스원에 관한 연구." 서강대학교 석사학위 논문.

Anderson, A. Douglas(1982). "How Newspaper Editor Reacted to Post's Pulitzer Prize Hoax." *Journalism Quarterly* 59: 363~366.

Atwater, Tony & Norma F. Green(1988). "News Sources in Network Coverage of International Terrorism." *Journalism Quarterly* 65: 967~971.

Berkowitz, Dan.(1987). "TV News Sources and News Channels: A Study in Agenda-Building," *Journalism Quarterly* 64: 508~513.

Berkowitz, Dan & Douglas W. Beach(1993). "News Sources and News Context: The Effect of Routine News, Conflict and Proximity." *Journalism Quarterly* 70: 4~12.

Brown, Jane Delano, Carl R. Bybee, Stanley T. Wearden & Dulcie Murdock Straughan(1987). "Invisible Power: Newspaper News Sources and the Limits of Diversity." *Journalism Quarterly* 64: 45~54.

Chang, Kuang-Kuo(1999). "Auto Trade Policy and the Press: Auto Elite as a Source of the Media Agenda." *Journalism & Mass Communication Quarterly* 76: 312~324. Culbertson, Hugh M.(1975). "Veiled News Sources-Who and What Are They?" *American Newspaper Publishers Association News Research Bulletin.*

Culbertson, Hugh M.(1978). "Veiled Attribution-An Element of Style?" *Journalism Quarterly* 53: 456~465.

______(1980). "Leaks-A Dilemma for Editors As Well As Officials." Journalism *Quarterly* 55: 402~408.

Epstein, Edward J.(1975). *Between Fact and Fiction.* New York: Vintage Books.

Gans, Herbert, J.(1979). *Deciding What's News.* New York: Vintage Books.

Grabe, Maria E., Shuhua Zhou, and Brooke Barnett(1999). "Sourcing and Reporting in News Magazine Programs: 60 Minutes versus Hard Copy." *Journalism & Mass Communication Quarterly* 76: 293~311.

Hallin, Daniel C., Robert Carl Manoff, and Judy K. Weddle(1993). "Securing Patterns of National Security Reporters." *Journalism & Mass Communication Quarterly* 70: 753~766.

Manoff, K. and Michael Schudson(1986). *Reading the News.* New York: Pantheon.

Shudson, Michael(1978). *Discovering the News: A Social History of American*

Newspapers. New York: Basic Books.

Sigal, Leon V.(1973). *Reporters and Officials: The Organization and Politics of Newsmaking*. Lexington, Mass.: D. C. Heath and Company.

Singletary, M. & Carrage, K.(1980). "Subjective Errors in Written Message." *Journalism Quartery* 57.

Soloski, John.(1989), "Sources and Channels of Local News." *Journalism Quarterly* 66: 864~870.

Swain, Bruce M. and Michael J. Robertson(1995). "The Washington Post and the Woodward Problem." *Newspaper Research Journal* 16: 2~21.

Tuchman, Gaye(1972). "Objectivity as Strategic Ritual: An Examination of Newsmen's Notions of Objectivity." *American Journal of Sociology* 77: 660~679.

______(1978). *Making News: A Study in the Construction of Reality*. New York: Free Press.

6장

한 · 미 신문의 대통령 취재 관행 비교*

: 조선일보와 뉴욕 타임스

1. 대통령 취재 관행 연구의 의미

"대통령은 미국 정치에서 가장 중요한 인물이다." 그레이버(Graber, 1982, p.1)가 대통령과 국민의 관계를 탐구한 책의 서문에 쓴 문장이다. 콘웰(Cornwell, 1959)은 "대통령직(presidency)은 점점 더 연방정부의 중심 위치를 차지하는 비중이 확대돼왔다"는 전제를 바탕으로 미국의 대통령 뉴스에 대한 분석을 실시했다. 한국은 1948년 건국 이래 1960년대 초 1년 남짓한 기간을 제외하고는 강력한 대통령제를 유지해왔다. 1980년대 후반 민주화가 시작된 이후에도 "제왕적 대통령제"라는 표현이 자연스레 받아들여질 만큼 한국 정치에서 대통령의 비중은 여전히 강력하다.

이처럼 압도적인 대통령의 영향력 때문에, 두 나라의 신문과 방송사들은 대통령을 가장 중요한 취재원으로 취급해왔다. 미국 언론의 취재원 사용방식을 연구한 갠즈(Gans, 1979)는 대통령과 얼마나 가까운가가 2급 또

* 이 글은 『언론과 사회』 14권 4호(37~69)에 실린 "한 · 미 신문의 대통령 취재 관행 비교: 조선일보와 뉴욕 타임스"(이재경, 2006)와 같다.

는 3급 취재원들의 가치를 결정하는 요인이라고 주장했다. 엡스타인(Epstein, 1971)은 주요 텔레비전 뉴스 프로듀서들의 경우, 보도의 우선순위를 관례적으로 정해두는데, 대통령이 가장 앞자리를 차지하고, 두 번째는 상원의원들, 마지막은 하원의원들 차지라고 설명했다. 한국 사회에서는 뉴스 가치의 대통령 쏠림 현상이 미국보다 더 심하다는 것이 언론인들의 일반적인 인식이다(김민배, 2003; 이강덕, 2005 등).

두 나라에서 진행해온 대통령 보도에 대한 연구들은 대통령 뉴스가 일상적인 보도 활동에서 지속적으로 중요한 위치를 차지해왔다는 사실을 입증한다. 예를 들어 케이드와 푸트(Kaid & Foote, 1985)는 "고정적으로 네트워크 텔레비전 뉴스의 취재 대상이 되는 사례는 거의 없지만, 대통령은 예외로 최소한 하루 1번씩은 자동적으로 3개의 주요 텔레비전 뉴스에 등장한다"고 보고했다. 다른 연구에서, 그로스먼과 쿠마(Grossman & Kumar, 1981)는 뉴욕 타임스가 적어도 1960년대 초에서 1970년대 말 사이에는 백악관에 대해서 매일 거의 9개씩의 기사를 게재해왔다고 분석했다. 한국 신문의 대통령 주목도는 더 높다. 전수정(1996)에 따르면, 한국 신문들은 1990년대 중반까지는 일상적으로 1면에만 하루에 2개 이상의 대통령 관련 기사를 것이재해왔다.

한국과 미국 두 나라 모두에서 대통령 뉴스가 국민의 주요 관심사로 자리 잡아온 점은 의심할 여지가 없다. 또 이러한 이유 때문에, 백악관과 청와대 취재는 두 나라 기자들의 선망의 대상이기도 해왔다. 이 연구는 이러한 기본적인 공통점 때문에 기획되었다. 이러한 문맥적인 공통점은 자연스레 두 나라 언론의 대통령 취재 관행도 여러 가지 측면에서 상당히 비슷할 것이라는 인식을 고정시켜왔다. 특히 한국 언론계에서는, 두 나라 정치 구조나 문화가 상당히 다름에도 불구하고, 암묵적으로 이러한 인식틀을 광범위하게 공유해온 것이 사실이다.

그러나 이러한 인식이 얼마나 현실에 부합하는지, 과연 두 나라 신문이 대통령을 취재해 보도하는 방식은 별다른 구조적 차이가 없는지를 검증하는 체계적 분석은 시도되지 않았다. 이 장의 작업은, 비록 제한된 범위에서지만, 이러한 연구의 공백을 메우려는 의도로 실시했다. 따라서 이 연구에서 다루는 문제들은 구체적으로 취재와 기사 쓰기 현실을 다룬다. 두 나라 신문은 하루 몇 개 정도의 기사를 대통령에 대해서 게재하는가? 이 기사들은 어느 지면에 실리는가? 대통령을 취재하는 기자들은 각각 몇 명인가? 각 기자는 하루에 몇 개 정도의 기사를 쓰는가? 두 나라 신문의 대통령 관련 기사에 대한 취재원 사용 관행의 특징은 어떻게 비슷하거나 다른가?

이 문제들이 보여주듯이 이 연구의 1차 목적은 한국과 미국 신문이 일상적으로 보여주는 취재 보도 관행에 대한 실증적인 자료를 만들어내는 것이다. 블럼러 등(Blumler et al, 1992)이 말했듯이, 비교언론학적 시각을 도입하면, 연구자는 한 사회의 문맥 속에서만 관찰했을 때는 찾아내기 어려운 사회적 행동 유형이나 특징들을 매우 구체적으로 파악할 기회를 가질 수 있다. 따라서 이 장에서는 이러한 비교 작업을 통해 특히 한국 신문의 대통령 취재 관행이 어떻게 미국 신문의 취재 관행과 비슷하거나 다른지를 확인하고자 한다. 또 한국의 대통령 보도 관행에서 구조적으로 드러나는 문제가 있다면 무엇인지를 제시하고, 그러한 문제점들은 어떻게 해결해야 하는지도 제안한다.

2. 대통령 보도에 대한 연구 흐름

1) 미국의 대통령 보도 연구

대통령과 뉴스 매체의 관계에 대한 글들은 많다. 그러나 체계적인 분석은 적다. 가장 의미 있는 초기 연구는 콘웰(Cornwell, 1965)의 작업이다. 『여론에 대한 대통령의 지도력Presidential Leadership on Public Opinion』이라는 책에서, 콘웰은 테오도르 루즈벨트(Theodore Roosevelt) 대통령 시대인 1900년대 초부터 존 에프 케네디(John F. Kennedy) 대통령 시기인 1964년까지 대통령과 미디어 관계가 어떠한 유형으로 변화했는지를 분석했다. 콘웰에 따르면 대통령의 미디어 활용 증가와 함께 미국 정치의 역학 구조는 근본적으로 바뀌었다.

> 줄여 말하면, 한편으로 계속 발전하는 대중매체, 그리고 증가하는 그들의 영향력과 다른 한편으로는 확대되는 대통령의 미디어 사용이 상호 작용을 하면서, 중앙정부 시스템 내 권력의 중심이 바뀌어왔다. 또 정부를 보는 국민의 인식틀도 근본적인 변화를 겪어왔다(p.5).

콘웰의 시각은 기본적으로 변증법적 관계를 상정한다. 그는 대중매체가 갖는 대통령직에 대한 영향력은 매우 크다고 믿는다. 그는 또 대중매체 덕분에, 대통령들은 일상적인 뉴스의 흐름을 통해 거의 항시적인 존재로 일반 국민의 뇌리에 인식된다고 주장한다. 콘웰의 분석에 따르면, 이러한 조건 자체가 국가적인 여론의 형성이나 공공정책의 수립 방식을 과거와는 획기적으로 다르게 변화시켰다.

이어지는 연구들은 크게 3가지 경향으로 나뉜다. 첫 번째 연구 경향은 대통령에 대한 언론의 보도 내용을 분석하는 데 초점을 둔다. 두 번째 유형은 대통령이 국민을 설득하기 위한 도구로 어떻게 매체를 활용하는가에 주목한다. 마지막 경향은 이 연구처럼 비교언론학적 관점을 택하는 경우다.

콘웰(Cornwell, 1959)과 밸루티스(Balutis, 1976), 그로스먼과 쿠마(Grossman & Kumar, 1981), 케이드와 푸트(Kaid & Foote, 1985) 등이 첫 번째 경향의 연구를 추진한 사람들이다. 기본적으로 미디어가 어떻게 대통령을 표상했는가에 관심을 가졌던 이들은, 예외 없이, 장기간의 자료를 수집하는 방법을 택해 표집된 신문들과 텔레비전 뉴스들이 얼마나 눈에 띄게, 그리고 어떠한 빈도로 대통령 관련 기사를 다뤄왔는지를 측정했다.

예를 들면, 콘웰(1959)은 1885년부터 1957년까지 뉴욕 타임스와 프로비던스 저널(The Providence Journal)이 대통령 기사를 어떻게 다뤘는지를 조사했다. 그가 표집한 신문은 420일치였다. 이 자료들은 모두 60주치에 해당하는 신문이고, 72년에 걸쳐 발행된 것들이다. 그가 집중한 지면은 1면이다. 그가 했던 일은 1면에 게재된 대통령 관련 기사를 뽑아서 그 면적이 1면 전체에서 차지하는 상대적 비중을 측정하는 작업이다.

콘웰의 분석을 보면, 대통령 기사의 추세는 매우 분명하다. 1909년까지, 대통령 관련 기사가 신문의 1면에서 차지하는 비중은 10%에 도달한 적이 없다. 그러나 1917년부터는 이 비중이 20% 아래로 내려간 경우가 거의 없다. 1910년대에 근본적인 구조적 변화가 있었다는 뜻이다. 콘웰의 결론을 보면, "대통령 뉴스는, 대중이 갖고 있는 대통령에 대한 이미지와 그러한 이미지가 지도력에 갖는 중요성과 함께, 연구에 포함된 기간 동안 매우 분명하고 지속적으로 증가해왔다."

밸루티스(Balutis, 1976)는 콘웰 작업의 후속 연구를 실시했다. 그 또한 두 신문을 대상으로 했는데, 하나는 뉴욕 타임스이고, 다른 하나는 버펄로 이브닝 뉴스(The Buffalo Evening News)였다. 분석 대상 기간은 1958년에서 1974년이다. 밸루티스의 주요 결론은 콘웰의 주장과 대부분 일치한다. 그는 "콘웰이 1959년 분석한 대통령 뉴스의 증가 추세는 오늘까지도 지속된다"고 결론에 썼다(p.513). 그는 이와 함께 "눈에 띄는 대통령 뉴스의 증가는 현저하게 관찰되는 의회 기사의 축소와 대비된다"고도 말했다.

그로스먼과 쿠마(Grossman & Kumar, 1981)의 연구는 그 범위가 이전 연구들에 비해 한층 포괄적이다. 그들의 작업은 어떻게 대중매체가 대통령들과 백악관을 묘사했는가의 조사에 그치지 않았다. 그들의 연구 주제는 다양한 뉴스 매체가 백악관을 취재하는 방식과 백악관의 홍보실은 어떠한 방식으로 운영되는지도 포함했다. 대통령직에 대한 보도 방식 분석 대상으로는 3개의 뉴스 매체를 선정했다. 뉴욕 타임스와 타임(Time) 잡지, CBS 뉴스다. 이들이 표집한 기사는 모두 8,742개로, 뉴욕 타임스 기사 5,270개, 타임지 기사 2,550개, CBS 텔레비전 기사 922개였다. 기사들의 표집 기간은 1953년부터 1978년까지였다.

그로스먼과 쿠마가 분석한 대통령 보도 방식에 대한 연구는 크게 3개의 주요 결론을 제시했다. 그들이 찾아낸 첫 번째 공통된 특징은 대통령을 다루는 기사들의 태도(tone)가 압도적으로 긍정적이라는 점이다. 그들은 또 대통령 관련 기사들은 분석 기간 내내 매우 눈에 띄게 보도돼, 타임의 경우는 한 호당 평균 5개의 기사가 게재됐고, 뉴욕 타임스는 하루에 9개 정도의 기사를 실은 것으로 조사됐으며, CBS 뉴스는 매일 저녁 거의 4개의 기사를 방송한 것으로 집계됐다. 그로스먼과 쿠마가 발견한 세 번째 특징은 이러한 대통령 기사들의 선택에서 서로 다른 매체들이 가까운 유사성을 보였다는 점이다. 이들에 따르면, 이 3가지 매체들은 게재하는 기사의 종류가 비슷했고 기사를 다루는 시각도 대체로 같았다.

케이드와 푸트(Kaid & Foote, 1985)의 연구는 텔레비전 뉴스에 집중했다. 그들이 선택한 분석 대상은 ABC와 CBS, NBC 뉴스였다. 분석 대상 기간은 1977년부터 1979년까지다. 3대 네트워크 텔레비전이 방송한 1,123개 정치 기사를 분석한 뒤, 케이드와 푸트는 텔레비전 뉴스의 정치 보도에서도 대통령이 매우 압도적인 취재 대상이라는 점을 확인했다.

그들의 연구 결과에 따르면, "대통령들은 모두 588개 기사(52.3%)에서 가장 중요한 요소로 취급됐다. 그에 비해 상원은 244개 기사(21.7%)에서, 하원의 경우는 207개 기사(18.4%)에서 가장 중요한 요소로 취급됐다". 그들의 연구를 보면, 대통령들은 텔레비전 뉴스에서 압도적인 비중을 차지했는데, 이는 단지 기사의 양에서만이 아니라 보도 위치와 전체 보도 시간에서도 그러했다.

시저(Ceaser et al., 1981) 등은 위에 언급한 연구들과는 전혀 다른 각도에서 대통령과 미디어의 관계를 분석했다. "수사적 대통령직"(the rhetorical presidency)이라는 제목이 암시하듯이, 이들은 뉴스 매체를 인기를 모으기 위한 대중 수사학(mass rhetoric)의 도구로 간주하며, 현대 사회는 통치를 위한 주요 수단의 하나로 대중 수사학을 필요로 한다고 주장한다. 그들은 또 말하는 것이 통치하는 것이라는 생각을 적극적으로 받아들여 현대의 대통령들은 공중 커뮤니케이션 활동에 갈수록 더 많은 노력을 기울여왔다는 인식을 토대로 연구를 진행했다.

시저 등이 제시하는 주장의 요점은 3개의 새로운 요인이 등장해 "수사적 대통령상"이 현대 미국 정치 현상에서 핵심적 측면으로 자리 잡았다는 것이다. 그들이 제기하는 3개의 새로운 요인으로는 첫째가 대통령의 지도력(leadership)에 대한 새로운 리더십 이론의 등장, 둘째가 현대 대중매체의 등장, 셋째가 현대적인 대통령 선거 전략 등이다. 대중매체의 기여사항을 소개하면서, 시저 등은 "매체는 대통령에게 전국의 수용자를 상대로 직접 의사를 전하고 즉각적으로 대화할 수 있는 수단을 제공했다"고 설명했다. 이들은 "그러한 과정을 통해서 건국의 아버지들이 대의민주주의 제도를 유지해 대통령과 일반 국민이 직접 접촉하지 못하도록 제약했던 커뮤니케이션의 장애물이 무너졌다"고 설명한다(p.164). 그러나 이들에 따르면, 미디어는 대통령에게 편집 과정을 거치지 않는 커뮤니케이션 채널을 제공하지는 않았다.

이 연구자들도 텔레비전 뉴스를 주목했다. 그들의 분석에 따르면, "대중매체는 미국 정치에서 텔레비전 뉴스라는 양식의 새로운 권력의 중심(a new power center)을 만들어냈다". 이러한 주장은 방송기자들이 커뮤니케이션 과정에서 거름장치(filter)로 기능하는 데서 기인하는데, 그들에 따르면 방송기자들은 중계되지 않는 대통령의 연설 가운데 어떠한 부분을 국민에게 보여줄지를 결정하는 권한을 갖고 있기 때문이다(p.164).

결론에서 시저 등은 이러한 수사적 대통령제가 강화되는 추세에 대해 심각한 우려를 표시했다. 그들의 견해에 따르면 대통령 개인의 매력에 의지해 나라를 다스리는 상황이 지속되는 것은 미국 건국의 아버지들이 설계한 대의적 정부 제도(the representative government)가 제대로 기능하는 데 위험 요소로 작용할 수도 있기 때문이다.

그레이버와 그 동료들(Graber et al., 1982)이 저술한 책의 제목은 『대통령과 공중The President and the Public』이다. 이 책은 대통령과 공중의 관계에 대한 다양한 논문들의 모음이다. 이러한 초점 때문에, 이 책에서는 대중매체와 대통령 이미지의 관계에 대한 논의가 중심 요소로 취급된다. 그레이버가 사용하는 주요 개념은 "연계 기능"(linkage) 또는 "연계 과정"(linkage process) 등이다. 이 개념을 소개하며 그레이버는 다음과 같은 주장을 제기한다.

> 대중매체는 백악관으로부터 공중에게 가는 메시지의 가장 중요한 전달자이고 또 그 반대 방향의 메시지 전달에서도 같은 역할을 한다. 대통령과의 직접 커뮤니케이션 통로는 극도로 제한돼 있기 때문에, 대중매체는 공중이 대통령의 관심을 얻으려할 때 활용할 수 있는 가장 현실적인 접근 경로이다(p.10).

그러나 비록 대중매체가 일상적으로 중심적인 연계 기능을 수행하지만, 그레이버에 따르면, 오늘날 일반 대중이 대통령에 대한 이미지를 형성하는 과정이나 대통령들이 공중을 인식하는 방식에는 심각한 문제점들이 내재해 있다. 그레이버의 분석을 보면, 가장 근본적인 문제는 현대 사회가 수백만의 개인들로 이루어져 있다는 바로 그 조건에 있다. 이러한 상황에서는 대중매체가 수행하는 연계 기능은 어쩔 수 없이 상징적(symbolic) 차원에 머물 수밖에 없다.

헬린(Hallin, 1994)은 대통령을 다룬 뉴스에 대해 또 다른 접근 방법을 택했다. 그가 선택한 접근법은 비교연구로, 미국과 이탈리아에서 방송된 텔레비전 뉴스 가운데 대통령을 다룬 기사들을 분석하는 작업이었다. 핼린은 10개의 이탈리아 뉴스와 15개의 미국 뉴스를 분석 대상으로 선정해 텔레비전 뉴스 내용뿐 아니라, 표상 방식과 서사적 관행의 비슷한 점과 다른 점을 체계적으로 살펴봤다. 대통령제를 택하고 있는 미국과 내각제를 유지하는 이탈리아 정치 체제가 보여주듯이 명백히 다른 구조적 조건들을 인식했던 핼린은 이탈리아에서 뉴스를 보도하는 행위는 미국에서 뉴스를 보도하는 행위와 매우 다를 것이라는 가정을 가지고 비교 분석에 착수했다.

이 연구의 주요 결과들은 이러한 가정을 확인시켜줬다. 핼린에 따르면, 가장 중요한 차이는 미국의 텔레비전 뉴스가 대체로 대통령을 가장 중요한 행위자(the prime actor)로 취급하는 데 비해 이탈리아 뉴스에 등장하는 가장 중요한 행위자는 정당(political party)이라는 점이다. 이러한 근본적인 차이는 정치 뉴스의 기본 성격이 크게 다르다는 사실과 긴밀하게 연결돼 있다. 핼린의 조사에 따르면, 미국의 보도는, 본질적으로 해석적(interpretive)이다. 그리고 사건들에 대한 일관성 있는 이해를 전달하기 위해 구성된다. 이와는 대조적으로, 이탈리아의 뉴스는 그 자체로는 의미를 제공하지 않는다. 대신에 이탈리아 뉴스는 저널리즘계 밖에 있는 다양한 정치 주체들(political actors)이 제공하는 해석들을 전달한다. 이러한 2가지 대조적 특징들은 세 번째 차이점으로 연결되는데, 이것은 스스로에 대한 기자들의 인식의 차이이다. 핼린의 설명에 따르면, 미국 기자들은 스스로를 전문직으로 혹은 대중의 대표로 생각하는 까닭에, 정부를 포함한 외부의 어느 정치 조직에 의해서도 제약되면 안 된다고 믿는다. 반면에 이탈리아 기자들은 자신들을 공공 봉사자(public servants)로 생각하며 자신들의 임무는 정치와 관련된 사람들에게 정보를 전달하는 일이라고 믿는다. 따라서 이탈리아 텔레비전 뉴스는 정부나 정당들이 발표하는 공식 성명들을 보도하는 데 만족하는 반면, 미국의 방송 저널리즘은 비판적인 입장을 보다 적극적으로 취하는 경향이 있을 뿐 아니라 독립적인 해석을 제공하고 프레이밍을 시도하기도 한다.

최근의 연구 흐름은 판즈워스와 리히터(Farnsworth & Lichter, 2006)의 작업에 잘 요약돼 있다. 그들에 따르면 1970년대 이후 미국에서 진행된 대통령과 미디어 관계에 대한 연구들은 크게 다음 3가지 결론을 제시한다. 첫째, 1980년대 1990년대를 지나며 미국의 정치 뉴스는 급격하게 감소했다. 예를 들면 1977년 ABC 저녁 뉴스는 3/4 정도의 뉴스가 정치 기사였는데, 1997년에는 이 비중이 1/2 이하로 줄었다. 이러한 추세에서 유일한 예외는 뉴욕 타임스로, 이 신문은 같은 기간 정치 기사의 비중이 오히려 늘어났다.

둘째, 정치 기사는 줄었지만, 정치 기사 중에 대통령 관련 기사의 상대적 비중은 강화되는 추세다. 예를 들면 클린턴 정부 때는 연방정부에 대한 보도의 60%가 대통령에 집중됐다. 반대로 의회나 법원에 대한 기사는 그 비중이 계속 축소되는 추세라고 판즈워스와 리히터는 이야기한다.

셋째, 대부분 매체의 대통령 보도 태도(tone)는 점진적으로 부정적으로 변해왔다. 판즈워스와 리히터는 그 원인을 미디어의 냉소주의적 취재 보도 경향과 연결시키는데, 그들에 따르면 이는 자연스레 광범위한 시민들의 정치 무관심 현상으로 연결돼왔다.

2) 한국의 대통령 보도 연구

한국 사회에서는 대통령에 대한 보도가 매우 현저하게 관찰됨에도 불구하고, 학문적 연구의 대상으로 취급된 경우는 드물다. 최근까지 석사논문 2편 정도가 대중매체가 대통령을 어떻게 보도했는지를 다뤘을 뿐이다. 전수정(1996)은 1954년부터 1995년까지 신문들이 대통령을 어떻게 보도했는가를 분석했다. 그녀의 작업은 대통령 보도의 2가지 측면에 주목했다. 첫째는 보도 빈도와 기사 배치의 현저성, 둘째는 측면은 대통령 뉴스의 언어적 특징들에 대한 분석이다.

전수정의 분석에 따르면, 대통령 뉴스는 1980년대에 가장 많은 주목을 받았다. 그 당시는 폭압적인 권위주의 정부가 들어서 있을 때다. 당시는 평균적으로 하루 3개의 대통령 관련 기사가 1면에 게재됐다. 그러다 1990년대 중반이 되면 이 수치는 1개 정도로 줄어든다.

전수정은 또 언어적 분석을 실시해 대통령을 보도하는 기사들의 표현이 일관되게 권위주의적인 색채를 띤다고 제시했다. 대통령들은 항상 법 위에 존재하는 사람으로 묘사됐으며, 늘 무언가 지시를 내리는데, 그 대상이 정부에서 일하는 공무원들로 그치는 것이 아니라 일반 국민들까지 포함됐다는 것이 전수정의 설명이다.

장현주(2002)의 연구는 텔레비전 뉴스를 대상으로 했다. 그녀는 1980년부터 2000년 사이 4명의 대통령들이 집권하던 시기를 표집하여, 텔레비전 뉴스에 나타나는 대통령상을 분석했다. 장현주의 연구 결과는 1980년대에 대통령 보도가 두드러지게 많았다는 전수정의 주장과 일치한다. 장현주에 따르면, 이러한 현상은 권위주의 정부가 텔레비전 뉴스 내용을 강력하게 통제하려는 경향을 보였기 때문이다. 한국 사회에서 민주화가 진행되면서 텔레비전 뉴스에서 대통령 보도가 차지하는 비중도 계속 줄어들었다.

그런가 하면 남재일(2005)의 연구는 민주화 이후에 등장한 노태우 정권 이후의 상황만을 대상으로 한다. 1990년부터 2005년까지 조선일보와 동아일보, 한겨레신문에 게재된 청와대 기사를 분석하고 청와대 취재 기자 10여 명을 인터뷰한 연구를 통해, 남재일은 과거 권력에 종속적인 관계틀을 유지해온 대통령 관련 기사의 보도 관행이 특히 노무현 정권에 들어와 근본적인 변화를 보였다고 주장한다. 출입 기자 임명이 자율적으로 이루어지는 점이나 대통령에 대한 비판 기사가 급격히 늘어나는 현상은 언론의 외형적 자율성이 신장된 것을 의미한다고 그는 설명한다.

앞에 제시한 연구들을 통해 볼 수 있듯이, 최근까지 미국의 대통령 보도에 대한 연구는 대중매체들이 대통령을 보도하는 양이 어떻게 증가해왔으며, 대통령 기사를 취급하는 방식은 어떻게 변해왔는지에 집중해왔다. 또 상대적으로 대통령의 정치적 영향력이 증가하는 데 비해 의회의 영향력은 어떻게 축소돼왔는가를 조사해왔다. 이러한 장기적인 추세에 대한 인식 때문에, 그레이버 등 주요 정치 커뮤니케이션 이론가들은 대통령을 둘러싼 정치 활동이 지속적으로 상징적 성격을 강화하는 경향에 대한 우려를 표시해왔다(Edelman, 1988; Nimmo et al., 1983 등). 일부 학자들은 미디어 정치가 강화되며 더 현저해지는 권력의 대통령 집중 현상을 지적하며, 대의민주주의의 장래에 대한 우려를 제기하기도 했다. 그런가 하면 한국의 연구는 주로 권위주의 시대 대통령 보도 방식의 구조적 문제를 드러내는 작업에 집중돼왔다. 그러나 연구의 양 자체가 적어서 기본적인 실증적 자료조차 제대로 제시하지 못하는 실정이다.

이 장의 연구는 이러한 현실을 개선하려는 데 첫 번째 목적이 있다. 한국 신문이 어떠한 기본적 틀 속에서 대통령을 보도하고, 대통령은 어떠한 비중으로 국민들에게 전달되는가를 실증적으로 제시하면, 한국 대통령과 신문의 관계에 대한 이론적 논의에 토대를 제공할 수 있으리라 기대한다. 또 미국 신문과의 비교 작업을 통해 한국 대통령 보도의 상대적 현주소를 확인하는 일은 현장에서 일하는 언론인들에게 체계적인 자료를 바탕으로 기사 쓰기와 취재 방식 등에 대해 성찰할 기회를 제공하리라 기대한다.

3. 연구 문제

이 연구에서 분석한 연구 문제는 크게 다음의 4가지로 나뉜다.

- 연구 문제 1. 대통령 보도의 양과 현저성은 한국의 조선일보와 미국의 뉴욕 타임스 신문 보도에서 어떻게 비교되는가?
  - 1-1. 두 신문은 하루에 평균 몇 개의 대통령 관련 기사를 보도하는가?
  - 1-2. 하루 보도되는 기사 가운데 1면에 게재되는 기사는 몇 개인가?

- 연구 문제 2. 조선일보와 뉴욕 타임스의 대통령 취재진 운용은 어떻게 비교되는가?
  - 2-1. 대통령을 보도하기 위해 배치된 기자는 몇 명씩인가?
  - 2-2. 대통령 취재팀 구성원 사이에 역할 분담은 어떻게 이루어지는가?
  - 2-3. 개별 기자는 하루 몇 개 정도의 기사를 게재하는가?

- 연구 문제 3. 조선일보와 뉴욕 타임스 기사의 기사적 특성은 어떻게 비교되는가?
  - 3-1. 두 신문의 대통령 관련 기사 유형과 유형별 기사 빈도는 어떻게 비교되는가?
  - 3-2. 기사의 길이는 어떻게 비교되는가?
  - 3-3. 취재원 사용 방식은 어떻게 비교되는가?
  - 3-4. 직접 인용의 사용 방식은 어떻게 비교되는가?

• 연구 문제 4. 두 신문의 일상적 대통령 보도 방식 분석에서 발견되는 비슷한 점이나 다른 점들이 갖는 의미는 무엇인가?

4. 연구 방법

1) 분석 대상 신문

이 연구를 위해 한국에서는 조선일보, 미국에서는 뉴욕 타임스를 선택했다. 한국에서는 100여 개, 미국에서는 1,500여 개의 일간지가 발행되는 현실을 고려할 때, 두 신문만을 분석해서는 연구 결과를 일반화할 수 없는 한계를 갖는다. 그러나 분석이 매우 구체적인 세부 사항들을 밝혀야 하도록 설계됐기 때문에, 대상 신문을 확대하는 선택은 현실적으로 불가능했다.

이 연구는 일반화의 의지보다는 상대적으로 우수하다고 판단되는 신문들 가운데 양국의 저널리즘을 대표할 만한 신문을 하나씩 선정해 두 신문의 대통령 보도 방식을 깊이 있게 비교하는 접근 전략을 취했다. 이러한 생각을 바탕으로 조선일보와 뉴욕 타임스를 선택했다.

조선일보를 선택한 가장 중요한 이유는 분석 당시 발행 부수가 서울에서 발행되는 신문 가운데 가장 많았기 때문이다(2,320,000부, 2003년 6월 기준). 또 편집국의 규모도 가장 큰 편에 속했고(박재영, 2004, p.11), 청와대 취재진도 가장 많았다. 논조의 보수성이 강한 신문이라서 분석 당시의 대통령인 노무현 대통령 관련 기사를 보도하는 자세에 논조에 따른 영향이 있을 것을 염려했다. 그러나 이 연구가 보도의 방향을 분석하는 내용보다 주로 보도 양식에 초점을 맞추기 때문에 논조의 영향이 연구의 의미를 심각하게 축소시키지 않으리라 예상했다. 사설과 외부 칼럼들이 분석에서 제외되는 점도 논조의 영향을 감소시키는 효과가 있었다. 뉴욕 타임스가 조선일보 못지않게 조지 W.부시 대통령에 비판적인 점도 두 신문의 유사성을 높여주는 요소다.

뉴욕 타임스는 앞에서 언급한, 미국 대통령 보도를 분석한 거의 모든 연구들이 대상으로 선택했기 때문에 이 연구에서도 선택했다. 뉴욕 타임스는 아돌프 옥스(Adolph Ochs)가 인수한 1896년부터 역사 기록자(the newspaper of record)적인 편집 방침으로 미국을 대표하는 신문으로 자리잡아왔다. 발행 부수도 2004년 3월 기준으로 1,133,763부(www.nytco.com)로 USA 투데이(USA Today), 월스트리트 저널(The Wall Street Journal)과 함께 미국 최대의 신문으로 꼽히며, 취재 보도의 행위 기준이 미국 언론계를 선도한다고 인정받고 있다.

2) 분석 대상 기간

이 연구가 선택한 분석 대상 기간은 2003년 4월부터 6월까지의 3개월간이다. 분석 기간을 이렇게 정한 이유는 2가지다. 첫째는 취재 기자를 기준으로 분석 대상 기사를 선정하기로 한 방법의 특성과 그에 따른 자료 수집의 어려움 때문이다. 분석 대상을 대표성 있는 표집 방법으로 정할 경우, 날짜가 장기간에 걸쳐 분산되면서 구조적으로 기자 개인들의 취재 활동의 특징을 조사할 수 없게 되는 문제가 발생한다.

두 번째 이유는 대통령의 활동 가운데 특별한 성격의 활동이 있을 때 그 전체 흐름을 종합적으로 분석할 수 있기 때문이다. 특별한 활동 가운데 주목할 가치가 있는 내용으로 해외 방문 같은 행사가 있는데, 이번 분석 기간 중에 양국 대통령은 한 차례씩 해외 순방을 실시했다. 기간을 3개월로 한 이유는 그 정도면 두 나라 신문사와 기자들이 대통령을 취재해 보도하는 관행의 기본적 특성을 파악하는 데 필요한 충분한 자료를 확보할 수 있다고 판단했기 때문이다.

3) 분석 기사의 선택

이 연구에서는 사설과 외부 칼럼은 분석 대상에서 제외했다. 대통령을 신문이 어떻게 보도하는가를 종합적으로 파악하려면 사설도 분석 대상에 포함시켜야 한다. 그러나 이 연구는 의견 기사보다는 일반 뉴스의 취재 체제와 보도 방식에 주목하기 때문에 사설을 포함시키지 않았다. 사설이 기명 기사가 아니라는 점도 포함시키기 어려운 조건이었다.

기사의 수집은 두 신문의 온라인 서비스를 이용해 실시했다. 대통령 관련 기사의 판단은 사전 작업을 통해 지면에 등장하는 기자들 가운데 청와대와 백악관을 출입하는 기자를 확인한 뒤, 그들의 이름을 가지고 분석 대상 기간 동안 게재된 기사를 찾아내는 방식을 취했다.

4) 분석 유목과 세부 분석 요령

앞에 제시한 연구 문제를 탐구하기 위해 분석 유목은 크게 8개로 나누었다. 여기에는 대통령 관련 기사의 숫자부터 전담 취재 기자의 수, 보도되는 기사의 종류와 각 기사에 사용된 취재원의 수, 기사에 사용된 인용문의 수 등이 포함된다. 분석 기사의 선택을 기명으로 기록된 취재 기자를 기준으로 했기 때문에 대상 기사를 고르는 일은 두 신문의 홈페이지에서 어려움 없이 처리할 수 있었다. 기자당 기사 건수를 세는 작업에서 복수의 기자가 공동으로 작성한 기사의 처리가 문제가 됐는데, 조선일보와 뉴욕 타임스 모두 대통령 담당 기자가 포함돼 있을 경우에는 그 기자가 1개의 기사를 쓴 것으로 계산했다.

일일 기사 생산 개수의 경우는 3개월 동안 생산된 전체 기사 수를 신문별로 신문 발간 일수로 나누어 계산했다. 기사의 종류는 두 신문이 명시적으로 사용하는 기사 양식을 드러내는 제목, 예를 들면 “조선 데스크”나

"기자 수첩" 또는 "백악관 편지"(White House Letter)나 "뉴스 해설"(News Analysis) 등을 기초 자료로 사용했다.

기사의 길이를 측정하는 작업은 조선일보는 글자 수를 사용하는 데 비해 뉴욕 타임스는 단어 수를 기본 단위로 하기 때문에 공통의 기준을 확보하기 위해 문장 수를 세는 방식으로 접근했다. 취재원은 실명과 익명의 숫자를 각각 셌으며 기사에 활용한 인용문의 개수는 명시적으로 따옴표를 사용한 직접 인용문을 분석 대상으로 했다.

분석 유목별 코딩은 대학원생 2명이 참석했다. 1면 게재 기사나 기자별 기사 수, 유형별 기사 수 등 코더 간 다른 해석의 여지가 없는 분석 유목에 대해서는 코더 간 신뢰도를 측정할 필요가 없었다. 따라서 신뢰도 조사는 취재원과 인용의 사용 방식에 관한 유목들을 대상으로 실시했는데, 홀스티(Holsti) 방식의 단순 일치도 조사 결과, 실명/익명 취재원에 관한 유목은 90.4, 취재원 종류 분포에 관한 유목은 96.1, 인용 주체별 분포에 관한 유목의 신뢰도는 97.8로 조사됐다.

5. 연구 결과

1) 대통령 기사 빈도 비교

이 연구를 위해 표집한 기사는 모두 466개였다. 조선일보 기사가 307개였고, 뉴욕 타임스 기사는 159개였다. 〈표 1〉은 두 신문의 대통령 보도 빈도를 정리한 내용이다.

조선일보는 2003년 4월 1일부터 2003년 6월 30일까지 사설이나 칼럼을 제외하고 모두 307개의 대통령 관련 기사를 게재했다. 이는 월 평균 102.3개의 기사, 주 평균 23.6개의 기사로 계산된다. 이 기간 동안 신문을

〈표 1〉 대통령 기사의 일/주/월별 빈도

	조선일보	뉴욕 타임스
전체 기사 수	307	159
월별 기사 평균	102.3	53
주별 기사 평균	23.6	12.2
일일 기사 평균	3.9	1.7

발행하지 않은 일요일을 제외하면, 신문이 나온 78일 동안 조선일보는 하루 평균 3.9개의 대통령 기사를 실었다.

이에 비해 뉴욕 타임스는 전체 기사 수가 절반 정도인 159개로 조사됐다. 월 평균 기사 수는 53개, 주별 기사도 12.2개로 정확히 조선일보의 절반 정도 기사를 게재하는 것으로 판단된다. 그러나 일일 기사 수에서는 1.7개에 그쳐 절반에 못 미치는데, 그 이유는 뉴욕 타임스의 경우 일요일에도 발행하기에 실제 발행일 수가 조선일보보다 13일이 많은 91일에 달했기 때문이다.

다음의 〈표 2〉는 신문에서 가장 주목도가 높은 1면에 게재된 대통령 기사 수를 정리한 내용이다.

〈표 2〉 1면 게재 기사

	조선일보	뉴욕 타임스
전체 기사 수	44	35
주별 1면 기사 수	3.38	2.69
일일 1면 기사 수	0.56	0.38
1면 기사 비중(%)	14.3	22

조선일보는 전체 307개 가운데 44개 기사를 1면에 배치했고, 뉴욕 타임스는 159개 가운데 35개를 1면에 실었다. 따라서 취재한 대통령 기사

를 1면에 게재하는 비율은 뉴욕 타임스가 22%, 조선일보 14.3%로 나타나, 뉴욕 타임스가 대통령 기사를 1면에 편집하는 경향이 더 큰 것으로 판단된다. 하루 평균 1면에 게재되는 대통령 기사 수는 조선일보 0.56개, 뉴욕 타임스 0.38개로 나타났고, 주별 1면 게재 기사 수는 각각 3.38개와 2.69개로 조사됐다. 이러한 숫자는 조선일보 경우 대략 이틀에 1번 정도, 뉴욕 타임스는 사흘에 1번 꼴로 대통령 기사가 신문 1면에 등장한다는 것을 의미한다.

2) 취재진 비교

〈표 3〉은 두 신문이 각각 대통령 관련 기사를 취재하기 위해 운용하는 취재진을 정리한 내용이다.

〈표 3〉 대통령 취재 기자들

	조선일보	뉴욕 타임스
선임 기자(데스크급)	김민배	Richard W. Stevenson
취재 기자	신정록 정우상 최원규	David E. Sanger Elizabeth Bumiller(여)
공동 취재 기자	26명	16명

2003년 당시 조선일보는 4명의 기자가 청와대 취재진을 구성했다. 팀장 역할은 김민배 기자가 맡았고, 현장 취재진은 신정록, 정우상, 최원규 기자 등 3명이었다. 뉴욕 타임스는 워싱턴 지국의 데스크급으로 리처드 스티븐슨(Richard W. Stevenson) 기자가 팀장 역할을 맡았고 그의 지휘 아래 엘리자베스 버밀러(Elizabeth Bumiller)와 데이비드 생어(David E. Sanger) 기자가 배치돼 대통령을 현장 취재했다(Bumiller, 2006. 6. 4). 버밀

러에 따르면 이 셋 가운데 대통령을 밀착 취재하는 기자는 자신 하나이다. 데이비드 생어는 국무성을 주 출입처로 하면서 백악관을 함께 취재하는 기자이고, 리처드 스티븐슨은 취재 지휘와 기사에 대한 판단, 사실 확인, 편집국과 의견 조정 등이 주요 업무였다. 뉴욕 타임스는 백악관 취재 기자 3명 중 하나를 여기자로 임명했다.

조선일보는 데스크급 지휘 인력을 뺀 세 기자가 모두 청와대에서 현장 취재에 투입되는 체제를 운용했다. 뉴욕 타임스보다 1명을 더 대통령 보도에 투입하는 셈이다. 전체 취재 인력이 뉴욕 타임스는 1,200여 명, 조선일보는 398명(박재영, 2004) 규모인 점을 고려하면 조선일보가 대통령 취재에 투입하는 취재력의 비중은 더욱 높아짐을 알 수 있다. 조선일보 청와대팀에는 여기자가 없었다.

두 신문 모두 다른 취재 기자들과의 공동 취재를 활발히 한다. 조선일보는 3개월 동안 26명의 기자들이, 뉴욕 타임스는 16명의 다른 영역 취재 기자들이 대통령 관련 기사를 공동으로 보도한 것으로 조사됐다. 공동 보도 기사의 건수는 조선일보 46건(15%), 뉴욕 타임스는 43건(27%)이었다.

다음의 〈표 4〉는 각 신문의 대통령 관련 기자 개개인이 3개월 동안 얼마나 많은 기사를 썼는지를 조사한 자료다.

〈표 4〉 기자별 기사 수

조선일보		뉴욕 타임스	
김민배	5	Richard Stevenson	41
신정록	142	David Sanger	62
정우상	83	Elisabeth Bumiller	56
최원규	82		
계	307	계	159

조선일보의 경우 단연코 많은 기사를 게재한 사람은 신정록 기자다. 3

개월 동안 모두 142건의 기사를 신문에 실었다. 정우상, 최원규 기자는 각각 83, 82개의 기사를 게재한 것으로 조사됐고, 팀장인 김민배 기자는 5건의 기사를 썼다. 뉴욕 타임스는 데이비드 생어 기자가 62건으로 가장 많은 기사를 게재했고 엘리자베스 버밀러 56건, 리처드 스티븐슨 41건의 순으로 기사를 게재했다.

다음 〈표 5〉는 이들이 하루에 몇 건의 기사를 게재했는지를 정리한 내용이다.

〈표 5〉 기자별 1일 기사 수

조선일보		뉴욕 타임스	
김민배	0.1	Richard Stevenson	0.5
신정록	1.8	David Sanger	0.7
정우상	1.1	Elizabeth Bumiller	0.6
최원규	1.1		
평균	1.0	평균	0.6

이 표를 보면 조선일보 기자들은 하루 평균 1개씩의 기사를 게재한 것을 알 수 있다. 신정록 기자는 가장 많아서 1.8개 기사를 매일 썼는데, 이는 평상적으로 하루 2개 정도의 기사를 보도했다는 의미다. 정우상, 최원규 기자는 1.1개로 하루 1개 정도를 썼고, 데스크인 김민배 기자는 2주에 한개 정도 기사를 쓰는 것으로 조사됐다. 뉴욕 타임스의 대통령 담당 기자들은 하루 평균 0.6개의 기사를 게재한 것으로 나타났다. 평상적으로 이틀에 1개 정도의 기사를 썼다는 뜻이다. 데이비드 생어 기자가 상대적으로 많아서 0.7개를 기록했고, 버밀러 기자 0.6개, 스티븐슨 기자는 하루 평균 0.5개의 기사를 게재했다.

개인별 기사량에서 조선일보와 뉴욕 타임스 사이에 드러나는 차이점은 크게 2가지다. 하나는 조선일보의 경우 개인 간 기사량의 차이가 크게 나는 데 비해, 뉴욕 타임스는 그 차이가 적다는 점이다. 조선일보의 경우 신정록 기자는 하루 1.8개를 쓰는 데 비해 김민배 기자는 0.1개를 게재한 것으로 집계됐다. 반면에 뉴욕 타임스는 데이비드 생어 기자 0.7과 리처드 스티븐슨 기자 0.5개로 차이가 크지 않았다.

두 번째 차이는 취재팀장이 일하는 방식이다. 조선일보는 청와대 팀장이 현장 취재 기사를 쓰지 않고 데스크 칼럼만을 2주에 1번 정도 쓰는 데 비해, 뉴욕 타임스는 백악관 담당 데스크도 현장 취재 기자들과 마찬가지로 다양한 취재 기사를 쓰는 것으로 분석됐다.

3) 기사 유형 비교

〈표 6〉은 두 신문이 대통령을 취재해 보도하는 기사 유형을 정리한 내용이다. 조선일보에서는 모두 4가지 유형의 기사가 조사된 데 비해, 뉴욕 타임스에서는 2개가 더 많은 6가지가 발견됐다. 여기서 기사 유형은 두 신문사가 독자에게 별도의 제목을 통해 해당 기사의 특성을 다르게 인식

〈표 6〉 기사 유형

조선일보			뉴욕 타임스		
유형	기사 수	%	유형	기사 수	%
뉴스	296	96.4	News	142	89.3
조선데스크	5	1.6	White House Letter	11	6.9
기자수첩	5	1.6	White House Memo	3	1.9
정치인사이드	1	0.3	Political Memo	1	0.6
			Washington Talk	1	0.6
			News Analysis	1	0.6
계	307	100.0	계	159	100.0

하도록 제시하는 신문사 나름의 편집적 분류 방식을 지칭한다. 예를 들면 "기자수첩", "만물상" 등으로 구분된 기사의 종류를 말한다. 물론 일반적인 사실 보도는 모두 "뉴스"의 범주에 포함시켰다.

기사 유형의 차이는 크지는 않지만, 스트레이트(사실) 기사의 비중 차이로 이어진다. 조선일보는 이 비중이 96.4%인 데 비해, 뉴욕 타임스는 사실 기사 비중이 89.3%로 나타났다. 이는 조선일보는 청와대 취재 기자가 쓰는 기사의 3.6% 정도가 주관성을 담을 수 있는 양식의 글이라는 의미다.

뉴욕 타임스는 "백악관 편지(White House Letter)" 또는 "백악관 메모(White House Memo)"라는 유형의 기사가 10% 정도의 비중을 차지한다. 2005년 뉴욕 타임스의 퍼블릭 에디터였던 오크렌트 칼럼에 인용된 버밀러(Okrent, 2005) 기자에 따르면, 특히 "백악관 편지"는 매주 고정적으로 게재된다. 기본 취지는 의견을 제시하려는 것이 아니라, 백악관 막후의 사람들이나 행사 등을 상대적으로 자연스럽게 독자에게 알리는 것이라고 한다. 다시 말하면, 이러한 양식의 기사들도 모두 취재를 바탕으로 쓰여지기 때문에 취재 기자의 의견을 강하게 드러내는 일은 드물다는 뜻이다.

4) 기사 길이 비교

〈표 7〉은 조선일보와 뉴욕 타임스의 기사가 평균적으로 몇 문장 정도로 구성돼 있는가를 조사한 내용이다.

〈표 7〉 기사 길이(문장 수)

	조선일보	뉴욕 타임스
평균	15.7	30.47
가장 짧은 기사	2	11
가장 긴 기사	20	154

조선일보 대통령 기사의 전체 평균 문장 수는 15.7개다. 뉴욕 타임스는 이 숫자가 30.47이다. 대체로 뉴욕 타임스 기사가 2배 정도 길다는 것을 알 수 있다. 가장 짧았던 기사는 조선일보의 경우 2문장짜리로 대통령의 중국 방문을 수행하는 기업인들 관련 기사였다. 뉴욕 타임스는 조사 대상 중 가장 짧은 기사가 리처드 스티븐슨이 쓴 11문장짜리였다. 이 기사는 부시 대통령의 선거 자금 모금 현황을 전하는 내용이다.

조선일보가 게재한 기사 중 가장 긴 기사는 40문장짜리로 김민배 팀장이 쓴 데스크칼럼이었다. 뉴욕 타임스는 154문장짜리 기사가 가장 길었는데 백악관을 출입하는 세 기자가 공동으로 이라크전쟁 초기 3주의 움직임을 르포 형식으로 전한 기사다. 이 기사는 뉴욕 타임스에서도 이례적으로 긴 기사로, 두 번째로 긴 기사는 63문장, 나머지 기사들은 모두 그보다 짧은 것으로 조사됐다.

다음의 〈표 8〉은 기사 길이를 기사 유형별로 나누어 조사한 내용이다.

〈표 8〉 유형별 기사 길이

조선일보		뉴욕 타임스	
스트레이트	9.87	News	41
조선데스크	33.2	White House Letter	38
기자수첩	14.8	White House Memo	36
정치인사이드	27	Political Memo	41
		Washington Talk	27
		News Analysis	39

두 신문에서 가장 많은 비중을 차지하는 스트레이트 기사를 비교해보면, 조선일보는 평균 길이가 9.87문장, 뉴욕 타임스는 41문장으로 조사됐다. 표본 수가 적고, 뉴욕 타임스 경우 154문장짜리 기사가 있었던 특별한 경우를 고려해도 두 신문의 기사 길이에는 기본적으로 현격한 차이가

있음을 알 수 있다. 조선일보의 경우 스트레이트 기사에서 가장 길었던 기사는 26문장이었고 그 다음은 20문장짜리가 있었다. 그에 비해 뉴욕 타임스는 소수를 제외하고 대부분 기사가 20문장을 넘었다. 뉴욕 타임스에서 가장 짧은 편에 속하는 기사들이 조선일보에서는 이례적으로 긴 기사들과 비슷한 길이였음을 알 수 있다.

조선일보 "기자 수첩"의 평균 길이는 14.8문장, "조선 데스크" 칼럼의 평균 길이는 33.2문장으로 조사됐다. 그에 비해 뉴욕 타임스 "백악관 편지"는 38문장, "백악관 메모"는 평균 36문장 등으로 분석됐다. 이러한 기사들은 조선일보의 "기자 수첩"보다는 대체로 2배 이상 길었다. 이는 조선일보에서 가장 긴 데스크 칼럼보다도 조금 더 길게 쓰고 있음을 확인할 수 있다.

5) 취재원 활용 방식 비교

〈표 9〉는 두 신문의 대통령 기사들이 취재원을 어떻게 활용하는지를 조사한 내용이다.

〈표 9〉 기사당 취재원 수

	조선일보	뉴욕 타임스
기사당 취재원 평균	2.1	7.5

* 홀스티(Holsti) 신뢰도 지수: 90.4.

조선일보는 대통령 관련 기사 하나에 평균 2개의 취재원을 사용하는 것으로 조사됐다. 뉴욕 타임스의 대통령 기사당 평균 취재원은 7.5개로 나왔다. 뉴욕 타임스가 대체로 3배 이상의 취재원을 활용한다는 의미로 해석할 수 있는 수치다.

〈표 10〉은 실명과 익명 취재원 사용 관행을 정리한 내용이다.

〈표 10〉 실명, 익명 취재원

	조선일보(%)	뉴욕 타임스(%)
실명취재원	66.7	48.7
익명 취재원	33.3	51.3
계	100.0	100.0

* 홀스티 신뢰도 지수: 90.4.

조선일보는 실명 취재원 비율이 66.7%, 익명 취재원은 33.3%로 조사됐다. 뉴욕 타임스는 실명 비율이 48.7%, 익명 취재원은 51.3%로 나타나 익명 취재원의 비율이 실명 취재원보다 높은 것으로 나타났다. 이라크전쟁이 시작된 시점이라 민감한 내용이 많아서 그런 것으로 해석해볼 수도 있지만, 다른 연구들에서 나타나는 익명 취재원 비율보다는 크게 높은 것이 사실이다.

〈표 11〉은 취재원 사용 방식을 더 세밀하게 검토하기 위해 분석한 내용이다.

〈표 11〉 취재원의 종류 분포

	조선일보(%)	뉴욕 타임스(%)
대통령	19.1	8.8
대통령 참모	50.0	21.2
행정부 관료	14.3	28.3
여당	7.1	10.6
야당	0.0	0.9
기타	9.5	30.1
합계	100.0	100.0

* 홀스티 신뢰도 지수: 96.1.

조선일보 대통령 기사의 취재원 가운데 대통령 자신이 차지하는 비중은 19.1%로 조사됐다. 청와대 참모들의 비중은 50.0%였다. 이렇게 보면 대통령 관련 기사 취재원의 69.1%는 청와대 관련자라는 분석이 가능하다. 장관이나 검찰 등 행정부 취재원은 15.9%, 여당 당직자나 의원은 7.1%가 대통령 관련 기사의 취재원으로 활용됐고, 야당 사람이 취재된 경우는 발견되지 않았다. 기타 취재원이 9.5%로 집계됐는데, 여기에는 외국 대통령과 청와대 취재 기자 등이 포함됐다.

뉴욕 타임스는 대통령이 차지하는 비중이 조선일보보다 크게 적어서 8.8%로 조사됐다. 백악관 참모들의 비중도 상대적으로 적어서 21.2%에 그친 것으로 나타나 대통령 관련 기사를 취재하는 데 백악관 관련자의 비중은 29%에 그쳤다. 조선일보와 비교하면 절반에도 못 미치는 숫자다. 반면에 행정부 취재원의 비중은 높아서 28.3%, 여당 취재원은 10.6%로 조사됐다. 뉴욕 타임스에서 주목할 내용은 기타 취재원인데, 이 비중이 전체적으로 가장 높아서 30.1%로 집계됐다. 뉴욕 타임스가 사용한 기타 취재원에는 외국의 국가원수가 자주 등장했고 미국의 정치 전문가나 언론인, 시민 단체 등도 포함됐다.

6) 직접 인용 사용 방식 비교

〈표 12〉는 대통령 관련 기사에서 사용된 인용문의 빈도를 조사한 내용이다.

〈표 12〉 기사당 인용문 수

	조선일보	뉴욕 타임스
인용 수 평균	3.9	12.8
최소 인용 수	0	0
최대 인용 수	12	51

여기 조사된 내용은 간접 인용을 제외한 직접 인용문들이다. 조선일보는 기사 하나에 평균 3.9개의 인용을 사용하는 것으로 조사됐다. 가장 많은 인용을 사용한 기사는 12개를 사용했다. 뉴욕 타임스는 기사 하나에 평균 12.8개의 인용문을 사용했다. 최대 인용 수는 51개로 조사됐다. 구체적으로 누가 어느 정도 인용되는가를 보기 위해 분석한 내용이 〈표 13〉이다.

〈표 13〉 인용 주체별 분포

	조선일보(%)	뉴욕 타임스(%)
대통령	44.9	46.4
대통령 참모	30.8	12.5
행정부 관료	5.1	16.1
여당	9.0	3.6
야당	0.0	0.5
기타	10.3	20.8
합계	100.0	100.0

* 홀스티 신뢰도 지수: 97.8.

조선일보의 대통령 관련 기사에서 사용되는 인용문의 44.9%는 대통령의 말로 조사됐다. 청와대 참모의 말이 인용되는 경우는 30.8%였다. 이는 대통령 관련기사 인용문의 75.7%는 대통령과 그 주변 인물들이라는 의미다. 행정부 관료와 여당 사람의 비중은 각각 5.1%와 9.0%였고, 기타 인용이 10.3%로 나타났다.

뉴욕 타임스는 대통령의 인용 비율이 46.4%로 조선일보보다 조금 높게 나타났다. 그러나 백악관 참모들의 인용은 12.5%로 상대적으로 적게 집계됐고, 행정부 관료, 여당 인물 등도 직접 인용되는 빈도는 각각 16.1%와 3.6%로 그리 높지 않은 것으로 조사됐다. 그러나 기타에 해당하는 외부 전문가, 시민, 언론인 등의 인용은 20.8%를 차지했다.

6. 결론 및 논의

조선일보와 뉴욕 타임스가 대통령을 어떻게 보도하는지에 대해 기사 게재 빈도와 취재원 활용 등 보도 방식을 중심으로 분석해봤다. 앞에 제시한 분석 결과를 보면 두 신문은 서로 뚜렷하게 다른 자신들만의 대통령 보도 관행을 유지하고 있다고 판단된다. 셔츤(Schudson, 1995, p.54)에 따르면, 일상적으로 되풀이되는 제도화된 보도관행은 일반 시민들이 정치 현실과 대통령에 대해, 공적으로나 사적으로, 인식하고 토론하는 데 전제로 작용할 만큼 일상적이고 강력한 서사적 영향력을 갖기 때문에 그 사회적 의미가 중요하다. 셔츤의 관점은 기사의 특성과 보도 양식이 시민들이 대통령과 정치 현실에 대해 토론하는 정치적 여론 형성 과정에 중요하게 영향을 미칠 수 있다는 뜻이다.

조선일보와 뉴욕 타임스가 각자 제도화한 대통령 보도 관행은 크게 두 측면에서는 상당히 비슷하고, 다른 두 측면에서는 뚜렷한 차이점을 갖는 것으로 드러났다.

1) 대통령 집중도의 유사성

가장 드러나는 유사성은, 두 신문이 대통령을 다른 어떠한 취재원과도 비교할 수 없을 만큼, 가장 중요한 보도 대상으로 취급한다는 사실이다. 이는 단적으로 보도 빈도를 통해 확인할 수 있다. 조선일보는 하루 평균 3.9개의 대통령 기사를 게재하고 뉴욕 타임스는 1.7개 기사를 게재하는 것으로 조사됐다. 이 숫자는 사설과 칼럼, 독자 편지 등은 제외하고 조사한 결과이기 때문에, 이들까지 포함하면 대통령 보도 기사의 숫자는 더 늘어난다.

박재영(2004)의 조사를 보면, 조선일보는 전체적으로 하루 평균 154.3개의 기사를, 뉴욕 타임스는 219.4개의 기사를 게재한다. 이러한 현실을 고려하면, 전체 기사에서 대통령 기사가 차지하는 비중은 어림잡아 조선일보는 2.5%, 뉴욕 타임스는 0.7%에 이른다. 더구나 이 기사들은 조선일보의 경우 14.3%가, 뉴욕 타임스는 22%가 1면에 배치될 만큼 지면 배치에서도 주목도가 높다.

이러한 대통령 집중도는 현실적으로 대통령의 여론 영향력을 크게 강화하는 결과로 이어진다. "현대 정치의 최고 커뮤니케이터"(the communicators in chief of contemporary American politics)나 "정치 현실의 최고 해석자"(the interpreters in chief of the political scene, Farnsworth & Lichter, 2006, p.5) 등의 표현은 이러한 매체 집중도가 만들어낸 현상이다. 이와 관련해 주목할 측면은 조선일보의 경우 대통령 주목도가 뉴욕 타임스에 비해 크게 높다는 점이다. 그만큼 한국 사회에서 여론에 대한 대통령의 상징적 장악력이 더 클 수 있다고 판단된다.

2) 과도한 노동량의 유사성

두 신문의 대통령 취재 관행에서 나타나는 두 번째 유사성은 대통령 취재 기자들에게 부과되는 과도한 노동량이다. 이는 기자들이 하루 평균 생산하는 기사의 수에서 드러나는데, 조선일보의 경우 한 기자가 하루 1개, 뉴욕 타임스는 0.6개의 기사를 게재한다. 이는 박재영(2004)의 연구가 제시한 전체 기자들의 평균 기사 생산량과 비교하면 2배 정도 많은 숫자이다. 특히 조사 대상이었던 조선일보의 신정록 기자(1.8개)나 뉴욕 타임스의 데이비드 생어(0.7개) 기자처럼 다른 기자에 비해 많은 기사를 생산하는 경우는 그 업무 부담이 견디기 어려운 수준으로 판단된다.

3) 기사 길이의 현격한 차이

두 신문의 보도 관행에서 가장 눈에 띄는 차이는 기사 길이에서 관찰된다. 전체 기사를 두고 평균을 낸 결과 조선일보는 기사당 평균 길이가 15.7문장이었고, 뉴욕 타임스는 30.47문장이었다. 문장에 사용되는 단어의 수에 차이가 있을 수 있음을 고려해도 뉴욕 타임스의 대통령 기사가 대략 2배 정도 길다는 사실을 알 수 있다. 조선일보의 경우 전체 기사에서 96.4%의 비중을, 뉴욕 타임스에서는 89.3%의 비중을 차지하는 스트레이트 기사의 길이를 비교하면 두 신문의 차이는 더욱 두드러진다. 조선일보의 스트레이트 기사가 평균 9.87문장인 데 비해 뉴욕 타임스의 대통령 관련 스트레이트 기사의 평균 길이는 41문장으로 조사됐다. 표집된 기사가 특정 시기에 집중돼 나타날 수 있는 표집 오류를 고려해도 뉴욕 타임스 기사가 4배나 긴 것을 알 수 있다.

이러한 기사 길이의 차이는 두 신문이 생산하는 대통령 관련 기사의 성격이 근본적으로 다르다는 사실을 의미한다. 조선일보 기사가 짧은 저널리즘(short journalism)이라면 뉴욕 타임스 기사는 반허스트와 머츠(Barnhurst & Mutz, 1997)가 제시하는 긴 저널리즘(long journalism)적 성격을 분명히 드러낸다. 반허스트와 머츠에 따르면, 롱 저널리즘은 다루는 기사를 둘러싼 맥락과 다양한 관점의 제시, 그리고 그러한 요소들에 대한 기자의 분석을 포함시키는 것을 특징으로 한다. 뉴욕 타임스 기사들은 소수를 제외하고는, 대체로 이러한 성격을 유지하는 것으로 판단된다. 그런가 하면, 조선일보의 대통령 기사는 예외 없이 1가지 새로운 사실을 중심으로 구성돼 있다. 취재원은 도식적으로 2개 정도로 고정돼 있으며 맥락이나 배경 등에 대한 관심은 포함되지 않는 경우가 대부분이다. 이러한 점에서 조선일보 기사의 성격은 파편적이고 표피적이다. 반허스트와 머츠의 구분에 따르면, 조선일보 기사는 이벤트 중심(event-centered)의 특성을 유지해 기자의 역할이 지극히 단순한 사실의 기록자이자 전달자에 그친다.

이러한 기사 쓰기 방식은 정보의 의미를 분석하고 종합하는 일을 독자의 몫으로 남겨둔다는 의미로 이해할 수도 있다. 그러나 다른 한편으로는 다양한 관점을 통해 충분히 검증되지 않은 일방적 주장들이 그대로 기사화해서 사회적 갈등을 증폭시킬 위험을 내포하기도 한다.

4) 취재 다원성의 차이

두 신문의 대통령 보도 관행에서 관찰되는 또 하나 뚜렷한 차이는 취재의 다원성이다. 이는 2가지 지표로 확인되는데, 하나는 기사당 취재원의 숫자이고 다른 하나는 기사에 사용하는 인용문의 사용 방식이다. 앞서 〈표 9〉에서 제시했듯이, 조선일보 대통령 기사의 평균 취재원은 2.1개이고 뉴욕 타임스의 평균 취재원은 7.5개이다. 이는 두 신문이 기사를 쓰기 위해 접근하는 방식이 근본적으로 다르다는 사실을 보여준다. 조선일보가 주요 취재원 하나에 집중해 기사의 골격을 잡고 부가적인 취재원 하나 정도를 추가해 균형을 맞추며 기사를 마무리하는 관행을 유지한다면, 뉴욕 타임스는 기본적으로 사안의 복합성을 전제로 다양한 관점이 확보돼야 기사를 제작한다는 의미다.

인용문의 사용에서도 이러한 특징은 분명히 대비된다. 조선일보 기사들은 평균 3.9개의 인용을 사용하지만, 뉴욕 타임스는 12.8개를 사용하는 것으로 나타나 단순히 양에서만 3배 정도의 사용 빈도를 보인다.

실제로 사용된 취재원 분포를 보면 조선일보는 대통령이 19.1%, 뉴욕 타임스는 8.8%로 나타난다. 대통령 참모가 차지하는 비중을 비교하면,

50.0%와 21.2%다. 이는 조선일보의 경우 대통령 관련 인사가 69.1%나 주요 취재원이라는 뜻이고, 뉴욕 타임스는 이 숫자가 30%라는 의미다. 그런가 하면 야당이나 기타 인사 활용에서는 반대로 조선일보의 경우 9.5%, 뉴욕 타임스는 30.1%의 비중으로 역전된다. 뉴욕 타임스는 대통령 관련 인사와 거의 비슷한 숫자의 취재원을 야당과 일반 전문가들로 활용한다는 뜻이다. 그만큼 관점의 다원성에서 차이가 크다고 볼 수 있다.

인용의 활용에서도 비슷한 추세를 읽을 수 있다. 대통령 말의 직접 인용이 차지하는 비중은 두 신문이 비슷해 조선일보 44.9%, 뉴욕 타임스 46.4%이다. 그러나 야당과 기타 일반 전문가 인용에서는 조선일보가 10.3%에 그치는 데 비해, 뉴욕 타임스는 21.3%에 이른다. 독자가 대통령 기사를 읽으며 반대편이나 독립적인 입장에 있는 사람의 소리를 접할 가능성이 뉴욕 타임스가 조선일보보다 2배 정도 높다는 뜻이다.

5) 두 신문의 서로 다른 저널리즘 모델

앞에서 살펴본 조선일보와 뉴욕 타임스의 대통령 보도 기사들이 제시하는 저널리즘 모델의 특성을 다음의 〈표 14〉로 정리했다.

〈표 14〉 두 신문의 저널리즘 모델

	조선일보	뉴욕 타임스
기사 길이	짧은 저널리즘 (short journalism)	긴 저널리즘 (long journalism)
현실 인식 방식	단순 사실 중심 (simplistic view of reality)	사실의 복합성 전제 (complex view of reality)
대통령 기사 구조	개인 중심 기사 쓰기 (person-centered story)	견제와 균형이 반영된 기사 쓰기 (pluralized story structure)
편집 방식	조합식 구성 (mosaic make-up)	통합적 기사 중심 (integrated story approach)

두 신문의 저널리즘을 뚜렷하게 가르는 요소는 각자가 다르게 제도화시킨 현실인식 방식이다. 이는, 다른 말로 하면, 무엇이 기사가 되는가에 대한 기본인식을 뜻하기도 한다. 조선일보의 대통령기사는, 앞에서도 설명했듯이, 파편적인 사실 하나하나를 중심으로 구성돼 있다. 그에 비해 뉴욕 타임스는 기본적으로 현실의 복합성을 전제로 한다. 이러한 인식의 차이는 두 신문이 사용하는 취재원 수의 차이와 인용문의 차이 등에서 구체적 현실로 확인됐다.

이러한 기사에 대한 기본 개념의 차이는 다시 기사의 구조를 대조적으로 만드는 요인이 된다. 조선일보의 대통령 기사들이 대부분 대통령 개인의 언행을 중심으로 쓰인 데 비해, 뉴욕 타임스 기사들은 야당 인사나 일반전문가들을 고정적으로 포함시켜 견제와 균형의 역학 구조를 각각의 기사에 반영하는 관행에서 이러한 차이를 확인할 수 있었다. 두 신문 기사 특성의 이러한 차이는 반허스트와 머츠(Barnhurst & Mutz, 1997)가 제시하는 이벤트 중심 기사(event-centered reporting)와 긴 기사(long journalism)의 주요 특성들과 커다란 차이 없이 그대로 일치한다. 다시 말하면, 조선일보의 대통령 기사들은 대체로 이벤트 중심의 기사 형태를 유지하는 데 비해, 뉴욕 타임스 기사들은 롱 저널리즘 특성을 강하게 드러낸다는 뜻이다.

개별 기사 관념의 이러한 차이는 관련 기사들의 편집 방식에 영향을 미치게 돼서 역시 대조적인 특징을 드러낸다. 조선일보의 편집 방식이 조합식 구성(mosaic style)이라면, 뉴욕 타임스 방식은 통합적 기사(integrated story) 중심이라고 설명할 수 있겠다. 다른 말로 하면 조선일보는 복합적 측면을 드러내는 사안의 경우 여러 개의 기사를 별도로 작성해 전체 현실을 보여주는데 비해, 뉴욕 타임스는 다양한 관련 요소들을 최대한 통합적으로 하나의 기사에 포괄해 제시한다는 뜻이다.

6) 차이점의 함의

이렇게 제시한 두 신문의 차이는 큰 수정 없이 한국과 미국 신문에서 관찰되는 일반적 저널리즘 관행의 차이로 연결된다. 이 연구는 2개의 신문만을 선택했고, 기사는 대통령 관련 기사들을 집중해보았으나, 이 작업의 함의는 신문 저널리즘의 일반적 현실로 확대해 고려해도 크게 무리가 없다는 뜻이다.

이에 크게 2가지 현실적 함의를 제시하고자 한다. 첫째는 이러한 한국적 저널리즘 모델이 기자들에게 가하는 제약의 문제다. 단순 사실 중심의 기사 쓰기 관행과 개인 언행 중심의 보도 방식은 기사를 만들어내는 과정이 간단하고 쉬운 대신 기자의 종합적 사고나 분석 능력 함양에는 부정적 영향을 미칠 수밖에 없다. 그러한 의미에서 뉴욕 타임스에서 채택한 긴 저널리즘을 체계적으로 연구해 도입할 필요가 있다. 왜냐하면 이러한 보도관행이 한국 정치 기자의 전문성이 구조적으로 향상되지 못하는 근본적인 원인일 수도 있기 때문이다.

두 신문 모델의 차이가 제시하는 두 번째 함의는 사회적으로 치르게 되는 비용의 문제다. 조선일보 방식의 기사는 독자가 읽으면 매우 쉽게 소화되고 이해되는 특징을 갖는다. 그러나 그와 함께 특히 정치 문제를 다루는 기사의 경우 지극히 정파적인 현실 인식을 조장하는 부정적 효과가 있는 것 또한 사실이다. 한 취재원의 언행이 중심이 되는 기사는 구조적으로 파편적일 수밖에 없고, 자극적일 가능성도 더 높다. 상대편이나 제3자의 관점이 배제되기 때문에 더욱 그러하다. 게다가 모자이크식 편집에 의해 야당이나 반대 세력의 입장은 별도의 기사로 게재되면, 신문이 갈등을 증폭시키는 역할을 되풀이하는 악순환에 빠질 수도 있다. 독자들도 이러한 기사 구조에 영향을 받으면 종합적으로 사고하고 판단하기 어려워지는 것 또한 사실이다.

서츤(Schudson, 1995, pp.59~62)은 미국 신문의 경우 1900년에서 1930년 사이에 기자들이 속기적인 단순 기록자(stenographic recorder)에서 뉴스 해석자(interpreter of the news)로 자신들의 역할을 진화시켰다고 주장했다. 문맥과 다원성을 강조하는 롱 저널리즘의 역사가 거의 1세기에 이른다는 뜻이다. 그러나 반허스트와 머츠(Barnhurst & Mutz, 1997)에 따르면, 롱 저널리즘이 반드시 더 나은 저널리즘을 의미하지는 않는다. 너무 복합적으로 기사를 구성하고 기자의 분석적 입장이 포함되는 사례가 많아 기사의 가독성을 떨어트리는 부작용도 있다는 것이 그들의 판단이다.

미국 저널리즘은 역사적으로 보면 이벤트 중심의 기사형에서 롱 저널리즘 형식으로 발전해왔다. 조선일보를 통해 본 한국 신문 저널리즘의 특성은 여전히 이벤트 중심의 기사들이 주류를 이룬다고 판단된다. 이 연구는 기사의 양식적 특성은 취재 체제와 신문의 편집 철학과 밀접하게 관계돼 있다는 전제에서 출발했다. 이 연구가 제시한 한국과 미국 신문에서 드러나는 대통령 기사의 구조적 차이가 한국 신문의 취재 관행을 다시 되돌아보는 계기가 되기를 희망한다.

참고문헌

김민배(2003). "닭장에 갇힌 1호 기자들." 『조선일보』 2003년 4월 4일자(A30면).

남재일(2005). 『대통령 보도와 청와대 출입기자』. 서울: 한국언론재단.

박재영(2004). 『신문지면의 구성요소』. 서울: 미디어연구소.

이강덕(2005). "청와대 출입기자의 애환을 아시는지." 『서울대 동창회보』 2005년 2월 15일자(11면).

이재경 · 김연미(1997). "한 · 미신문의 1면 특성비교: 동아일보와 뉴욕 타임스의 공통점과 차이점." 『언론연구』 7: 47~76.

이재경 · 김진미(2000). "한국 신문 기사의 취재원 사용 관행 연구." 『한국언론학연구』 2: 160~181.

장현주(2002). "한국 텔레비전 뉴스의 대통령 보도 분석." 이화여자대학교 석사학위 논문.

전수정(1996). "청와대 보도의 정치학: 한국 신문의 대통령 보도 형식과 언어분석." 이화여자대학교 석사학위 논문.

Barnhurst, K. G., Mutz, D.(1997). "American journalism and the decline in event-centered reporting." *Journal of Communication* 47(4): 27～53.

Balutis, A. P.(1976). "Congress, the President and the Press." *Journalism Quarterly* 53(3): 509～515.

Barnhurst, K. G.(2003). "The makers of meaning: National Public Radio and the new long journalism, 1980-2000." *Political Communication*: 20(1): 1～22.

Bennett, W. L.(1983). *News, the politics of illusion*. New York: London.

Blumler, J. G. & Gurevitch, M.(1995). *The Crisis of Public Communication*. London and New York: Routledge.

Blumler, J. G. & McLeod, J. M., Rosengren, K. E.(eds.)(1992). *Comparatively speaking: communication and culture across space and time*. Newbury Park, CA: Sage.

Bumiller, E.(2006). "Reporter's Notebook: The White House without a filter." *The New York Times*. June 4, 2006.

Ceaser, J. W., Thurow, G. E., Tulis, J., and Bessette, J. M.(1981). "The Rise of the Rhetorical Presidency." *Presidential Studies Journal* 11: 158～171.

Cornwell Jr., E. E.(1959). "Presidential News: The Expanding Public Image." *Journalism Quarterly* 36(3): 275～283.

Cornwell, E. E.(1965). *Presidential Leadership of Public Opinion*. Blumington, IN: Indiana University Press.

Edelman, M.(1988). *Constructing the Political Spectacle*. Chicago and London: The University of Chicago Press.

Epstein, E. J.(1971). *News From Nowhere*. New York: Vintage Books.

Farnsworth, S. J. & Lichter, S. R.(2006). *The Mediated Presidency: Television News and Presidential governance*. New York: Rowman & Littlefield.

Gans, H.(1979). *Deciding What's News*. New York: Pantheon Books.

Graber, D. A.(Ed.)(1982). *The President and the Public*. Philadelphia: Institute for the Study of Human Issues Inc.

Grossman, M. B. & Kumar, M. J.(1981). *Portraying the president: the White House and the news media.* Baltimore: Johns Hopkins University Press.

Hallin, D. C. & Mancini, P.(1994). "Speaking of the president: political structure and representational form in US and Italian news." *We keep America On Top of the world*. pp.113~132. London: Routledge.

Kaid, L. Lee. & Foote, J.(1985). "How Network Television Coverage of the President and Congress is Compared." *Journalism Quarterly* 62: 59~65.

Neustadt, R. E.(1990). *Presidential Power and the Modern Presidents*. New York: Free Press.

Nimmo, D. D. & Combs, J. E.(1983). *Mediated Political Realities.* New York: Longman.

Okrent, D..(2005). "The Public Editor: A Few Points Along the Line Between News and Opinion." *The New York Times*. march 27, 2005.

Schudson, M.(1995). *The Power of News.* Cambridge. Massachusetts: Harvard University Press.

7장

한국 텔레비전 뉴스 양식의 특성과 한계*

1. 텔레비전 뉴스의 영향력

텔레비전은 현대 사회의 가장 강력한 문화기관이자 교육기관이다. 미국의 미디어학자 조지 거브너(George Gerbner)는 텔레비전이 과거 종교가 차지했던 정신적 지도자 역할의 대부분을 빼앗아왔다고 말한다. 그는 심지어 조부모나 부모가 담당했던 옛날이야기 해주기를 통한 훈육의 기능도 텔레비전이 넘겨받은 지 오래라고 강조했다(1996).

텔레비전이 강력한 힘을 갖는 주요 근거로는 거의 100%에 달하는 보급률이 제시하는 보편적 메시지 전달 능력에 영상과 소리를 결합한 현실성 높은 메시지 구성 방식을 들 수 있다. 거기에 특별한 노력이 필요하지 않은 수용의 편리성까지 겸비해 텔레비전이 전 세계적으로 신문이나 라디오, 잡지 등 다른 매체들과는 비교조차 할 수 없는 강력한 영향력을 행

* 이 글은 『저널리즘 평론』 4호(한국언론재단)에 실린 "한국 텔레비전 뉴스 양식의 특성과 한계"(이재경, 2002)와 같다.

사해온 지가 적어도 40여 년에 이른다.

한국 사회에서 텔레비전이 차지하는 영향력은 대통령 선거에서 각 후보들이 TV 토론에 어느 정도의 의미를 부여하는가를 보면 간접적으로 확인할 수 있다. 어느 후보든 자신의 토론 내용이 텔레비전으로 중계되기를 희망할 뿐 아니라 자신이 배제된 토론은 부정선거의 요소가 있다고 강력히 반발한다.

한국 텔레비전의 위력에 대해 최정호 교수는 한 신문에 기고한 글에서 이렇게 말한다.

> 그렇다고 해서 우리는 영구 권력, 임기도 없는 제왕적 권력으로부터 마냥 자유롭다 할 수 있을 것인가. 대통령 이상으로 온 국민의 일상생활의 공간과 시간에 개입해 들어와서 그들의 행동과 의식을 지배하는 또 다른 권력이 있으니 말이다. 이 권력 앞에는 야당도 없고, 의회의 견제도 없고, 언론의 비판도 없다. 대통령이 바뀌고, 정권이 수직적 수평적으로 교체되고, 그 권좌에 군부 정권에 빌붙은 사람이 앉건 민주화 대열에 섰던 사람이 앉건, 이 무한권력의 행태에는 변화도 차이도 없다. 우리나라의 TV 방송을 두고 하는 말이다(동아일보, 2002년 11월 25일자).

그는 같은 글에서 "우리는 오늘날 TV를 통해 노동의 강제 수용소가 아니라 소비와 낭비, 사치의 강제 수용소에 갇혀 있다"고까지 주장한다. 텔레비전을 "제왕적 교사"요, "시민의 문화생활과 언어생활, 소비생활을 지배하는 제왕적 주재자"라고까지 묘사한다. 물론 최 교수의 말은 수사적 과장으로 포장돼 있다. 그러나 이 글은 현대 사회에서 텔레비전이 행사하는 힘에 대해 지식인들이 어떻게 느끼고 있는지를 비교적 구체적으로 짐작할 수 있게 한다.

한국언론재단이 2000년에 실시한 수용자 의식 조사 결과를 보면, 한국 사회에서 텔레비전이 어느 정도의 영향력을 행사하는지를 체계적 자료를 통해 확인할 수 있다. 우선 국민의 매체 이용 시간 비교를 보면 신문은 하루 평균 35.1분을 읽는다고 답한 데 비해, 텔레비전은 174.1분을 보는 것으로 드러났다. 텔레비전 앞에 앉아 있는 시간이 신문 보는 시간보다 4배나 많다는 뜻이다.

2년마다 실시하는 이 조사의 결과는 또 신문의 경우 1996년에는 43.5분에서 1998년 40.8분, 2000년 35.1분으로, 독자들의 접촉 시간이 지속적으로 줄고 있음을 보고한다. 그러나 텔레비전은 큰 변화 없이 172분(96년), 193.6분(98년), 174분(2000년)의 범위에서 줄어들기보다는 시청 시간이 조금 늘어나고 있음을 알려준다. 다음은 같은 수용자 조사에서 매체의 속성별 평가를 다룬 내용이다. 신문과 텔레비전만을 중심으로 다시 표를 구성했다.

〈표 1〉 언론 매체의 속성별 평가

	연도	신문	텔레비전
가장 중요하다.	1996	43.1	53.2
	1998	28.3	69.0
	2000	24.1	63.5
가장 유익하다.	1996	37.3	46.6
	1998	31.3	53.7
	2000	25.8	50.9
가장 재미있다.	1996	2.6	78.8
	1998	4.0	81.8
	2000	4.3	69.6
가장 영향력 있다.	1996	48.5	40.8
	1998	40.8	49.3
	2000	15.6	73.1
가장 필요하다.	1998	13.0	84.3
	2000	18.0	59.4

* 『수용자 의식 조사』(2000), p.26.

이 표를 보면 역시 텔레비전의 매체력이 각 부문별로 얼마나 강력하게 성장하는지를 확인할 수 있다. 특히 중요성과 영향력 분야의 지표가 시간이 지나며 현격하게 강화되는 상황이 눈길을 끈다. 상대적으로 신문의 통계수치는 급격히 퇴조하는 모습을 볼 수 있다. 96년 48.5%이던 신문의 영향력은 2000년 15.6% 수준으로 급격히 줄어든 데 비해, 텔레비전의 영향력 수치는 1996년 40.8%에서 2000년에는 73.1%로 2배 가까이 확장됐음을 알 수 있다.

텔레비전의 전반적 힘이 아니라 텔레비전 뉴스의 영향력 부분을 따로 조사한 자료 역시 지속적으로 강화되는 텔레비전의 정보 제공 기능을 입증한다.

〈표 2〉 정보 유형별 주 획득 매체

	연도	신문	텔레비전
정치정보	1996	48.6	49.3
	1998	37.3	60.8
	2000	35.4	59.8
경제일반	1996	49.0	46.5
	1998	39.8	56.8
	2000	39.8	54.1
사회 (사건/사고)	1996	45.5	52.6
	1998	27.0	69.2
	2000	25.7	70.2
문화, 예술	1996	26.3	54.0
	1998	27.8	57.0
	2000	21.1	58.8

* 『수용자 의식 조사』(2000), pp.79~80에서 재구성.

〈표 2〉의 통계를 보면 뉴스 소비에서도 기사의 종류에 관계없이 텔레비전 매체의 영향력은 지속적으로 강화되는 반면 신문의 힘은 크게 줄고 있는 추세를 확인할 수 있다. 평상시 주중 공중파 방송국 3사인 KBS와 MBC, SBS 저녁 종합 뉴스의 누적 시청률은 45% 전후를 기록한다. 전 국민의 절반 가까운 사람들이 매일 텔레비전 뉴스를 보고 세상 돌아가는 상황을 파악한다는 뜻이다. 텔레비전 매체의 국민 의식 장악력을 보여주는 또 하나의 지표이다.

그러면 이렇게 강력한 영향력을 행사하는 한국 텔레비전 뉴스의 양식적 특징은 무엇인가? 텔레비전 보도를 구성하는 주요 요소들은 무엇이며 그들이 뉴스를 제작하는 기자들과 또 뉴스를 소비하는 시청자들에게 갖는 의미는 무엇인가? 한국 텔레비전 뉴스의 구조적 조건들은 어떻게 발전해왔으며, 혹시라도 문제가 있거나 개선의 여지가 있다면 어떠한 문제를 어떤 방향으로 개선해가야 하는가?

2. 연구의 구성과 성격

한국 텔레비전 뉴스의 양식적 요소에만 주목하는 이 장의 연구는 이러한 연구 문제들을 탐구하기 위해 기획되었다. 연구 작업은 크게 4부분으로 나뉜다. 1부는 한국 텔레비전 뉴스 양식의 간략한 역사와 주요 구성 요소에 대한 개념적 설명을 제공하는 이론적 논의 부분이고, 2부는 구조화된 설문지를 통해 텔레비전 뉴스를 제작하는 방송기자들의 의식을 분석하는 조사 작업으로 구성된다. 3부와 4부에서는 현업에서 20년 이상 보도 업무에 종사해온 앵커와 현직 부장이 텔레비전 뉴스의 2가지 핵심 요소라 할 수 있는 앵커 제도의 운용에 대한 고찰과 현장 기자들의 리포트 양식에 대한 다양한 실험의 경험을 정리한다.

따라서 이 작업은 전반부의 이론적 검토와 후반부에 실리는 실무적 논의가 결합된 형태를 띄게 된다. 기본적 구성이 이러하기 때문에 이 작업에서 논리적, 학문적 일관성을 기대하기보다는 관점의 다양성이 드러나기를 희망한다. 또 그러한 과정을 통해 어느 정도 정형화된 한국 텔레비전 뉴스의 양식적 특성에 대한 깊이 있는 성찰의 기회를 갖고, 앞으로 텔레비전 뉴스의 양식적 발전을 구상하는 데 디딤돌 역할을 할 수 있기를 기대한다.

3. 한국 텔레비전 뉴스 양식의 발전과 그 의미

한국의 방송 저널리즘은 1927년 JODK라는 호출 부호를 사용한 경성방송의 출범에서 시작된다. 물론 당시는 등록된 수신기 수가 1,400여 대에 불과한 상황이었으므로 지극히 제한된 청취자를 대상으로 라디오 보도를 실시했었다(최창봉 · 강현두, 2001). 최창봉과 강현두에 따르면 라디오 수신기의 보급은 5년 뒤에도 등록 대수가 불과 2만여 대에 이를 만큼 저조해, 오늘날 생각하는 방송과는 거리가 있었음을 알 수 있다. 더구나 당시는 일본어와 한국어 방송을 번갈아 했고 뉴스의 내용은 일본 도쿄방송의 뉴스를 번역해 전달하는 정도에 그친 것으로 전해진다.

미군정시대가 시작되면서 보도 프로그램은 상당히 체계적인 제도를 갖추게 된다. 당시 뉴스 프로그램은 아침 7시, 낮 12시 30분, 저녁 5시, 7시, 9시로 하루 5번 편성됐다. 매번 뉴스의 진행 시간은 15분 정도였고, 이러한 정규 뉴스와 별도로 '군정청 기록 뉴스'라는 프로그램을 오후 1시 30분에 방송했다. 이는 주로 각 지방의 행정기관에게 행정적 정보를 신속히 제공하려는 시도였다. 하루 중 가장 중요한 종합 뉴스 성격의 뉴스는 저녁 7시에 편성했고, 9시 뉴스는 그날의 주요 쟁점을 설명하는 해설적 성격이 강했다(최창봉 · 강현두, 2001).

한국방송(KBS)의 라디오 보도 프로그램이 크게 발전하기 시작한 시기는 전쟁이 끝난 뒤 사회가 안정되며 보도 인원이 확충되고 해외 주요 통신과 계약을 하게 되는 1955년 무렵이다. 이 당시는 특히 텔레타이프가 도입되며 외신의 전달 속도가 빨라져 방송이 신문과의 경쟁에서 우위를 점령하게 되는 시점이기도 하다. 당시에는 외신의 비중이 45%에 이를 만큼 많은 시간을 차지했었다. 1956년에는 선거 방송이 활성화되며 중계차를 활용해 개표 실황이 철야 중계되기도 했다.

텔레비전 뉴스는 1956년 대한방송(HLKZ-TV)이 개국하며 시작된다. 대한방송은 하루 2차례 뉴스를 방송한 것으로 전해지는데, 제휴사인 한국일보 뉴스와 통신사 뉴스, 미국문화원이 제공하는 리버티 뉴스 등으로 내용을 채웠다. 당시는 전문 인력이나 자원이 모두 크게 부족한 여건이었던 것으로 알려진다. 따라서 제대로 된 텔레비전 뉴스는 대체로 1960년대 초 한국방송(KBS) 텔레비전이 개국하는 시기에 시작된 것으로 이해된다. 1961년 12월 31일 개국한 KBS TV는 매일 오후 6시와 8시 30분에 10분씩 뉴스를 편성한다. 또 이와는 별도로 리버티 뉴스와 런던 텔레비전 뉴스를 묶어 1주에 3차례 10분씩 해외 소식을 전하기도 했다. 기사는 대부분 라디오 보도계의 지원을 받거나 정부기관의 보도자료를 가공해 만들었고 전달 방식은 아나운서가 기사를 읽어주는 스트레이트 뉴스 보도 양식을 사용했다.

1964년 12월 7일 동양텔레비전방송(TBC)이 문을 열었고, 1969년에는 8월 8일에 라디오만 갖고 있던 문화방송(MBC)이 텔레비전 방송을 시작했다. 이를 계기로 방송 3사의 경쟁 시대가 열리면서 텔레비전 뉴스도 새로운 변화의 순간을 맞게 된다.

4. 현대적 텔레비전 뉴스 양식의 등장

1960년대 말부터 KBS와 TBC, MBC 3사의 경쟁 구도가 격화되며 텔레비전 뉴스 양식도 혁명적 변화를 겪게 된다. 최창봉과 강현두(2001)에 따르면 그 무렵 텔레비전 방송에서 보도 프로그램은 불규칙하게 들쭉날쭉 편성돼 다른 연예, 오락 프로그램의 잔여 시간을 채우는 정도의 부수적 기능을 수행하고 있었다. 전체 프로그램 시간에서 차지하는 비중도 불과 10% 수준에 머물렀을 뿐이다. 이처럼 브릿지나 쿠션 프로그램 정도에 그치던 텔레비전 뉴스를 저녁 프로그램의 중심으로 격상시키는 변화를 선도한 곳은 후발주자였던 MBC였다.

MBC는 개국 1년 만인 1970년 가을에 오늘날 형태와 유사한 〈뉴스데스크〉 프로그램을 선보인다. 아나운서 대신 당시 보도국장이던 박근숙 씨가 진행을 맡아 미국 상업 방송 방식의 앵커 시스템을 시도한 것이다. 개별 기사의 보도 역시 현장감을 최대한 살려 취재 기자의 리포트를 통해 전달했다. 무색무취하게 객관적 사실을 아나운서가 읽어주던 뉴스 양식이 앵커와 보도 기자의 개성을 살리는 보도 방식으로 전환했음을 의미한다. 1972년에는 TBC가 〈TBC 석간〉이라는 이름으로 같은 뉴스 양식을 도입하고, 1973년 KBS 역시 이 방식을 수용함으로써 한국 텔레비전 뉴스는 앵커가 스튜디오에서 진행하고 취재 기자들이 현장에서 리포트하는 오늘날의 뉴스 전달 체제를 구축한다. MBC는 〈뉴스데스크〉와 함께 현장감을 극대화하는 텔레비전 보도 양식인 〈카메라 고발〉을 1973년 신설해 신문 보도 방식과는 현격하게 다른 텔레비전적인 보도 기법의 새로운 지평을 열기도 했다.

그러나 1970년대의 종합 뉴스 양식은 다양한 실험을 거치는 시기로 보는 편이 옳다. 우선 보도 시간이 9시대로 고정되기까지 상당한 변화를 겪는다. TBC는 초기에 저녁 7시대에 종합 뉴스를 배치했다가 1972년 5월부터는 저녁 10시로 옮겨 MBC 〈뉴스데스크〉와 맞대응 체제로 들어갔다. 그러나 KBS는 이들과 달리 9시대에 메인 뉴스를 배치하고 7시에는 스트레이트 중심의 초저녁 뉴스를, 11시에는 마감 뉴스를 고정 배치하는 편성 정책을 선택한다. 이 무렵 각 방송사의 메인 뉴스는 대체로 미국 주요 네트워크의 모델을 따라 30분 정도의 보도 시간을 유지했다.

당시에 실험됐던 또 다른 요소는 앵커 시스템이다. 오늘날과 달리 그 무렵에는 2~3명의 앵커가 요일별로 돌아가며 뉴스를 진행하는 일이 많았다. 한 사람으로 고정되기까지 다양한 인물과 포맷을 시험하는 과정으로 이해된다. 1970년대 후반이 되면 10년에 걸친 보도 시스템의 실험이 마무리되면서 한 사람의 주요 앵커가 9시에 진행하는 하루 30분 정도의 메인 뉴스 포맷이 정착된다. 그러한 제도적 안정과 더불어 텔레비전 뉴스의 영향력과 인지도 또한 급속하게 상승 추세를 그린다.

1980년대 5공화국의 등장과 공영 방송 제도의 도입은 텔레비전에 대한 정부의 영향력을 대폭 강화시키는 계기로 작용한다. TBC는 KBS로 흡수돼 KBS2 채널로 바뀌며 보도 기능이 사리지다시피 해서, 텔레비전 뉴스는 KBS 〈9시 뉴스〉와 MBC 〈뉴스데스크〉의 양자 구도로 재편된다. 이 시기에 드러나는 양식적 특징은 뉴스 시간의 연장 정도를 들 수 있는데, 과거 30분 정도였던 뉴스 시간은 5공화국 초기부터 35분에서 40분 정도로 늘어난다. 뉴스가 연장되는 주된 원인은 정통성이 부족한 정부가 텔레비전을 이용해 정권의 정통성 강화를 꾀하는 시도 때문으로 볼 수 있다. MBC는 "5분 경제", KBS는 "오늘의 경제"와 "뉴스 해설" 꼭지 등을 뉴스 뒷부분에 붙여 뉴스 시간이 10분 정도 늘어나는 계기를 제공했다.

1980년대 후반 민주화가 진행되며 정권 홍보적 기사들이 줄고 방송 시간이 다시 줄어드는 추세를 보이기도 했다. 그러나 1990년대 초 서울방송(SBS)이 출범하고 KBS와 MBC 사이에 9시대 뉴스 시청률 경쟁이 첨예하게 진행되면서 메인 뉴스 시간은 다시 확장되기 시작했다. 1990년대 중반 이후로 45분 정도까지 늘어나 오늘에 이르고 있다. 1990년대의 뉴스 시간 연장은 KBS가 시작해 MBC와 SBS가 뒤따르는 방식으로 진행됐다.

1990년대의 새로운 요소로는 SBS가 시도한 8시대 뉴스 프로그램의 정착을 들 수 있다. 국민 생활시간대의 변화를 염두에 두면서 9시대에 집중되는 뉴스 프로그램의 중복 편성 문제도 피하기 위한 시도였다고 판단된다. 2000년 이후 한국 텔레비전 뉴스의 주요 변화 가운데 하나는 KBS2 채널에서 시도하는 잡지적 방식의 뉴스 리포트 양식이다. 기사별 취재 보도 시간을 길게 끌고 가면서 영상 부분도 9시 종합 뉴스 기사들보다는 호흡을 길게 편집해 사용한다. 이러한 시도는 특히 젊은 시청자들로부터 긍정적인 반응을 얻고 있다. 그러나 이번 텔레비전 뉴스 양식 분석 작업에서는 이러한 KBS 2TV의 실험은 주목하지 않는다. 3사의 메인 뉴스에 집중하기 위해서이다. 또 스포츠 뉴스는 종합 뉴스에 포함된 기사가 아닌 경우는 역시 조사 대상에서 제외했다. 따라서 KBS 〈9시 뉴스〉의 경우는 전체 뉴스 시간을 논의할 때 스포츠 뉴스 부분은 뺀 나머지 일반 뉴스 보도 시간만을 계산했음을 밝힌다.

5. 텔레비전 뉴스 양식의 주요 요소

텔레비전 뉴스 양식은 쉽게 말하면 뉴스를 담는 그릇에 비유할 수 있다. 그릇의 모양과 디자인에 따라 그 속에 담기는 내용물인 기사의 성격이 결정된다.

텔레비전 뉴스 양식을 결정하는 핵심 요소는 크게 3가지를 생각할 수 있다. 가장 중요한 요소는 역시 시간이다. 방송 뉴스는 신문이나 잡지처럼 횡적인 공간의 배열이 아니라 종적인 시간의 축을 따라 진행하고 멈추기 때문이다. 방송 뉴스의 시간 요소는 다시 2가지로 나뉘는데, 하나는 뉴스 시간 전체의 길이다. 5분짜리 뉴스인지, 1분짜리인지, 아니면 30분짜리인지, 또는 45분 뉴스인지에 따라 기본적인 편집의 골격과 소화할 수 있는 기사의 양이 달라진다.

두 번째 고려할 시간 요소는 개별 기사의 길이다. 이는 전체 뉴스 시간의 틀에서 영향을 받아 결정되는 요소이자 뉴스를 제작하는 회사나 사회의 전략적 또는 문화적 선택 사항일 수도 있다. 개별 뉴스의 길이를 1분 이내 또는 40초 정도, 20초 정도 2분 이상 등으로 규정함에 따라 뉴스를 어떻게 제작하는가가 결정되기 때문에 이 또한 매우 중요한 요소이다. 한국 방송 뉴스의 관행은 아나운서나 앵커가 사운드바이트 없이 읽는 스트레이트 기사의 경우 길어야 40초 정도로 제한되고 있다. 1분 이상의 기사는 대체로 현장 취재 기자가 등장하며 기자 이외의 인물이 취재원으로 보도에 포함되는 것이 일반적이다.

텔레비전 뉴스 양식을 구성하는 두 번째 중요 요소는 뉴스의 전달 방식이다. 이는 크게 아나운서 또는 캐스터(또는 'Reader') 시스템과 앵커 시스템으로 나뉘는데, 아나운서 방식은 기자들의 현장 리포트 또는 육성 리포트 없이 아나운서나 뉴스 캐스터가 전체 기사를 중요도에 따라 배열된 순서대로 읽어가는 진행 방식을 말한다. 한국 텔레비전 뉴스는 1960년대 처음 텔레비전 방송을 시작했을 때 이러한 전달 방식으로 뉴스를 전했었다. 오늘날도 9시대에 진행하는 메인 뉴스를 제외한 각 시간대 라디오 뉴스와 5시, 7시대의 텔레비전 뉴스는 이러한 방식을 기초로 뉴스를 운영한다. 앵커 시스템은 앵커를 뉴스 프로그램의 중심인물로 설정해 개인적 매력과 특성을 드러내며 그날의 뉴스 전체를 소화하고 소개해가는 보도 방식을 말한다. 이 시스템 경우는 주요 개별 기사를 각 분야별 담당 기자가 현장을 다니며 취재해 서사적 완결성을 갖춘 리포트로 제작해 시청자에게 전달하도록 요구한다. 이 경우 앵커와 프로듀서는 뉴스 프로그램 전체의 기사 흐름을 협의해 그날의 프로그램이 전체적으로 조화를 이룰 수 있도록 노력한다.

텔레비전 뉴스 양식을 형성하는 세 번째 주요 요소는 신문에서 기사의 배치를 의미하는 편집이라는 개념이다. 텔레비전 뉴스의 편집은 기본적으로 어느 기사를 시간의 축에 따라 시작 부분 또는 중간 부분 등 어느 위치에 배치하는가를 의미하는데, 이 편집의 개념에는 개별 기사의 길이에 대한 고려가 포함되고 그날마다의 뉴스 흐름에 대한 판단과 자막의 사용 여부, 효과 음악이나 효과음의 동원 여부 등도 포함된다. 편집에는 이밖에도 전체 뉴스 프로그램에 설치하는 고정 코너의 활용에 관한 사항, 시그널 음악, 컴퓨터 그래픽에 대한 고려 등이 중요한 요소로 포함된다.

6. 텔레비전 뉴스 양식이 갖는 의미

텔레비전 뉴스를 어떠한 틀에 맞춰 제작하는가는 뉴스를 소비하는 시청자에게나 뉴스를 만들어야 하는 기자들 양쪽에 매우 중요한 의미를 갖는다. 간단히 말해 텔레비전 뉴스 양식은 현대 사회를 구성하는 중요한 문화 제도 가운데 하나이다. 좋은 예가 이따금 한국 텔레비전 뉴스에 등장하는 북한의 텔레비전 뉴스 전달 장면이다. 매우 격정적인 어조로 기사를 읽는 북한의 남녀 아나운서들의 표정과 복장, 김일성 배지 등을 보고 있으면 한국 사회의 뉴스 캐스터들과는 전혀 다른 사람이고 전혀 다른 프로그램이라고 느낄 수밖에 없다. 뉴스 프로그램의 기본 양식에 사회주의적 정치, 언론 철학이 반영되기 때문이다. 극단적인 경우를 들었지만, 이러한 양식적 차이는 거의 모든 사회에 존재한다. 다만 그 사회에서 나서 자란 사람들은 그러한 양식적 요소들이 자연스런 문화 환경의 일부이기 때문에 민감하게 느끼지 않을 뿐이다. 좋은 예가 같은 영어를 사용하는 미국의 네트워크 뉴스들과 영국의 BBC가 사용하는 뉴스 전달 방식이다.

같은 영미권 전통을 공유하면서도 이 두 나라의 뉴스 전달 방식과 전달하는 사람의 역할은 'Reader'(영국)와 앵커(미국)로 판이하게 다르다. 뉴스 양식을 문화적 제도(Cultural Institution)라고 하는 이유는 이 같은 근거를 바탕으로 한다.

한국의 텔레비전 뉴스는 역시 한국 나름대로 한국적 역사 상황을 경험하며 한국식 텔레비전 뉴스의 모델을 만들어왔다. KBS와 MBC, SBS가 사용하는, 한국 뉴스 양식이라고 할 수 있는 텔레비전 뉴스 양식은 주로 미국 네트워크 뉴스와 일본 텔레비전 뉴스들에서 다양한 요소들을 벤치마킹해다. 하지만 세밀하게 검토해보면 이들 나라의 텔레비전 뉴스 양식과는 다른 한국만의 특성을 갖고 있다는 뜻이다. 이 글의 주된 목적은 앞에서도 언급했듯이 이러한 한국적 텔레비전 뉴스 양식의 특성을 체계적으로 검토하고 제시하는 일이다. 그러나 그에 앞서 간략하게나마 텔레비전 뉴스의 양식적 특성에 주목해야 하는 이유를 정리할 필요가 있다.

우선 텔레비전 뉴스를 제작하는 기자들에게 뉴스 양식은 그들이 해야 하는 일의 성격을 결정한다. 기자가 직접 스탠드 업(stand-up)을 하며 등장하는 뉴스를 생산하도록 요구하는 양식과 아나운서가 모든 기사를 스트레이트 보도 방식으로 읽는 뉴스 양식은 전혀 다른 작업을 필요로 하기 때문이다. 또 메인 뉴스 시간이 10분인 경우와 30분, 45분인 경우 역시, 그러한 뉴스를 제작하는 데 동원되는 인력의 구성 방식을 달리 필요로 함은 물론이다. 전체 뉴스 시간이 보도국 조직의 크기나 운영 방식을 결정한다면 개별 기사의 길이는 기자들이 그러한 뉴스 아이템을 취재하고 제작하는 데 어느 정도의 시간과 노력을 들여야 하는지를 좌우한다. 30초짜리 기사의 취재와 3분짜리 기사의 취재는 전혀 다른 준비와 접근 자세를 필요로 하기 때문이다.

텔레비전 뉴스 양식이 시청자들에게 갖는 의미는 기본적으로 텔레비전 뉴스가 중요 사안을 보도하면서 어느 정도의 다양성과 깊이를 추구해야 하는가 하는 데 있다. 예를 들어 메인 저녁 뉴스를 어느 나라에서는 10분 정도 스트레이트 뉴스만으로 방송한다면, 그 나라에서는 텔레비전 뉴스에 다양성이나 전문적 분석 어느 것도 기대하면 안 된다는 뜻이다. 또 어느 사회에서는 30분을 하지만 하루에 크게 2가지 정도의 주요 뉴스만을 다루도록 메인 뉴스를 만들고 있다면, 그 사회에서는 기사의 다양성보다는 핵심 쟁점에 대한 깊이 있는 보도를 더욱 중요시한다고 판단할 수 있다.

뉴스 양식이 시청자들에게 갖는 또 하나의 의미는 국가나 정부가 언론과 시민을 어떻게 인식하는지를 드러내준다는 점이다. 예를 들었듯이 북한 TV가 보도하는 뉴스의 경우는 예외 없이 텔레비전 뉴스의 내용과 북한 정부의 입장이 일치한다고 보면 잘못이 없다. TV 방송이 모두 국영이고 뉴스는 예외 없이 당과 정부의 지침을 알리는 내용이기 때문이다. 이 점에서는 중국의 CCTV 또한 차이가 없다. 그런가 하면 미국의 뉴스 보도 양식은 그 기본적 전제가 정부나 그밖의 유력한 세력들로부터의 독립이다. 이러한 전제는 앵커가 말하는 방식이나 일선 취재 기자들이 기사를 포장하는 과정에 그대로 관철된다. 뉴스 양식은 또 각 사회가 어떠한 방송 제도를 채택하는가와도 밀접하게 관계를 갖는다. 상업 광고에 전적으로 의지하는 미국식 TV방송 모델과 공영 방송제를 택하는 유럽식 모델은 뉴스 시간 안에 또는 전후에 광고를 어떻게 배치하는가의 문제와 함께 뉴스 자체를 얼마나 상업적으로 매력적인 제품을 만들 것인가에 대한 고민에서도 현격한 차이를 가질 수 있기 때문이다. 이러한 경영상의 고려는 앵커와 스타 기자들의 고용과 육성 정책과 뉴스 아이템의 구성 방식, 영상 처리 방식 등에도 밀접하게 영향을 미친다.

7. 한국 텔레비전 뉴스 양식의 특성

한국 텔레비전 뉴스 양식의 특성을 다루는 이 장에서는 주로 기존의 연구 결과들과 학술지 등에 게재된 이론적 논문들을 토대로 한국 텔레비전 뉴스 양식은 다른 나라의 텔레비전 뉴스 양식과 어떻게 비교되는가를 제시한다. 여기서는 앞서 제시했듯이 텔레비전 뉴스 양식의 주요 요소를 구성하는 전체 뉴스 시간의 길이, 각 기사별 보도 시간의 길이, 보도에 삽입하는 인터뷰 사운드바이트의 길이와 영상적 도구들의 활용 실태 등을 비교한다. 또 뉴스를 진행하는 앵커가 차지하는 역할과 담당하는 기사의 양, 앵커에게 부여되는 권한의 차이, 앵커의 자격 등도 분석하고, 뉴스 프로그램을 편집하는 방식에서도 어떠한 공통점과 차이점이 있는지를 고찰한다.

문제는 이러한 분석 작업이 모두 2차적인 자료를 활용해 이루어지는 점이다. 이는 이번 작업이 기본적으로 자체적인 비교 분석을 실시하지 않도록 기획되었기 때문이다. 이러한 구조적 제약으로, 각 부문별 자료의 제시는 일관성을 유지하기가 어렵고, 제시되는 자료들의 기본 성격과 측정 기준 등도 통일되기 어려운 것이 사실이다. 경우에 따라서는 자료가 부분적으로 빠져 있기도 하다. 그러나 이러한 결함에도 불구하고 종합적 관점에서 한국 텔레비전 뉴스의 기본적인 특징을 이해하는 데는 크게 어려움이 없을 것으로 판단한다.

이번 텔레비전 뉴스 양식의 분석에 활용되는 과거 연구물들은 크게 3가지이다. 하나는 1995년 한국언론연구원이 발간한 『다채널 다매체 시대 TV 뉴스』라는 보고서 가운데 이은미, 이종수 박사가 실시한 「공중파 TV와 케이블 TV 뉴스 비교 분석」이라는 논문이다. 두 번째 자료는 1995년 한국방송개발원의 부경희 연구원이 실시한 「텔레비전 뉴스 보도의 국제 비교연구」이고 세 번째 연구물은 1999년 한국언론재단에서 실시한 『TV

저널리즘과 뉴스 가치』라는 연구서이다. 이밖에 부분적 자료의 추출을 위해서는 몇몇 해외 학술지 논문들을 활용했음을 밝힌다.

메인 뉴스의 전체 보도 시간

과거 연구를 통해 자료가 확보되는 나라는 미국, 프랑스, 독일, 일본, 영국의 5개국이다. 이들 나라들 방송 뉴스는 프로그램이 방송되는 시각과 뉴스 시간의 길이에서 상당한 차이를 보이는 것을 확인할 수 있다. 다음의 〈표 3〉은 방송개발원이 정리한 내용에서 축약한 사항이다.

〈표 3〉 6개국 메인 뉴스 방송 시각과 프로그램 길이

방송사	KBS	ABC	F2	ZDF	NHK	BBC
국가	한국	미국	프랑스	독일	일본	영국
뉴스 시작 시간	9시	6시	8시	7시	7시	6시
프로그램명	뉴스 9	World News Tonight	F2 Journal	Heute	뉴스 7	6 O'Clock News
프로그램 길이	42분	20분	25분	16분	38분	26분

* 『텔레비전 뉴스 보도의 국제 비교 연구』(1995, 방송개발원).

〈표 3〉에 포함된 방송사와 메인 뉴스 프로그램들은 모두 해당 국가에서 가장 주목을 받거나 적어도 대표성은 가질 수 있는 대상이다. 여기 제시된 프로그램의 길이는 뉴스 사이에 편성된 중간 광고들을 제외하고 각 방송사가 뉴스를 내보내는 데만 사용한 시간을 집계한 내용이다. 영국과 미국의 뉴스 시작 시간이 가장 빨라서 6시임을 알 수 있고, 일본과 독일은 7시, 프랑스의 F2방송은 8시에 뉴스를 편성한다. 모두 국민 생활시간대가 우리나라보다는 훨씬 이른 시각에 뉴스를 편성하도록 돼 있음을 보여준다. 뉴스 프로그램의 길이는 독일의 ZDF가 가장 짧아서 16분으로 나와 있고, 미국의 ABC 20분, 프랑스 F2 25분, 영국 BBC는 26분으로 조사

됐으며, NHK는 38분, KBS는 42분으로 비교 대상 가운데 가장 뉴스 시간이 긴 편이다. 다른 연구들의 조사를 보면, 한국언론재단이 1999년에 분석한 결과는 KBS 〈9시 뉴스〉가 45분, MBC 〈뉴스데스크〉가 약 40분, SBS 〈8시 뉴스〉는 약 35분의 평균 보도 시간을 기록한 것으로 나와 있다. 이 연구에 포함된 영국 BBC 〈6시 뉴스〉는 평균 24.23분으로 집계됐고, 미국의 NBC 〈Nightly News〉는 하루에 18.16분을 방송하는 것으로 조사됐다. 우리나라의 메인 뉴스 시간이 서구 국가들에 비해 적게는 2배에서 많으면 3배 가까이 길다는 사실을 확인할 수 있는 자료들이다. 뉴스 시간이 긴 것은 자연스레 다루는 기사 건수도 많아지는 것으로 연결된다. 방송개발원 조사를 보면 KBS는 하루 32.8개의 기사를 보도하는 것으로 나타났다. 미국의 ABC가 11~12개 정도의 기사를 보도하는 것과 비교하면 역시 현격한 차이를 확인할 수 있다. BBC는 하루에 15~16개 정도의 기사를, NHK는 18~19개, ZDF는 15~16개 정도를 보도하는 것으로 조사됐다. 여기서 주목할 만한 대상은 NHK이다. 뉴스 시간은 38분으로 KBS와 큰 차이가 없으나, 보도 기사 수는 절반 정도밖에 안 되기 때문이다. 이는 결국 개별 기사를 얼마나 길게, 심층적으로 다루느냐의 차이인데, 다음 〈표 4〉는 기사당 보도 시간을 집계한 내용이다.

〈표 4〉 기사당 평균 보도 시간

언론사	KBS	MBC	SBS	BBC	NBC
시간	77.41	80.87	88	114.34	119.2

* 『TV 저널리즘과 뉴스 가치 I』(1999, 한국언론재단).

기사당 평균 보도 시간 통계는 표집되는 사례들에 따라 편차가 심한 경향을 보여서 한국 방송들 사이의 차이가 큰 의미를 가질 수 없을 수도 있다. 그러나 여기서 눈에 띄는 차이는 한국 방송들과 외국 방송 뉴스의 차이다. 특히 비교 대상 중 뉴스 시간이 가장 짧은 미국의 NBC가 기사당 보도 시간이 가장 길다는 사실이 눈길을 끈다. 방송개발원(1995) 조사에서는 NHK 뉴스의 경우 기사당 보도 시간이 평균 2.8분으로 집계됐다.

기사당 평균 보도 시간은 결국 기사 속에 얼마나 많은 내용을 담고 있는가 하는 문제와 밀접하게 관계가 있다. 이와 관련한 한 조사 결과를 보면 한국 텔레비전 뉴스 기사와 미국 뉴스 기사가 어떠한 차이가 있는지를 다른 각도에서 들여다볼 수가 있다.

〈표 5〉 방송 뉴스 기사당 문장 수

언론사	KBS	MBC	SBS	NBC
기사당 평균 문장 수	16.16	14.94	14.94	24.35

* 김은주(2002).

앞에 제시한 〈표 5〉에서 보듯이 한국의 방송 3사는 서로 별 다른 차이 없이 대체로 15문장 정도로 하나의 리포트를 구성한다. 이에 비해 미국의 NBC는 이보다 10문장 정도가 많은 25문장 정도를 사용한다. 이러한 기사당 보도 시간과 문장 수의 차이는 〈표 6〉에서 보듯이 취재원 숫자의 차이로 이어진다.

〈표 6〉 기사당 취재원 수

언론사	KBS	MBC	SBS	NBC
기사당 취재원 수 평균	2.53	2.93	2.63	4.23

* 김은주(2002).

한국 뉴스 가운데는 MBC 〈뉴스데스크〉가 취재원 사용 숫자가 큰 편이다. 그러나 역시 한국 방송 3사의 차이는 미미한 반면, 미국의 NBC 뉴스 경우는 기사당 취재원이 4.23개로 한국 방송에 비해 현저하게 많은 취재원의 소리를 활용하고 있음을 알 수 있다.

텔레비전 뉴스의 개별 기사에 포함되는 또 하나의 중요 요소로서, 외부 전문가나 목격자, 관리, 정치인 등이 직접 등장하는 인터뷰 부분이 있다. 텔레비전 뉴스의 신뢰도를 높이고 뉴스의 사실성과 시청자의 관심을 증대시키는 매우 중요한 구성 요소로, 미국 방송계에서는 편집돼 뉴스에 삽입되는, 이러한 취재원이 등장하는 부분을 사운드바이트라고 부른다. 샌디에고대학의 언론학 교수인 다니엘 핼린(Hallin, 1992)은 1968년부터 1988년까지 20여 년에 걸쳐 미국 텔레비전 뉴스가 사용하는 사운드바이트의 길이가 어떻게 변화했는지를 조사했다. 다음의 〈표 7〉은 그가 분석한 미국 텔레비전 뉴스의 사운드바이트 사용 실태를 정리한 내용이다.

〈표 7〉 미국 선거 보도 기사의 사운드바이트 길이 변화

년도	1968	1972	1976	1980	1984	1988
평균 사운드바이트 길이(초)	43.1	25.2	18.2	12.2	9.9	8.9

* Hallin(1992).

20여 년 사이 텔레비전 뉴스에 등장하는 취재원들의 육성 길이가 1/4에서 1/5까지 줄었음을 알 수 있다.

한국 텔레비전 뉴스가 사용하는 사운드바이트에 관한 자료는 1995년 언론연구원의 연구서에 포함된 「공중파 TV와 케이블 텔레비전 뉴스 비교 분석」이란 논문에서 찾을 수 있었다. 이 논문에 따르면 한국 텔레비전 뉴스의 사운드바이트 평균 길이는 KBS가 8.8초, MBC는 9.7초, SBS는 10.6초이다(이은미 · 이종수, 1995). SBS가 상대적으로 인터뷰 시간을 타사에 비해 길게 허용한다고 할 수 있다. 이번 텔레비전 뉴스 양식 조사에 포함시켜 알아본 최근의 현황은 〈표 8〉의 내용과 같다.

〈표 8〉 방송 3사 뉴스 사운드바이트 평균 길이

방송사	KBS	MBC	SBS
사운드바이트 길이(초)	7.42	6.83	8.71

한국 텔레비전 뉴스 3개 프로그램 가운데는 여전히 SBS가 상대적으로 긴 사운드바이트를 사용하고 있으며, 전체적으로는 1995년 조사에 비해 다시 1초 이상 시간이 짧아졌음을 확인할 수 있다.

이번 작업을 위해 조사한 미국 NBC 뉴스의 사운드바이트 길이는 1988년의 8.9초에서 다시 크게 짧아져 평균 6.5초 정도로 줄었음을 확인했다. 한국 텔레비전 뉴스의 사운드바이트 길이와 비교할 때 미국 방송계는 2초 가까이 더 짧게 사용한다는 것을 알 수 있다.

8. 뉴스 진행 양식의 한국적 특성

1) 한국적 앵커 제도

1960년대 텔레비전 뉴스가 처음 도입될 때는 아나운서나 캐스터적 관점에서 표준말을 정확하게 구사할 수 있는 사람이 가능한 한 자신의 개성을 억누르며 뉴스를 전하는 양식을 유지했다. 영국식 뉴스의 'Reader'적인 개념으로 이해하면 된다. 이러한 경우 기사를 쓰는 사람과 읽는 사람은 완전히 분리된다. 기자는 취재해서 방송용 원고를 쓰고, 'Reader'는 쓰는 데는 전혀 관여하지 않으며 주어진 원고를 읽기만 할 뿐이다. 양식이 이러하기 때문에 읽는 사람의 개인적 특성은 의미를 갖지 않으며 사실상 누가 읽어도 뉴스 전달에는 차이가 발생하지 않는다. 다시 말하면 기사와 읽는 사람의 개인적 특성은 전혀 연결될 필요가 없다는 뜻이다. 오늘날도 대부분의 라디오 뉴스와 스트레이트 중심의 짤막한 텔레비전 뉴스들은 이러한 전달 양식을 유지한다.

1970년대는 한국 텔레비전 뉴스의 진행 방식이 미국식 앵커 시스템을 처음으로 도입하고 한국 실정에 맞게 변형시켜 정착시켜나가는 시기이다. 1970년 MBC에서 시작돼 1973년 KBS의 앵커 제도 도입으로 일반화한 뉴스 진행 방식의 변화는 그 뒤 오늘날에 이르기까지 저녁 메인 뉴스와 아침 뉴스 시간을 진행하는 기본적인 보도 양식으로 자리잡았다. 물론 그 사이 시기별로 또 회사별 특성과 인물의 개성에 따라 작은 차이들은 있었다. 처음에는 남자 앵커가 단독으로 전체 뉴스를 진행했었다. 그러다가 젊은 남자 기자를 선발해 단신 묶음을 별도로 전하는 코너를 만들기도 했고, 때로는 이 역할을 여자 아나운서에게 맡길 때도 있었다. 그러다가 1980년대 후반부터는 프로그램 시작부터 남녀 앵커를 동시에 앉히고 진행하는 양식을 택해 오늘날 방송 3사가 유지하는 더블 앵커 시스템을 정착시켰다.

이렇게 세 방송사가 똑같이 운영하는 듯한 남녀 더블 앵커 시스템은 세부적인 사실을 들여다보면 작은 차이들이 드러난다. SBS는 기자 출신 여자 앵커를 쓰는 데 비해 KBS와 MBC는 메인 뉴스에서 여자 아나운서를 앵커로 활용한다. 이는 특히 여성 앵커의 경우, 현장 취재의 경험이 앵커가 되는 필수 조건은 아니라는 사실을 말해준다.

이러한 사실은 또 한국 텔레비전 뉴스에서는 남녀 앵커의 비중이 동등하게 상정되지 않는다는 점을 시사하기도 한다. 남녀의 불평등 부분은 메인 뉴스의 경우 여성 앵커의 인사나 멘트는 프로그램을 시작한 뒤 짧게는 10분, 길게는 15분 이상이 지나야 등장한다는 사실에서도 확인할 수 있다. 자연히 전체 뉴스의 소개에서도 남녀 앵커가 같은 정도의 기사량을 소화하도록 운영되지는 않는다. 미국 네트워크 뉴스의 경우 평일은 여전히 남자 단독 앵커 시스템을 유지하지만, 주말 뉴스나 매거진 프로그램의 경우에는 여성 단독 또는 여성 앵커 중심의 운영을 시도하는 것과는 커다란 차이가 있는 관행이다.

앵커 제도의 운영에서 보다 세밀하게 검토할 요소는 한국 텔레비전 뉴스에서는 어떠한 유형의 앵커 제도를 운영하는가 하는 점이다. 텔레비전 뉴스 앵커는 표면적으로 화면을 통해 볼 때는 모두 비슷해 보이지만 구체적으로 보도국의 운영 방식과 조직 속에서의 앵커의 역할, 권한 등을 검토하면 크게 3가지 유형(Type)으로 나눠볼 수 있다.

첫 번째 유형은 미국 CBS 뉴스가 처음 월터 크롱카이트(Walter Cronkite)를 앵커로 기용할 때부터 채택한 방식이다. 크롱카이트는 자신의 회고록에서 자신은 앵커제의를 받았을 때 보도국장(Managing Editor) 보직을 겸하게 해달라는 조건을 걸었고 그것을 관철시켰다고 말했다. 따라서 크롱카이트 식의 앵커 제도는 명실공히 CBS 뉴스의 편집과 진행권을 동시에 관장하는 유형이다. 뿐만 아니라 그는 기자들의 인사에까지 힘을 행사할 수 있게 됐고, 그러한 제도적 장치를 통해 뉴스의 모든 측면을 지휘하고 조율하는 위치를 20년 가까이 유지했다. 크롱카이트 이후 미국의 3대 네트워크는 모두 비슷한 앵커 시스템을 정착시켰고, CBS의 댄 래더나 피터 제닝스(ABC), 탐 브로코우(NBC) 등 네트워크 앵커들은 20년 이상을 지속적으로 뉴스를 진행하고 있다. 극단적으로 말하면, 미국의 네트워크 텔레비전식 앵커 제도는 앵커 역을 맡은 한 사람의 카리스마적 매력을 최대화하려는 제도이며, 보도기자나 프로듀서들은 그러한 중심적 뉴스 전달자를 주변에서 보조하는 역할을 수행한다고 볼 수 있다.

뉴스 앵커의 두 번째 유형은 영국식 뉴스인 'Reader'에 가까운 모델이다. 뉴스의 진행은 앵커 제도인 것처럼 운영되지만 실제로 뉴스를 진행하는 앵커는 철저하게 프로듀서의 기획 의지와 큐시트의 틀 속에서 그야말로 진행자로서 기능적인 앵커 역할을 수행하는 방식이다. 요즘 한국 텔레비전의 초저녁에 편성되는 20분 남짓한 뉴스나 오전 9시 30분대에 방송되는 뉴스들이 대체로 이러한 양식을 택한다. 이 경우 프로그램 진행자들은 그 날 뉴스에 포함되는 기사들의 성격이나 배열 순서 등에 대해서는 아무런 영향력을 행사할 수 없다. 취재 기자나 담당 데스크에 대한 지휘 능력이 없는 경우가 대부분이기 때문이다.

세 번째 유형이 한국의 메인 뉴스들이 택하고 있는 방식으로, 위의 두 유형을 절충해놓은 형식으로 볼 수 있다. 이 유형은 미국식 앵커와는 달리 조직적으로 보도국을 관장할 수 있는 힘을 가지지 못한다. 무엇을 얼마나 집중적으로 취재할 것인지, 어느 기자를 어느 곳에 배치할 것인지도 관여하기 어렵다. 편제상으로 조직에서 분리된 틀 속에서 생활하기 때문이다. 또 미국 네트워크처럼 가까이에서 앵커를 보좌하는 프로듀서나 에디터가 있는 것도 아니다. 자료를 모으고 정리해줄 조사원조차 배정받지 못하는 것이 현실이다. 그러나 두 번째 유형과 다른 점은 뉴스의 선택과 배열을 판단하는 보도국장 중심의 편집회의에 참석해 흐름을 파악하고 의견을 개진할 수 있는 기회가 있다는 사실이다. 또 오랫동안 함께 보도국에서 일을 했던 동료와 후배들에게 개별 기사에 대해 상의할 수 있는 정도의 활동 범위는 확보할 수 있는 점도 두 번째 유형과는 다른 조건이다. 따라서 이 유형의 경우는 편집권과 조직 관장 권한은 보도국장이 유지하고 앵커는 뉴스의 진행에 관해서만 책임을 지는 지극히 기능적인 앵커 시스템으로 볼 수 있다. 그렇기 때문에 뉴스 프로그램의 특성이 앵커 중심으로 형성되지 못하고 오히려 앵커가 전체 프로그램 구성 요소 가운데 비교적 중요한 1가지 요소로 운영되는 것이 한국의 현실이라고 볼 수 있다.

2) 한국 텔레비전 뉴스 편집의 특성

한국 텔레비전의 메인 뉴스는 앞에서 제시했듯이 방송 시간이 해외 주요 국가들의 뉴스 프로그램보다 크게 길다. 따라서 보도되는 기사의 숫자도 단신을 포함해 30개가 넘는 것이 보통이다. 이는 미국 텔레비전 뉴스가 10개 내외의 기사를 다루는 현실과 근본적으로 다른 조건이다. 이렇게 많은 기사를 시간의 흐름에 따라 한 줄로 세우는 것이 텔레비전 뉴스 편집이다. 과연 정치 관련 기사부터 사건 사고와 국제 문제 등에 관한 기사들이 즐비한 한국 TV 보도 현실에서 편집 담당자들은 어떻게 개별 기사들을 판단할까?

메인 텔레비전 뉴스의 기사를 배열하는 논리는 기본적으로 신문의 정치, 사회면 등 지면별 공간 분리 방식과 유사하다. 텔레비전 뉴스 편집에 사용하는 개념은 단락 또는 블록(Block)인데, 대체로 40~45분 정도의 전체 뉴스 시간을 3~4개 정도의 단락으로 구분해 기사를 배치한다(손승혜 · 이재경, 1999). 단락의 수는 방송사나 기사의 양에 따라 달라지기도 하는데, 블록을 나누는 중요한 이유로는 남녀 앵커의 역할 분담에 대한 고려와 시청자가 뉴스의 흐름을 쉽게 이해하도록 하려는 배려가 함께 제시된다. 블록을 4개 정도로 나눌 때 방송 3사가 공통적으로 사용하는 기사 묶음 방식은 대체로 다음의 도식을 따른다.

• 1 블록

그날 발생한 주요 사안을 하드 뉴스, 스트레이트 기사 위주로 배치한다. 여기에는 그날의 가장 중요한 기사인 톱뉴스가 당연히 포함되고, 그와 관련된 기사들 계속 진행되는 정치, 경제, 사회 부문의 주요 쟁점을 다루는 기사 등이 배치된다.

• 2 블록

10분에서 15분 사이에 시작하는 2블록에는 사회 분야의 사건 사고 중 새로운 것과 경제, 사회 분야의 집중 취재 기사를 배치한다. 여기서는 1블록으로부터의 방향 전환과 시청률의 흐름에 민감한 기사를 고려한다.

• 3 블록

3블록은 대개 뉴스 시작 30분 후쯤이 되는데, 여기에는 시청자의 이탈을 고려해 생활에 밀착한 기사들을 배치한다. 문화 기사와 지방 기사 등도 이곳에서 소화하는 경우가 많다.

• 4 블록

마지막 블록에는 수도권 소식과 국제 뉴스 등을 중심으로 배치한다. 마음이 따뜻해지는 미담성 기사나 호기심을 자아낼 수 있는 흥미있는 기사 등도 이곳에 배치하는 때가 많다.

신문도 마찬가지지만 텔레비전 뉴스 또한 그날의 톱뉴스를 무엇으로 할 것인지를 결정하는 일이 가장 어렵다. 톱뉴스의 결정에 따라 다른 기사들의 상대적 배치 지점도 자연스레 결정되기 때문이다. 텔레비전 뉴스 편집에는 이밖에도 묶음 편집 기법이 활용되는데, 이는 관계가 있는 기사들을 가급적 인접 시간대에 배치해 시청자들의 집중력을 높여주려는 의도이다. 묶음의 대상이 되는 경우는 기사 주체가 같거나 또는 다루는 사안의 내용이 유사한 경우 등을 포함한다.

텔레비전 뉴스 편집에서 주목할 부분은 편집자들이 뉴스가 시작된 지 20분 전후의 시간대를 시청자가 이탈할 가능성이 높은 시점으로 판단한다는 점이다. 이는 또 시청률 통계에서도 집단적 행태의 유형으로 드러나는 사실이기도 하다. 이러한 문제를 해결하기 위해 텔레비전 뉴스 편집자들은 이 시점에 자극적이거나 선정적이기까지 한 뉴스 아이템을 배치하는데, 이는 전체적으로 텔레비전 뉴스의 저질화를 부추기는 관행으로 자리 잡은 느낌이 들기도 한다.

이러한 편집의 구조적 성격과 별도로 한국 텔레비전 뉴스는 개별 기사들을 영상적 효과나 음향적 보조 장치를 활용해 어떻게 포장하는지를 분석한 연구들이 있다. 우선 영상 편집기법을 관찰한 자료로 아래 〈표 9〉의 내용을 보면 한국 텔레비전 뉴스가 다른 나라 텔레비전 뉴스에 비해 단위 시간에 사용하는 컷의 수가 크게 많다는 사실을 확인할 수 있다. 컷이 많다는 얘기는 화면의 전환이 빠르고 역동적이라는 의미다.

〈표 9〉 텔레비전 뉴스에 사용된 컷의 평균 빈도

	KBS	ABC	F2	ZDF	NHK	BBC
아이템 평균 컷 수	13.97	12.84	5.51	4.86	8.72	8.64
30초 평균 컷 수	4.79	3.53	3.17	2.38	2.91	2.89

* 『텔레비전 뉴스 보도의 국제 비교 연구』(1995, 방송개발원).

30초 평균 빈도를 보면 한국 뉴스는 대개 6초에 1차례씩 바뀌는데 비해 프랑스, 독일, 일본 등의 텔레비전 뉴스는 10초 정도에 한 번씩 컷을 전환하는 사실을 알게 된다. 〈표 10〉은 같은 연구에서 조사한 음향 효과와 관련된 내용이다.

〈표 10〉 뉴스 삽입 배경음악과 효과음 총 시간

	KBS	ABC	F2	ZDF	NHK	BBC
음악 삽입 시간	336	0	150	0	0	97
효과음 삽입시간	47	6	153	122	0	0

* 『텔레비전 뉴스 보도의 국제 비교 연구』(1995, 방송개발원).

위 자료를 보면 KBS 뉴스는 다른 나라 뉴스에 비해 상당히 많은 음향 효과를 활용함을 알게 된다. 상대적으로 NHK 같은 방송은 조사 기간 동안 인위적인 음악이나 음향 효과를 전혀 사용하지 않았음을 볼 수 있다.

그만큼 한국 뉴스가 보조적 장식 수단을 인공적으로 많이 가미하는 현실을 보여주는 자료다. 방송개발원의 연구에서는 이밖에 자막 처리와 지도 등 그래픽 사용에서도 한국 텔레비전 뉴스가 다른 나라에 비해 훨씬 빈도가 높은 것으로 나타났다. 특히 사건 현장을 촬영한 화면이 없을 경우 컴퓨터 그래픽이나 그림으로 상황을 재연하는 영상 효과를 시도하는 사례도 다른 나라에 비해 현저하게 많은 것으로 조사됐다.

9. 한국 텔레비전 뉴스 양식에 대해 생각할 문제

여러 가지 과거 연구 결과들을 활용해 한국적 텔레비전 뉴스 양식으로 정착된 주요 특징들을 정리해봤다. 인용된 연구 작업들이 모두 조금씩 작업의 목적과 측정 방법 등에서 차이가 있었기 때문에, 또 표집 자료의 양도 부족한 경우들이 많았기 때문에 미시적 차원에서 드러나는 한국 방송 3사 사이의 세부적인 수치의 차이는 사실상 그리 중요한 의미를 갖기가 어렵다. 그러나 몇 가지 요소들은 외국의 주요 방송 뉴스들과 비교할 때 충분히 관심을 가져야 할 만큼 현격한 차이를 보여주는 것이 사실이다. 이 장에서는 이러한 관점에서, 한국 텔레비전 뉴스의 양식적 특성에 대해 무엇을 좀 더 체계적으로 분석하고 연구해야 하는가, 그리고 그러한 작업은 어떠한 의미를 가지는가 등을 제시하고자 한다. 물론 이러한 작업에서 한 나라의 텔레비전 뉴스 양식은 그 사회의 다양한 문맥적 특성을 반영한다는 사실을 간과해서는 안 된다는 것은 반드시 기억해야 한다. 이러한 문화적 특수성, 시청자와 방송 제도의 고유성 등을 감안하면서도 비교적 관점을 활용하는 이유는 대부분의 사회가 자기 사회 속에서만 형성된 관행과 제도들에 대해 그 특성과 한계점 등을 성찰할 기회를 좀처럼 갖지 못하기 때문이다.

1) 메인 뉴스 길이

앞에 제시한 자료들이 보여주듯이 한국의 종합 뉴스는 세계에서 가장 긴 편에 속한다. 평일에 45분 정도까지 뉴스를 진행하고 주말에도 35분 정도나 뉴스를 내보낸다. 미국 네트워크 텔레비전들이 광고를 포함해서 30분(뉴스만은 19분 정도), 영국, 프랑스도 20여 분에 그치는 것과 비교하면 매우 긴 시간이다. 따라서 다루는 기사의 양도 이들 나라와 비교할 수 없을 만큼 많다. 왜 우리나라의 텔레비전 뉴스는 이렇게 모두 길고 기사도 많이 다루는가? 다른 나라들보다 기사거리가 더 많기 때문인가? 아니면 시청자들에게 그날 일어난 중요 사안을 모두 다 전하고자 하기 때문인가? 또는 한국의 시청자들이 텔레비전 뉴스를 좋아해서 시간이 길어야 한다고 생각하기 때문인가? 텔레비전 뉴스 시간은 각 방송사의 편성 전략과 경영진의 정책 의지, 보도 업무 종사자들의 프로그램 기획 방향 등이 종합적으로 작용해서 결정되는 사안이다. 한국 텔레비전 뉴스 시간은 초기 10분 정도에서 30분, 35분, 40분 이상 등으로 지속적으로 연장돼왔다. 여기에는 권위주의 정부의 홍보 의지, 공영 방송 사장단의 정치적 지향성, 신문과의 경쟁에서 우위에 서고자 하는 내용 강화 전략 등 다양한 요소가 작용해왔다. 부작용으로는 적은 인력으로 많은 시간을 채워야 하는 노동의 과부하 문제가 가장 심각하며, 이는 다시 떨어지는 기사의 질과 시청률 경쟁을 의식해 흥미 중심의 기사를 무리하게 기획해야 하는 구조적 압력 등으로 연결지어 생각해볼 수 있다. 현재 각 방송사가 보유하고 있는 인력과 시청자들이 원하는 가장 적절한 시간은 어느 정도인가 등에 대한 고려가 조화된, 최적의 방송 뉴스 시간에 대한 연구와 논의가 필요하다고 판단된다.

2) 개별 기사 리포트 길이

한국 텔레비전 뉴스 양식에서 주목을 끄는 사안 중 하나는 전체 뉴스 시간이 가장 길고 개별 기사 보도 시간은 가장 짧다는 사실이다. 이는 결국 잘게 쪼갠 기사를 가능한 많이 전달하는 것이 한국 텔레비전 뉴스라는 의미를 갖는다. 이러한 관행은 바람직한 것인가? 왜 미국의 NBC는 그렇게 큰 나라에서 하루에 10개 남짓한 기사를 내보내는 데 그치는 반면, 우리는 30개가 넘는 기사를 담으려 하는가? 어째서 일본 NHK 기사는 우리나라 방송 기사보다 2배 가까이 길게 만들어지는가? 한국 방송들은 심층 취재보다 양이 많은 뉴스 프로그램을 더 중요하다고 생각하는가? 이 문제도 체계적으로 고려하면서 시청자의 집중도, 선호도 등에 대한 조사와 더불어 구체적인 실험까지 시도해야 하는 사안으로 판단된다. 이는 취재 기자들의 전문적 능력 배양과 개별 기사의 완성도를 향상시키는 문제 등과도 밀접하게 관계가 있다. 사운드바이트가 지나치게 짧아지는 것 또한 기사 리포트 시간의 단축과 무관할 수 없다. 최근의 추세는 8~9초, 미국의 경우는 6초대에서 사운드바이트를 끊는 일이 많다. 그러다 보니 인터뷰 문장이 중간에 끊거나 전문가나 목격자의 말을 짜깁기하는 경우 등도 발생한다. 이 문제 역시 체계적인 검토를 거쳐 개선 방안을 생각해내야 한다.

3) 앵커 제도

한국식 텔레비전 뉴스 앵커는 뉴스에 대한 권한을 최대한 보장하는 미국 네트워크 뉴스식 유형은 아니다. 형식적으로는 앵커의 개인적 매력을 살리고자 하지만, 뉴스의 편집과 보도 인력의 지휘 능력은 보도국장의 관할 사항이다. 거기에 여자 앵커의 경우는 보도에 대한 충분한 경험조차 없는 아나운서를 기용하는 사례도 많아 결과적으로 모양만 앵커인 양태를 유지하는 것이 사실이다. 한국적 텔레비전 뉴스 생산 구조를 반영한 제도로 이해할 수는 있으나 이는 앵커와 시청자 모두에게 바람직한 방식은 아니다. 진행자로만 사용하고 싶으면 앵커라는 용어를 버리는 것이 옳을지도 모른다. 아니라면 앵커라는 제도적 특성에 부합하는 지원 체제를 제공하고 앵커가 되고자 하는 사람을 제도적으로 키우는 인재 발굴과 교육 체제도 갖춰나가야겠다.

4) 편집적 요소

한국 텔레비전 뉴스는 외국 프로그램들에 비해 영상과 음향적 효과 장치들을 지나칠 만큼 많이 사용한다. 화면 컷의 시간이 매우 짧고, 그래픽 사용 빈도는 높으며 모자이크 처리나 자막의 사용, 효과음악이나 음향의 사용도 빈번하다. 심한 경우 재연 화면도 사용한다. 이러한 특성은 뉴스의 완성도를 최대한 높이고 시청자 흡인력을 극대화하려는 의도로 판단된다. 그러나 여기서 보도의 생명을 다치는 현실의 왜곡 가능성을 간과해서는 안 된다.

특히 영상 이미지의 경우는 시각을 통한 인지 효과가 강력하기 때문에 충분히 이러한 위험성을 대표한다. 뉴스 화면을 광고 화면처럼 긴박하게 편집할 필요가 있는지, 현실에는 없었던 음악을 배경에 입혀서 시청자의 감성 자극을 자주 시도할 필요가 있는지 등은 결국 텔레비전 뉴스가 어느 정도의 포장으로 사실을 왜곡하지 않고 시청자에게 바람직한 상품으로 전달돼야 하는가의 문제로 귀결된다. 이 또한 방송 저널리즘계가 보다 구체적인 조사와 논의를 거쳐 행동 규범으로 발전시켜야 할 과제 가운데 하나이다.

참고문헌

김명혜(1997). “겉모양만 앵커, 속은 뉴스캐스터.” 『신문과 방송』 5월호: 52～57.

김상수(2002). “방송뉴스앵커의 역할과 한계.” 『저널리즘 평론』 4: 87～96.

김은주(1998). “텔레비전 뉴스 앵커의 메시지 전달능력과 공신력의 관계.” 『한국방송학보』. 139～165.

______(2002). “한국 텔레비전 뉴스의 취재원 연구.” 이화여자대학교 석사학위 논문.

문철수(1999). “미국 텔레비전 뉴스 앵커 시스템에 관한 연구.” 『프로그램 텍스트』 12: 157～176.

______(2002). “뉴스 앵커의 역할과 과제.” 『방송문화』. 10～13.

부경희(1995). 『텔레비전 뉴스 보도의 국제비교 연구』. 서울: 한국방송개발원.

손승혜 · 이창현(1999). 『TV저널리즘과 뉴스가치 I』. 서울: 한국언론재단.

손승혜 · 이재경(1999). 『TV저널리즘과 뉴스가치 II』. 서울: 한국언론재단.

신윤진(1999). “앵커 기자가 해야 하나 아나운서가 해야 하나.” 『신문과 방송』 7월호: 51～55.

윤호진 · 이동훈.(2004). “한국 · 영국 · 일본 공영방송 저녁종합뉴스 비교분석.” 한국방송영상산업진흥원 뉴스워치 보도자료.

이민웅(1991). “한국방송의 취재보도시스템에 관한 연구.” 『취재보도시스템-방송』. 서울: 한국언론연구원.

이민웅(1996). 『한국 TV저널리즘의 이해』. 서울: 나남.

이재경(2002). “한국 텔레비전 뉴스 양식의 특성과 한계.” 『저널리즘 평론』 4: 21～49.

이은미 · 이종수(1995). “공중파 TV와 케이블 텔레비전 뉴스 분석: KBS, MBC, SBS, YTN 뉴스 비교분석.” 『다채널 다매체시대 텔레비전 뉴스』. 서울: 한국언론연구원.

이종경(2000). 『수용자 의식 조사』. 서울: 한국언론재단.

이종수(1999). “텔레비전 뉴스영상 구성: 한국 텔레비전 뉴스의 시각적 이미지와 언어적 텍스트의 연관성 분석.” 『한국방송학보』. 219～252.

조지 거브너(1996). “텔레비전과 문화.” 한국방송학회 가을철 학술대회 기조연설문 (1996. 11. 16).

최정호(2002). “월요 포럼: TV권력 누가 바꾸랴.” 『동아일보』 2002년 11월 24일자.

최창봉 · 강현두(2001). 『우리 방송 100년』. 서울: 현암사.

한국언론연구원 엮음(1990). 『취재보도시스템-신문』. 서울: 한국언론연구원

홍성욱(2002). “텔레비전 뉴스 전달양식 비평.” 『저널리즘 평론』 4호: 77～86.

Bourdieu, Pierre.(1998). *On Television*. New York: The New Press.

Hallin, Daniel C.(1992). "Soundbite news: Television coverage of election, 1968-88." *Television journalism and the public sphere*. New York: Routledge.

Seymour-Ure, Colin(1991). *The British Press & Broadcasting Since 1945*. Oxford: Blackwell Publishers.

The Project for Excellence in Journalism with Andrew Tyndall.(2004). *The State of the News Media 2004: An Annual Report on American Journalism-Network TV*(www.journalism.org).

Wallis, Roger & Baran, Stanley(1991). *The Known World of Broadcast News*. London: Routledge.

3부

기자 제도와 저널리즘 교육 체제

8장

미국(CBS)과 일본(NHK)의 방송기자 제도 비교 연구*

: 한국 방송기자 현실의 개선을 위한 대안 탐구

1. 한국형 방송기자 제도의 한계

1961년 말 KBS TV가 개국한 이래, 한국 텔레비전 뉴스의 역사는 반세기를 훌쩍 넘겼다. 그동안 한국 방송저널리즘은 많은 인재를 배출하며 나름대로 한국형 방송기자의 채용과 인재 양성 체제를 형성해왔다. 공개채용시험을 통한 수습 기자의 채용은 1960년대부터 표준화된 방송기자 충원 방식으로 자리 잡았다(최창봉 · 강현두, 2001). 그리고 이러한 공채 제도를 통해 채용된 기자들은 데스크가 되는 경력 15~20년차까지 보도국(본부) 안에서 순환 보직 과정을 통해 다양한 취재와 편집 부문 업무를 경험한다. 그러다 50대 초반이 되면, 기자들은 소수 임원이 되는 사람을 제외하고는 대부분 정년 규정에 따라 회사를 떠날 준비를 한다. 20년에서 30여 년 정도 기간을 기자로 일하고, 50대 중반이면 모두가 직장을 떠나는

* 이 글은 한국문화진흥회 해외 연구보고서에 실린 "미국(CBS)과 일본(NHK)의 방송기자 제도 비교 연구: 한국 방송 저널리즘 현실의 개선을 위한 대안 탐구"(이재경, 2002)와 같다.

인력 운영 제도가 한국형 기자 제도로 고정된 셈이다. 이러한 상황은 KBS와 MBC, SBS, YTN 등 서로 다른 방송사 사이에 별다른 차이가 없다.

이러한 한국형 방송기자 제도는 분명한 장점과 단점이 있다. 가장 두드러진 장점은 평등한 기회의 제공이다. 이는 공채 시험이 누구에게나 열려 있는 점으로 대표된다. 두 번째 장점은 채용에 특별한 관계나 부정이 개입될 소지가 적은 점이다. 혈연, 지연, 학연 등 다양한 인연이 구조화돼 있는 한국 사회에서 시험을 통한 공채 방식은 채용 과정의 투명성을 확보하는 중요한 장치였다. 회사 입장에서 비용을 낮추고 인력 운용의 효율성을 추구할 수 있는 점은 또 다른 장점이다. 승진이나 부서 이동 과정에서 개개인의 특별한 능력이나 적성을 우선적으로 고려하지 않아도 되고, 일정한 나이가 되면 모두 회사를 나가게 할 수 있는 관행은 기업을 경영하는 사람에게는 효율성을 추구하기에 매우 좋은 여건을 제공한다.

한국식 방송기자 제도는 그러나 지난 50여 년의 경험을 통해 이러한 장점과 함께 몇 가지 중요한 단점도 드러냈다. 한국식 제도의 첫 번째 문제는 기자 인력의 전문화를 이루기 어렵다는 점이다. 집단적, 무차별적 인사 관행은 기본적으로 개별 기자가 전문적 능력을 함양하도록 격려하고 지원하지 않는다. 따라서 방송기자들은 날로 전문화하는 외부 세계의 지식 수준을 따라잡을 수가 없는 구조적 한계 속에서 일한다. 그러다 보니 취재와 보도의 수준이 취재원이나 시청자가 원하는 수준보다 뒤처지는 경우도 자주 발생한다. 1990년대부터 방송사별로 의학이나 환경 분야에서 선임 기자나 전문 기자 제도를 설치해 이러한 문제에 대응하고는 있으나 방송기자 인력의 전반적인 능력 강화와는 거리가 있는 미봉책들이다.

한국식 방송기자 제도가 갖는 두 번째 문제는 뉴스나 시사 프로그램의 취재와 제작과정에서 프로듀서와 기자의 역할이 제대로 구분되지 않는 점이다. 기자들이 만드는 시사 매거진은 프로듀서 개념이 도입되지 않은 상태이고, 교양 PD들이 만드는 시사 프로그램은 작가가 글을 쓰고 프로듀서가 리포팅을 책임지는, 해외에서는 유례를 찾기 어려운 기형적인 제작 관행을 형성해왔다.

이 제도의 세 번째 문제는 충분한 경력을 축적한 원숙한 방송기자가 활동할 공간이 제공되지 않는 점이다. 미국 CBS 방송은 마이크 월레스(Mike Wallas)나 돈 휴이트(Don Hewitt)같은 사람들이 80세가 넘어서도 〈60 Minutes〉 프로그램에서 기자와 프로듀서로 일할 수 있도록 허용했다. 댄 래더(Dan Rather)앵커도 은퇴할 때 나이가 75세였다. 이들의 방송기자 경력은 모두 50년을 훌쩍 넘어선다. 그만큼 전문성과 권위가 축적돼 있다고 볼 수 있다. 현재 한국 방송사에서는 생각할 수 없는 가능성이다.

이 연구는 이러한 문제의식을 바탕으로 한국의 방송기자 제도를 개선할 수 있는 대안을 모색해보기 위해 시도되었다. 한국 방송사들은 지난 50여 년 동안 프로그램 기획이나 방송 제도 개선 작업을 진행하며 선진국인 미국과 영국, 일본 등의 방송 제도를 연구하고 벤치마킹해왔다. 그러나 기자 인력 채용이나 양성 제도에 관해서는 체계적이고 실증적인 조사나 분석이 시도되지 않았다. 따라서 미국이나 일본의 주요 방송사가 어떻게 기자 제도를 운영하는지에 대해 참고할 수 있는 체계적인 자료는 찾기가 어려운 것이 현실이다. 이 연구는 이러한 기초 자료와 관점의 공백을 조금이나마 메우려는 목적으로 시도됐다.

2. 과거의 한국형 기자 제도에 관한 논의

이 연구는 한국 방송기자 제도의 개선 방향을 모색하는 작업이다. 그러나 기자 제도에 관한 과거 연구 가운데 방송기자에 집중한 연구를 발견하기가 어려웠다. 그러한 이유로 이 연구의 문헌 검토는 주로 신문기자를 바탕으로 한 일반적인 한국 언론의 현실에 대한 성찰 작업들을 중심으로 진행했다. 한국의 방송기자 제도가 신문기자 제도 운영 방식을 그대로 모방해 성장해왔기 때문에, 기존 논의가 신문 중심이긴 하지만, 방송 현실에 그대로 적용해도 크게 문제가 되지 않는 점은 다행이다.

「떠나는 기자들을 잡아라」는 성한용 한겨레신문 편집국장이 2011년 관훈저널 봄호에 기고한 글의 제목이다(성한용, 2011). 그에 따르면 2007~2008년 기자들이 대거 정계에 진출했다. 일부는 국회의원이 됐고, 다른 이들은 청와대와 행정부, 정부 투자기관으로 옮겨갔다. "보도국장으로 거론되던 방송사 간부는 한 식품업체 부사장으로 갔고, 다른 국장급 기자는 주류업체 전무가 됐다(p.4). 성한용은 이러한 추세가 지난 10년 사이 급격히 가속화했다고 말한다.

그가 진단하는 바에 따르면 핵심 원인은 인사 제도다. 현장을 떠나 데스크가 되고 편집 간부가 되지 않으면 설 곳이 없는 한국식 기자 인사 제도는 나이든 기자들을 "영원한 주변인"으로 만든다는 것이 성한용의 판단이다. 해결책은 제도의 개선이다. 나이 든 기자를 취재 현장에 복귀시켜야 하고, 경영진은 더 많은 투자로, 후배 기자들은 따뜻한 시선으로 이들의 현장 복귀를 격려해야 한다는 것이 성한용의 제언이다.

이러한 제안은 과거에도 제기됐었다(이재경, 1994, 1997; 박영상, 2001 등). 그러나 기자 제도의 현실은 그다지 변하지 않았다. 그 원인은 베커(Becker, 2003)가 여러 나라의 기자 교육 제도 차이를 설명하기 위해 했던 말에서 단서를 찾을 수 있다. 베커는 세계 여러 나라의 기자 교육 체제를 소개하는 책의 머리말에서 다음과 같이 말했다.

> 한 사회의 교육 구조와 기관들은 우연히 만들어진 결과물들이 아니다. 그들은 한 사회에 자리잡고 있는 사회 세력들의 결과물이고, 그렇기 때문에 결과적으로 그러한 사회 세력의 힘을 반영한다(p.xi).

이러한 베커의 관점을 통해 보면, 현재 한국 언론사들이 운용하는 기자 제도는 당연히 한국적 언론 경영의 역사와 관습의 산물이다. 여기에는 기자의 채용과 경력 관리, 퇴직 등에 관한 관행이 핵심 요소로 자리한다. 그리고 이러한 관행은 길게는 1920년 동아일보와 조선일보의 창간부터, 짧게는 해방 이후 정부 수립과 함께 활성화한 신문, 방송사들의 설립 시기로부터, 다양한 관련 세력들의 참여를 통해 형성돼왔다. 관련 세력은 1차적으로는 언론사 경영자들과 기자들, 관훈클럽 같은 언론인 전문직 단체, 노동조합, 언론사 경영에 영향력을 행사하는 정부 부처와 산하 기관 등을 포함한다. 채용 제도와 경력자 교육 제도에 영향력을 행사할 수 있는 세력에는 언론학 전공 교육을 담당하는 대학을 추가해야 한다. 또 기자 선발 방식에 영향을 주는 요소에서는 공무원이나 기업의 인재 채용 제도를 배제할 수 없는 것이 현실이다. 고려시대부터 이어온 과거 제도의 유산이 여전히 강하게 남아 있기 때문이다.

따라서 기자 제도를 제대로 개선하려면, 종합적이고 다원적인 접근이 필요하다. 그러나 한국의 언론학계와 저널리즘 업계에서 진행돼온 이 문제에 대한 논의는 지극히 분절적인 관점으로 제한돼왔다. 그 또한 현장의 변화를 추구하는 데 필요한 실천 계획이 결여된, 일회성 보고서의 작성으로 그치는 경우가 대부분이었다. 과거 기자 제도에 대한 학술적 논의는 크게 두 주제에 대한 토론으로 국한된다. 하나는 전문 기자제 또는 기자의 전문화에 대한 논의이고, 다른 한 갈래는 신입 기자 양성이나 기자 재교육에 관련된 저널리즘 교육 제도에 대한 연구 작업이다.

초기 전문 기자에 관한 논의는 1968년으로 거슬러 올라간다. 이때는 주로 『신문과 방송』 잡지가 토론의 공간으로 사용됐다. 신영철(1968), 임방현(1968) 등은 『신문과 방송』 기고문에서 기자 전문화의 필요성을 강조하며, 현장 취재 인력의 빈곤화와 간부 관리직의 과잉 현상을 앓고 있는 인사 제도의 개선을 촉구했다. 1980년대에는 손광식(1983), 김성호(1983),

이광재(1988) 등이 전문 기자제의 도입을 강조하는 글을 『신문과 방송』에 실었다. 이들은 한국적 언론 환경의 한계를 인정하면서도, 변화하는 외부 환경에 상응하는 기자 전문화는 매우 시급하다는 점을 강조했다.

1990년대에는 한국언론연구원(현, 한국언론재단) 이 중심이 돼 전문 기자제의 활성화에 대한 체계적인 보고서를 2차례 발행했다. 첫 번째 보고서는 「전문 기자」라는 제목의 보고서로, 1994년 발행됐다. 이 보고서에서는 강명구(1994)가 전문 기자제 도입과 확산의 필요성을 강조했다. 강명구는 이 글에서 1980년대 후반 민주화 진행 이후로 신문과 방송 산업이 활성화하는 국면에서 분화하는 독자층을 붙잡기 위한 주로 상업적 기획으로서의 전문 기자제 도입이 시도되는 현상은 바람직하지 않다고 말했다. 그는 이러한 전문화는 언론 기업의 경쟁 논리에서 촉발되기 때문에 이상적 전문 기자 제도로 자리잡기가 어렵다고 주장했다. 이러한 전문화의 대안으로 강명구는 독립적 지식인으로서의 전문 기자 육성을 강조했다.

같은 보고서에서 이재경(1994)은 1960년대부터 1990년대 초반까지 제시된 현업 기자와 학자들의 의견을 종합적으로 정리해 전문 기자제 실시에 방해가 되고 있는 요인들을 체계화했다. 다음 〈표 1〉은 그 글에 포함된 전문기자제 정착에 대한 장애 요인을 정리한 내용이다. 〈표 1〉에 제시된 원인 분석을 토대로 이재경은 같은 글에서 다음 〈표 2〉에 정리된 내용과 같은 개선 방향을 제시했다.

한국언론연구원은 1997년에 다시 한번 언론인 전문화에 관한 보고서를 발행한다(한국언론연구원, 1997). 서정우, 강현두, 김우룡, 김학수, 강상현 등이 연구원으로 참여한 이 보고서는 대학에서의 언론학 교육과, 기자 채용, 언론사 내의 자체 교육 현황과 사외 연수 실태 등을 체계적으로 다뤘다. 이 보고서는 마지막 부분에 언론인의 전문성을 강화하기 위한 분야별 개선책을 포함시켰다. 행위 주체별로 단기적 대응에서부터 중, 장기 대책까지 정리된 개선책들은 언론인 전문화를 강화하기 위한 사내외 내

〈표 1〉 전문기자제 실시의 장애 요인

문화적 요인	언론기관의 관료화에 의한 조직 논리의 지배 한국 특유의 직책 중심 인사 문화로 경험 많은 평기자 존재 어려움 기자직의 샐러리맨화와 소시민화 수습기자 공채방식에서 유래되는 기수 이기주의
경영적 요인	경영자의 안목 부족 전문기자제 도입에 따른 인력 비용 증가 감당 의지 부재 언론경영이 언론보다 정치적 고려에 더 치중하는 풍토 전문지보다 종합지를 지향하는 무개성주의
취재관행적 요인	출입처 고정 출입 제도의 배타성 편집국 내의 무원칙한 순환근무 관행 불철저한 기사 쓰기 관행 개성 있는 인재 양성에 인색한 편집국 분위기

* 이재경(1994), p.47.

〈표 2〉 전문기자제 정착을 위한 개선 방향

제도 측면	공채 중심의 단원적인 언론사 인사 제도의 다층적인 개선 신입사원 채용방법의 다양화 전문기자를 위한 장기 경력 관리 모델 제시
취재 측면	현행 출입처 제도 운용의 개방화 전문기자의 영역과 활동 반경 확보 전문기자와 일반기자의 업무 협조를 위한 장치 마련 기사 유형의 다양화를 통한 새로운 글쓰기 방식 장려
교육 측면	국내, 해외 기자 연수의 내실화 특색 있는 중 · 장기 전문화 교육과정 개설

* 이재경(1994), p.55.

실 있는 교육 체제를 구축하는 데 초점을 두었다(pp.162~164).

보고서가 제시한 중, 장기 개선안 가운데 눈길을 끄는 내용은 기자 채용 제도를 대학에서 실무 교육을 이수한 사람 중심으로 변화시켜야 한다는 제안이다.

한국언론재단은 2000년에 1번 더 전문 기자에 대한 실태 조사 보고서를 발행했다(한국언론재단, 2000). 1990년대 몇몇 언론사가 전문 기자제를 도입한 이후 한국 언론계에 전문기자제가 어떻게 정착돼가는지를 확인하고, 발전 방향을 모색하는 시도였다. 이 보고서에 따르면 2000년 당시 신문에 근무하는 전문 기자는 세계일보, 조선일보, 중앙일보 등 5개 신문사에 32명이었다. 방송사에는 전문 기자 직함을 가진 기자가 4명만 종사하는 것으로 조사됐다.

이 보고서는 신문사에 근무하는 10명의 전문 기자를 심층 인터뷰해 그들이 제기하는 문제와 개선안을 정리했다. 그 가운데 주목을 끄는 내용은 2가지다. 하나는 해마다 기수별로 시행되는 기자 채용 제도를 바꿔야 한다는 것이다. 대안으로는 상시 채용과 경력 기자 스카우트제의 도입이 제시됐다. 두 번째 제안은 잦은 인사이동을 탈피하라는 내용이다. 1～2년에 1번씩 출입처와 근무 부서를 바꿔서는 한 분야에서 깊이 있는 지식을 축적하고 전문성 있는 기사를 써내기가 불가능하다는 것이 그들의 주장이었다.

임영호는 한국형 언론인 직업 모델을 분석하는 글을 발표했다(2007). 이 글에서 그는 전문화를 4가지 유형으로 나누었다. 첫째는 독립적 직업 영역으로서의 저널리즘 전문직 유형이다. 두 번째 유형은 특정 주제나 분야에서 심층적 지식을 갖추는 전문화 개념이다. 임영호가 제시하는 세 번째 의미의 전문화는 사회 현상을 깊이 있게 꿰뚫는 통찰력을 갖춘, 르네상스형 지식인이라는 의미이고, 전문화의 넷째 의미는 언론 기능의 매체별 전문화, 다원화를 뜻한다. 이러한 유형 구분을 토대로 임영호는 한국 언론계는 첫 번째 개념 일변도에서 탈피하는 일이 시급하다고 주장했다.

여기서 가장 두드러진 특징은 지금까지 우리가 관행이란 이름으로 붕어빵처럼 획일적인 저널리즘 구조와 문화 속에서 지내왔다는 것이다. 이 획일성은 다양한 형태의 전문적 언론인을 양성하는 구조를 정착시키지 못했다는 데에도 원인이 있을 것이다. (……) 이러한 구조적 한계는 기자 채용에서 경력 관리, 재교육에 이르기까지 언론인 커리어 구조를 관통하는 특성으로 자리 잡고 있다. 공채와 보직 순환을 근간으로 하는 인사 제도, 형식적이고 목적 없는 재교육 제도는 어떤 형태로든 언론인의 전문화 시도를 사실상 무력화하는 구조적 한계를 안고 있다(임영호, 2007, pp.277~278).

위 인용문에서 드러나듯이, 임영호는 한국 언론계에서 기자 전문화가 제대로 진행되지 않는 원인을 한국식으로 운영되는 기자 제도의 구조에서 찾는다. 한국식 기자 제도가 근본적으로 변하지 않으면, 기자의 전문화도 어렵다는 뜻이다.

기자 전문화 문제에 관한 논의가 그래도 어느 정도 연구를 축적했다면, 신입 기자 양성을 위한 대학의 저널리즘 교육이나 경력 기자 재교육 제도들에 관한 연구는 지극히 제한적인 결과물이 있을 뿐이다. 대학의 저널리즘 교육에 대해서는 이재경(2005)의 작업이 있고, 경력 기자 교육과 해외 저널리즘 스쿨 현황에 대한 보고서는 한국언론재단(2001)이 발간한 책이 비교적 체계적이다. 이재경(2005)의 작업은 한국 주요 대학의 언론학과 교과과정과 미국 대학, 홍콩, 싱가포르 등 아시아 주요 대학의 교과과정을 비교한 연구이다. 이 논문의 핵심 주장은 백화점 식으로 저널리즘과 통신, 광고, 방송 제작 등 커뮤니케이션 전 분야를 하나의 전공으로 유지해온 한국식 대학 교육은 언론사가 원하는 훈련된 인재를 배출할 수 없는 제도라는 점이다. 그리고 이러한 부실한 대학 교육 체제는 언론사의 기자 채용 제도를 현재와 같은 고시형 공채 제도로 유지시키는 주요한 원인을 제공하고 있다는 것이다.

한국언론재단(2007)의 보고서는 장기적인 기자 교육 체제의 개선을 위한 기초 자료로, 해외 주요 국가들이 어떠한 제도적 틀 속에서 신입 기자를 배출하고, 경력 기자들의 능력 향상을 위해서는 어떠한 교육 제도를 유지하는지를 제시했다. 이 보고서는 미국과 영국, 독일, 프랑스, 일본 등 주요 선진국으로 조사 대상을 집중해 기자 교육 제도를 조명함으로써 한국 언론계의 현실 개선에 구체적인 사례들로 활용될 자료를 제공하고자 했다.

이렇게 과거 논의를 살펴보면, 한국의 기자 제도에 대한 토론은 주로 기자의 전문화에 집중돼 있음을 확인할 수 있다. 지극히 일부 논의가 대학의 저널리즘 교육 현실을 다뤘고, 기자 재교육 제도를 조명했다. 기자의 전문화와 기자 교육 제도는 모두 저널리즘 현실의 핵심 문제들이다. 그리고 한국 사회가 선진화하면 할수록, 더욱 주목해야 할 주제들이기도 하다. 그러나 이들 주제를 하나씩 떼어서 분석하게 되면, 한국형 기자 제도가 규정하는 고정형을 벗어나서 생각할 수 있는 기회를 가질 수가 없다. 한국 언론계가 경험하는 기자 전문화의 어려움이나 신입 기자 공채 제도, 경력 기자의 보직 배치 관행 등은 모두 "한국형 기자 제도"라는 테두리 속에서 일어나는 종속적 현상들이기 때문이다.

이러한 한계를 극복하기 위해 이 연구는 과거 작업들과 달리 한국 언론계라는 맥락 밖으로 나가 해외 사례를 살펴보았다. 관찰 관점은 전문화나 기자 교육 등의 소주제 중심이 아니라 기자 경력 전체를 조망하려는 의도에서 "기자 제도"에 주목하는 접근법을 선택했다. 매체는 연구 설계 과정부터 방송을 택했다. 연구자의 방송기자직 경험이 분석 대상 해외 사례들과 한국 방송기자의 경력 관리 상황을 더 잘 이해할 수 있도록 하는 점도 고려했다. 또 한국 저널리즘 현실에서 신문과 통신 등 다른 매체 분야의 기자 제도가 방송기자 제도와 크게 다르지 않은 점도 분석 대상을 이처럼 방송기자 중심으로 선택하는 부담을 줄여줬다.

3. 연구 문제

이 연구에서 다루고자 하는 주요 연구 문제는 크게 4가지로 나누어진다.

- 연구 문제 1. 미국 네트워크 TV (CBS) 와 일본 공영방송 (NHK)은 어떠한 방식으로 신입 기자를 채용하는가?
  - 1-1. CBS와 NHK는 어떠한 자격의 인재를 어떠한 절차를 거쳐 신입 기자로 채용하는가?
  - 1-2. CBS와 NHK는 신입 기자의 업무 분야를 구분해서 채용하는가, 채용 뒤 나누는가?
  - 1-3. CBS와 NHK는 신입 기자들에게 어떠한 직무 능력 관련 교육을 제공하는가?

- 연구 문제 2. 미국 네트워크 텔레비전(CBS)과 일본 공영 방송(NHK)은 채용 이후 기자의 경력을 어떠한 제도적 장치를 통해 관리하는가?
  - 2-1. 방송기자직의 보직순환 제도는 어떻게 운영되는가?
  - 2-2. CBS와 NHK 기자들의 정년 규정은 어떠한가?
  - 2-3. 앵커의 선발 과정은 어떠한가? 앵커에게는 어떠한 책임과 권한이 부여되는가?

- 연구 문제 3. 미국 네트워크 텔레비전(CBS)과 일본 공영 방송(NHK)은 교양, 시사 프로그램의 제작 인력을 어떻게 구성하는가?
  - 3-1. CBS와 NHK의 시사, 교양 프로그램 제작 인력은 어떻게 구성되는가?

3-2. 제작 과정에서 기자와 프로듀서의 역할은 어떻게 구분되는가?

• 연구 문제 4. 미국 네트워크 텔레비전(CBS)과 일본 공영 방송(NHK) 기자 운용 체제의 공통점과 차이점은 무엇인가?

4. 연구 방법

이 연구는 비교 연구(Comparative Study)적 관점을 바탕으로 설계됐다. 역사와 제도적 맥락이 전혀 다른 2개의 방송사(미국의 CBS와 일본의 NHK)가 운영해온 기자 제도를 분석하기 때문이다. 비교 연구적 관점을 사용하는 이유는 두 방송사의 공통점과 차이점들에 대한 발견이 한 방송의 사례만을 분석하는 경우보다 한국 방송기자 제도의 현실을 돌아보고 개선 방향을 모색하는 데 훨씬 다양하고 유연한 대안을 제시할 것으로 기대했기 때문이다. 비교 연구의 장점은 블럼러 등(Blumler et al. 1992)이 밝혔듯이 다른 사회적 맥락과 비교함으로써 한 사회의 맥락 속에서만 관찰해서는 발견할 수 없는 중요한 특징이나 문제점들을 확연하게 드러낼 수 있는 분석틀을 제공한다는 점이다.

이 연구가 사용하는 비교 연구 방법은, 그러나 에델스타인(Edelstein, 1982)이나 핼린과 만치니(Hallin & Mancini, 2004) 등이 사용한 것처럼 비교 대상(object of analysis)과 측정 도구(measurement)의 등가성(equivalence)을 철저하게 지키는 접근법은 아니다. 비교 연구 대상인 CBS와 NHK에 대한 자료 조사 방법이 달랐기 때문이다.

결국 이 연구가 택한 방법은 사례 연구(Case Study)적 접근법을 활용한 비교 연구라고 할 수 있다. 사례 연구는 체계화된 연구 문제를 가지고 분석 대상 사례를 종합적으로 조사하는 접근법이다. 이 연구 방법은 다양한 대상에 대해 일반화가 가능한 보편적 법칙을 찾는 데는 사용할 수 없지만, 특정한 사회에서 어느 한 조직이나 제도가 어떻게 운영되는지를 살펴보는 데는 매우 유용한 도구이다.

이 연구에서는 미국 CBS의 기자 제도를 분석하는 작업을 위해서는 저명한 기자들의 자서전과 전기를 주요 분석 자료로 활용했다. 분석 대상으로 선택한 CBS 기자들 대다수가 세부 사실이 충실한 자서전을 출판했기 때문이다. 그러나 NHK 경우는 이러한 선택이 불가능했다. 일본 기자들은 미국 기자들과 달리 자서전을 펴낸 경우가 거의 없었다. 그래서 NHK 경우는 NHK에 근무하는 주요 관계자들을 대상으로 심층 인터뷰를 실시해 일본 공영 방송의 방송기자 제도에 관한 사실들을 수집했다. 현직에 근무하는, 상대적으로 젊은 미국 기자들은 자서전을 낸 사례가 드물어 CBS 뉴스 홈페이지에 정리된 인적 사항에 관한 자료를 활용했다.

1) CBS와 NHK를 선택한 이유

CBS는 미국 방송 저널리즘을 대표하는 회사다. 핼버스탐(Halberstam, 1975)은 현대 미국의 대표적 미디어들의 성장 과정을 다룬 논픽션 저서 『군림하는 권력The Powers That Be』에서 CBS를 "보석처럼 빛나는 네트워크(The Tiffany Network)"라고 불렀다. 1926년 윌리엄 페일리(William Paley)가 인수한 이후, CBS는 당대 최고의 보도 인력을 결집시켜 탁월한 뉴스 보도 체제를 유지했기 때문이다. 특히 2차 세계대전을 영국에서 보도한 에드워드 머로우(Edward Murrow)와 그가 영입한 머로우 보이즈(Murrow Boys)들의 활약은 CBS 보도가 NBC 등 다른 방송이 따라올 수 없는 수준임을 입증했다. 2차 세계대전 이후에도 조셉 매카시(Joseph McCarthy)의 광풍을 잠재운 〈See It Now〉 프로그램이나 월터 크롱카이트가 주도한 저녁 뉴스의 장악력, 그리고 세계적으로 텔레비전 뉴스 매거진 붐을 일으킨 〈60 Minutes〉 프로그램의 창설은 TV 저널리즘에서 CBS의 지속적 우위를 유지시킨 요소들이다. 따라서 CBS의 기자 제도에 대한 연구는 미국 방송가에서도 가장 우수한 기자 집단을 만들어낸 기반에 대한 이해를 높이는 기회라 생각해 시도했다.

NHK는 일본을 대표하는 공영 방송이다. 직원이 11,000명에 육박하고 방송 채널은 라디오, 텔레비전, 위성 텔레비전, 국제 방송 등을 모두 포함한다. 1926년 처음 라디오 방송으로 시작한 NHK는 1950년 텔레비전 방송, 1959년 교육 텔레비전을 개국했다(이연, 2006). 영국의 BBC를 모델로 성장해온 NHK는 특히 보도와 다큐멘터리 분야에서는 일본 방송계를 주도하는 영향력을 유지하고 있다. 한국의 공영 방송인 KBS와 MBC는 주요 뉴스의 편성이나 보도 양식 등의 측면에서 지속적으로 NHK의 영향을 받아왔다. 이 연구가 NHK를 사례 연구 대상으로 선택한 이유는 이 방송이 일본의 민영 방송들과는 비교할 수 없을 정도로 뉴스를 중요시하고 그에 걸맞은 기자 제도를 유지하고 있기 때문이다.

2) 분석 대상 CBS 기자들

이 연구는 세대별 분포를 고려해 CBS 기자들 가운데 20명을 분석 대상으로 선택했다. 과거 저명한 기자들은 자서전이나 전기가 있는 사람을 대상으로 택했고, 현재 기자로 일하고 있는 사람들은 CBS 뉴스의 인적 자료 사이트를 통해 나이와 취재 영역, 성별 등을 고려해 선택했다. 그러나 이러한 선택은 체계적 절차에 따른 무작위 추출은 아니다. 이 연구의 분석대상으로 선택된 CBS 기자들의 명단은 〈표 3〉과 같다.

분석 대상 인물들의 성별 분포는 남자 15명, 여자 5명이다. 20명 가운데 8명은 사망했거나 은퇴한 사람들이고, 1명은 다른 방송사로 적을 옮긴

〈표 3〉 CBS 기자들

	이름	직종	성별	보직	자서전 또는 전기
1	에드워드 머로우	기자	남	뉴스 진행	Finkelstein, 1997; Edwards, 2004
2	프레드 프렌들리	PD	남	뉴스 PD, 사장	Engelman, 2009
3	돈 휴잇	PD	남	뉴스 PD	Hewitt, 2001
4	앤디 루니	기자, 작가	남	60 minutes	Rooney, 2009
5	월터 크롱카이트	기자	남	앵커	Cronkite, 1996
6	다니엘 쇼우	기자	남	탐사 기자	Schorr, 2001
7	로저 머드	기자	남	정치 주말앵커	Mudd, 2008
8	댄 래더	기자	남	앵커	Rather, 1994
9	마이크 월레스	기자	남	60 Minutes	CBS 뉴스 인적 자료
10	몰리 세이퍼	기자	남	60 Minutes	CBS 뉴스 인적 자료
11	밥 쉬퍼	기자	남	앵커	Schieffer, 2004
12	레슬리 스탈	기자	여	60 Minutes	Stahl, 1999
13	앤소니 메이슨	기자	남	경제 기자	CBS 뉴스 인적 자료
14	스콧 펠리	기자	남	앵커	CBS 뉴스 인적 자료
15	셰릴 앳킨슨	기자	여	탐사 기자	CBS 뉴스 인적 자료
16	짐 액셀로드	기자	남	전국 뉴스	CBS 뉴스 인적 자료
17	케이티 쿠릭	기자	여	앵커	Klein, 2007
18	낸시 코르데스	기자	여	정치 기자	CBS 뉴스 인적 자료
19	제프 글로르	기자	남	앵커	CBS 뉴스 인적 자료
20	일레인 퀴하노	기자	여	사회 기자	CBS 뉴스 인적 자료

전직 기자다. 나머지 11명은 모두 2011년 9월 현재 CBS 뉴스에서 기자나 앵커로 일하고 있는 사람들이다. 분석 대상 20명 가운데 자서전을 펴낸 사람은 8명, 다른 작가가 전기를 출판한 사람이 3명이었다. 18명은 기자였고, 뉴스 프로듀서로 일했던 사람은 2명이었다.

3) NHK 심층 면접 대상자들

NHK 기자 제도에 대한 조사는 2011년 1월 24일부터 1월 29일까지 도쿄에 있는 NHK 본사와 NHK 방송문화연구소를 방문해 실시했다. NHK 기자 제도에 관한 조사를 위해 심층 인터뷰를 실시한 사람들은 모두 6명이었다. 도쿄를 방문하기 전 NHK 서울지국을 방문해 지국장과 사전 준비를 위한 인터뷰를 실시했고, 자료를 정리하는 과정에는 중요한 사실들의 확인을 위해 다시 서울지국의 특파원을 만나 인터뷰했다. 이 연구를 위해 면담한 NHK 사람들은 〈표 4〉의 내용과 같다.

〈표 4〉 NHK 면담자들

	이름	직책	성별	경력
1	이토 료지	기자, NHK 서울 지국장	남	NHK 서울 지국장, 국제부 기자
2	오마타 잇페이	도쿄도시 대학교수, 전직기자	남	1976년 NHK 입사, 사회부 기자, 사회부장, NHK 방송문화연구소 전문위원
3	사이쇼 레이코	기자, 홍보부 부부장	여	국제부 기자, 런던 특파원, 홍보부 부부장
4	다나카 노리히로	프로듀서, 연구원	남	한국 전문 프로듀서, NHK 방송문화연구소 연구원
5	깃타카 사토미	기자, 보도국 총무부 부부장	남	사회부 기자, 데스크
6	와카스키 마치	서울 특파원	여	NHK 서울지국 특파원, 국제부 기자

NHK 관계자들과는 1~2시간 정도의 인터뷰를 실시했다. 한국어를 구사하는 다나카 연구원과 서울지국 근무자들과는 한국어로 인터뷰를 실시했다. 사이쇼 홍보부 부부장과는 영어로, 오마타 교수와 깃타카 부부장과는 통역을 통해 일본어로 대화했다. 인터뷰 대상 6명 가운데 5명은 기자였고, 프로듀서는 다나카 씨 1명이었다. NHK 입사 시기별로는 1970년대 입사자 1명, 1980년대 입사자 3명, 1990년대 입사자 2명의 분포를 보였다. 오마타 교수는 2년 전 NHK를 퇴직한 전직 기자이고, 다른 5명은 모두 현직에 근무하는 사람들이다.

5. 연구 결과

1) 신입 기자 관리

신입 기자 채용 방식

CBS는 수시 채용 방식으로 신입 기자를 고용한다. 공식 절차는 홈페이지(www.cbsnews.com)의 채용(Career) 코너에 설명돼 있다. 이곳을 찾아가면 CBS 뉴스 부문에서 지원 가능한 일자리 정보가 지역별, 직종별로 검색할 수 있도록 돼 있고, 지원자는 자신의 지원 의사를 담은 이력서를 곧바로 제출할 수 있다. 이곳에서는 인턴십 기회를 원하는 사람을 위한 기회도 제공한다.

그러나 뉴스 프로그램이나 뉴스 매거진 프로그램에 등장하는 기자들 경우는, 프로그램 책임자나 지역 또는 부문 에디터들이 타 매체의 경력 기자들을 스카우트하는 방식으로 채용한다. 프로그램별 재량권이 인정되고, 지역별 채용 권한도 허용된다는 뜻이다. 더욱 중요한 점은 리포트하는 분야에서 상당 기간의 평가를 통해 방송기자로서의 역량이 인정돼야 한다는 사실이다. 채용은 회사와 지원 의사가 확인된 기자의 계약을 통해 마무리된다. 계약 내용에는 개인의 자질과 요구에 따라 직급, 연봉, 기간 등 근무 조건이 세밀하게 기록된다. 조사 대상 기자들 사례에서는 채용과정에 실무 시험을 거친 사람도 있고, 채용 후 부여되는 권한의 폭을 예견적으로 확대하는 조항을 포함시킨 사람도 있다. 또 자신에게 광고나 협찬 등의 업무는 강요할 수 없다는 계약 내용을 관철시킨 사례도 있었다. 그만큼 채용 계약이 개인적이고 구체적이라는 뜻이다.

CBS는 방송 저널리즘에 관심이 있는 대학이나 대학원 재학생에게는 인턴쉽 기회를, 졸업생에게는 견습생(apprenticership) 기회를 제공한다.

NHK는 한국처럼 공채 방식으로 신입 기자를 채용한다. 선발 절차는 입사 지원서(entry sheet) 심사, 필기 시험[상식, 영어(외국어), 소논문], 2~3차례의 면접과 토론 등의 단계로 구성돼 있다. 2009년에는 이러한 절차를 거쳐 기자 70명, 영상취재 기자 9명, 편집 기자 6명을 선발했다. 경쟁률은 100대 1을 넘고, 지원자들의 전공은 다양하게 분포돼 있다. 신입 기자는 대체로 매년 3월까지 선발을 마치고 4월 초에 입사한다. 인터뷰 대상자들에 따르면, 2000년대 들어 젊은 기자들이 이직하는 사례가 늘었다. 그래서 가을에는 경력 기자를 거의 정례적으로 채용한다. 경력 기자의 경우는 타 신문이나 방송의 저널리즘 경력자를 포함해, 증권이나 연구소 등 타 직종의 전문 능력을 갖춘 지원자를 선발하는 사례도 꾸준히 느는 추세다. 경력 기자도 선발 절차는 입사 지원서부터 시작한다. 필기 시험과 면접 가운데는 전문 분야별 면접이 중요한 비중을 차지한다.

신입 기자의 자격

CBS에 기자로 채용되려면, 상당 기간의 기자 경력이 반드시 필요하다. 방송 능력이 검증되지 않은 사람은 기자로 뽑지 않는다는 뜻이다. 이 연구를 위해 조사한 CBS 기자들 사례를 보면, CBS 이적 전에 타 방송에서 가장 오랜 시간을 근무한 사람은 CNN과 NBC에서 27년을 일하다 2006년 〈CBS 이브닝 뉴스〉 앵커로 선발된 케이티 쿠릭이다. 월터 크롱카이트는 1950년 CBS로 옮기기 전 UPI 통신에 15년을 근무했고, 댄 래더는 텍사스 지역 방송에서 12년, 로저 머드는 버지니아 지역 신문과 방송에서 8년을 일한 뒤 CBS 워싱턴 지국으로 스카우트됐다. 이들은 모두 그 뒤 CBS를 대표하는 앵커로 활약했던 사람들이다. 현직에서 활발하게 보도하는 앤소니 메이슨(6년), 셰릴 앳킨슨(11년), 짐 액셀로드(10년), 낸시 코르데스(12년) 등 기자도 작은 지역 방송에서 긴 시간을 보냈다. 2011년 〈CBS 이브닝 뉴스〉 앵커가 된 스콧 펠리 기자는 14년이나 텍사스 지역 방송에서 경력을 축적한 뒤 CBS에 갈 수 있었다.

반면 NHK는 30세 이하, 대학 졸업 예정자면 신입 기자 지원 자격을 준다. 현장 경험을 절대적으로 중요시하는 CBS와는 전혀 다른 접근법이다. NHK는 전공에 대한 제한이나 특별한 고려도 없다. NHK는 대학 졸업자 가운데 우수한 인력을 선발한 뒤 직무에 관한 능력을 자사에서 실시하는 교육을 통해 함양시킨다는 기본 정책 방향을 유지한다. 이러한 공채 제도는 2차 세계대전 직후인 1945년 무렵부터 계속돼온 관행이다.

신입 기자의 업무 구분 채용 여부

CBS는 개인적 계약이기 때문에 채용 후 하는 일이 구체적으로 명시된다. 출입처는 의회, 백악관, 금융, 탐사보도 등 분명하게 합의한 뒤 채용하며, 출연 뉴스 프로그램도 계약 주체에 따라 아침 뉴스와 저녁 뉴스, 일요일 뉴스 등이 구분되기도 한다. 〈60 Minutes〉 같은 매거진은 별도 계약을 통해 보도 기자를 결정한다. 취재보도 기자와 뉴스 프로듀서, 자료 조사만을 전문으로 하는 조사 전문 기자도 업무가 분명히 나눠진다.

NHK는 신입 기자 모집 단계부터 취재, 영상 취재, 편집, 뉴스 프로듀서(디렉터)의 직역을 분명히 나눠서 공고하고, 그대로 채용한다. 이러한 직역 구분은 NHK에서 근무하는 동안 계속 유지된다. 특별한 경우, 본인의 희망과 회사의 필요에 따라 업무 분야를 바꾸는 사례도 있다.

신입 기자의 교육

CBS는 채용 시점에 이미 해당 업무에 대한 능력이 검증된 사람을 스카우트하는 체제이기 때문에 회사의 업무 흐름을 익히는 현장 적응 교육 외에는 신입 기자를 위해 별달리 구조화된 사내 교육을 실시하지 않는다.

NHK는 매년 4월 한 달을 신입 사원 연수 기간으로 활용한다. 기자뿐 아니라 아나운서, 기술, 경영직 사원들도 모두 NHK 방송연수센터에서 기초 직무 교육을 받는다. 이러한 기초 연수는 1961년 연수 센터가 세워진 이래 계속되는 전통이다. 기자 교육을 담당하는 강사는 모두 보도국의 핵심 요원들로 주로 사회부장을 역임한 사람이 신입 기자 연수를 주도한다. 교육 내용은 "취재의 기본과 규칙"을 중심으로 출입처와의 신뢰 관계, 보도와 인권, 취재원 보호, 재해와 선거 보도, 용어와 표기 등의 내용을 포함한다. 또 취재 보도와 관련된 법률과 사건 사고 기사의 원고 작성, 지역 방송사에서 실시하는 2박 3일간의 취재 실습 등도 기초 연수의 중요한 요소들이다.

NHK는 5월 초 신입 기자들을 각 지역 방송국으로 모두 발령한다. 그리고 첫해는 6개월 후와 1년 후 단기 연수를 2차례 더 실시하고, 2년차부터는 매년 가을 1차례씩 직무 능력을 강화하는 교육을 실시한다. 교육 내용은 선거 보도의 구체적 기법에 대한 연수, 탐사보도의 요령, 알기 쉽게 리포트하기, 재해 보도 등 중견 기자가 되려면 필요한 실무 지식을 중심으로 짜여진다. 입사 4년차 연수는 지역 근무를 마치고 도쿄 본사의 희망 취재 부서로 불려올 사람들을 대상으로 실시한다. 이 교육은 기자들이 구체적으로 희망 부서를 정하기 전에 정치, 경제, 사회, 국제 등 각 분야를 순환근무하는 방식으로 진행된다.

경력 기자로 채용된 사람들을 대상으로는 2주간의 단기 집중 교육이 실시된다. 2010년 1월 채용된 10명의 기자(취재 4명, 영상 취재 6명)를 대상으로는 공영 방송의 저널리스트 자세, 재해 보도, 선거 보도 등을 교육했고, 뉴스 원고의 기본, 사고 및 재해 원고의 실습 등 내용도 강의했다. 이러한 강의실 교육이 끝나면, 이들은 방송센터로 이동해 도쿄도청 기자실에서 원고 실습과 영상 편집 실습 교육을 받으며 실무 투입에 대비한다.

뉴스 프로듀서 교육은 집필 교육에 초점이 주어진다. 그러한 기초 지식을 바탕으로 지방 방송국에서 적응하는 데 필요한 기획 취재의 정석을 학습한다. 뉴스 프로듀서 교육은 독립된 방송물의 기획과 제작이 중심 개념으로, 강사와 기획안에 대한 상담, 기획안을 영상과 도표 등을 활용해 완성된 방송물로 만드는 과정 등에 초점을 맞춰 진행한다.

2) 채용 후 기자 관리

채용 후 기자의 경력 관리

CBS 기자의 경력 관리는 기본적으로 기자 개인과 회사의 계약관계에 의해 이루어진다. 계약 내용에는 기자가 담당할 업무가 분명히 제시되고, 임금과 복지 조건, 계약 기간도 정확히 기록된다. 기자에 대한 계약은 아침 프로그램이나 〈CBS 이브닝 뉴스〉, 〈60 Minutes〉 등 프로그램 책임 프로듀서 (Executive Producer)가 주도해 진행한다. 물론 〈CBS 이브닝 뉴스〉 앵커 등 중요한 인물에 대한 결정은 뉴스 담당 사장이 주도한다. 따라서 CBS 뉴스에서는 워싱턴에서 정치 문제를 취재하는 기자는 계속 정치를 취재하고, 국방 문제를 다루는 기자는 같은 출입처를 줄곧 담당한다. 금융이나 과학, 교육, 의학 등 분야를 담당하는 기자도 마찬가지다. 〈60 Minutes〉 팀 같은 경우는 30~40년씩 계속 리포트를 담당하는 기자들이 여럿 있다.

보직 이동이 필요한 경우는 해당 기자를 원하는 프로그램의 책임 프로듀서가 기자를 접촉해 새롭게 계약서를 작성한다. 레슬리 스탈 기자의 경우는 1972년 워싱턴지국에 채용돼 워터게이트 사건 등 정치 문제를 취재하다 1991년 책임 프로듀서, 돈 휴잇에 의해 스카우트돼 〈60 Minutes〉 팀으로 옮겨 현재까지 일하고 있다. 댄 래더의 경우는 1962년 워싱턴지국에서 일을 시작해 존슨과 닉슨 대통령의 백악관을 취재했다. 그러다 1981년 크롱카이트가 은퇴하며 〈CBS 이브닝 뉴스〉의 앵커로 발탁돼, 그 뒤 20여 년은 뉴욕 본사의 앵커 겸 보도국장으로 재직했다. 다음 표는 이 연구의 조사 대상인 CBS 기자 20명의 저널리즘 경력을 정리한 내용이다.

다음 자료를 보면 CBS 기자들은 회사와 계약이 유효한 동안은 계속 같

〈표 5〉 CBS 기자들 재직 기간과 주요 보직 현황

이 름	직종	성별	CBS 재직 기간	연차	현직 (마지막 보직)	다른 매체 재직 기간	전체 저널리즘 경력(년)
에드워드 머로우	기자	남	1935-1961	26	뉴스 매거진 앵커	0	26
프레드 프렌들리	PD	남	1948-1966	18	CBS 뉴스 사장 뉴스 프로듀서	1935-48(13년) 프로덕션, NBC	31
돈 휴잇	PD	남	1948-2004	56	〈60 minutes〉 책임 PD	1942-1948(6)	62
앤디 루니	기자 작가	남	1948-현재	63	〈60 minutes〉 기자		63
월터 크롱카이트	기자	남	1950-1981	31	〈Evening News〉 앵커	1935-1950(15) UPI	46 은퇴 이후로 20여 년 방송 활동 계속
다니엘 쇼우	기자	남	1953-1977	24	워싱턴 기자	1939-1953(14)/ 1977-2010(33) CNN, PBS, NPR	71
로저 머드	기자	남	1961-1980	19	정치부 기자 주말 앵커	1953-1961(8)/ 1980-2004(24) NBC, PBS, History채널	51
댄 래더	기자	남	1962-2005	43	〈Evening News〉 앵커	1950-1962(12) AP, UPI, 지역TV	55
마이크 월레스	기자	남	1963-2006	43	〈60 minutes〉 기자	1939-1963(24) 뉴스캐스터, 호스트	67
몰리 세이퍼	기자	남	1964-현재	47	〈60 minutes〉 기자	1954-1964(10) CBC	57
밥 쉬퍼	기자	남	1969-현재	42	주말 앵커 정치 기자	1963-1969(6)	48
레슬리 스탈	기자	여	1972-현재	39	〈60 minutes〉 기자	1970-1972(2)	41
앤소니 메이슨	기자	남	1986-현재	25	경제 선임 기자	1980-1986(6)	31
스콧 펠리	기자	남	1989-현재	22	〈60 minutes〉 앵커	1975-1989(14)	36

셰릴 앳킨슨	기자	여	1993-현재	18	탐사 기자	1982-1993(11)	29
짐 액셀로드	기자	남	1999-현재	12	전국 뉴스 기자	1989-1999(10)	22
케이티 쿠릭	기자	여	2006-2011	5	앵커	1979-2006(27)	32
낸시 코르데스	기자	여	2007-현재	4	의회 기자	1995-2007(12)	16
제프 글로르	기자	남	2007-현재	4	아침 진행 기자	1997-2007(10)	14
일레인 퀴하노	기자	여	2010-현재	1	기자	2001-2010(10)	11

* 2011년 기준.

은 보직에서 길게는 40년 이상을 일한다. 구조적으로 기자의 전문 영역을 철저하게 인정해주는 인사 제도다. 마이크 월레스 기자는 1970년대 〈60 Minutes〉 프로그램의 초기부터 은퇴하던 2006년까지 지속적으로 〈60 Minutes〉를 위해 리포트했다. 역시 초창기 직원인 앤디 루니는 2012년 사망 2달 전까지도 〈60 Minutes〉의 마지막 유머 코너를 거의 매주 방송했다. 밥 쉬퍼는 42년째 정치 기자로 일하고 있고, 앤소니 메이슨은 채용되던 1986년부터 줄곧 경제 기자로 활약해오고 있다.

CBS에서도 다니엘 쇼우처럼 본인의 의사와 관계없이 특파원 발령을 받기도 하고, 돈 휴잇은 이브닝 뉴스의 책임 프로듀서를 하다 하루아침에 프렌들리 사장의 명령으로 한직으로 밀려나기도 했다. 그러나 그러한 경우는 지극히 이례적인 상황들이다.

NHK 기자들은 4월 1달 동안 계속되는 신입 기자 연수가 끝나면, 전원이 전국 47개 지국에 배치돼 지방 기자로 일하게 된다. 지역 방송에 근무하는 기간은 대체로 5~6년이다. 초년 기자들은 지방에 근무하며 사건, 재해, 선거, 경제 보도 등 다양한 영역 취재의 경험을 축적한다. 그러면서 자신들에게 적합한 취재 분야를 탐색해나간다. NHK는, 앞서 교육 분야에서 기술한 것처럼, 이들을 위해 해마다 정기적인 연차별 연수를 실시한다. 특히 4년차가 되면, 도쿄 본사의 다양한 취재 부문에서 직접 실습을 통해 본인의 적성을 확인하는 교육을 실시한다. 지역 방송에 근무하는 기자 가운데 50% 정도가 5년차 이후 도쿄 보도국에서 근무하기를 희망한다. 신입 기자의 한 기수 가운데 5~6년차에 도쿄로 발령을 받는 사람은 30% 정도라는 것이 심층 인터뷰 대상 기자들의 답변이다.

NHK는 기자 직급을 1급(신입)에서부터 6급까지 두고 있다. 20년 이상을 근무하면 6급 기자가 될 수 있다. 6급이면 부장이나 국장 등 간부직이 될 수 있다. 부장(Editor)이 되려면 22~25년 정도가 소요된다. 50세 전후의 기자들이 각 부의 부장을 맡는다.

NHK 방송에는 기자 1,100명 정도, 카메라 기자는 400여 명, 프로듀서는 2,500여 명 정도가 근무한다. 캐스터라고 불리는 아나운서의 수는 450명 정도다.

전문 기자는 50세 이상 기자 가운데, 현장 근무를 원하는 사람이 있으면 임명한다. 그러나 그 나이 기자들은 본사 보도국 각 부서와 지역 방송의 데스크로 일하기를 원하는 경우가 많아 전문 기자의 수는 적다. 도쿄 보도국의 경우, 정치부나 사회부에는 전문 기자가 없다. 숫자는 적지만 전문기자는 오히려 지역 방송국에서 지역 전문가로 활동하는 사례가 많다. 이들은 도쿄 등 다른 지역으로 이동을 원하지 않는다. 전문성을 추구하기에는 해설위원이 더 편하다. NHK 보도 부문에는 46명쯤의 분야별 해설위원이 있다. 현장 취재 기자 가운데 가장 나이가 많은 경우는 대략 50세 정도다.

NHK 기자의 남녀 비율은 86대 14 정도다. 그러나 최근 추세는 여기자 비중이 크게 늘고 있는 상황이다. 지난 3~4년 채용 비중을 보면 남녀 비율이 65대 35 쯤으로 확인된다. 여기자들은 여전히 결혼과 동시에 직장을 그만두는 사례가 많아, 기자 전체에서는 상대적으로 적은 비중을 유지한다.

해외 특파원은 취재 기자의 언어 능력과 지역 전문성 등을 고려해 임명한다. 대체로 보도국 국제부에서 오랫동안 해당 지역 보도를 책임졌던 사람을 특파원으로 임명한다. 전체 특파원의 85% 정도가 국제부 기자 출신이다.

정년 규정

1980년대까지 CBS 기자의 정년퇴직 연령은 65세였다. 월터 크롱카이트는 자신의 정년이 되는 해인 1981년 이브닝 뉴스의 앵커를 물러났다. 프랭크 스탠턴 CBS 사장도 65세가 되던 해 40년 이상 유지하던 2인자 자리를 떠나야 했다. 그러나 이러한 정년퇴직 규정은 대학 등 사회 다른 분야에서 규칙을 바꾸면서 다원적 방식으로 진화했다. 기자 본인의 희망과 회사의 인력 필요에 대한 판단에 따라 특히 스타 앵커나 선임 기자(Correspondent) 경우는 능력이 유지되는 동안은 계속해서 일을 할 수 있는 제도로 바뀌었다. 〈60 minutes〉 팀에서 일했던 마이크 월레스와 돈 휴잇은 이러한 제도 덕분에 80대 중반까지 현역을 유지했다. 방송 경력이 60년에 이르는 앤디 루니와 몰리 세이퍼는 80세를 크게 넘겼지만 현역으로 일했다. 〈이브닝 뉴스〉 팀에도 70세를 넘긴 기자는 많았다. 댄 래더가 조지 부시 대통령의 병역 문제 오보로 불명예스럽게 앵커를 그만두던 2005년, 그의 CBS 경력은 43년이었고 전체 방송 경력은 55년을 기록했었다. 20세 초반에 일을 시작했던 래더는 은퇴하던 75세까지 현직에서 일했다. 워싱턴지국에서 정치부 기자로 주말 뉴스와 〈Face the Nation〉이라는 일요일 오전 토론 프로그램을 진행하는 밥 쉬퍼 또한 이미 70세를 넘긴 나이지만, 방송 현역에서 일하고 있다.

NHK는 56세였던 정년퇴직 연령을 60세로 늦췄다. 고령화하는 사회 환경에 대응한 조치였다. 그러나 최근 일본의 재정 적자가 심각해지며 일본 정부가 연금 지급 연령을 65세로 미루는 상황이 전개되자, NHK도 최대한 퇴직 연령을 연장해주려는 노력을 제도화하는 추세다. 물론 희망하는 기자들에게는 조기퇴직의 기회도 제공한다.

50대 후반과 60세 이후의 일자리는 NHK 47개 지역 방송이나 26개 자회사에서 마련한다. 급여도 본사와는 어느 정도 차이가 있다. 지역이나 자회사 근무는 대체로 3~4년 기간으로 시간이 제한된다. 이러한 정년퇴직 연령 연장 추세는 NHK 조직 전체가 노령화하는 결과로 이어지고, 일부 젊은 기자와 프로듀서가 진급 기회가 지체되거나 축소되는 현실에 불만을 표하기도 한다. 이들은 또 이러한 변화 때문에 회사 운영 체제를 개혁하는 일이 구조적으로 불가능해지는 것을 두려워하기도 한다.

뉴스 앵커의 자격과 역할

〈CBS 이브닝 뉴스〉의 앵커는 미국 방송 저널리즘에서 가장 주목받는 자리였다. 특히 월터 크롱카이트가 앵커를 맡은 1962년부터는 더욱 그러했다. 영향력이 대통령의 영향력에 비견될 정도로 대중의 신뢰가 컸기 때문이다. 앵커라는 용어를 뉴스 진행자를 지칭하도록 고정시킨 방송도 CBS였다. 1950년대 대통령 후보를 선출하는 민주당과 공화당의 전당대회를 중계하는 과정에서 돈 휴잇 프로듀서의 제안으로 육상 계주 경기의 마지막 주자를 의미하는 앵커라는 말을 사용하기 시작하면서 저녁 종합뉴스 진행자도 앵커로 불리기 시작했다.

그만큼 중요한 보직이기 때문에 CBS 뉴스 앵커는 방송 현장 경험의 축적을 통해 충분히 검증된 사람 가운데 선택한다. 크롱카이트는 앵커가 되기 전 UPI 통신에서 15년, CBS에서 11년의 기자 경력을 쌓았다. 뉴스 진행과 특별 프로그램의 진행 경험이 충분히 축적됐던 것은 물론이다.

1981년 앵커가 된 댄 래더 또한 당시 CBS 기자로서의 경험만 20년이었다. 백악관과 의회 등 핵심 출입처 경험이 앵커 선발의 중요한 고려사항이었다. CBS에 합류하기 전에는 텍사스 지역 통신과 방송사에서 10여 년의 취재 경험을 쌓았다.

2011년 6월 앵커를 그만 둔 케이티 쿠릭도 CNN과 NBC에서 27년의 취재와 진행 경험을 갖고 있었다. 쿠릭의 뒤를 이어 앵커를 맡고 있는 스콧 펠리는 1989년 CBS로 이적한 뒤 백악관 출입 기자 10여 년에 〈60 minutes〉 팀에서 또 10년쯤 보도하는 등 다양한 프로그램을 통해 앵커의 자질을 검증받은 사람이다.

CBS는 앵커로서의 자질이 인정되는 기자의 경우 아침 프로그램의 진행이나 토요일, 일요일 뉴스의 진행 등을 경험하게 하며 오랜 시간 동안 검증의 기회로 사용한다. 이러한 관행은 한편으로는 몇 사람의 후보자를 시간을 두고 경쟁시키는 장치로 활용되기도 한다. 2012년, 아침 뉴스에 투입됐던 제프 글로르 기자는 이러한 경로를 통해 앵커 수업에 투입된 경우로 생각할 수 있다. 1981년 댄 래더 기자가 앵커로 선발되며 NBC로 이적했던 로저 머드 기자는 래더 기자가 앵커로 확정되기 직전까지 주말 뉴스 앵커를 하며 저녁 뉴스 앵커 자리를 준비했지만 마지막 단계에서 좌절한 사례다. 〈CBS 이브닝 뉴스〉 앵커 선발의 중심 인물은 CBS 뉴스 부문 사장이다. 물론 회장과 〈CBS 이브닝 뉴스〉 책임 프로듀서(Executive Producer)의 역할도 중요하다.

CBS 앵커직의 주목할 특징은 앵커가 보도국장을 겸하도록 하는 점이다. 1962년 월터 크롱카이트가 앵커로 취임하며 내세워 관철한 제도로, 이 겸직제는 앵커를 단순한 뉴스 진행자가 아니라 CBS 뉴스의 실질적인 최고 결정권자로 만드는 장치이다. 뉴스에 대한 편집권과 기자들에 대한 인사권까지를 몰아주는 이 제도는 크롱카이트 이후 래더와 쿠릭, 펠리에 이르기까지 지속적으로 유지되고 있다.

CBS 앵커 제도의 또 다른 특징은 앵커의 재직 기간이 매우 긴 점이다. 크롱카이트는 1962년부터 1981년까지 19년, 댄 래더는 1981년부터

2005년까지 24년에 걸쳐서 〈이브닝 뉴스〉의 앵커로 재직했다. 앵커 겸 보도국장으로 이처럼 장기간 근무하도록 하는 것은 앵커 개인의 권위와 신뢰도가 CBS 뉴스의 가치를 높여준다는 생각이 깔려 있기 때문이다. 톰 브로코우(NBC)와 피터 제닝스(ABC)가 댄 래더와 마찬가지로 20여 년을 앵커로 재직한 것도 이러한 미국식 사고의 반영이다.

NHK는 주요 뉴스 프로그램을 5개 정도 갖고 있다. 아침에는 〈오하이오니뽄〉이 방송되고 저녁 7시에 〈뉴스 7〉과 저녁 9시에는 〈뉴스워치 9〉이 편성돼 있다. 그리고 매거진 스타일 프로그램인 〈클로즈업 겐다이〉와 〈추적 A to Z〉가 주요 뉴스 프로그램으로 꼽힌다. 이들 프로그램 가운데 2011년 봄 현재 기자가 앵커로 진행하는 프로그램은 〈뉴스워치 9〉과 〈추적 A to Z〉의 2개다. 다른 세 프로그램은 캐스터라고 불리는 아나운서가 진행한다. 그리고 앵커에게 강조되는 가치도 CBS처럼 기자로서의 권위나 신뢰도 등보다는 시청자에게 기사를 연결해주는 전달력이 더 중시된다. 앵커 개인의 개성은 덜 강조되고, 친화력 있는 가치 중립적 이미지가 앵커를 선발하는 중요한 기준이다.

NHK에서는 앵커에게 편집권을 행사할 수 있는 직책을 동시에 부여하는 일이 없다. 뉴스 프로그램의 편집 책임자는 보통 4명의 데스크급 인사들인데, 이들은 2명의 기자와 2명의 프로듀서(디렉터)로 짜여진다. 기자 데스크들은 기사의 선택과 기사 원고에 대한 에디팅 등을 책임진다면, 프로듀서(디렉터) 데스크들은 각 리포트의 제작과 방송 순서, 영상 편집, CG 등 보충 자료 등의 활용에 집중한다. 이러한 지원 구조 때문에 NHK에서 앵커가 차지하는 역할은 주로 개별 리포트들의 매끄러운 전달로 제한된다. NHK에서는 특히 대부분의 기사 원고를 현장 기자가 읽는 것이 아니라 앵커가 스튜디오에서 읽는 양식을 유지한다. 이러한 보도 양식 때문에 현장 기자들은 앵커가 읽는 기사 중간쯤 현장성을 보여주기 위해 삽입된 스탠드 업 화면을 통해서만 시청자에게 존재감을 드러낸다.

3) 기자와 프로듀서의 역할 분담

뉴스 프로그램의 역할 분담

CBS는 이브닝 뉴스나 〈60 minutes〉 등 주요 프로그램에 대한 전체적인 책임자로 책임 프로듀서(Executive Producer)를 임명한다. 책임 프로듀서는 그가 담당하는 프로그램의 기획, 제작, 송출 등 모든 과정을 총괄하는 사람이다. 프레드 프랜들리는 〈See It Now〉, 〈CBS Report〉 등 프로그램의 책임 프로듀서였고, 돈 휴잇은 〈CBS 이브닝 뉴스〉, 〈60 minutes〉 프로그램의 책임 프로듀서였다. 〈CBS 이브닝 뉴스〉는 앵커 겸 보도국장이 뉴스의 취재, 기사 출고 등 분야를 책임지고, 프로듀서들은 개별 리포트의 제작과 뉴스 방송의 진행 등에 집중한다. 따라서 화면에 나와 리포트하는 현장 취재 기자들의 역할이 지배적일 수 밖에 없다. 개별 리포트에 투입되는 프로듀서들은 취재의 진행이 원활하도록 스케줄을 정리하고, 영상 지원과 인터뷰 섭외 등에 대한 책임을 나눠진다. 돈 휴잇은 자서전에서 〈CBS 이브닝 뉴스〉는 기자와 프로듀서가 함께 일할 때 일에 대한 책임 비중이 기자가 90%, 프로듀서는 10% 정도라고 밝혔다.

시사 매거진 프로그램의 역할 분담

시사 매거진 프로그램에서는 프로듀서의 역할이 크게 확장된다. 〈60 minutes〉 같은 경우 기자와 프로듀서의 일 부담은 50대 50이라는 것이 휴잇의 설명이다. 〈60 minutes〉 경우는 5명의 기자(Correspondent)들이 각자 3~4명의 프로듀서들과 팀을 이뤄 팀별로 기사 아이디어를 제출하고 취재와 제작 작업을 진행한다. 휴잇에 따르면, 각 기자 팀은 항상 3~4개의 완성된 리포트를 준비하고 있다. 매주 일요일 그들 가운데 가장 적합한 3개의 기사가 방송된다. 〈60 minutes〉 팀에서는 기자와 프로듀서, 카메라 담당, 편집자 등을 포함해 모두 100명 정도의 인력이 함께 일한다. 기자는 기획 취재, 인터뷰, 기사 쓰기, 리포트 등의 일을 책임지고, 프로듀서는 기획과 취재의 진행, 영상 보조 자료, 리포트의 제작 등에 주로 기여한다.

휴잇에 따르면 〈60 minutes〉 팀에서는 선임 프로듀서 한 사람에게 특별한 임무를 부여한다. 이 프로듀서가 하는 일은 완성된 기사를 원본 테이프들과 비교하며, 리포트가 의도적으로 왜곡되거나 취재원의 얘기를 부당하게 인용하지 않았는지를 확인하는 작업이다. 기사 리포트와 편집 작업에 대한 사실 확인 업무를 프로듀서가 수행한다는 뜻이다. 당연히 보도되는 기사에는 담당 프로듀서의 이름이 보도기자와 나란히 제시된다. 그러나 프로듀서가 화면에 나와 자신의 목소리로 기사를 보도하는 역할은 수행하지 않는다.

〈CBS 리포트〉처럼 1시간씩 진행되는 장편 다큐멘터리는 기획부터 취재, 제작까지가 모두 프로듀서에 의해 주도된다. 기자는 내레이션을 위해 마지막 단계에서 투입되는 것이 보통이다. 이러한 경우 기자와 프로듀서의 업무 분담 비율은 대체로 1(기자) 대 9(프로듀서)라는 것이 휴잇의 말이다.

NHK 역할 분담 체제

NHK는 모든 뉴스와 시사 프로그램에서 기자와 프로듀서의 협업 체제를 유지한다. 〈뉴스 7〉, 〈뉴스워치 9〉, 〈오하이오 니뽄〉, 〈NHK 스페셜〉 등 주요 프로그램이 '기자 + 디렉터' 체제에 의해 제작되는데, 기자는 기사취재와 기사 쓰기, 디렉터는 방송 제작에 필요한 모든 업무 처리를 기본적인 업무 분담 원칙으로 한다. 따라서 기사를 디렉터가 고치는 일은 없다. 디렉터가 뉴스 캐스터 역을 맡는 경우도 없다.

NHK 사회부장을 역임했던 도쿄도시대학교의 오마타 잇페이 교수에 따르면, "디렉터의 자리는 카메라의 뒤쪽"이라는 말로 요약된다고 한다.

NHK에는 제작 기자라는 직군이 있다. 이들의 업무는 현장 기자들이 보내오는 기사를 각 방송 프로그램의 필요에 맞게 고쳐 쓰는 일이다. 기사를 윤문하는 일을 전담하는 내근 기자들이라 볼 수 있다. 이들은 모두 현장 취재 경험을 축적한 기자들이다.

NHK 교양 프로듀서의 업무

NHK에서는 시사 교양 프로그램을 디렉터가 제작한다. 이 경우 내레이터는 대부분 아나운서들을 사용한다. NHK 방송연구소의 다나카 프로듀서에 따르면, 이러한 경우 별도로 작가를 고용하는 사례는 없다고 한다. 프로그램 원고를 쓰는 일은 담당 프로듀서의 책임이다. 그렇기 때문에 프로듀서는 채용되면 숫자, 이름 등 사실관계를 정확하게 쓰는 교육을 지속적으로 받는다. 자신이 만드는 프로그램의 원고에 대한 팩트 체킹도 프로듀서의 책임이다.

NHK는 프로듀서 특파원 제도도 운영한다. 이들은 워싱턴, 뉴욕, 런던 등 주요 도시에 파견돼 국제 프로그램을 제작하는 일에 투입된다. 서울지국에도 프로듀서가 1명 파견돼 있다. 그는 주로 중계 위성 채널의 확보 등 제작과 송출 지원 업무에 집중한다고 한다. 그러나 기자들처럼 고정적인 출입처를 유지하는 취재는 허용되지 않는다.

6. CBS와 NHK 기자 제도의 공통점과 차이점

기자의 채용과 경력 관리, 앵커 제도와 프로듀서의 역할 등에서 CBS 뉴스와 NHK 보도 부문은 매우 다른 인사 제도를 운영하고 있다. 어찌 보면, 두 회사가 모두 방송 뉴스와 시사 프로그램을 제작해 송출한다는 사실 말고는 공통점이 거의 발견되지 않는다고까지 말할 수 있는 상황이다.

상업 방송과 공영 방송이라는 소유 구조의 차이와 미국과 일본이라는 문화적 문맥의 차이가 만들어낸 결과로 볼 수 있다. 이 두 방송사 기자 제도의 특징들을 표로 정리한 내용은 다음과 같다.

〈표 6〉 CBS와 NHK 기자 제도 특징의 비교

	CBS	NHK
신입 기자 채용	수시, 개인별 계약	정시 공채, 기수별 채용
지원 자격	방송기자 경력 필수	30세 이하, 대졸 예정자
신입 기자 교육	CBS 적응 현장 교육	1개월 신입 연수, 첫해 2회 단기 연수
초기 경력 관리	개인 전문 영역 역량 강화 사실상 전문 기자제	5년 지방지국 근무, 5년차까지 매년 직무 연수
정년퇴직	유연 퇴직 제도 사실상 정년퇴직제 폐지	60세 65세까지 지방 근무, 자회사 기회 제공
앵커 제도	스타 시스템, 검증된 기자 경력, 강력한 앵커, 보도국장 겸직	전달력 중시, 기자보다 캐스터 활용
기자 리포트	보도 기자 책임, 완제품 제작	기자는 기사 초고, 방송용 기사는 보도국에서 완성, 기자 스탠드 업만 사용
기사 주체	보도 기자	에디터
온에어 기자 수	50-60명	1,100명
인사의 중심 고려 사항	프로그램에 필요한 인재 여부, 개인 기자 능력과 신뢰도	본사 보도국과 47개 지역 방송 뉴스팀의 원활한 운영

미국의 CBS와 일본의 NHK는 각자 두 나라를 대표하는 방송 보도 기관이다. 그러나 위 표에서 보듯이 두 방송사가 운영하는 기자 제도는 완전히 다르다. CBS가 개별 뉴스 프로그램에 필요한 스타 기자를 육성하는 기자 제도를 갖고 있다면, NHK는 47개 지역 방송국을 거느린 거대한 보도 조직을 효율적으로 운영하기 위한 에디터 중심의 기자 제도를 발전시켜왔다.

7. 결론: CBS와 NHK 기자제가 한국 방송 저널리즘 현실에 갖는 함의

KBS와 MBC, SBS 등 한국의 주요 방송사가 운영하는 기자 제도는 미국적 요소와 일본적 요소가 혼합돼 있다. 거기에 한국의 방송 맥락이 가미돼 한국식 방송기자제로 고정돼왔다. 우선 식민지 경험과 지리, 문화적 인접성으로 NHK는 일제강점기 경성방송 시기부터 오랫동안 한국 방송 기자제에 영향을 미쳐왔다. 가장 두드러진 요소는 신입 기자의 선발 방식이다. 기자의 정기적 공채 제도는 일본과 한국에서만 볼 수 있는 기자 채용 제도다. 한국 방송사들이 상식과 외국어 논술, 면접, 토론 등의 시험 절차를 구조화한 것도 일본의 영향을 받은 결과다. 기자들의 부서 이동이나 내, 외근 배치 등 경력관리 과정에서 개인의 전문성보다는 회사의 필요나 관리자의 권한 등이 더 우선시되는 인사 관행도 대규모 기자 인력을 운영하는 NHK적 관리 제도를 학습한 결과로 판단된다. 부분적이기는 하지만 뉴스프로그램에 전달력이 강한 여성 아나운서를 활용하는 제도도 NHK식 캐스터 제도의 원용으로 보인다.

그런가 하면 기자 리포트를 완전히 개인 기자가 통제하도록 하는 리포트 완제품 제도는 NHK에서는 보기 어려운 미국적 요소다. 보도 기자의 재량권과 개인적 특성을 드러내도록 허용하기 때문이다. 8시, 9시 뉴스와 아침, 심야 뉴스 진행을 기자 출신 앵커에게 맡기는 앵커 제도 또한 NHK보다는 CBS식 방송 제도를 활용한 결과다. MBC와 KBS가 주말에 편성하는 1시간짜리 뉴스 매거진 프로그램은 완전히 CBS의 〈60 minutes〉를 모방한 프로그램이다. 가장 먼저 시작한 〈시사 매거진 2580〉은 1994년 기획 단계부터 〈60 minutes〉의 양식과 제작 기법 등을 철저히 벤치마킹했다.

그러나 이처럼 CBS와 NHK 등 미국과 일본 방송의 기자 제도들 가운데 여러 가지 요소들을 선택적으로 수용해 형성된 한국의 기자 제도는 상당한 시간동안 한국 방송 현실의 특수한 조건들이 작용하면서 CBS와 NHK의 체제와는 확연히 다른 한국 방송만의 특성을 고착화하게 됐다. 그러는 과정에 적어도 3가지 중요한 사회적, 직업적 문제를 체질화해왔다. 첫 번째 문제는 방송 저널리즘을 상징하고 대표할 만한 인물을 배출하지 못한 점이다. KBS TV가 시작한 1961년 이후 50년은 짧은 시간이 아니다. CBS의 에드워드 머로우는 30년이 채 안 되는 기자 생활을 통해 댄 래더 앵커 같은 미국 방송기자들의 역할 모델이 됐고, 방송 저널리즘의 상징이 될 수 있었다. 크롱카이트는 양대 정당의 수많은 유혹이 있었지만, 정치 지도자의 길을 거부했다. 명예로운 방송기자의 길이 자신의 길이라 생각했기 때문이다. 프로듀서 가운데는 프렌들리와 휴잇 같은 인물이 평생을 저널리즘 발전을 위해 헌신할 수 있었다. 한국 방송 저널리즘에는 이들같은 영웅이 없다. 성한용의 걱정처럼 50세를 전후해 정치와 기업 문을 두드리는 은퇴 준비자들이 있을 뿐이다. 한국 방송기자제의 두 번째 문제는, 이론적 논의에서도 다뤘듯이, 취재, 보도 인력의 전문성 강화가 불가능하다는 점이다. 1~2년 만에 무원칙하게, 또는 정치적 요인에 의해 결정되는 순환식 인사 제도를 유지해서는 방송기자의 전문화는 현실화할 수 없는 목표다. 사회가 급속히 선진화하는 외부 조건을 고려할 때, 전문성이 뒷받침되지 않는 방송 보도는 그 존재 가치가 유지되기 어렵다.

한국 방송 저널리즘이 당면한 세 번째 문제는 프로듀서 역할의 혼란이다. 한국의 대표적인 방송사들은 모두 프로듀서가 진행하고, 리포트도 하는 프로그램을 갖고 있다. CBS와 NHK 방송의 사례를 살펴보면, 방송 진행과 리포트는 프로듀서의 직무가 아니다. 프로그램의 포맷을 기획하고, 인력과 장비를 동원하고, 제작 과정을 지원하는 일이 CBS나 NHK 프로듀서들이 책임지는 업무들이었다. 또 그러한 업무들이 프로듀서라는 직무에 합당한 내용이기도 하다. 방송은 만드는 사람들이 아니라 시청자들을 위해 존재한다. 그러한 의미에서 한국식 프로듀서 저널리즘은 그 정체성에 대한 정리가 시급하다.

이러한 한국형 방송기자제의 문제점에 비추어볼 때 CBS와 NHK의 기자 제도를 비교 연구 관점에서 분석한 이 작업은 한국형 방송기자 제도는 적어도 4가지 측면에서 근본적 개선책이 모색돼야 한다는 필요성을 제시한다.

첫째는 기자 정년퇴직 제도에 대한 새로운 접근의 필요성이다. 한국 방송사들은 58세면 모든 기자를 퇴직시킨다. 이는 빠르게 진행되는 사회의 노령화 추세를 고려하면, 지나치게 젊은 나이이다. 더 큰 문제는 정년퇴직 연령이 58세이기 때문에, 기자들은 사실상 50대 초반이 되면 현직에서 물러나라는 압력을 받는 점이다. 그렇기 때문에 퇴직을 앞둔 3~4년의 시간은 일을 하지 않고 조직에 얹혀 지내는 기자가 대부분이다. 이러한 현실은 성한용이 말한 "영원한 주변인"이란 표현에 잘 담겨 있다. 이 주변인들은 어쩔 수 없이 방송사의 생산성을 떨어뜨리고, 자신들의 전문성과 자신감도 상실할 수밖에 없다. CBS의 모델은 한국 현실과는 전혀 다른 대안이다. 80세가 되도록 방송 현업에서 활동하는 사람이 하나 둘이 아니기 때문이다. CBS식 인사 제도는 당연히 방송의 품격과 신뢰도를 크게 향상시킨다. 50~60년의 취재 경험이 방송에 활용되면, 취재원과 시청자가 방송 저널리즘을 대하는 자세가 달라질 수밖에 없다. 하루아침에 CBS식 인사 제도를 전면적으로 도입하는 일은 불가능하다. 그러나 이러한 모델이 부분적으로라도 한국 방송에 도입될 수 있으면, 40대 후반부터 정치와 정부, 기업 부문을 기웃거려야 하는 기자들의 처지를 크게 개선시킬 수 있다. 더 중요한 점은 완숙한 기자들이 취재 현장에서 계속 활동하게 되면, 사회적으로 방송 저널리즘의 상대적 위상이 향상될 수 있다는 사실이다.

둘째로, 정년퇴직 제도와 맞물려 있는 과제가 기자의 전문성 강화다. NHK 경우는 거대한 공영 조직의 원활한 운영을 우선시하기 때문에, 기자 관리가 관료적 성격을 띠는 경향이 강하다. 기자의 전문성에 대한 존중보다 회사의 인재 배치 필요가 더 중요하다는 뜻이다. 그렇기 때문에 지역 취재를 강요하고, 내근직인 제작 기자 업무에도 취재 기자가 투입된다. 그러나 CBS는 기자의 취재 영역을 여간해서는 강제로 바꾸도록 하지 않는다. 기자들을 자신들의 분야에 10~20년 집중하도록 함으로써 전문성을 강화시켜주는 제도를 유지한다. 이는 차장과 부장 등 보직 중심 인사제와는 전혀 다른 접근법이다. 한국 방송사들도 다양한 기자 전문화 방안들을 시도해왔으나, 제대로 정착시키지 못했다. 보직중심주의가 여전히 인사제도의 핵심이기 때문이다. 기자 정년 제도에 대한 새로운 접근과 함께, 전문화를 구조적으로 가로막는 순환 보직 인사 제도를 더 늦기 전에 개혁해야한다. 그렇게 바꿔야 보도국 내부 권력 구조의 변화와 관계없이 꾸준히 자신의 취재 영역을 지키는 원로 기자가 설 공간이 만들어진다.

셋째, 신입 기자의 충원 방식도 근본적인 변화가 필요하다. 현재 한국 방송기자 제도가 갖는 가장 큰 문제는 기수중심주의다. 적게는 5명 쯤에서 30명 정도까지의 기자를 동시에 채용하는 현재 방식은 이들의 진급과 퇴직을 같은 집단의 움직임으로 관리해야 하기 때문에, 개인의 특성을 인사에 반영하는 데 커다란 장애 요소로 작용한다. 또 NHK를 보면 이들을 교육시키기 위해 적지 않은 인력과 예산을 제도적으로 투입하고 있다. 이제 이러한 공채 제도는 버릴 때가 됐다. 수요가 있는 부서에서 기자직에 관심 있는 인재들을 인턴으로 선발해 6개월 정도 훈련시켜보면, 현재 방식의 시험을 통한 선발보다 훨씬 정확한 판단이 가능하다. 그 사이 기초적인 실무 능력을 갖추는 효과도 기대할 수 있다. 그리고 이처럼 개인적 계약을 통해 인재를 충원하면, 단체 행동 성향이 강한 공채 기수들의 폐해도 사라질 수 있다. 또 개별 기자의 전문화 추구도 한결 수월한 환경을 조성할 수 있다.

넷째, 기자와 프로듀서 역할의 정확한 구분이 필요하다. CBS와 NHK

는 모두 프로듀서의 역할을 중시한다. CBS는 거의 모든 리포트에 프로듀서가 투입되고, 시사 매거진이나 다큐멘터리는 기획, 제작의 전 과정이 프로듀서 주도로 진행된다. NHK 역시 주요 뉴스 프로그램의 제작, 편집, 진행 과정에 프로듀서(디렉터)가 핵심적 역할을 담당한다. 그러나 두 방송사 어느 곳에서도 프로듀서가 프로그램을 진행하거나 스튜디오에 출연해 뉴스를 전달하지는 않는다. 그러한 영역은 프로듀서가 하는 일이 아니기 때문이다. 그러나 한국 방송사에는 프로듀서들이 진행하고 리포트하는 프로그램의 예가 적지 않다. 이는 시청자들에게 심각한 혼란을 야기하는 현상이다.

참고문헌

강명구(1994). "기자 전문화의 방향: 조직의 요구와 사회적 책임 요구." 『전문기자』. 11~30.

김성호(1983). "특집, 대기자, 전문기자, 유럽: 능력우대풍토의 소산." 『신문과 방송』 150: 27~29.

박영상(2001). "채용, 교육, 인력교류 등 인사제도 개선통해 전문직화 바람직." 『기자통신』 5월호(45회 신문의 날 기념세미나 발제문).

성한용(2011). "떠나는 기자들을 잡아라." 『관훈저널』 2011년 봄호: 3~7.

손광식(1983). "특집/대기자, 전문기자론." 『신문과 방송』 150: 16~19.

신영철(1968). "대기자제도론." 『신문과 방송』 25: 66~69.

오마타 잇페이(2010). "NHK 기자교육과 저널리스트 교육의 전망." *Journalism*, 3월(일본어).

이광재(1988). "특집/자유경쟁시대 신문, 자유경쟁과 언론인 전문화: 자율규제 안 지키면 언론인 전문화는 구두선." 『신문과 방송』 208: 9~11.

이연(2006). 『일본의 방송과 방송문화사』. 서울: 학문사.

이재경(1994). "전문기자제: 현실과 과제." 『전문기자』. 31~60. 서울: 한국언론연구원.

______(2003). "경력자 위주 상시채용, 지국, 부서 직접선발." 『신문과 방송』 10월호:

42~46.
______(2005). "한국의 저널리즘 교육: 어떻게 바꿔야 하는가." 『한국언론학보』 49(3): 5~29.
임방현(1968). "전문기자론." 『신문과 방송』 28: 24~27.
임영호(2007). "언론인의 직업모델과 전문성 문제." 『민주화 이후의 한국 언론』. 233~281. 서울: 나남.
최창봉 · 강현두(2001). 『우리 방송 100년』. 서울: 현암사.
한국언론연구원 엮음(1997). "언론인의 전문성 제고방안." 『연구보고서 97-1』. 서울: 한국언론연구원.
한국언론재단 엮음(2000). 『한국의 전문기자: 실태와 과제』. 서울: 한국언론재단.
______(2001). 『한국과 세계의 언론인 교육』. 서울: 한국언론재단.

Becker, Lee B.(2003). "Introduction: Developing A Sociology of Journalism Education." In Froehlich, Romy & Holz.-Bacha, Christina(2003). *Journalism Education in Europe and North America.* pp.xi-xvii. Cresskill, NJ: Hamton Press.
Blumler, J. G., McLeod, J. M. & Rosengren, K. E.(eds.)(1992). *Comparatively Speaking: Communication and culture across space and time*. Newbury Park, CA: Sage.
Bob, Edwards(2004). *Edward R. Murrow and the Birth of Broadcast Journalism.* New York: John Wiley & Sons, Inc.
Edelstein, Alex(1982). *Comparative Communication Research*. Beverly Hills, CA: Sage.
Engelman, Ralph(2009). *Friendlyvision: Fred Friendly & The Rise and Fall of Television Journalism.* New York: Columbia University Press.
Finkelstein, Norman H.(1997). *With Heroic Truth: The Life of Edward R. Murrow.* Lincoln, NE: iuniverse, Inc.
Froehlich, Romy & Holz-Bacha, Christina(2003). *Journalism Education in Europe and North America.* Cresskill, NJ: Hamton Press.
Goldberg, Robert & Goldberg, Gerald Jay(1990). *Anchors: Brokaw, Jennings, Rather and the Evening News*. New York: A Birch Lane Press Book.
Halberstam, David(1975). *The Powers That Be*. Urbana, Illinois: University of

Illinois Press.

Hallin, D. & Mancini, P.(2004). *Comparing Media Systems: Three Models of Media and Politics*. New York: Cambridge University Press.

Hewitt, Don.(2001). *Tell Me A Story: Fifty years and 60 minutes in television.* New York: Public Affairs.

Klein, Edward(2007). *Katie: The Real Story.* New York: Three Rivers Press.

Mudd, Roger(2008). *The Place To Be: Washington, CBS and the Glory Days of Television News*. New York: Public Affairs.

Rather, Dan.(1994). *Dan Rather: The Camera Never Blinks Twice*. New York: William Morrow and Company.

Rooney, Andy(2009). *60 Years of Wisdom and Wit*. New York: Public Affairs Books.

Schieffer, Bob(2004). *Face the Nation: My favorate stories from the First 50 years of the award-winning news broadcast*. New York: Simon & Schuster.

Schorr, Daniel(2001). *Staying Tuned: A Life in Journalism*. New York: Pocket Books.

Sloan, W. D.(Ed.)(1990). *Makers of the Media Mind: Journalism Educators and Their Ideas.* Hillsdale, New Jersey: Lawrence Erlbaum.

Stahl, Lesley(1999). *Reporting Live*. New York: Touchstone Book.

Walter, Cronkite(1996). *A Reporter's Life: Walter Cronkite*. New York: Ballantine Books.

9장

한국의 저널리즘 교육*

: 어떻게 바꿔야 하는가?

1. 문제 제기

한국 대학의 커뮤니케이션학 교육은 1954년 홍익대학교에 신문학과가 설치되며 시작됐다. 1980년 전국적으로 11개에 그치던 관련학과는 1985년 20개, 1990년 27개로 늘었고, 1999년에는 67개로 팽창했다. 광고홍보학과가 19개 설치된 것까지 계산하면 1990년대 말 관련학과는 86개, 재학생수는 1만 3천여 명에 이르는 것으로 조사됐다(조동시, 1999). 2000년 이후에도 관련학과들은 계속 신설됐다. 따라서 현재는 100개 이상의 대학에서 커뮤니케이션 분야를 전공 학문으로 가르치고 있다고 추산된다. 그야말로 비약적인 성장이다. 특히 1990년대 이후의 팽창 추세는 인문사회과학 전 분야가 위축되는 추세와는 정반대의 역동적인 모습이다.

그러나 교육 내용을 뜯어보고 졸업생들이 어떠한 지식을 학습하며 어

* 이 글은 『한국언론학보』 49권 3호(5~29)에 실린 "한국의 저널리즘 교육: 어떻게 바꿔야 하는가?"(이재경, 2005)와 같다.

떠한 분야에 진출하는가를 조사해보면, 이러한 성장이 무엇을 위한 것이며, 반드시 축복할 만한 일인가를 되묻게 된다. 커뮤니케이션 교육은 전통적인 분야인 저널리즘과 라디오, 텔레비전 프로그램 제작에서 PR과 광고, 영화, 디지털 미디어의 제작과 이론 등에 이르기까지 광범위한 세부 영역들을 포괄한다. 국내 대학들은 대체로 이 모든 세부 학문 분야와 직업 영역을 하나의 전공 과정으로 묶어 백화점식 이론 교육을 제공해왔다. 지난 10여 년 사이 만들어진 관련학과들도 광고나 홍보학과를 제외하면, 이러한 일반적 성격을 벗어나지 못한다.

이러한 전공 운용 구조의 결과는 분야별 직업교육의 부실이다. 50여 년 지속된 이 교육 방식은 신문, 방송사들이 전공자들의 교육 내용을 존중하지 않는 풍토를 만들어왔다. 미국 신문기자들 가운데 53%, 텔레비전 기자의 78%가 저널리즘 스쿨 출신인 데 비해, 한국에서는 이 비율이 18%대에 머문다는 사실은 교육과 산업 현장이 얼마나 떨어져 있는가를 보여주는 단적인 지표다(Weaver & Wilhoit, 1996; 『미디어 오늘』, 2001년 9월 20일자).

이 연구는 국내 대학의 커뮤니케이션학 교육은 획기적으로 변해야 한다는 인식을 바탕으로 진행되었다. 1950년대 이래 한국적 모형처럼 돼온 백화점식 교육 방식은 갈수록 세분화, 전문화하는 미국 대학뿐 아니라 홍콩과 싱가포르의 대학 교육과 비교해도 경쟁이 어렵다.

한국의 커뮤니케이션 교육은 어떻게 오늘과 같은 구조를 갖게 됐는가? 지난 50여 년 동안 학계와 언론계에서는 이러한 현실에 대해 어떠한 반응을 보여왔는가? 그동안 제기된 저널리즘 교육의 문제들은 어떠한 것들인가? 해외의 선도적 대학들은 저널리즘 교육을 어떠한 방향으로 발전시켜 가고 있는가? 대학의 저널리즘 교육을 경쟁력 있게 발전시키려면 어떠한 변화가 필요한가? 이 장에서 조사하고 분석한 주요 질문들이다.

여기서 분석 영역을 분명히 정의할 필요가 있다. 전공을 가리키는 개념들이 혼란스럽기 때문이다. 이미 제시된 개념들은 커뮤니케이션학, 신문학, 언론학, 저널리즘 교육 등을 포함한다. 현재 널리 사용하는 전공 명칭은 언론학 또는 언론정보학이다. 이는 과거 신문학에서 신문방송학으로 변화를 거친 뒤 새롭게 정착되는 추세이다. 언론이라는 용어가 커뮤니케이션 또는 매스커뮤니케이션 현상을 포괄적으로 담을 수 있다는 생각이 이러한 선택으로 연결됐다. 언론학이라는 명칭은 따라서 뉴스를 취재하고 생산하는 과정을 지칭하는 협의의 의미와 커뮤니케이션 현상 일반을 가리키는 광의의 의미를 함께 갖는 장점이 있다.

이 책에서는 이러한 이유 때문에 오히려 언론학보다 저널리즘이라는 외래어를 전공 이름으로 사용한다. 주로 기자를 양성하는 교과 과정에 대한 분석과 대안 제시에 초점을 맞추기 때문이다. 저널리즘 교육이라는 명칭의 선택에는 현재까지 한국에서 진행된 이론 중심의 언론학 교육 기본 방향을 실무능력 함양과 교양 교육을 균형 있게 제공하는 교과과정으로 전환하고자 하는 의지도 담겨 있다. 이러한 목적을 위해 한국 주요 대학의 저널리즘 관련 교과과정을 분석했다. 이 연구는 미국 주요 대학들과 홍콩과 싱가포르 대학들의 저널리즘 교육과정과 한국 현실을 비교 분석하는 작업도 실시했다.

2. 저널리즘 교육 연구의 흐름

1) 미국 저널리즘 교육에 대한 논의의 흐름

2003년 2월 22일 뉴욕 타임스는 컬럼비아대학교 총장이 이 학교 저널리즘 스쿨 신임 학장의 선임 절차를 중단시키고 교과과정 개혁위원회를 먼저 가동하라는 지시를 내려 언론계와 학계가 술렁인다는 기사를 게재했다(Barringer, 2003). 이 조치는 컬럼비아대학교가 미국에서 영향력 있는 저널리즘 교육기관이었기 때문에 큰 파장을 일으켰다. 볼린저(Bollinger) 총장의 생각은 1912년 이후 유지해온 실무 교육 중심의 1년짜리 대학원 과정은 급속한 세계화 추세를 보거나 사회 각 영역의 전문화 속도를 고려할 때 근본적인 개혁이 필요하다는 것이다. 새로운 세계 질서를 이해하고 취재할 언론인의 양성을 위해서는 국제 관계나 인문학 분야 학문에 대한 학습도 강화돼야 한다는 것이 볼린저 총장의 주문이다.

미국의 저널리즘 교과과정 논의에 영향을 미치는 요소는 크게 3가지다. 첫째는 처음 저널리즘 교과가 설치되기 시작한 1908년 이래 계속되는 쟁점으로 실무와 기초 학문 교육을 어떠한 비중으로 나누어 교육할 것인가의 문제다. 이는 교양인을 키우는 대학의 이상과 실무 능력을 배양시켜줘야 하는 직업교육 전공의 특성이 어떻게 조화돼야 하는가의 갈등이다. 저널리즘 교육에 변화를 요구하는 두 번째 요소는 새로운 커뮤니케이션 기술들이다. 디지털 혁명으로 불리는 컴퓨터와 통신기술의 발달로 기자들은 취재와 기사 작성의 구조가 근본적으로 바뀌는 것을 체험하고 있다. 뿐만 아니라 신문이나 방송으로 양분되던 매체의 세계가 인터넷과 멀티미디어의 등장으로 혁명적인 변화를 겪고 있다. 따라서 저널리즘 스쿨들은 이러한 변화에 능동적으로 대응하지 않으면 존재 가치를 잃을 수 있다는 위기의식에 시달리는 것이 현실이다. 저널리즘 교육에 영향을 미치는 세 번째 요소는 세계화이다. 걸프전쟁이나 원유 가격의 상승을 보면, 21세기 현실은 단일국가 안에서 발생하는 사건의 비중은 감소하고 국제 관계를 이해하지 않으면 문제를 해결하기 어려운 추세를 읽을 수 있다. 이는 당연히 기사 쓰기와 매체 제작 능력의 교육만으로는 훌륭한 언론인을 키울 수 없다는 사실을 인식하게 한다. 컬럼비아대학교 볼린저 총장도 이러한 관점에서 문제를 제기했다.

미국 언론계와 학계는 1990년대 중반부터 지속적으로 저널리즘 교육의 과제를 정리하고 새로운 환경에 적합한 교육과정을 개발해왔다. 예를 들어, 미국언론학회(AEJMC)는 1993년부터 2000년대를 위한 교과과정 기획단을 만들어 1996년 1차 보고서를 발표했다. 이 보고서는 미디어 교육의 목적은 실무 능력뿐 아니라 비판적 사고력까지를 겸비한 졸업생을 배출하는 데 있다고 밝혔다(1996). 이 보고서는 5가지 교육 목표를 제시했다. 첫째는 성공적인 직업인이 될 수 있는 능력을 키워주는 일이다. 둘째는 비전공자들에게 미디어의 역할을 이해시키는 일이고, 셋째는 학생들이 미디어 교육을 수행할 수 있는 능력을 키워주기 위한 대학원 교육을 실시하는 것이다. 넷째는 학생들이 미디어를 분석하고 비판할 수 있는 역량을 키워주는 일이다. 마지막으로, 다섯째 목표는 현업에 종사하는 사람들에게 재교육의 기회를 제공하는 것이라고 이 보고서는 제시했다.

미국언론학회는 1998년에 다시 기획단을 조직해 2년에 걸쳐 21세기적 언론 환경의 조건을 분석한다. 「저널리즘 교육: 2001년과 그 이후」는 2001년에 내놓은 최종 보고서의 제목이다(AEJMC, 2001). 주로 정보기술이 현업과 교육에 미치는 영향을 탐구한 이 보고서는 앞으로 저널리즘 교육은 과거 신문과 방송, 잡지 등 매체 유형 중심으로 짜여진 교과과정을 벗어나 서로 다른 매체를 함께 다룰 수 있는 능력을 키워주는 방향으로 개선해야 한다고 제안했다. 이 보고서는 전통적인 가치인 비판적 사고력, 정확한 보도, 현장 중심의 기능도 강조하지만, 그와 함께 다양한 매체를 다루는 능력(cross-media familiarity), 그리고 다양한 매체를 위한 보도 능력(cross-media journalism)을 새로운 중심 개념으로 제시했다.

학회와는 별도로 업계가 중심이 된 작업은 「변화의 바람Winds of Change」이라는 프리덤 포럼(Freedom Forum)의 보고서로 나왔다(Medsger, 1996). 미국 각 지역 언론인과 교육자들을 조사한 이 보고서는 주로 기술 변화가 가져오는 새로운 교과 수요를 예측하고 21세기형 저널리즘 교육의 핵심 내용은 무엇이어야 하는가를 제시했다.

학자들의 개인적인 연구도 다양한 저서와 논문으로 발표됐다. 대표적인 저서로는 딕슨의 『전환기의 미디어 교육mass media education in transition』(Dickson, 2002)이 있다. 모두 10장으로 구성된 이 책은 미국 저널리즘 교육의 역사와 지난 100여 년간의 주요 논쟁, 그리고 21세기 변화의 방향까지 담고 있다. 책에서는 결론적으로 실무와 교양 교육의 균형, 기능적 능력과 비판적 사고력 교육의 균형, 저널리즘 학문의 깊이를 강화하는 노력, 새로운 기술적 요구들에 대한 창의적 대응 체제 구축 등을 제안한다.

이밖에 개인적인 연구 작업은 주로 『Journalism and Mass Communication Educator』라는 잡지를 통해 발표된다. 이 학술지에는 기사 쓰기 교육에 대한 내용이 꾸준히 발표된다. 또 졸업생들의 취업 동향 분석 보고서가 실리기도 하지만, 1990년대 중반부터는 새로운 커뮤니케이션 기술을 어떻게 교과과정에 도입해야 하는가에 대한 논문들이 등장한다. 예를 들면, 켈러(Keller, 1996)는 디지털 기술과 멀티미디어 시대의 개막 등 빠르게 변하는 기술 환경을 대학에서 어떻게 대처해야 21세기에 적응할 수 있는 졸업생을 배출할 수 있는가를 연구했다. 그녀는 대학에서는 새로운 장비를 모두 구입할 수도 없고, 다양한 프로그램과 매체를 위한 구체적인 교육은 불가능하기 때문에, 오히려 여러 가지 상황에 탄력적으로 적응할 수 있는 기초적 글쓰기 과목과 사고력을 키우는 교과목을 강조해야 한다고 주장했다.

그런가 하면 스코트(Scott, 1995)는 250명의 교수를 대상으로 조사를 실시했다. 주제는 커뮤니케이션 기술 변화를 학교에서 어떻게 소화하고 있으며 앞으로의 행동 방향은 무엇인가이다. 그는 기술과 장비의 문제는 말로 해서 이해될 수 있는 내용이 아니기 때문에, 학교는 미디어 관련 장비와 시설에 더 투자하고 교수들은 그러한 변화를 교과과정에 능동적으로 수용해야 한다는 결론을 제시했다.

『Journalism and Mass Communication Educator』는 2003년 겨울 디지털 시대 저널리즘 교육을 다시 생각한다는 주제로 특집호를 제작했다(Dennis et al., 2003). 데니스(Everette Dennis), 로저스(Everett Rogers), 패블릭(John Pavlik) 등이 참석한 심포지엄 기록과 전국의 언론학과장들에 대한 여론조사 분석 논문 등을 게재한 이 특집호의 초점 역시 기술 변화를 학교에서 어떻게 수용해야 하는가이다. 여기서 패블릭은 현재는 구체적인 미래상을 분명하게 그려낼 수 없다고 말한다. 기술 변화가 빠르게 진행되기 때문이다. 그가 제안하는 대안은 변하는 환경에 대응할 수 있는 탄력적 사고와 유연한 조직이다.

2) 유럽 저널리즘 교육에 대한 논의

460여 개의 대학에서 해마다 4만여 명을 배출하는 미국 교육 체제(Weaver, 2003)와는 전혀 다른 제도를 발전시켜온 유럽에서는 2가지 새로운 조건 때문에 저널리즘 교육이 근본적인 변화의 계기를 맞고 있다.

첫 번째 조건은 동유럽 사회주의 체제의 붕괴다. 폴란드와 체코, 헝가리 등은 사회주의 붕괴 이후 차이는 있지만 미국식 저널리즘 교육 체제를 도입해가고 있다(Froehlich & Holtz-Bacha, 2003). 시장경제가 도입되며 일어나는 변화다. 여기에는 미국 정부의 지원과 미국 대학들이 주도하는 학술 교류도 중요한 요소로 작용한다.

유럽 저널리즘 교육에 변화를 가져오는 다른 조건은 유럽의 통합 움직임이다. 언론학자들은 통합 유럽이라는 새로운 질서에 맞는 언론 활동과 언론인 교류를 제도화하기 위한 교육 체제가 필요하다고 인식한다(Kopper, 2003). 그들은 유로저널리즘이라는 용어를 사용하며 이러한 새로운 환경을 수용할 준비를 진행하는데, 핵심 내용은 저널리즘 교육을 어떻게 표준화할 것인가로 모아진다. 크게 ① 대학 중심의 교육을 제도화한 나라(핀란드, 스웨덴, 스페인), ② 저널리즘 전문학교 제도를 운용하는 나라(덴마크, 노르웨이, 네덜란드, 이탈리아), ③ 대학과 전문학교 제도를 혼합적으로 수용한 나라(프랑스, 독일, 아일랜드, 포르투갈), ④ 학교보다 현장 교육에 의지하는 나라(영국)의 4가지 유형으로 현격한 차이를 갖는 유럽의 현실은 통합이 진행되며 통일된 교과과정으로 변신해갈 것으로 예상된다(Froehlich & Holtz-Bacha, 2003).

프뢸리히와 홀츠바카(Froehlich & Holtz-Bacha, 2003)가 편집한 책에 실린 유럽의 실태를 검토하면, 유럽 대학에서의 저널리즘 교육 체제는 미국에 비해 크게 뒤떨어져 있음을 알 수 있다. 가장 드러나는 부분은 크게 2가지다. 하나는 저널리즘 이론 분야를 연구하고 교육하는 대학원이 활성화되지 않은 현실이다. 때문에 교과과정의 고민도 어떻게 하면 효과적인 직업교육 체제를 갖출 것인가가 주된 고려사항이다. 또 유럽에는 저널리즘 교육기관들에 대한 인증 제도가 없다. 미국저널리즘교육인증협회(Accrediting Council on Education in Journalism and Mass Communications, 이하 ACEJMC)에 따르면, 미국에는 인증을 통과한 학교가 103개교에 이른다(ACEJMC, 1995). 미국저널리즘교육인증협회는 1945년 결성된 이후 원하는 학교들을 6년에 1번씩 심사해 인증한다. 이 과정에는 언론사 간부들과 언론학 교수가 공동으로 참여한다. 인증 기준은 저널리즘학과의 행정체계와 예산, 교과과정, 학생 관련 기록, 강의와 평가 체제, 교수 여건, 인턴십, 실습 시설, 교수들의 연구 활동 지원, 사회봉사, 졸업생 활동, 소수인종과 여성의 지위 등 12가지 항목이다.

3) 한국 저널리즘 교육에 대한 논의의 흐름

저널리즘 교육에 관한 논의 기록은 1960년대 중반쯤부터 발견된다. 논의 공간은 3가지 정도였는데, 전문 잡지인 『신문과 방송』과 학술지인 『신문학보』, 그리고 언론학회와 언론학과가 주관하는 세미나 등을 꼽을 수 있다. 이밖에 한국언론재단에서 발간한 보고서들에 언론인 교육을 주제로 다룬 사례들이 있었다.

1960년대와 1970~1980년대까지 저널리즘 교육의 문제에 관한 토론은 주로 『신문과 방송』을 통해 이루어졌다. 학계와 업계, 또 정부에서도 관심을 갖는 전문지이기 때문에 현업의 시각도 반영되고, 정책적 고려를 위한 계기도 제공될 수 있었던 논의들이었다.

『신문과 방송』에 등장하는 저널리즘학과 교육의 문제점에 대한 토론은 1965년으로 거슬러 올라간다. 이때는 이름이 『신문평론』이었다. 곽복산, 김규환, 박유봉, 윤희중, 이만갑, 고명식(1965) 등은 좌담회를 열고 저널리즘 교육의 현황과 문제점을 토론했다. 이 좌담회에서는 초기 단계에 있는 대학 교육의 중점을 어디에 둘 것인가, 기능 교육과 교양 과목에 대한 비중은 어떻게 배분하는 것이 바람직한가, 입사 시험 제도는 어떻게 개선돼야 하는가 등의 문제를 다뤘다. 윤희중은 낙관적인 입장을 제시했다. 그는 머지않아 한국 언론계도 신문학과 졸업생 중심으로 채워지리라 예측한다. 그러면서 전공이 광고와 PR, 라디오, 텔레비전 등으로 세분화해야 하는 점을 과제로 꼽는다. 그러나 곽복산은 비관적 입장을 취한다. 문제는 그의 지적이 40년이 지난 오늘도 대부분 들어맞는다는 현실이다.

> 그러니까 한마디로 말해서 저널리즘 교육을 제대로 시키지 못하고 있다고 말할 수 있겠지요. 왜냐하면 첫째 교재가 없어요. 또 교수가 없어요. 신문사 간부들이 도와 줄 수 있지만 그것은 경험담에 불과하고 학술적인 강좌는 되지 않습니다. 그리고 실습 기간이 있어야 되겠는데 그것은 전연 없어요(곽복산, 1965).

1973년에 강현두와 윤희중(1973)은 「한국에 있어서 매스컴 교육의 현황과 문제점」이란 글을 『신문평론』에 기고했다. 이 글에서는 전공자들이 현업으로 진출하지 못하는 상황을 중요한 문제로 제기했다. 이 글은 이밖에도 교수 부족과 실습 시설 부족 등의 문제도 중요한 애로사항으로 제시했다.

송건호(1973)는 『신문평론』에 「바람직한 신문학과 교육」이라는 글을 기고했다. 이 글은 커리큘럼의 문제를 다룬다. 그는 "지금과 같은 커리큘럼을 가지고는 신문학과 출신이 훌륭한 기자가 되기는 어렵다"고 판단한다. 그러나 송건호가 이렇게 판단하는 이유는 앞서 지적된 실무 중심 교육의 문제가 아니다. 그의 주장에 따르면, "신문학과 강의의 목적은 사회와 인간을 보는 눈을 기르는 것"이 돼야 한다. 그런데 신문학과 교육은 매스컴에 관한 지식 중심으로 짜여 있다. 다시 말하면, 정치, 경제, 법학 등의 내용을 다루고, 신문학은 포장법, 형식을 다루는데, 우리 교육이 지나치게 형식 중심으로 구성돼 있다는 지적이다.

김창렬과 최준(1977)은 『신문평론』 주선으로 "신문방송학과의 현실과 문제점"이라는 제목의 대담을 가졌다. 여기서 최준은 전공학생들의 직업에 대한 사명감을 강조하며 이직률이 높은 타과 전공생보다 신문방송 전공자를 신문사에서 많이 뽑아주기를 요구한다. 이에 대해 김창렬은 교수와 교과과정의 문제를 제기하며 그렇게 할 수 없는 여건을 설명한다. 그는 신문사에 "입사한 기자를 보면 신문방송학과 출신들이 두각을 나타내지 못하고 있다. 대학 교육이 이론에 치우치기 때문이 아닌가 생각된다"는 의견을 제시한다. 최준은 신문방송학 교육의 정체성 문제를 짚으며, 학문으로서의 길과 실무 교육의 길의 특성 등을 언급했고, 김창렬은 숙련된 현업인을 배출하는 데 초점을 맞춰 직종별로 세분화된 교과과정을 추구하는 방안을 제시했다.

박유봉(1979)은 1950년대부터 1970년대까지 신문방송학과의 성장을 회고하는 글에서 같은 문제를 제기했다. 그에 따르면 당시 신문방송학과는 졸업생의 81%가 매스컴 진출을 원하고 있으나 불과 20.9%만이 원하는 직장에 진출하는 상황이었다. 그러나 그는 미국식 기자 양성 교육은 답이 아니라고 생각한다. "왜냐하면 한국 대학의 입장으로서는 도저히 미국 같은 실기, 실습 교육은 불가능하리라고 보기 때문이다". 박유봉의 생각으로 우리 대학은 미국식의 철저한 직업적 실습 교육을 시킬 능력이 없다. 신문 흉내, 방송 흉내를 내고 말 가능성이 다분하다. 그럴 바에는 차라리 이론 교육에 더 충실한 편이 낫다는 것이 그의 결론이다.

이강수(1973)는 「한국 신문학 교육의 문제성과 방향」이라는 제목의 논문에서 신문학이 1950년대부터 개별 강좌로 시작해 학과 교과과정으로 자리 잡아가는 과정을 비판적 시각에서 평가하고 대안까지도 제시했다. 그는 한국 교육의 핵심 문제는 초기에서부터 "신문학 교육에 대한 뚜렷한 목적의식이 결여"된 채 진행돼 정체성이 모호한 점이라고 지적했다.

이와 같이 초기 신문학 교육의 당면 목표는 저널리스트 양성에 있었음에도 불구하고 당시 교과과정의 내용은 뉴스 취재 보도나 편집 기술 등의 실기 위주 교육은 아니며, 저널리즘 및 커뮤니케이션의 이론 위주의 교육은 물론 아니지만 그렇다고 해서 전문적 직업교육이라고도 볼 수 없는 모호성을 나타내고 있었던 것이다. 이와 같은 현상은 첫째로 당시 일본에 있던 대학의 신문학과 과정을 그대로 모방한 데서 기인했다고 볼 수 있다. 둘째는 대학 수준에서 매스컴 교육을 담당할 수 있는 교수의 부족과 시설의 미비를 들 수 있고, 셋째는 당시 선구자들이 기술 위주 직업교육과 전문적 직업교육을 개념상 혼돈하거나 동일시한 데서 찾아볼 수 있을 것이다.

이강수는 이러한 한국 모델이 독일식 이론 중심 신문학과 미국식 실천 신문학을 반반씩 절충한 스위스의 취리히대학 체제였다고 추정한다. 일본의 신문학 제도가 취리히 대학 방식이었기 때문이라는 것이다. 도입 초기 인식과 제도적 틀이 이러했기 때문에 교수의 자격에 대해서도 언론 경력이 중요하게 고려되지 않았다. 교과과정도 직업교육이라는 목적이 희석돼 신문과 방송, 광고, 홍보 등의 다양한 직업 영역뿐 아니라 스피치 커뮤니케이션, 정치 커뮤니케이션 등 이론 교육까지를 포괄하는 백화점식 내용으로 진화했다는 것이 이강수의 설명이다.

> 오늘날에 있어서는 신문방송학과란 이름 아래 모든 학생으로 하여금 속성이 전혀 다른 media별 교육을 이론적인 면에서부터 기술적인 면까지 모두 cover하려는 데서, 여러 가지 무리한 부작용이 나타나게 된 것이다. 다시 말해서, 한 학생은 신문도 전공하면서 방송을 전공해야 하며, 광고, 사진 등 모든 분야를 전공필수 과목으로 이수해야 되기 때문에 자연히 인문사회과학과 같은 인접과학을 외면하게 될 뿐 아니라, 1개 전공과목도 완전히 master하지 못하는 결과를 초래하게 된 것이다(이강수, 1973).

이강수는 이러한 문제를 해결하려면, 먼저 교육의 목표를 뚜렷이 해야 한다고 제안했다. 그가 주장하는 개혁 방향은 미국식 직업교육 과정 도입이다. 그에 따르면, 이러한 프로그램은 75%의 기초 학문 교육과 25% 전공 교육으로 구성돼야 한다. 그는 덧붙여 분야별 교육을 내실화하려면 신문학, 방송학, 광고학 등을 독립학과로 분리하지는 못하더라도, 적어도 3학년부터는 집중 전공 분야를 선택하도록 유도하고 교육과정도 그러한 제도화가 가능하도록 개편해야 한다고 주장했다.

1980년대 말에는 언론학회 창립 30주년 기념으로 저널리즘 교육의 현황에 대한 토론회를 개최했다. 차배근(1997)은 여기서 교과과정의 문제를 주목해 저널리즘 교과목 가운데 실습 과목은 불과 13.3%에 그친다는 점을 지적했다.

언론학 교육에 대한 논의는 1990년대 후반 이후 다시 활기를 띤다. 1990년대 들면서 관련학과가 급격히 늘어났기 때문이다. 그러나 1990년대 진행된 교육 논의는 1960년대 이후 1970년대와 1980년대를 통해 제기된 문제들을 다시 되짚는 수준에서 벗어나지 못했다. 최근까지 언론학 교육과 관련해 공론화된 문제들은 크게 언론학 연구와 교과과정의 혼돈 상태에 대한 지적들(서정우, 1999; 송우천, 2001 등)과 직업능력을 함양시키는 실무 교육의 부족(하종원, 1987; 장원호, 2000), 언론학 교과과정에 대한 외부의 독립적 평가 제도의 부재(장원호, 2000) 등이다.

한국의 커뮤니케이션학 교육은 중요한 전환기를 맞고 있다. 당면한 변화의 조건들 가운데는 학과의 폭발적 증가와 영상, 광고, 홍보, 뉴미디어 등 새로운 교과 영역의 대두, 그리고 디지털 기술이 제기하는 새로운 교과내용의 수용 문제 등이 중요한 자리를 차지한다. 그러나 이러한 환경의 변화에도 불구하고 국내 대학의 교육과정은 그에 걸맞은 개혁을 추진하지 못해왔다는 것이 대부분 연구자들의 판단이다.

이 연구는 이러한 상황에 대한 새로운 대안을 모색하기 위해 시도됐다. 50년 가까이 유지해온 교과과정이 성격이 모호하거나 제대로 된 인재를 양성하지 못한다면 보다 근본적인 개선안이 검토돼야 하기 때문이다.

4) 한국 커뮤니케이션학 교육의 구조적 문제들

앞에서 검토된 다양한 논의들을 통해 추출해낼 수 있는 주요한 문제들은 크게 다음 4가지로 정리된다. 첫째는 커뮤니케이션학 교육의 정체성 문제다. 이강수(1973)의 글에서 제기된 "취리히 대학 모델의 모호성" 문제는 여전히 근본적인 과제로 남아 있다. 정체성의 핵심 문제는 해외에서는 저널리즘과 방송, 영상, 광고, 홍보 등의 분야가 각각 별도의 전공으로 운영되는 데 비해 한국에서는 대부분의 대학에서 여전히 하나의 전공으로 묶여 운영되는 점이다.

둘째는 각 세부 전공의 교과가 부실한 점이다. 대체로 30학점 내외로 제한된 전공 학점을 저널리즘에서 방송, 영화, 광고 등의 과목까지 모두 이수해 채우다 보면 세부 부문별 지식의 전문성은 기대할 수 없는 것이 한국 대학의 현실이다.

한국 교과과정이 안고 있는 세 번째 문제는 곽복산, 박유봉, 김창렬, 이강수, 차배근 등이 되풀이해서 지적했듯이 실무 직능 교육이 부실한 점이다. 1960~70년대는 과목 자체가 부족했으나 한국언론학회가 2001년 조사한 바에 따르면 최근 들어 학교마다 실습 과목의 숫자를 확대해온 것은 사실이다(한국언론학회, 2001). 언론학회자료집을 보면 실습 과목의 비중은 평균 27.8%에 이르는 것으로 조사됐다. 그러나 이 조사는 강의를 하는 과목이 아니라 설정해놓은 과목들을 대상으로 했기 때문에 실제로 교육하는 내용과는 차이가 있을 수 있다. 또 저널리즘과 영상 제작, 광고, 홍보 제작 등의 과목을 종합적으로 실습 과목으로 분류한 조사 방법은 분야별 교육의 충실도를 제대로 이해하기에는 부족한 점이 있다.

네 번째 문제는 1970년대 송건호가 지적한 "인간을 보는 눈"을 제대로 길러주는 교과과정에 대한 고려가 결여돼온 점이다. 이는 인문학과 사회과학 등 기초 학문의 학습에 대한 고려가 커뮤니케이션 교과과정에 구조적으로 포함돼 있지 않은 데서 오는 결과다. 미국 저널리즘 학부들은 미국저널리즘교육인증협회의 지침에도 있듯이 교양 75%, 전공 25%의 과목 비중을 학생들에게 제시해, 언론학 전공자들이 직업교육에만 치우치지 않는 교양인으로 성장하도록 유도한다. 그러나 국내 대학들은 이러한 제도를 운용해본 적이 없다.

3. 연구 문제

연구 문제는 크게 세 부분으로 나뉘어진다. 첫째 부분은 한국 저널리즘 교육의 현실에 대한 분석을 다루고, 두 번째 부분은 해외 주요 대학의 교과 현황을 조사하는 내용이며, 마지막 부분은 이러한 분석을 토대로 국내 현실에서 바람직한 교과과정을 어떻게 구성해야 하는가를 다뤘다.

- 연구 문제 1. 한국 주요 대학의 저널리즘 교과과정은 어떠한 구조에서 이루어지는가?
- 연구 문제 2. 미국과 아시아 지역 주요 대학들의 저널리즘 교과과정은 어떠한가?
- 연구 문제 3. 한국 현실에서 바람직한 전공 운영 방식은 어떠한 구조인가?
- 연구 문제 4. 언론 현업에 필요한 직업교육과 교양 교과의 이상적 비중은 어떻게 정하는 것이 바람직한가?
- 연구 문제 5. 저널리즘 교육 강화를 위한 기타 제도적 고려사항은 어떠한 것들인가?

4. 연구 방법

위에 제시한 연구 문제들을 탐구하기 위해 크게 3가지의 연구 방법을 사용했다.

1) 문헌 연구

문헌 자료는 연구논문이나 단행본, 조사보고서 등을 의미한다. 미국과 유럽에서 최근에 출판된 논문과 서적들을 활용해 나라별 또는 학교별 교과과정 변화 추이를 파악하고 저널리즘 교육과정을 변화시키는 거시적, 미시적 요인들을 이해하는 자료로 활용했다. 언론학회나 재단연구소 등에서 간행한 보고서들은 저널리즘 교육의 구체적 발전 방향을 이해하는 데 도움이 됐다.

2) 인터넷 조사

분석 대상 대학들의 교과과정을 조사하는 데 인터넷 조사를 활용했다. 조사 대상 학교의 선정은 표본의 대표성보다는 비교 분석의 효과를 높이기 위한 고려를 반영했다. 그래서 한국 대학에서는 저널리즘 교육 역사가 30년 이상된 학교 가운데 그동안 상대적으로 많은 언론인을 배출한 학교들을 택했다. 교육 여건이 다른 대학들보다 나을 것이라는 고려도 포함됐다. 이렇게 선택된 학교는 고려대학교과 서울대학교, 연세대학교, 이화여자대학교이다.

미국 대학들 가운데는 미주리대학교(University of Missouri, Columbia)와 노스웨스턴대학교(Northwestern University), 노스캐롤라이나대학교(University of North Carolina, Chapel Hill), 오레곤대학교(University of Oregon), 텍사스대학교(University of Texas, Austin)을 분석 대상에 포함시켰다. 실제로 방문하고 자료를 수집한 미국 대학은 25개교 정도에 이른다. 그러나 이 책에서는 효과적인 비교 분석을 위해 사립과 주립 등 운영 주체와, 동부와 서부 등 지역적 배치 등을 고려해 위에 제시한 학교의 자료를 집중 검토했다.

아시아 지역에서는 상대적으로 선진적 교과과정을 유지하는 싱가포르의 난양기술대학교(Nanyang Technological University)과 홍콩의 침례대학교(Hong Kong Baptist University), 홍콩중문대학교(Chinese University of Hong Kong)을 조사했다. 일본은 커뮤니케이션학 교육이 주목할 만큼 발전하지 않은 관계로 조사 대상에서 제외했다.

인터넷 조사를 통해서는 이 학교들의 저널리즘 교과목 현황 이외에도 전공 필수나 교양 과목 등에 대한 규정, 현업 세계와 연결을 위한 제도화된 프로그램 등을 파악하기 위해 노력했다.

3) 방문 연구

대학별 교과과정 운영의 구체적 실태를 파악하기 위해 미국과 아시아의 분석 대상 대학들을 방문했다. 아시아에서는 싱가포르 난양기술대학과 홍콩 침례대학을 방문해 교수와 학생들을 면담하고 전공 영역의 구분과 운영 방침, 실습 시설, 졸업에 필요한 요건 등을 확인했다. 미국 대학 가운데는 오레곤대학교과 럿거스대학교(Rutgers, The State University of New Jersey), 아이오와대학교, 미주리대학교, 뉴욕대학교, 컬럼비아대학교 등을 찾아가 주로 저널리즘 영역을 다시 어떻게 세분화하는지와 새롭게 등장하는 디지털 기술의 도전을 어떻게 교과과정에 수용하는지 등을 관찰하고 각 대학들의 발전 전략과 추진 계획 등을 조사했다.

5. 연구 결과

1) 한국 주요 대학 저널리즘 교과과정의 특징과 문제점

다음은 한국 주요 대학들의 교육과정을 요목별로 정리한 표이다. 이 표에는 전공을 부르는 학과 명칭과 교수 인력의 규모, 설정 과목수와 졸업에 필요한 학점 등을 포함시켰다.

〈표 7〉를 통해 알 수 있듯이, 전공 영역을 고려대학교는 언론학, 서울대학교는 언론정보학, 연세대학교는 신문방송학, 이화여자대학교는 언론홍보영상학부로 부르는 것으로 확인됐다. 편제상으로는 두 학교(고려대,

〈표 7〉 한국 대학 커뮤니케이션학 교육 구조

	고려대학교	서울대학교	연세대학교	이화여자대학교
전공 이름	언론학	언론정보학	신문방송학	언론정보학
소속대학학부	언론학부	사회과학대학	사회과학대학	언론홍보영상학부
교수 수	10명(학부)	9명(학과)	10명(학과)	15명(학부) 5명(학과)
설정 과목 수	61개(학부)	35개(학과)	57개(학과)	97개(학부) 11개(공동) 24개(언론)
졸업이수학점	130학점	130학점	126학점	130학점
전공이수학점	42학점	39학점	48학점	36학점
전공필수학점	12학점	9학점	3학점	-
교양필수학점	37학점	36학점	34학점	27학점

* 가나다 순, 학과 기준, 2004년 말 기준.

이화여대)가 독립된 학부 구조를 택했고, 다른 두 학교(서울대, 연세대)는 사회과학대학에 속한 하나의 전공을 유지한다. 이는 달리 말하면 서울대와 연세대는 저널리즘에서부터 커뮤니케이션 이론과 방송 제작, 광고, 홍보학, 뉴미디어 연구 등의 다양한 세부 학문 분야를 독립된 전공으로 구분하지 않고 통합적 과정으로 교육시킨다는 의미다.

학부로 편제를 개편한 고려대학교와 이화여자대학교는 커뮤니케이션학의 세부 분야를 별도의 전공 영역으로 운용할 골격을 갖춘 상태다. 특히 이화여대의 경우는 학부 모집 단위를 언론정보학, 광고홍보학, 방송영상학의 세 분야로 분리하고 전공별 교과과정도 따로 편성해 네 학교 가운데 가장 전공 세분화에 앞서 있는 것으로 조사됐다. 고려대는 전공 구조는 학부의 틀을 만들었으나, 교과과정은 과거와 마찬가지로 전체 영역을 하나의 교육과정으로 운영하는 것으로 확인됐다.

교수 규모는 단일 전공으로 운영하는 고려대, 서울대, 연세대가 9~10명 수준으로, 3개의 세부 전공을 설치한 이화여대는 15명의 전임 교수를 유지하는 것으로 조사됐다.

전공별 설정 과목 수는 편차가 크다. 서울대와 이화여대는 35개 과목을 언론정보학 전공 과목으로 편성하고 있는 데 비해, 고려대와 연세대는 각각 61개, 57개 과목을 전공과목으로 설정했다. 설정 과목을 교수 숫자로 나누면 서울대가 교수당 3.8과목, 연세대가 5.7과목, 고려대가 6.1과목, 이화여대가 7과목을 설정해둔 셈이다. 졸업에 필요한 학점은 큰 차이가 없이 대체로 130학점 정도로 조사됐고 전공이수학점은 36학점(이화여대)에서 48학점(연세대)으로 12과목에서 16과목 정도를 이수하면 전공 학위를 수여하는 것이 국내 대학들의 졸업 요건이다. 전공필수과목을 가장 많이 요구하는 학교는 고려대로 4과목이며, 서울대는 3과목, 연세대는 한 과목만을 필수 전공으로 요구한다. 이화여대 언론정보학과는 전공 필수로 요구하는 과목이 없다.

이들 대학의 실무 교육 현황을 확인하기 위해 다음과 같이 정리했다. 〈표 8〉에는 각 대학에서 전공으로 설치한 과목 가운데 명백하게 광고나 홍보학에 관련된 과목이나 방송, 영화, 뉴미디어 등 분야의 과목으로 판단된 과목들은 포함시키지 않았다.

다음 〈표 8〉을 보면 고려대와 이화여대는 기초와 고급으로 구분해 각각 6개와 7개의 실무 과목을 설치한 것을 확인할 수 있다. 이 학교들은 또 언론현장실습이라는 이름으로 실무 능력을 현장에서 익힐 수 있는 인턴십 과목도 운영하는 것으로 나타났다. 연세대의 경우는 현장 실습 과목과 강의의 수준별 구분도 없지만 모두 5개의 실무 과목을 설치했다. 서울대는 이론 중심의 교육을 제공하는 것으로 드러났는데, 실무 과목으로 판단되는 과목이 '신문보도편집론' 한 과목이었다. 이화여대는 4개의 영어 저널리즘 과목을 별도로 설치해 운영한다.

대학별 실무 과목을 자세히 보면 고려대는 신문 저널리즘 교과로 집중해 있음을 알 수 있다. 서울대는 신문 저널리즘 1과목이고, 연세대는 신문

〈표 8〉 한국 대학 저널리즘 교과목 설정 현황

<table>
<tr><th></th><th></th><th>고려대학교</th><th>서울대학교</th><th>연세대학교</th><th>이화여자대학교</th></tr>
<tr><td rowspan="4">실습 과목</td><td>기초 과목</td><td>언론문장연습</td><td>-</td><td>-</td><td>기사작성기초
English Journalism for beginners</td></tr>
<tr><td>고급 과목</td><td>취재보도론
인터넷취재실습
전자편집및출판실습
보도사진의이해와실습
탐사보도의이해와실습</td><td>신문보도편집론</td><td>신문제작실습
방송보도실습
신문취재보도
보도사진
웹미디어제작</td><td>취재와보도실습
보도사진제작
방송뉴스제작
잡지기획기사
인터넷취재실습
전자편집및출판
News Reporting and Writing
Advanced News Reporting and Writing
International Reporting</td></tr>
<tr><td>실습 과목 인원 제한</td><td>30-45명</td><td>-</td><td>신문취재보도: 60명</td><td>30명</td></tr>
<tr><td>인턴십</td><td>언론매체현장실습 I
언론매체현장실습 II
(3학점)</td><td>-</td><td>-</td><td>언론현장실습(3학점)</td></tr>
<tr><td colspan="2">윤리 법제 과목</td><td>언론법
저작권이해</td><td>언론윤리법제</td><td>미디어윤리</td><td>언론윤리사례분석
미디어법제론
문화산업과저작권
Media Law & Policy</td></tr>
<tr><td colspan="2">저널리즘 이론 과목</td><td>언론학원론
신문론
출판론
언론사상
언론문헌연구
한국언론사
세계언론사
비판언론학
언론의자유와책임</td><td>신문원론
저널리즘이론
한국언론사
세계언론사
출판잡지론</td><td>언론사특강
언론통제론
비교언론학
온라인저널리즘</td><td>언론의이해
언론사상강독
언론사
저널리즘비평</td></tr>
</table>

미디어/ 커뮤니케이션 이론 과목	매스컴효과론 매스컴문헌연구 매체산업론 영상매체비평	비교미디어론 커뮤니케이션개론 커뮤니케이션학사 커뮤니케이션이론 비판커뮤니케이션이론 커뮤니케이션효과론	디지털민주주의 미디어비평론 커뮤니케이션론 커뮤니케이션학사 커뮤니케이션철학과사상 커뮤니케이션산업론 비판커뮤니케이션 커뮤니케이션과문화	매스커뮤니케이션이론 미디어산업론 비판커뮤니케이션이론 사이버커뮤니케이션론 매스컴사회학 미디어수용자론 매스컴심리학

* 2004년 말 기준.

3과목에 방송 저널리즘 1과목, 온라인 저널리즘 1과목의 구조를 유지한다. 이화여대는 신문 4과목, 방송 저널리즘 실무 과목 1과목, 잡지 기사 쓰기 과목을 1개 운용하는 것으로 확인됐다. 이러한 기본 자료를 바탕으로 볼 때, 한국 대학의 저널리즘 실무 교육은 여전히 초보적인 단계에서 신문 기사 취재 보도와 편집을 중심으로 운영되고 있다는 판단이 가능하다. 문제는 이러한 판단도 각 학교들이 설치한 과목들을 모두 개설한다는 것을 전제로 한다는 점이다.

또 하나의 문제는 고려대와 이화여대를 제외하고는 강의 참석 학생의 인원수 제한이 느슨하다는 사실이다. 선진국 대학의 경우를 보면 대개 15명 수준에서 실습 과목의 인원을 제한하는 현실을 볼 때 이화여대가 유지하는 30명 수준의 강의 규모 또한 재고를 필요로 하는 것이 사실이다. 실습과목 교육의 또 1가지 핵심적인 문제는 이러한 과목의 교육을 담당할 교수 인력이 확보돼 있지 않은 현실이다. 이 또한 이화여대를 제외하고는 모두 외부 강사에 의지하는 상황임을 확인할 수 있었다.

〈표 8〉의 내용을 통해 종합적으로 확인할 수 있는 사실은 국내 대학의 저널리즘 교육 기반은 여전히 취약하다는 점이다. 주요 대학들은 주로 이론 과목을 다양하게 설치해 실무 능력을 배양시키기보다는 이론 교육에 초점을 맞추고 있는 것이 현실이라고 판단할 수 있다.

2) 미국과 아시아 지역 대학의 교과과정

〈표 9〉는 학부 교육과정을 중심으로 미국의 주요 대학에서 어떠한 교과과정을 운영하는지를 정리한 내용이다. 이 표에 포함된 학교들은 모두 미국의 저널리즘 교육인증기관인 미국저널리즘교육인증협회로부터 정

〈표 9〉 미국 대학 언론학 교육 구조

	Northwestern University	University of Missouri, Columbia	University of North Carolina, Chapel Hill	University of Oregon	University of Texas, Austin
소속 대학 학부	Medill School of Journalism	School of Journalism	School of Journalism and Mass Communication	School of Journalism and Communication	School of Journalism
학부 전공 구분	4 programs: Broadcast New Media Magazine Newspaper	5 sequences: Advertising News-Editorial Magazine Photojournalism Broadcast News	5 sequences: News-editorial journalism Advertising Public relations Electronic communication Visual communication (photojournalism, graphics, multimedia)	6 sequences: advertising public relations communication studies electronic media magazine news-editorial	4 concentrations: Broadcast Multimedia Photojournalism Print journalism
교수 수	33명	64명	36명	24명	23명
설정 과목 수	28개	93개	68개	70개	41개
졸업이수학점	45학점	123학점	120학점	180학점	120학점
전공이수학점	11-12학점	39학점	28-40학점	49-64학점	33-36학점
전공필수학점	9학점	30학점	-	12학점	15학점
교양필수학점	34학점	39학점	65학점	94학점	54학점
인턴십	Internship (0학점)	포지션이 날 때마다 Career Center에서 공지	Mass Communication Practicum (3학점)	Internship (4학점)	Internship (3학점)

* ABC순, school 기준, 2004년 말 기준.

기적 인증을 받는 곳들이다.

〈표 9〉를 통해 확인할 수 있는 미국 교육의 특징은 크게 3가지다. 첫째, 이 표에 포함된 학교들은 모두 독립된 저널리즘 학부를 설치했다. 편제상으로는 인문대학(College of Liberal Arts)에 속해 있을 수 있으나 행정적으로는 모두 독립적인 학부로 재량권을 갖고 운영된다. 직업교육 전공의 특수성을 인정하는 제도적 지원의 결과다. 미국 저널리즘 학부들은 학교마다 특수성은 다르지만, 크게 2가지 모델로 구분된다. 1가지 유형은 노스웨스턴대학교나 텍사스대학교처럼 철저하게 저널리즘 전공만을 제공하는 대학들이다. 이 학교들은 그만큼 저널리즘 교육에 대한 집중도가 높다. 이들과 달리 미주리대학교와 노스캐롤라이나대학교, 오레곤대학교는 저널리즘 학부 안에 광고와 PR 전공도 함께 제공하는 유형이다. 특히 오레곤대학교는 커뮤니케이션 연구라는 이론 교육과정도 포괄하며 학부의 명칭도 "저널리즘과 커뮤니케이션 학부"로 부른다.

미국 저널리즘 학부의 두 번째 특징은 학부 안에 세부 전공을 분리해 제공하는 점이다. 노스웨스턴대학교는 방송과 뉴미디어, 잡지, 신문 저널리즘의 4개 전공을 운영한다. 미주리대학교는 신문과 잡지, 사진, 방송 저널리즘 전공 과정을 설치했다. 광고 전공을 더하면 5개 과정이 제공된다. 텍사스대학교는 방송과 멀티미디어, 사진, 인쇄 매체 저널리즘으로 저널리즘 영역의 교육과정을 다시 매체별 특성에 맞춰 세분화했다. 상대적으로 세분화의 정도가 낮은 오레곤대학교는 광고와 PR, 커뮤니케이션 연구를 별도 전공으로 운영하고 저널리즘 분야는 잡지와 방송, 신문 정도의 영역만을 나누어 교육한다. 미국 저널리즘 학부에서 제공하는 세부 전공의 명칭은 학교에 따라 'sequence'와 'program', 'concentration' 등으로 달리 불린다. 이러한 교육단위들의 행정적 독립성은 학교의 전통이나 특수성에 따라 다르다. 그러나 미국 대학 교육 체제의 일반적인 특징은 매체별 저널리즘의 특성을 최대한 세밀하게 묶어서 학생들이 원하는 분야에 대해 구체적인 지식과 실무 능력을 준비하도록 지원한다는 점이다.

미국 저널리즘 학부의 세 번째 특징은 충분한 교수 인력의 확보와 교수당 개설 과목수를 매우 적은 수준으로 유지하는 점이다. 〈표 9〉를 보면 미주리대학교는 64명의 교수를 채용하고 있고 노스웨스턴대학교는 33명, 텍사스대학교는 23명의 교수 인력을 확보하고 있다. 이들은 모두 저널리즘 교육에만 학부의 노력을 집중하는 학교들이다. 1인당 평균 개설 과목을 계산해보면 미주리대학교는 1.4과목, 노스웨스턴교는 0.8과목, 텍사스대학교는 1.7과목에 불과하다. 이는 다른 말로 하면 교수들이 가르쳐야 하는 과목이 많아야 2과목이고, 따라서 과목별 전문성이 그만큼 심화될 수 있는 조건이라는 뜻이다. 교수당 과목수는 노스캐롤라이나대학은 1.8과목, 오레곤대학교는 2.9과목으로 추산된다.

미국 저널리즘 학부도 전공이수학점은 대체로 30에서 40학점의 범위에서 정해지는 것으로 조사됐다. 이는 전체 졸업학점의 25~30% 정도이다. 또 모두 현장 실습을 교육과정에 반영하고 있으며, 현장 실습을 조직하기 위한 전담 인력도 배치해 운영하는 것으로 조사됐다.

다음에 제시하는 〈표 10〉은 홍콩과 싱가포르에 있는 대학에 설치된 주요 저널리즘 학부의 교과과정과 관련 자료를 정리한 내용이다.

홍콩과 싱가포르의 대학들은 대체로 미국의 오레곤대학교나 노스캐롤라이나대학교 등과 비슷한 교육 체제를 갖추고 있다. 이 대학들은 역시 독립된 학부를 유지하는데, 저널리즘을 중심으로 구성하는 미국 대학들과는 다르게 커뮤니케이션학부라는 명칭을 사용한다. 홍콩과 싱가포르 대학들이 커뮤니케이션학부라는 명칭을 사용하는 이유는 운용하는 세부 전공이 미국처럼 저널리즘 교육을 중심으로 짜여져 있지 않기 때문이다. 이 연구에 포함된 홍콩의 중문대학이나 침례대학, 싱가포르의 난양기술대학은 커뮤니케이션학부 내에 설치한 세부 전공으로 방송 제작과 뉴미

〈표 10〉 아시아 대학 언론학 교육의 구조

	Chinese University of Hong Kong	Hong Kong Baptist University	Nang Yang Technological University
전공명	Journalism	Journalism	Journalism and Publishing
학부 전공 구분	5 tracks: Journalism Broadcasting Advertising and Public Relations Multimedia and Telecommunications Communication Studies	3 departments: Cinema & Television Communication Studies Journalism - 3 concentrations: English Print Journalism Chinese Print Journalism Broadcast Journalism	4 divisions: Journalism and Publishing Electronic and Broadcast Media Public and Promotional Communication Communication Research
소속 대학 학부	School of Journalism and Communication	School of Communication	School of communication and Information
교수 수	14명(학부)	28명(학부) 9명(전공)	39명(학부) 9명(전공)
설정 과목 수	7개(공동) 12개(심화)	49개(공동) 25개(심화)	13개(공동) 12개(심화)
졸업이수학점	123학점	100-102학점	137학점
전공이수학점	64-72학점	52-58학점	97학점
전공필수학점	36학점	12학점	65학점
교양필수학점	17학점	27-30학점	40학점
인턴십	Internship Experience (1학점)	Internship (0학점)	Professional Internship (5학점) (3학년생 필수, 24주간)

* ABC순, 2004년 말 기준

디어, 커뮤니케이션 연구, 영화와 텔레비전학 등을 포함한다. 홍콩과 싱가포르 대학들이 이러한 교육 모델을 운영하는 이유는 홍콩과 싱가포르의 저널리즘 인력 시장이 상대적으로 적은데다 방송 제작이나 영화 등 다른 커뮤니케이션 산업 분야 인력을 미국 대학처럼 별도로 육성할 수 있는 기반을 갖추고 있지 못하기 때문으로 판단된다.

학교별 세부 전공 운영 실태를 보면 홍콩중문대학은 저널리즘 전공과 방송 전공, 광고와 PR 전공, 멀티미디어와 정보통신, 커뮤니케이션 연구 등의 5개 과정을 제공하고 있고, 홍콩 침례대학은 영화와 텔레비전 전공,

커뮤니케이션 연구, 저널리즘의 3개 학과를 운영한다. 침례대학의 경우는 저널리즘을 다시 3개의 구체적 과정으로 나누는데, 여기에는 영어 저널리즘 과정과 중국어 저널리즘 과정, 방송 저널리즘 과정이 포함된다.

싱가포르의 난양기술대학은 "커뮤니케이션, 정보학부"라는 구조 속에 4개의 전공 과정을 운영한다. 이들은 저널리즘과 출판, 전자와 방송 매체, 공중과 홍보 커뮤니케이션, 커뮤니케이션 연구 과정으로 구성돼 있다. 저널리즘 전공 분야만을 보면 신문과 방송, 잡지 저널리즘의 세부 과목들이 모두 한 전공과정 속에서 교육되고 있음을 알 수 있다.

홍콩과 싱가포르 대학들의 커뮤니케이션학부에서 유지하는 교수진의 규모는 〈표 4〉를 보면 홍콩 중문대학은 14명, 침례대학은 28명, 싱가포르 난양대학은 39명으로 조사됐다. 중문대학은 상대적으로 규모가 작고 학부내 전공도 독립성이 적은 것으로 확인됐고, 침례대학과 난양기술대학은 세부 전공별로 10명 정도의 교수진을 확보하고 있음을 알 수 있다. 교수 1인당 과목수는 중문대학은 1.3개, 침례대학은 8.2개, 난양기술대학은 2.7개 정도로 추산된다. 이 세 학교는 학부 내 공동 교과과목이 많은 비중을 차지하고 있어 실제 교수들의 부담은 이보다 적을 것으로 판단된다. 세 학교 모두 인턴십 프로그램을 적극적으로 활용하고 있다. 특히 난양기술대학은 3학년 2학기에 모든 학생에게 5학점짜리 현장실습과목을 이수하도록 요구한다. 학생은 24주에 이르는 기간 동안 학교를 떠나 언론사에서 일을 해야 하며, 4학년 때는 실무 능력이 반영된 프로젝트를 완성해야 졸업할 수 있다.

6. 결론 및 논의

1) 바람직한 저널리즘 전공 운용 구조

바람직한 저널리즘 교육에 대한 논의는 크게 3가지 차원으로 구분된다. 첫째는 학문 영역으로서의 편제 문제에 대한 고려다. 이번 연구를 통해 다시 확인할 수 있었던 사실은 한국 대학의 커뮤니케이션학 교육은 1950년대 중반 이후 학과의 명칭을 신문학과에서 신문방송학과, 언론정보학과 등 지속적으로 바꾸며 발전을 도모해왔으나, 근본적으로는 이강수(1973)가 지적한 "모호한 정체성"의 문제를 극복하지 못했다. 따라서 대부분의 대학들은 특히 1990년대 이후로 급격히 관련 학과들을 설치했으나 기본적으로 사회의 수요나 학생들의 희망과는 거리가 먼 이론 중심의 백화점식 교육 모델을 지속하는 것이 현실이다.

두 번째 차원은 저널리즘을 전공하려는 학생들에게 과연 어떠한 교과목들을 어떠한 순서와 수준으로 편성해 제공할 것인가의 문제다. 이는 전공을 유지하기 위해 최소한으로 필요한 교수진의 규모는 어느 정도인가의 문제를 포함한다. 여기에는 이와 함께 실무 능력을 교육하는 교수들의 자격도 중요한 고려사항일 수밖에 없다.

바람직한 교육 환경을 위한 세 번째 고려사항으로는 실습 강의의 적정 규모에 대한 내용과 언론 현장 실습의 제도화 등을 생각할 수 있다. 저널리즘 전공의 교육 내용이 현실의 실무 능력을 배양하는 것을 목적으로 하는 이상 이 문제에 대해서도 구조적 틀을 마련하지 않고는 내실 있는 교육을 제공할 수 없기 때문이다.

2) 전공학과의 바람직한 구조

앞에서 미국 대학들과 홍콩과 싱가포르의 대학에서 저널리즘 전공을 어떠한 구조에서 교육하는가를 제시했다. 해외 대학들의 전공 구조는 크게 2가지 모형으로 구분된다. 하나는 노스웨스턴대학교와 텍사스대학교의 모형으로 저널리즘 교육을 최근 기술 추세와 산업 현황까지를 반영해 매우 세밀하게 세부 전공으로 분리해 제공하는 경우다. 이 학교들은 이러한 틀을 가지고 신문과 방송 저널리즘을 독립적인 전공으로 나누고 뉴미디어, 잡지 저널리즘도 구분해 교육과정을 제공한다. 이러한 제도의 장점은 학생들이 매우 깊이 있는 지식과 직능을 익힐 수 있다는 점이다. 미주리대학교나 노스캐롤라이나대학교, 오레곤대학교 등은 이들만큼 세밀하지 않지만, 인쇄 매체와 전자 매체, 사진 저널리즘 등의 전공 영역을 분리시켜 교육한다.

해외 대학들이 제시하는 두 번째 모형은 저널리즘을 하나의 전공으로 유지하고, 거기에 방송 제작, 광고, 홍보학, 커뮤니케이션 이론 등의 영역을 병렬적으로 함께 제공하는 방식이다. 이는 홍콩과 싱가포르 대학들이 일반적으로 택하는 모형이고 미국에서도 오레곤대학교 등은 이러한 틀에서 저널리즘 교육을 실시한다. 이 대학들은 전통적으로 저널리즘 분야가 주도적 역할을 하기 어려웠던 환경에서 커뮤니케이션학을 도입해 교육해 왔을 것으로 짐작된다. 따라서 이 학교들에서는 신문과 방송 저널리즘, 잡지, 사진 저널리즘 등이 하나의 전공 영역에 묶여 있는 경우가 많다.

한국 대학의 저널리즘 교육 현황은, 가장 전공 영역이 세분화돼 있는 이화여대의 경우도, 홍콩이나 싱가포르 대학의 모형과도 거리가 멀다. 전공의 명칭을 저널리즘과 정보학을 융합해 제시하는 데서 알 수 있듯이 두 개의 전공 영역을 묶어서 제공하기 때문이다. 서울대나 연세대, 고려대 등은 더 많은 커뮤니케이션 분야들을 모두 묶어서 하나의 전공으로 운영하는 것이 현실이다. 그리고 이러한 현실이 제기하는 문제들은 앞서 문헌 연구부분에서 다양한 언론학자와 언론인들의 글을 통해 종합적으로 정리해 제시했다. 따라서 저널리즘 교육을 체계적으로 실시하려면, 한국 대학의 커뮤니케이션학 전공 구조는 근본적으로 바뀌어야 한다.

가장 시급한 변화는 백화점식 이론 교육의 구조를 집중과 선택을 통해 학교별 고려에 따라 1～3개의 세부 전공 분야로 특화하는 것이다. 커뮤니케이션이론 전공을 원하는 학교는 이론과 연구 중심의 교과과정을 짜고, 방송 제작과 영상 제작으로 집중을 원하면 그러한 방향으로 전공 교과과정을 편성하고 전공 명칭도 그렇게 좁혀야 한다는 의미다. 저널리즘 전공을 유지하려면 현 상황에서는 최선의 선택이 홍콩과 싱가포르대학 정도의 세분화라고 판단된다. 신문과 방송, 잡지 저널리즘을 노스웨스턴 대학교처럼 세분하는 것은 그 다음 단계에 고려할 수 있는 발전 방안이다.

3) 바람직한 교과과정 구조와 교수진 규모

전공에 필요한 교과목 수는 세계적 추세가 12과목에서 15과목 정도로 조사됐다. 이는 대체로 36학점에서 48학점 정도를 의미한다. 저널리즘 전공 과목은 다시 기초 과목과 심화 과목, 이론 과목과 실습 과목으로 구분할 수 있는데 기초 과목과 심화 과목이 50% 정도씩 배분되도록 교과과정을 짜는 것이 바람직하다. 실습 과목은 철저하게 수강 순서를 고려해 학생들이 단계적으로 실무 능력을 익힐 수 있도록 구조화해야 한다. 선진적인 학교들은 대체로 기초적인 기사 쓰기 과목을 2학년 1학기에 배치하고, 학기가 올라가면서 에디팅 과목과 중·고급취재과목, 국제·경제·문화보도 등 분야별 전문 보도 과목과 탐사보도나 CAR 등의 과목을 4학년 무렵에 개설한다. 필수적인 이론 과목으로는 저널리즘의 철학과 역사, 언론윤리 과목과 법률 제도에 관한 과목들을 설치해야 하고 언론 현장을 체험하고 자신의 기사를 축적할 수 있는 현장 실습 과정도 정규 과목으로 제공돼야 한다.

이러한 구조의 교과과정을 운영하려면 적어도 10명 정도의 교수가 필요하다. 그래야 1인당 책임 강의수가 2개 정도에서 유지될 수 있다. 적어도 교수의 50% 정도는 저널리즘 실무를 다뤄본 경험이 있는 사람으로 임명해야 한다. 또 필요에 따라 현업에 종사하는 언론인들을 강사로 초청해 활용할 수 있도록 유연한 교수 운용 제도를 활용할 수 있어야 한다.

4) 바람직한 강의 규모와 현장 실습 제도

미국저널리즘교육인증협회는 실습 과목의 경우 이상적인 강의 규모를 15명으로 규정했다. 그 규모를 넘으면 내실 있는 교육이 어렵다는 뜻이다. 한국 대학에서도 비슷한 기준이 필요하다. 많아도 20명을 넘어가면 학생의 특성을 파악할 수 있는 교육은 어려워진다. 미국 대학들은 현장 실습을 필수 과정으로 규정하고 담당자를 두어 적극적으로 지원한다. 한국에서도 언론사들이 인턴십을 제도화하기 시작해서 과거보다는 실시 여건이 좋아졌다. 바람직하게는 적어도 1학기 정도를 학교를 떠나 언론 현장에서 직접 체험하며 학습할 수 있는 제도가 운영돼야 한다.

5) 직업 교과와 교양 교과의 바람직한 비율

국내 대학들은 저널리즘 교육과정 자체가 분명하게 정립돼 있지 못한 현실이기 때문에 어느 학교도 직업 교과의 내용이 충실하지 못하다. 이러한 구조적인 상황은 결과적으로 교양 교과에 대한 성찰도 체계적으로 할 수 없는 조건을 형성해왔다. 교과과정에 대한 논의가 항상 직업교육의 내실화에 초점을 맞춰야 했기 때문이다.

1980년대와 1990년대 본격적으로 커뮤니케이션 교육을 도입한 싱가포르와 홍콩의 대학들도 이 문제에 관한 한 사정이 비슷하다. 최근에야 현재의 커뮤니케이션 교육 모형이 정착됐기 때문이다. 그러나 이미 100년에 걸쳐 저널리즘 교육을 체계적으로 실시해온 미국 대학들은 역으로 학생들이 직업교육에만 매몰되는 가능성과 그로 인한 지적 성장의 불균형을 우려해왔다. 그 결과는 인증 기관인 미국저널리즘교육인증협회의 평가기준으로 제도화했다. 이러한 배경으로 인해 미국 대학의 저널리즘 학부들은 교양과 직업교육의 상대적 비율을 75대 25 수준으로 유지해야 한다. 그렇지 않을 경우 인증 과정에서 나쁜 평가를 받게 된다. 교양 교과의 내용은 물론 학교별로 다르게 부과된다. 중요한 점은 이러한 의무 사항이 분명히 학생들에게 공지되고, 졸업 요건을 심사할 때도 중요한 심사기준으로 작용한다는 사실이다. 한국 대학에서도 이러한 기초, 교양 교육의 중요성에 대한 고려가 제도적으로 정착돼야 한다.

참고문헌

곽복산 · 고명식 · 김규환 · 박유봉 · 윤희중 · 이만갑 · 임근수(1965. 2). "신문연구좌담회: 저널리즘 교육의 현황과 문제점." 『신문평론』 10: 28～35.

강현두 · 윤희중(1973. 9). "한국에 있어서 매스콤 교육의 현황과 문제점." 『신문평론』 44: 57～61.

김창렬 · 최준(1977. 8). "신문방송학과의 현실과 문제점: 교수와 국장과의 대담." 『신문과 방송』 81: 52～56.

박유봉(1979. 4). "대학신문학교육의 어제와 오늘." 『신문과 방송』 101: 52～55.

서정우(1999). "언론학의 진로: 특화된 교육, 학부, 대학원 차별화가 과제." 『신문과 방송』 341호: 8～11.

송건호(1973. 11). "특집: 바람직한 신문학과 교육." 『신문평론』 45: 30～34.

송우천(2001). "언론학 교육에서 이론과 실제." 『한국언론정보학보』 17: 61～84.

이강수(1973). "한국신문학 교육의 문제성과 방향." 『신문학보』 6: 69~95.
장원호(2000). "한국언론교육의 장래를 위해." 『저널리즘 비평』 31: 91~95.
조동시(1999). "언론 관련 학과 현황: 총 75개 대학 86개학과, 90년 이후 급증." 『신문과 방송』 341: 30~33.
차배근(1997). "정보화 시대에서 언론학 교육의 방향과 과제." 『저널리즘 비평』 22: 44~46.
하종원(1987. 1). "연구논문: 전국 신문방송학과 커리큘럼 내용분석." 『신문과 방송』 193: 43~58.
______(1997). "언론학 교육의 조화와 균형." 『저널리즘 비평』 22: 57~60.
한국언론연구원 엮음(1997). "언론인의 전문성 제고방안." 『한국언론연구원 연구보고서 97-1』.
한국언론학회 엮음(2001). 『언론학 교과목 현황 자료집』. 서울: 한국언론학회.
『미디어 오늘』 2001년 9월 20일자.

Accrediting Council on Education in Journalism and Mass Communications (1995-6). *Accredited Journalism and Mass Communications Education*. ACEJMC handbook.
AEJMC Curriculum Task Force(1996). "Challenge: Responding to the challenge of change." *Journalism & Mass Communication Educator*. 50: 16~25.
Association for Education in Journalism and Mass Communication(1996). "A report on the findings of the AEJMC curriculum task force." *Journalism & Mass Communication Educator 50(4)*: 102.
AEJMC.(2001). *Journalism and Mass Communication Education: 2001 and Beyond*.
Barringer, F.(2003). "At Columbia, Journalists and the Faculty Rewrite a Journalism Curriculum." *The New York Times*. Feb. 22, 2003(B3).
Dennis, E. E., Meyer, P., Sundar, S. S., Pryor, L., Rogers, E. M., Chen, H. L. & Pavlik, J.(2003). "Symposium: Learning Reconsidered: Education in the Digital Age." *Journalism and Mass communication Educator 57(4)*: 292~317.
Dickson, T.(2000). *Mass media education in transition*. Mahwah, NJ: Lawrence Erlbaum Associates.
Froehlich, R. & Holtz-Bacha, C.(eds.)(2003). *Journalism Education In Europe and*

North America: An International Comparison. Cresskill, NJ: Hampton Press.

Keller, T.(1996). "Small colleges may lead the way in curriculum for the 21st century." *Journalism & Mass Communication Educator 51*: 77~81.

Kopper, G. G.(2003). "Eurojournalism: Aims and Programs for Future European Journalism." In Froehlich & Holtz-Bacha, *Journalism Education in Europe & North America*. pp.285~306.

Medsger, B.(1996). *Winds of change: Challenges confronting journalism education*. Arlington, Virginia: Freedom Forum.

Scott, S. D.(1995). "The technological challenge for curriculum and instruction." *Journalism & Mass Communication Educator 50*: 30-40.

Weaver, D. H.(2003). "Journalism Education in the United States." In Froehlich, Romy & Haltz-Bacha, Christina. *Journalism Education In Europe and North America*. Cresskill, N.J: Hampton Press.

Weaver, D. H. & Wilhoit, G. C.(1996). *The American Journalist in the 1990s: U. S. News People at the End of an Era*. Mahwah, New Jersey: Lawrence Erlbaum.

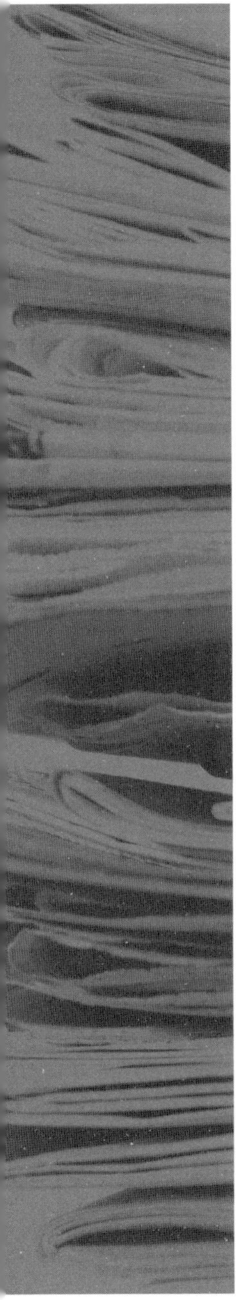

4부

한국 사회의 저널리즘 철학

: : 자유 언론이 가능하려면

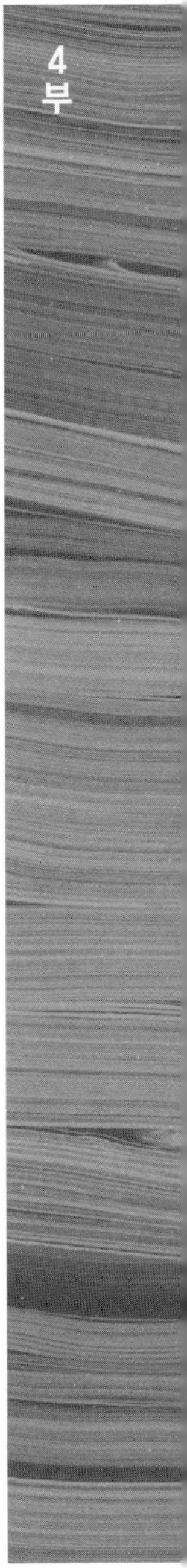

10장

민주화와 언론의 자유*

: 1980년대의 통제 구조는 사라졌는가?

1. 민주화와 언론 자유

1987년 6월 전국민의 저항으로 억압적 권위주의 체제가 해체되기 시작하면서 한국 사회는 광범위한 민주화의 과정을 진행해왔다. 한승주(1991)는 이 같은 근본적 변화를 일컬어 "한국 역사의 새로운 장을 여는 모험"(pathbreaking venture)이라고 했다(p.92). 민주적 정치 체제의 실험은 언론 활동의 자유도 크게 확장했다. 1987년부터 1993년 사이 한국 신문의 숫자는 30개에서 100개로 무려 3배가 늘었다(신문방송연감, 1994, p.299). 서울방송을 포함해 5개 지역 민방이 새로 태어났다. 1995년 24개의 프로그램 제공자와 50개 지역 방송국으로 시작한 유선방송은 최근 가입자가 100만을 넘어서는 성장을 계속하고 있다(신문방송연감, 1994, pp.309~313). 1995년 발사된 2개의 무궁화 위성은 1996년 7월 KBS의 시

* 이 글은 『Gazette』 59(2)(135~149)에 실린 "Press Freedom & Democratization: South Korea's experience and some lessons."(Lee, Jae-kyoung, 1997)와 같다.

험 방송 시작과 함께 위성 방송 시대를 열었다.

이 같은 변화는 한국의 매체 환경을 혁명적으로 바꾸었다. 휴블과 데니스(Heuvel and Dennis, 1993)는 "한국의 언론은 바야흐로 황금기를 맞고 있다"고 말한다. 그들은 또 "언론은 정부의 비판에 있어 과거 어느 때보다도 자유롭고, 전에는 건드리지 못했던 문제들을 다루며, 아무런 장애 요소 없이 확장을 거듭한다"고 주장했다(p.13). 1995년 서울에서 44차 세계총회를 연 국제언론인협회(International Press Institute, 이하 IPI)의 회장 라벤톨(Laventhol) 또한 "한국의 언론은 과거 그 어느 시절보다도 활기차며 개방적"이라는 의견을 제시했다(1995, p.4).

그런가 하면, 다른 사람들, 특히 비판적 연구자들과 언론 노동운동가들은 언론의 통제 구조와 뉴스 제작 과정에 대한 제약은 과거와 크게 달라진게 없다고 주장했다. 예를 들면, 전국언론노동조합 연맹이 발행하는 주간 신문 『미디어 오늘』은 민주적 정부가 지배하는 오늘날에도 과거의 언론감시 체제가 그대로 존속한다고 보도했다(1995년 5월 17일자). 이 신문에 따르면, 국가안전기획부는 일상적인 언론 활동의 감시를 위해 각 신문과 방송사 담당자 제도를 민주화 이후에도 계속 유지했다.

과연 한국의 언론은 1980년대 권위주의 시대에 비해 얼마나 더 자유로운가? 민주화 과정에 의해 이루어진 긍정적인 변화로는 어떠한 것이 있는가? 만약 이 같은 변화에 한계점이 있다면 어떠한 내용을 포함하는가? 정부가 뉴스 제작 과정에 행사하는 통제에 중요한 질적인 변화가 있었는가? 연구자는 중견 기자들과의 심층 인터뷰를 통해 이 같은 문제들에 대한 답을 찾아봤다. 이 연구는 이러한 현장 조사 결과를 바탕으로 한국 언론의 경험이 갖는 이론적 의미를 검토하고, 한국의 상황에서 자유 언론의 체질을 제도적으로 강화할 수 있는 몇 가지 실천적 방안도 제시한다.

1) 언론 자유와 사회 변화

정치와 경제 발전의 수준과 언론 자유의 관계는 오랫동안 커뮤니케이션 연구자의 관심사로 자리잡아왔다. 이 문제는 전통적으로 러너(Lerner, 1957)와 파이(Pye, 1963), 슈람(Schramm, 1964)에 의해 제안되고 발전된 커뮤니케이션과 근대화의 실용주의적인 개념틀 안에서 학문적 논의가 진행돼왔다. 일반적으로 "발전 커뮤니케이션" 학파로 알려져 있는 이들 학자들의 주요 주장은 "커뮤니케이션 시스템은 전체 사회 시스템 변화의 지표이자 중심 변화 요인(both index and agent of change) 이라는 말로 요약된다"(Lerner, 1957, p.267). 다른 말로 하면, 한 사회가 근대화하기 위해서는 커뮤니케이션과 언론 매체의 발전은 절대적으로 필수불가결한 요건이라는 뜻이다. 그러나 유감스럽게도 이들 학자들은 언론 자유의 문제나 언론인의 독립성, 일반 국민의 정치적 의사 결정과정에 대한 참여 등의 문제에는 거의 관심을 표시하지 않았다. 닉슨(Nixon, 1960)과 켄트(Kent, 1972), 로웬스타인(Lowenstein, 1976)과 위버(Weaver, 1977) 등 일단의 커뮤니케이션 연구자들은 이들 학자들의 이론적 틀을 받아들여 세계 각국의 상대적인 언론 자유 정도에 어떠한 사회경제적 변인들이 영향을 미치는지를 밝혀내기 위한 연구에 힘을 기울였다. 이들은 이와 함께 세계 모든 나라들에 두루 적용할 수 있는 언론 자유의 지표를 개발하기 위해 많은 노력을 기울이기도 했다. 이를테면, 닉슨(Nixon, 1960)은 일인당 소득과 문맹률, 신문 발행부수 등의 변인이 각 사회의 언론 체제가 갖는 특성들과 어떠한 관계를 맺고 있는지를 밝히려는 분석을 시도했다. 그 결과 나라별 개인 소득의 수준은 그 나라의 언론 자유도를 예측하는 데 강력한 자료가 된다는 결론에 도달했다. "어느 사회건 개인의 소득 수준이 높은 나라에서는, 정치적 민주주의와 동시에 그에 상응하는 수준의 언론 자유가 발견된다" (pp.22~23).

그러나 하-텐(Hachten, 1989)의 관찰은 위에서 제시된 주장들을 정면으로 부정한다. 그가 말하는 "언론 자유 없는 매체의 발전"(media development without press freedom)이란 언론의 자유와 매체의 발전은 서로 나란히 진행하지 않을 수도 있다는 가능성을 지적한다. 하-텐의 주장에 따르면, 싱가포르는 매우 높은 수준의 경제 발전을 이뤘으나, 그 나라의 언론은 그에 상응하는 수준의 자유를 누리지 못하고 있다. 이재경(1991) 은 하-텐의 분석을 수용하면서, 한국과 대만, 싱가포르 등 동아시아 지역의 현상을 "지속적인 성장을 유지하기 위해 개발독재 체제들이(development dictatorship) 언론의 자유를 조직적으로 희생시켜온 모순적 발전 양태"라고 요약한다. 그러므로 이 같은 상황에서는 언론의 자유보다 부자유에 대한 설명이 더 중요한 의미를 갖게 되고 그 같은 상황이 조성된 원인을 이해하려면 시민사회(Civil Society)나 공개적 토론장(Public Sphere) 등의 성격과 저발전에 대한 체계적 분석이 진행돼야 한다는 것이 그의 주장이다. 하-텐이나 이재경의 작업은 모두 이론적 시각의 전환을 요구하는 거시적 관찰의 제시로 이해된다. 그러나 이들 연구는 그 설계의 한계 때문에 한 사회의 언론 자유가 구체적으로 어떠한 단계를 거쳐 중요한 질적인 변화를 거치는지를 설명하지 못한다.

다행히 동유럽 사회주의 국가들의 해체와 동아시아 권위주의 체제들의 붕괴는 이 문제를 구체적으로 분석해볼 수 있는 기회를 제공했다. 야쿠보비치(Jakubowicz, 1995)가 시도한 동유럽 사회에 대한 연구는 이 같은 관심사를 실천한 좋은 예이다. 그는 이 지역의 매체들이 정치적 자유가 확대되면서 점차 "탈독점화"의 과정을 겪고 있고 독립성도 더 많이 확보해가고 있다고 진단한다. 그러나 야쿠보비치는 동시에 이런 발전이 한 방향으로만 진행되는 순탄한 것이 아님을 지적하기도 한다. 그의 주장에 따르면, 동유럽의 여러 사회에는 국가의 언론통제 구조가 여전히 강력하게 남아 있다. "중부와 동부 유럽의 많은 국가에서는 정부 기관과 언론 매체를 잇는 탯줄(the umbilical cord) 이 전혀 약화되지 않았다"(p.132). 그가 주장하는 이 문제의 핵심적 원인은 "특권적으로 확보된 언론에 대한 접근권을 놓치지 않으려고 끊임없이 노력하는 정치인들의 욕심"이다(p.137). 염규호가 실시한 한국에 대한 분석은 또다른 측면에서 좋은 예가 된다. 그는 한국의 언론 자유가 크게 신장됐다고 인정한다. 그러고는 토론의 관심을 언론 내부의 문제로 돌려 기자들이 촌지를 받는 비윤리적 관행과 회원이 아니면 출입처의 접근을 봉쇄하는 폐쇄적인 기자단 제도 등을 비판한다(p.121). 염규호(1994)의 주장은 이 같은 관행들은 자유 언론의 이념과는 잘 어울릴 수 없다는 내용으로 요약된다. 이와 동시에 염규호는 언론 자유는 언론인의 자유와 구분돼야 한다는 의견을 제시한다. 메릴(Merrill, 1989)의 개념을 인용하면서 그가 전개하는 주장에 따르면, 이제 정부가 언론사의 뉴스 제작 과정 등 내부적 작업에 간섭하는 일이 없어졌으므로, 언론 자유의 문제는 언론사 사주나 경영진들의 뉴스 선택등에 대한 압력으로부터 어떻게 하면 전문적 언론인들의 자유를 확보하고 기자들의 독립성을 강화할 수 있는가에 촛점을 맞추어 논의되고 연구돼야 한다는 것이다(p.116). 말할 나위 없이 여기서 염규호가 강조하는 내용은 발행인의 자유는 언론인의 자유로 반드시 연결되지는 않는다는 점이다.

2) 거시적 관찰과 인터뷰

이 연구는 야쿠보비치와 염규호의 작업과 맥을 같이한다. 그러나 이들 연구들이 개념적 논의를 주로 전문가적 관찰에 의존해 진행하는 데 비해, 이 연구는 뉴스를 제작하는 현장에서 민주화의 구조적 변화 과정의 구체적 현실을 체험한 현역 언론인들의 경험을 기록하고자 하는 점에서 다른 연구와 커다란 차이가 있다. 이 연구의 목적은 일차적으로 현장 언론인들의 언어를 통해 그들의 현실 인식을 파악하는 데 있다. 이 작업을 통해 이 연구에서는 1980년대 후반 이후 취재 보도 현장에서 무엇이 변화했으며 또 변화하지 않은 것은 무엇인가, 정부의 통제 구조는 얼마나 완화됐으며 여전히 남아 있는 요소는 무엇인가 등을 밝혀보려 했다. 이 연구는 이와 함께 정부와 언론의 관계에 대한 언론인들의 인식은 어떠한가도 조사했다. 이 연구는 또 통제력의 행사에서 서로 다른 매체, 이를테면 신문과 방송 사이에 차이점이 존재하는가, 민주화가 진행되는 동안 새롭게 추가된 통제 요소는 없는가 등의 문제를 다뤘다. 이 같은 목적을 위해, 이 연구는 인터뷰에 응해준 언론인들에게 민주화가 시작되기 전과 10년 정도의 시간이 지난 1990년대 중반의 두 시점을 비교하도록 일련의 질문을 제기했다. 이 같은 연구 설계는 범사회적으로 진행되는 민주화의 구조적 변화가 언론 자유의 현실적 조건들과 어떠한 관계를 갖는가를 구체적으로 밝히는 데 도움이 되었다.

3) 역사적 배경: 5공 시대의 언론통제 구조

정치적 민주화가 진행된 이후 한국 언론이 어떠한 성격의 변화를 겪었는가, 그리고 그러한 변화의 강도는 어느 정도인가를 이해하려면, 1987년 이전 권위주의 시대의 언론통제 구조에 대한 이해가 필수적이다. 이재경(1993)은 1980년대 군사 정부의 언론 정책은 크게 3가지 정책 행동으로 기조가 결정되었다고 주장한다.

첫 번째 조치는 전국의 언론사로부터 반체제적 입장의 언론인들을 대량으로 해고한 것이다. 주로 비윤리적 행동이나 또는 언론인으로서의 능력 부족 등의 이유를 들어 군사정부는 700여 명의 기자와 편집자들을 해고했다. 두 번째 조치는 전체 언론 산업 구조의 재편이다. 27개의 일간지들을 21개로 통폐합하고, 1개 국영 방송과 2개 민영 방송으로 운영되던 방송 산업을 갑작스럽게 2개의 공영 방송 네트워크로 재편했다. 마지막 단계는 언론기본법의 제정이다. 이 법에서 가장 문제가 됐던 독소 조항은 문화공보부장관으로 하여금 문화공보부의 심사에 의해 어떤 정기 간행물에 관계없이 인가를 취소하거나 정지시킬 수 있는 권한을 갖도록 한 점이다. 이들 3가지 조치는 1980년대 언론통제의 거시적 틀을 구성한다.

이재경(1993)은 이들 제도적 조치들외에 언론인들의 일상적 활동을 감시하고 견제하는 3가지의 통제 구조가 별도로 존재했다고 밝혔다. 하나는 사장을 포함한 언론사 간부의 정치적 임명이다. 전두환 대통령은 KBS와 MBC 양대 방송의 사장을 거의 예외 없이 자신의 대변인 출신들로 임명했다. 또 정부의 직접적 영향 아래 있던 서울신문과 경향신문의 인사에도 직접적인 영향력을 행사했다. L.A. 타임스의 한 기사는 이때의 상황을 전하는 기사에서 전두환 정부는 언론사 인사에서 "한 텔레비전 네트워크 경우 지방사 사장의 거의 50% 정도를 과거 군 출신으로 임명하기도 했다"는 내용을 포함하기도 했다(1987년 8월 17일자, 6면). 여기서 당연히 상정할 수 있는 점은 이렇게 임명된 언론사 간부들이 중요한 하부 직책들을 친정부적 인사와 충성심 등을 고려해 채웠으리라는 사실이다.

언론통제에 활용된 또 하나의 장치는 경찰과 보안사, 안기부 등 사찰기관에 의한 일상적인 언론사와 언론인에 대한 감시와 견제 활동이다. 전두환 정부 시대 기자를 하던 사람들은 모두 위에 언급된 3개의 기관들이 각 언론사에 담당자를 개별적으로 배치하고 경쟁적으로 정보 수집 활동을 실시한 사실을 알고 있다.

세 번째로, 뉴스 제작 과정에 대한 보다 근본적인 간섭은 문화공보부에서 실시한 보도 지침의 하달이다. 이는 어떤 뉴스는 어떻게 보도하라는 식의 지침으로 편집국과 보도국에 매일매일 구체적으로 전달하는 행위를 말하는데, 국민 의식을 정부에서 직접 조작해보려는 의도를 구체적으로 보여준 행동이다. 이때 전달된 보도지침들은 매우 상세한 내용으로 어느 기사를, 몇 면에, 어느 정도 크기로 싣고, 제목은 어떻게 뽑는 것이 바람직하다는 내용까지 제시했다. 이는 홀(Hall, 1980)이 얘기하는 뉴스 기호화(encoding of news)를 철저하게 정치적으로 실천한 중요한 사례로 기록될 수 있다. 뮐러(Mueller, 1973) 의 연구에 따르면, 이와 같은 사례는 독일 히틀러 시대에 괴벨스가 사용하던 언어 조작 행위에서도 발견됐다. 전두환 정부는 이러한 조치를 통해 현실의 의미들이 공식적으로 국민에게 규정되는 방향을 통제하고자 했다. 이 같은 조치들을 지속적으로 강력하게 실시함으로써 권위주의 정부는 뉴스 제작 과정의 핵심을 통제할 수 있었다. 그러면 이러한 언론통제 구조는 지금 어떻게 바뀌었는가? 민주화의 진행은 간섭적 정부의 억압 구조를 성공적으로 해체시켰는가?

4) 선정된 언론인과의 인터뷰 실시

모두 14명의 중견 언론인들이 면담 조사의 대상으로 선정됐다. 9명은 신문사 종사자였고 5명은 방송 언론인이었다. 가능한 한 서울의 중앙 언론사들은 모두 조사 대상에 포함하려고 노력했다. 직급이나 출입처별 대표성을 추구하지는 않았으나 면담 대상 언론인들의 취재 영역과 회사에서의 위치 등을 다양하게 반영하려는 노력도 기울였다. 면담에 응해준 언론인들 가운데 6명은 정부의 영향력 아래 있는 언론사에서 근무하는 사람들이었고, 8명은 독립적 언론기관 종사자였다. 여자 언론인은 2명이었다.

〈표 1〉 매체별 면담 대상 언론인 수

신문	방송	합계
9	5	14

〈표 2〉 성별 분포

남자	여자	합계
12	2	14

조사 언론인들의 평균 근무 경력은 14.5년이다. 이들 가운데 11명은 5공 시절 언론인으로 일한 경험이 있고 3명은 권위주의 정부가 무너진 뒤에 기자 일을 시작했다.

〈표 3〉 근무 경력별 분포

10년 이하	10년 이상	합계
3	11	14

인터뷰는 1996년 1월 26일에서 2월 12일 사이에 실시했다. 대부분 인터뷰는 30분에서 1시간 정도의 시간이 걸렸다. 면담자들의 신원을 보호하기 위해 인터뷰를 시작하며, 언론인들에게 조사된 정보는 최종 논문을 작성할 때 익명으로 사용하겠다는 약속을 했다. 따라서 이 책에서 언론인들은 언론인 A와 언론인 K 등 익명을 사용해 지칭한다. 질문과 답변은 모두 녹음해서 뒤에 전문으로 풀어낸 뒤, 자료로 활용했다. 모든 인터뷰는 다음의 질문으로 시작했다. “현장 취재 기자나 편집자로서, 선생님은 과거 권위주의 시대와 비교할 때 현장에서의 취재 보도 활동이 더 자유스럽다고 느끼십니까?” 그런 다음 답변의 방향에 따라 후속 질문들을 이어갔는데, 질문들은 기본적으로 언론인들이 현장 활동에 대해서 스스로 어떠한 인식을 갖고 있는가를 밝힐 수 있는 성격이었으며, 또 이 같은 인식이 갖는 의미는 무엇인가를 토론하는 내용도 포함됐다. 대표적인 후속 질문으로는 “편집/보도국의 뉴스 제작 과정을 규제하는 분위기를 계속 유지시키는 요소들이 있다면 어떠한 것들입니까? 또는 어떻게 하면, 또는 어

느 때쯤이면, 현존하는 언론 자유의 문제들이 해결될 수 있으리라고 생각하십니까?" 등을 들 수 있다.

언론 자유의 현황

"언론 환경은 전에 비해 크게 자유로와졌습니다. 그러나 이 자유는 껍데기 자유입니다"(언론인 A). 이 답변은 대부분 조사 대상 언론인들의 인식을 간결하게 요약한다. 이 연구를 통해 확인한 내용은 드러내놓고 존재했던 언론사와 언론인에 대한 과거의 사찰 구조는 사라졌다는 사실이다. 언론사에 대한 기관원들의 공개적 방문은 없어졌다. 과거의 보도 지침 관행도 중단됐다. 이 같은 변화는 신문과 방송 모두에서 공통적으로 확인됐다. 권위주의적 체제에서 존재했던 통제 구조와 비교하면 이는 괄목할 만한 발전이다. 1987년 제정된 새로운 정기간행물법은 언론 활동에 대한 제도적 틀을 크게 자유화했다. 그러나 이 같은 변화들만으로 오늘날 언론 자유의 현황을 모두 설명할 수는 없다.

다음은 다른 언론인의 의견이다. "그렇습니다. 강압적 위협 요소들이 대부분 사라진 것은 사실입니다. 그러나 과거에 우리를 위협하던 총과 칼은 사라졌지만, 회사 안팎으로 권력의 입장을 지지하도록 행사되는 압력은 여전히 분명하게 남아 있습니다"(언론인 B). 한 언론인은 또 이렇게 말한다. "새로운 법률적 제도가 더 많은 자유를 보장하는 것은 사실입니다. 언론인들의 의식도 민주화가 시작되던 초기에 비해 크게 진보했습니다. 그러나 여전히 벽 같은게 있습니다. 극복할 수 없는 장벽이 더 자유로운 환경을 만들지 못하도록 억누르는 느낌입니다"(언론인 C).

한 언론사의 차장은 좀 더 자세하게 상황을 설명한다.

> 통제라는 것은 말이죠. 우리는 이제 과거처럼 기관원들에게 끌려가서 조사를 받거나 하지는 않습니다. 그렇지만, 협조해달라는 요청은 과거와 별 차이

가 없다고 봐야죠. 이걸 압력이라고 할 수도 있고, 요청이라고, 또 부탁이라고 할 수도 있습니다. 이것은 표현의 차이일 뿐이죠. 이 문제와 함께 생각해야 하는 일은 우리가 기사를 쓰면서 권력에 있는 사람들이 보도된 기사를 보고 어떻게 반응할 것인가를 중요하게 고려한다는 점입니다(언론인 D).

다른 말로 하면, 특히 정부의 직접적인 영향력 아래 있는 언론사에서는, 정치 지도자들의 논평이 매우 중요한 힘을 행사한다는 것이다.

여기까지 논의를 요약하면, 과거에 존재했던 직접적이고 강압적인 언론통제는 이제 거의 없어졌다. 그러나 인터뷰에 응한 언론인들의 의견은 여전히 상당한 수준의 통제가 그들이 진행하는 매일의 작업을 구속한다는 것이다.

남아 있는 장애 요소들

그러면 민주화가 실험된 지 9년이나 지난 지금도 왜, 어떻게, 여전히 억압적 구조가 남아 있는가? 오늘날 뉴스 제작 과정을 제약하는 요소들은 어떠한 것들인가? 면담 조사 대상 언론인들은 이 같은 상황에 대한 설명으로 3가지 요소를 지적한다. 하나는 편집/보도국에 계속 남아 결정적인 힘을 행사하는 과거의 편집 간부들이다. 두 번째 요소는 언론사의 지극히 수직적, 권위적인 인사 관행이다. 세 번째는 한국의 전통적 문화에서 비롯된 권력과 언론의 관계에 대한 고정적 관념들을 들 수 있다.

과거 언론사 간부들이 계속 지배적 힘을 행사하는 문제에 대해 한 부장은 이렇게 말했다.

언론 관련 환경은 대폭적으로 바뀌었습니다. 그러나 사람이 변하려면 시간이 걸립니다. 이 문제는 언론인과 취재원 양쪽에 모두 해당됩니다. 언론의 의사 결정권자들이 거의 바뀌지 않았습니다. 따라서 젊은 기자들이 그들의 시각으로 써오는 기사들은 오래된 편집자들의 사고체계에 의해 희생되기 일쑤입니다(언론인 E).

다른 언론인은 대부분 언론사 간부들의 정치적 욕심을 가장 중요한 원인으로 지적한다.

나는 언론사의 지도적 인사들이나 책임자들이 갖고 있는 정치성이 문제라고 봅니다. 이 말은 이들이 반드시 공직에 출마하려 한다는 뜻은 아닙니다. 그저 힘 있는 사람들과의 관계를 잘 유지하는 것이 언론인, 특히 간부들에게는 매우 중요하다고 생각하는 것이 일반적인 관념이란 뜻이죠. 공직에 나서지 않더라도, 권력과의 좋은 관계는 언론인으로서의 경력을 관리하는 데도 중요하죠(언론인 F).

문제가 되기는 부장들부터 그 위의 간부들입니다. 뉴스에 관한 모든 것은, (……) 기사의 선택에서부터 상대적 중요성, 지면에 배치하는 일, 그리고 취재시각에 이르기까지 (……) 언론사 고급 간부들의 마음에 달렸습니다(언론인 G).

한 여성 언론인의 말이다. 그녀는 또 다음과 같이 얘기한다.

언론사의 간부들은 정치 지도자들과 매우 밀접한 개인적 관계를 유지합니다. 이들은 정치적 영향력으로부터 자유로울 수가 없습니다. 특히 어떤 기사가 한 간부가 아는 정치 지도자에게 불리한 내용일 때, 그 간부는 거의 틀림없이 해당 기사를 빼거나 크기를 줄이려 노력합니다(언론인 G).

또 다른 언론인도 전적으로 동감한다.

> 그들은 그들의 언론계 생활의 전부를 그같은 행동 양태로 살아왔습니다. 아마 그들은 그렇게밖에 살 수 없을 겁니다. 그들은 권위주의 시대에 권력의 비위를 맞추며 살아 남았습니다. 사실을 제대로 취재하고 보도하려 한 사람들은 예외 없이 정부가 아니면 회사에 의해서 제거됐습니다(언론인 E).

인터뷰에 응한 대부분 언론인들은 한국 언론에서 보도와 편집에 관한 결정력을 행사하는 사람은 부장 이상 부국장과 그 상급자들이라고 말한다. 그리고 이들은 거의 대부분 권위주의 시대를 통해 형성된 세계관과 현실 감각을 갖고 살아간다고 생각된다. 이 같은 이유 때문에 젊은 언론인들은 이들이 근본적으로 반민주적 속성을 갖는다고 생각한다.

두 번째로 지적된 것은 언론사의 인사 관행 문제이다. 한국 언론은 모두 대단히 경쟁적인 공채 시험을 통해 기자를 뽑는다. 대부분 경쟁률은 100대 1을 넘는다. 그러나 일단 수습기자들이 선발돼 편집/보도국에 배치되면, 그들의 언론계 경력은 거의 전적으로 편집 간부들과 경영진의 결정에 따라 좌우된다. 특히 편집/보도국장의 영향력은 거의 절대적이라서 회사를 떠나지 않는 한 개인은 경력 관리의 자유를 갖기가 매우 어렵다. 편집국장은 기자들의 취재와 편집 부서의 배치에 대해서 전권을 행사한다. 원칙적으로 인사는 토론이나 협상의 대상이 아니다. 이 문제에 대해 한 기자는 이렇게 얘기한다.

> 만약 발행인이나 회장 또는 편집국장이 어떤 문제를 취재하라고 지시하는 경우 일반 기자가 그 지시에 대해 이의를 제기하는 일은 거의 불가능합니다. 인사에 대한 두려움 때문입니다. 한번 부서 배치를 잘못 받으면 그 사람에게는 치명적일 수가 있습니다. 일단 한 번 어느 곳엘 가면, 그 부서에서 상당 기간 동안 있게 되죠. 그리고 한 사람이 간부들에게 찍히게 되면, 그 사람은 흔히 중요하지 않다고 생각되는 자리에서 많은 시간을 보낼 수밖에 없습니다(언론인 H).

조사 대상 언론인들은 이 같은 위협이 항상 존재한다고 말한다. 최종 의사 결정권자인 발행인만이 자유롭다는 얘기다.

방송의 경우는 이중적 압력이 행사되기 때문에 이러한 경향이 더욱 두드러지게 드러난다. 1가지 압력은 외부에서 직접적으로 행사되는 정부의 영향력이다. 두 번째 압력은 신문에서와 마찬가지로 인사권 사용에 의한 것이다. 양대 공영 방송인 KBS와 MBC의 사장은 여전히 대통령이 임명한다. 따라서 양 방송사 사장은 항상 정부의 정책 입장을 지지해야 하는 압력을 느낄 수밖에 없다. 양 방송 네트워크의 프로그램이 정부를 지지하는 방향으로 제작되도록 하기 위해 방송사 사장들은 각 사의 고위 간부를 임명할 때 충성심이 입증된 사람을 중심으로 쓰는 것을 당연시 한다.

> 나는 기관원들이 여전히, 물론 드러나지 않도록 조심하지만, 방송사 사람들의 인사자료를 만들어 보고하고 있다고 믿습니다. 만약 이러한 보고서들에서 어떤 사람이 문제가 있는 사람으로 정리되는 경우, 그 사람은 이를테면 보도국장이나 정치부장같은, 소위 말하는 좋은 보직을 얻기는 거의 불가능해진다고 볼 수 있습니다. 이러한 의미에서 인사권 활용을 위한 통제는 아직도 방송사를 묶어두는 결정적인 장치입니다(언론인 I).

앞에서 말한 것처럼, 내놓고 하는 기관원들의 위협적인 보도국 방문은 사라졌다. 그러나 대부분 방송 언론인들은 보이지 않는 감시 활동의 존재를 느끼고 있으며 이 같은 감시의 보고서들이 회사의 인사에 중요한 영향력을 행사한다고 생각한다.

세 번째로 제시된 요소는 문화적 성격을 띠는 내용으로 언론인들이, 의식적 또는 무의식적으로 어떻게 자신의 직업을 생각하는가, 직업적 책임에 대해서는, 그리고 언론과 정부의 바람직한 관계에 대해서는 어떻게 생각하는가에 관련된다. 인터뷰에 응해준 많은 언론인들은 언론 자유를 제약하는 보다 심각한 장애물로 언론인들 사이에 공유되고 있는 어떤 고정된 사고 체계를 지적한다. "갑자기, 편집회의가 진행되는 중에, 대통령을 과거 왕조시대의 왕처럼 생각하는 사고체계를 드러내는 사람을 맞닥뜨릴 때가 있습니다. 이러한 생각을 갖고 사는 사람에게 대통령은 우리와 같은 보통 사람이 아닙니다. 그는 우리가 기사로 귀찮게 할 수 있는 사람이 아니죠. 이러한 사고방식은 민주주의에 적합하기 어렵습니다. 그렇지만 편집국에는 이런 사람이 많습니다"(언론인 A). 이 사람에 따르면, 이러한 문제가 외부에서 걸려오는 전화에 의한 압력보다 훨씬 더 절망감을 안겨준다.

다른 언론인도 비슷한 시각을 얘기한다. "언론계에 일반화돼 있는 사고 방식과 언론을 통제하려는 사람들의 사고방식은 서로 별로 다르지 않습니다. 그들은 기본적으로 같은 정치관과 언론관을 갖고 있습니다. 이 같은 현상이 바뀌려면, 제 생각으로는, 30년 이상이 걸릴 것 같습니다. 우리가 필요로 하는 것은 세대의 교체입니다"(언론인 C). 방송기자 한 사람도 같은 생각을 표현한다. "지금은 과거 야당 하던 사람들이 정권을 잡고 있습니다. 논리적으로 생각하면, 많은 것이 바뀌었어야 합니다. 현실을 보면, 바뀐 것이 거의 없습니다. 우리 문화에 뭔가 문제가 있다고 생각합니다. 한국 사람들은 대통령을 왕과 동일시하는 경향이 있습니다. 반체제 사람들이 정권을 잡은 뒤에도 옛날의 권위주의적 행태를 계속합니다. 아마 그들 자신도 그러고 있는 것을 잘 모르고 있을 겁니다. 그들에게 언론의 자유는 "당위의 세계"에 속합니다. 현실에서는 그들도 언론을 통제 아래 두고자 합니다. 이 같은 현상이, 내가 생각하기에는 근본적으로 자유 언론의 성장을 가로 막는 우리 사고의 근저를 이루는 문화적 가정들이 아닌가 싶습니다"(언론인 I).

자본에 의한 통제의 강화: 새로운 요소

신문의 경우 가장 눈에 띠는 변화는 계속 증가하는, 사업적 고려에 의한 편집의 간섭이다. 인터뷰에 응한 대부분의 언론인들은 예외 없이 경영진이 뉴스 편집 과정에 대한 참여를 확대하는 양상을 우려한다.

> 신문의 소유자들은 신문과 뉴스 제작의 전 과정에 걸쳐 엄청난 영향력을 행사합니다. 우리는 매일 그 같은 압력을 느낍니다. 심지어는 국제 뉴스, 외신의 경우도 사업적 고려에 의해 삭제되거나 비중이 축소되는 경우가 허다합니다. 예를 들면, 한 외신 기사가 우리 신문의 모기업에 명백히 부정적 내용을 담고 있는 경우에, 이 기사는 일반 독자들에게 얼마나 중요한 뉴스인가와 관계없이 배제될 수밖에 없습니다(언론인 A).

이 사람은 또 자본에 의한 지배는 앞으로 정치권력에 의한 지배보다 더욱 저항하기가 어려워지리라고 예측한다.

다른 언론인들은 같은 문제를 이렇게 얘기한다. "과거에는 문제가 문화공보부나 아니면 정부의 사찰 기관들 하고 있었습니다. 이제는 문제가 소유주입니다. 다시 말하면 소위 "자본의 문제"가 가장 우리를 괴롭힙니다"(언론인 F). 이러한 새로운 자본의 문제는 1987년 통과된 개정법률안이 언론사 설립을 자유롭게 풀어준 것과 밀접한 관계가 있다. 그때 이후로 한국에서는 언론의 숫자가 급격히 증가했고, 재벌에 의해 만들어진 언론사들은 한국의 신문 시장을 대단히 경쟁적인 분위기로 바꾸어놓았다. 이 같은 상황이 만들어낸 가장 큰 결과는 신문 산업이 점점 더 자본의 통제 속으로 진입한다는 점이다.

> 정치적 영향력은 물론 그대로 있습니다. 그러나 더 심각한 문제는 사업적 고려에 의한 간섭입니다. 기자들은 이제 기업과 관련된 기사를 잘못 다루면

스스로를 다칠 수도 있습니다. (……) 요즘 편집국에서는 재벌 회사 기획 조정 실로부터 오는 전화를 받는 경우가 많습니다. 그러면 관련 기사가 빠집니다. 오늘날은 자본의 시대라고 할 수 있겠습니다. 그리고 젊은 기자들 사이에는 패배주의가 커갑니다. 앞으로 이 같은 추세가 누그러지기보다는 점점 더 심화 되리라는 점 때문에 걱정입니다(언론인 G).

상황을 더 어렵게 하는 것은 정부와 재벌이 함께 손을 잡고 편집 과정에 힘을 행사하는 일이다. 정부는 언론 사주들에게 협조하도록 압력을 가한다. 그 대가로 정부는 사주들에게 제도적 또는 사업적 혜택을 제공한다. 예를 들면, 새로운 전자 정보 서비스 사업에 대한 인가나 방송 영역에 대한 참여 허용 등이 그같은 혜택의 예가 될 수 있다.

상대적으로 더 심한 방송 통제

또 하나 눈에 띄는 발견은 기자들의 인식 속에서 신문에 대한 통제와 방송에 대한 통제가 심하게 차별화되고 있다는 사실이다. 한 방송 언론인은 이 문제를 다음과 같이 말한다.

한국에 있는 3가지 언론업 가운데, 방송이 가장 많은 제약을 받고 있습니다. 그 다음은 통신사이고 신문은 상대적으로 더 많은 자유를 누리고 있습니다. 그러나 우리가 서양에서와 같은 언론 자유를 갖게 되려면 당분간은 어렵지 않을까 싶습니다(언론인 I).

이 언론인은 이와 함께 자유롭지 않다는 점은 무엇을 의미하는가를 상세하게 설명한다.

기자가 글을 쓸 때, 기자는, 특히 방송기자는, 자신이 쓰는 기사를 권력을 권 사람들, 청와대 사람들 또는 집권당 사람들이 좋아할까를 생각합니다. 그들이 기사와 함께 나가는 그림을, 그리고 다른 요소들을 좋아할까를 가늠합니다. 이 같은 의식은 방송사 사람들의 머리속에 뿌리 깊게 박혀 있습니다. 보도국장부터 현장 기자들에 이르기까지 큰 차이가 없습니다. 임원들은 더 말할 필요가 없죠. 그들은 모두 정치적으로 임명됐다고 볼 수 있으니까요(언론인 I).

다른 방송 언론인들도 같은 의견이다. "정부가 방송 뉴스 제작에 관여하는 양태는 과거 권위주의 시대와 별 차이가 없다고 생각됩니다(언론인K)".

많은 언론인들은 정부 간섭 면에서 신문과 방송이 크게 차이가 나는 이유를 대개 2가지 원인 때문으로 생각한다. 하나는 공영 방송으로 불리는 현 방송 체제이다. 일본이나 영국의 경우와 달리 한국의 공영 체제는 방송 산업 전반을 정부의 직접적인 관장 아래 두고 있다. KBS와 MBC가 모두 공영 방송으로 돼 있지만, 양 방송의 운영과 조직은 거의 직접적인 청와대의 통제 아래 놓여 있다. 양 사에 사회 각계 대표들로 구성된 이사회가 최고의결기구로 존재하기는 하지만, 그들은 기능상 많은 제약을 받고 있다. 또 다른 요소는 방송 매체의 영향력이다. 특히 텔레비전은 동시에 수백만의 시청자에게 전달되는데다가 엄청난 홍보 효과가 있다고 믿어지기 때문에, 방송에 대해 다양한 통제 장치와 영향력을 갖고 있는 정부 관리들과 정치 지도자들은, 동유럽에서 야쿠보비치(1995)가 지적한 바와 마찬가지로, 그들이 확보하고 있는 방송에 대한 특권적인 접근 통로(privileged access)들을 잃고 싶어 하지 않는다.

5) 요약과 토론

이 연구에 참가한 언론인들과의 인터뷰 결과는 민주화의 과정이 시작된 이후 한국 언론의 자유와 관련해서 몇 가지 중요한 변화가 있었다는 사실을 말해준다. 첫 번째 변화는 1987년 개정된 새로운 언론 관련 법들로 이들은 언론 환경의 제도적 자유화를 의미한다. 다른 중요한 변화로는 사찰 기관들이 언론사를 상대로 평상적으로 실시했던 공개적 사찰의 중지를 들 수 있다. 세 번째 변화는 보도 지침의 중지다. 정부가 직접 어떤 뉴스를, 어느 면에, 어떠한 제목으로 싣고, 누구는 사진을 실어서는 안 된다는 식의 관여는 더 이상 계속되지 않는다. 이 같은 변화들은 과거 권위주의 시대의 관행들과는 커다란 차이를 의미한다. 각 언론사들에서는 또한 민주화가 진행되는 동안 노동조합들이 결성돼 언론의 독립성과 보도의 공정성을 제도적으로 뒷받침할 수 있는 토대를 만들기 위한 노력을 기울이고 있다.

인터뷰에 참여한 언론인들은 이러한 긍정적인 발전을 대부분 인정하면서도 과연 언론 자유가 과거에 비해 근본적인 의미의 발전을 이루었는가 하는 질문에는 의문을 제기한다. 언론인들이 제기하는 문제점들은 다음의 몇 가지로 요약된다.

1. 과거 언론 간부들의 존속과 보도 관행의 지속.
2. 대단히 수직적인 한국식 인사 문화.
3. 언론사 간부들 의식의 바탕을 이루고 있는 봉건적 대통령관과 정부-언론 관계에 대한 인식.

언론인들은 사주로 대표되는 경영진의 영향력과 사업적 고려에서 오는 압박감을 새롭게 등장한 구조적 장애 요소로 생각한다. 그들은 또 신문과 방송 사이에 심화되는 통제 정도의 차이점도 지적한다.

이러한 여러 요소를 종합적으로 고려할 때, 비록 제도적 개혁 조치들과 기관들에 의한 공개적 사찰의 중지 등 몇 가지 중요한 발전은 있었으나, 근본적인 언론과 정부 간 관계의 틀에는 별다른 변화가 없었다고 요약할 수 있다. 취재 기자들이나 편집 책임자들은 기사를 쓰거나 편집하는 과정에서 여전히 엄청난 정치적 영향력의 존재를 의식한다. 언론에 대한 통제 구조는, 몇몇 언론인에 따르면 매우 일상화하고 심지어 내면화하기까지 해서, 기자들이 취재를 해 기사를 쓸 때, 해당 기사를 권력자들이 좋아할 것인가를 스스로 가늠하고, 그 기사가 독자들에게 읽혀질 때 집권 세력에게 유리한 방향으로 해석될 것인지를 고려하는 것이 자연스럽다고 한다.

2. 결론: 몇 가지 이론과 실천적 문제

한국의 경험은 사회의 민주화와 언론 자유의 관계에 대해 이론과 실천 양면에서 몇 가지 중요한 문제를 고려할 계기를 제공한다.

우선 고려할 사항은 왜 제도적 자유화가 이루어져도 과거의 통제 관행이 계속되는가 하는 점이다. 이러한 현실 때문에 다시 한 번 강조돼야 하는 것은 언론 자유는 결코 저절로 얻어지지 않는다는 사실이다. 상당히 자유화된 정치 체제에서도 정부는 다양한 수단과 방법을 이용해 언론의 활동에 영향력을 행사할 수 있다. 특히 거의 모든 언론사들이, 툰스톨과 팔머(Tunstall and Palmer, 1991)가 얘기하듯이, 새롭게 확장되는 전자 매체와 방송 매체 시장에서의 영업권 확보를 위해 "규제 기관의 우호적인 고려"(regulatory favours)를 위해 경쟁을 하는 상황에서는, 정부가 영향력을 행사할 공간이 더 넓게 존재하는 것이 사실이다. 이 같은 시각에서 보면, 우리 언론의 경험은 역사적 낙관론에 따른 준비되지 않은 실험이 실패한 경우로 정리될 수 있다. 사실 정부 간섭으로부터 자유로운 취재 보도 환경의 조성이나 편집국의 민주적 운영 등에 대한 체계적 준비를 결여한 순진한 낙관적 가정들은 급속하게 팽창하는 상업주의적 영향력과 과거 편집국 관행의 지속 등 부정적인 요소들과 맞물려 여전히 언론인들의 활동을 제약하고 자유롭지 못하게 하는 결과를 낳았다.

두 번째 고려 사항으로는, 메릴(Merrill, 1989)이 강조한 바와 마찬가지로, 기자와 편집자들의 전문 직업적 자유와 사주나 발행인의 자유를 떼어서 생각해야 할 필요성이다. 민주화의 과정을 통해 분명하게 발전을 이룬 부분은 언론사 소유주들의 자유이다. 다시 말하면 돈 있는 사람들이 언론 시장에 진입할 수 있는 자유가 크게 신장됐다는 뜻이다. 이는 뉴스 제작 현장에서 취재하고 보도, 편집하는 사람들의 독립성 보장을 의미하지는 않는다. 형식적인 정부의 간섭은 분명히 줄었으나 사주나 경영진의 자발적 협조를 통해 이루어지는 언론통제는 기자들에게, 어떤 면에서는, 과거보다 더 어려운 상황을 만들어주기도 한다. 왜냐하면 과거에는 분명히 억압적 정부에 저항을 하면 됐지만, 이제는 스스로가 속한 회사의 편집 행정 체계나 경영진을 상대로 문제를 제기해야 하기 때문이다. 오늘날 우리나라 언론의 상황은 머독(Murdock, 1982)이 말하는 "도구적 입장"(instrumental position)과 흡사하다. 그의 요지는 자본주의 사회에서 언론은 자본주의가 필요로 하는 이데올로기적인 기능을 충실히 수행할 수밖에 없다는 것이다(p.143). 결과적으로, 야쿠보비치(1995)가 말하는 언론사 간부들과 정치 지도자들을 묶고 있는 "탯줄"(umbilical cord)의 존속은 전문 직업인으로서의 언론인의 자유가 언론사 소유주의 자유와는 명백히 분리돼야 한다는 점을 다시 한번 강조한다.

그러면 과연 어떻게 해야 직업적 자유와 편집국 내부의 민주주의가 강화될 수 있는가? 한국의 경험이 비슷한 처지를 겪게 될 다른 사회에 주는 교훈은 매우 당연한 내용이다. 무엇보다 언론인들과 언론 연구자들은 유사한 경험을 앞서 겪어온 다른 사회로부터 적극적으로 배우려고 노력해야 한다. 닥쳐올 여러 조건의 변화에 대해 사전에 그 성격이나 강도를 미리 이해하고 준비할 수 있으면 편집국 문화를 민주적으로 전환시키고 외부 간섭을 효과적으로 차단하는 방안을 마련하는 데 한결 현실감을 더할 수 있다. 만약 우리 언론인들이 제도나 법률의 자유화와 실제 편집국의 민주적, 독립적 운영은 별개 문제일 수도 있다는 사실을 인지하고 있었다면, 오늘날 상황은 지금보다는 나을 수 있었을 것이다.

또 다른 고려 사항은 전문 직업인 사회로서 언론인들이 집단적으로 채택해서 지키려고 노력해야 하는 언론 자유와 편집국 내부에서의 민주적 작업 과정에 대한 원칙들의 중요성이다. 애처슨(Ascherson, 1978)의 설명에 따르면, "내적 언론의 자유"(internal press freedom)의 개념은 독일의 바이마르 공화국 시절에 가장 처음 제기됐다. 바이마르 시대의 내적 언론 자유는 2가지 원칙으로 대표된다. 하나는 정치적인 영향력을 행사하려는 사주의 입김으로부터 편집 책임자의 독립성이 보호돼야 한다는 내용이다. 두 번째 원칙은 기자들은 자신의 양심에 어긋나는 기사를 쓰도록 강요당하지 않을 권리가 있다는 점이다(pp.124~125). 이러한 원칙들을 구속력 있는 선언이나 직업 원칙으로 제정하게 되면, 언론인들은 정부나 경영진으로부터 가해지는 외부적 압력에 대해 보다 강력하게 대응할 수 있는 토대를 마련할 수 있다. 그리고 사회에서 이 같은 원칙들을 폭넓게 이해하고 존중하게 되면 민주적인 언론을 만들어가는 데 단순히 도덕적 지원이 아닌 실천적 효과를 가질 수 있을 것으로 생각한다. 1904년에 벌써 조셉 퓰리처(Pulitzer, 1989)는 다음과 같이 편집권의 독립이 필요하다고 강조했다.

> 상업주의는 영업 부문에서는 합당하고 또 반드시 필요하기도 하다. 그러나 상업주의가 편집국을 침범하면 뉴스의 수준이 떨어지고 심지어 위험하기까지 하다. 일단 독자들이 언론을 순전히 상업적 목적을 추구하는 기업으로 이해하게 되면 언론의 도덕적 힘은 상실된다. (……) 궁극적으로는 언론인의 인격에 귀착돼야 한다. 진정으로 훌륭한 미래의 기자와 편집자는 자신의 신념을 거스리며 기사를 쓰거나 편집한다는 의심을 받지 않을 만큼의 도덕성을 확보하고

있어야 한다. 그는 상업적 이익을 위해 자신의 원칙을 희생시키기보다는 차라리 회사를 떠날 사람으로 알려지도록 노력해야 한다(p.196).

기업적 고려가 없이 살아남을 신문은 없다. 그러나 지나친 사업적 고려의 지배는, 퓰리처가 강조하는 바와 같이, 신문의 존재 이유 자체를 부정하게 된다. 따라서 현재 민주적 편집국 관행들이 아직 정착되지 못한 우리 사회에서 절실하게 필요로 하는 것은 사업적 영역과 편집 영역의 경계를 어떻게 분명하게 가를 수 있는가에 대한 고려이다. 그리고 전문직으로서의 자유를 확보하기 위한 제도와 윤리적 표준이 될 만한 준칙들을 발전시키기 위한, 보다 미시적 차원의 개념들을 명료하게 하고 현실 여건을 감안한 실천적 개선책들을 마련하는 일도 대단히 중요하다.

이 같은 문제와 연결해 생각해볼 수 있는 개념으로 커런(Curran, 1991)과 하버마스(Habermas, 1996)가 제시하는 "공개적 토론을 통한 견제"(sanction of publicity)가 있다. 이 개념은 만약 적절하게 제도화될 수 있으면 언론인들의 독립성 보호를 위해 강력한 힘을 행사할 수 있다. 이 개념은 언론 기관의 주요 직책에 대한 인사를 포함한 언론 내부의 문제들에 대해 국민의 적극적인 관심을 요구한다.

서울에서 한국 언론인과 학자들과 가진 토론회에서 하버마스는 언론사의 인사 내용들이 공론의 장에서 토론되는 사실만으로도 독일에서는 편집권의 독립이 상당 부분 보호를 받는다고 말했다. 물론 궁극적으로 누구를 고용하거나 해고하는 결정은 사주의 고유 권한이지만, 이 같은 공론의 검증 과정이 존재하면 사회적 압력 때문에 사주의 독단적인 행동은 자연스레 제지될 수 있다는 뜻이다.

커런(1991)은 영국의 일요일 신문인 옵저버(the Observer)의 사례를 통해 같은 내용을 설명한다. 커런에 따르면, 이 신문은 론로(Lonrho)라는 다국적 기업의 소유인데 한 아프리카 국가와 관련된 기사를 잘못 다뤘다는 이유로 편집국장을 해임하고자 했다고 한다. 그러나 론로는 여론의 압력에 밀려 그 같은 인사 조치를 취하지 못했다. 커런은 전체 사태의 의미를 다음과 같이 요약한다. "공개적 토론을 통한 견제는 결국 자회사인 언론사의 편집 간부를 해고하려 한 다국적 대기업의 횡포를 효과적으로 막아냈다"(p.89).

여기서 기억해야 할 점은 이 제도적 장치가 제대로 기능하기 위해서는 언론 매체들이 자신들의 문제를 서로 취재 대상으로 삼아 활발히 보도해야 한다는 사실이다. 이는 선진국에서처럼 언론 상호 간의 비판이 활성화돼야 함을 의미하며, 언론 산업이 중요한 취재 영역으로 공식적으로 인정돼야 한다는 내용을 포함한다. 그래야 언론의 인사 관행이나 구체적 인사 내용, 신문과 방송의 취재 방침이나 보도의 문제점들이 공개적 토론의 마당에서 토론되고 끊임없이 독자와 국민의 평가를 받을 수 있다.

참고문헌

Ascherson, Neal(1978). "Newspapers and Internal Democracy." In Curran, James (Ed.). *The British Press: A Manifesto*. pp.124~137. London: Macmillan.

Curran, James(1991). "Mass Media and Democracy: A Reappraisal." In James Curran and Michael Gurevitch(eds.). *MassMedia and Society*. London: Edward Arnold.

Gallagher, Margaret(1982). "Negotiation of Control in Media Organizations and Occupations." In Michael Gurevitch, Tony Bennett, James Curran and Janet Woollacott(eds.). *Culture, Society and the Media*. pp.118~150. London: Methuen.

Habermas, Jurgen(1996). "A Discussion with Jurgen Habermas." A Discussion with Korean Journalists and Communication Scholars took place on May 12, 1996 at the Press Center in Seoul, South Korea.

Hachten, William A.(1989). "Media Development without Press Freedom: Lee Kuan Yew's Singapore." *Journalism Quarterly* 66: 822~827.

Hall, Stuart(1980). "Encoding and Decoding." In Stuart Hall, D. Hobson, A. Lowe and P. Willis(eds.). *Culture. Media and Language*. pp.128~138. London: Hutchinson.

Han, Sung-joo(1991). "The Korean Experiment." *Journal of Democracy* 2: 92~104.

Heuvel, Jon Vanden & Dennis, Everette E.(1993). "South Korea." In *The Unfolding Lotus: East Asia's Changing Media*. pp.6~21. New York: Freedom Forum Media Studies Center, Columbia University.

Jakubowicz, Karol(1995). "Media Within and Without the State: Press Freedom in Eastern Europe." *Journal of Communication* 45: 125~139.

Kent, Kurt E.(1972). "Freedom of the Press: An Empirical Analysis of One Aspect of the Concept." *Gazette* 18: 65~75.

Laventhol, David(1995). "We Are All In Debt to Journalists Who Risk Their Lives." *IPI Report* July/August 1995. pp.4~5.

Lee, Jae-kyoung(1991). "Press Freedom and National Development: Toward a Re-Conceptualization." *Gazette* 48: 149~163.

______(1993). *Anti-Americanism in South Korea: The Media and the Politics of Signification*. An Unpublished Ph.D. Dissertation. Iowa City, IA: The University of Iowa.

Lerner, Daniel(1957). "Communication Systems and Social Systems: A Statistical Exploration in History and Policy." *Behavioral Science* 2: 266~275.

Lowenstein, Ralph L.(1976). "Press Freedom as a Barometer of Political Democracy." In Fisher, Heinz-Dietrich and John C. Merrill(eds.). *Internationaland Intercultural Communication*. New York: Hastings House Publishers.

Merill, John C.(1989). *The Dialectic in Journalism*. pp.34~35. Baton Rouge: Louisiana State University Press.

Mueller, Claus(1973). *The Politics of Communication: A Study in the Political Sociology of Language, Socialization, and Legitimation*. New York: Oxford University Press.

Murdock, Graham(1982). "Large Corporations and the Control of the Communications Industries." In Michael Gurevitch, Tony Bennett, James Curran and Janet Woollacott(eds.). *Culture, Society and the Media*. pp.118～150. London: Methuen.

Nixon, Raymond B.(1960). "Factors Related to Freedom in National Press System." *Journalism Quarterly* 37: 13～28.

Pulitzer, Joseph(1989). "Selection From The College of Journalism." In Tom Goldstein(ed.). *Killing the Messenger*. New York: Columbia University Press.

Pye, Lucian. W.(ed.)(1963). *Communication and Political Development*. Princeton: Princeton University Press.

Schramm, Wilbur(1964). *Mass Media and National Development: The Role of Information in the Developing Countries*. Palo Alto: Stanford University Press.

Tunstall, Jeremy & Palmer, Michael(1991). *Media Moguls*. London: Routledge.

Weaver, David H.(1977). "The Press and Government Restriction: A Cross-National Study Over Time." *Gazette* 23: 152～170.

Youm, Kyu Ho(1994). "South Korea's Experiment with a Free Press." *Gazette* 53: 111～126.

11장

한국 사회와 언론 자유의 조건*

1. 문제 제기

현대적인 민주 정부가 수립된 해방 이후만 계산해도 한국 언론의 역사는 반세기를 넘어선다. 그 사이 다양한 성격의 정부가 들어섰고 신문과 방송사들 또한 많은 구조적 변화를 경험했다. 이러한 과정을 거치며 언론에 대한 통제 방식과 언론인들이 느끼는 자유의 조건들이 바뀌어온 것도 부인할 수 없는 사실이다. 지난 50여 년 동안 한국의 언론 자유 상황은 어떠한 변화를 경험했는가? 언론인들이 취재하고 보도할 수 있는 자유는 지속적으로 확장됐는가? 아니면 확장과 수축을 되풀이했는가? 이승만 정부에서 김대중 정부에 이르기까지 각 정권별 언론 자유의 상황에는 어떠한 특징이 있는가? 기본적으로 서양적 가치인 자유 언론 제도는 한국 사회에 제대로 뿌리를 내릴 수 있는가? 그렇게 되려면 어떠한 조건들이 충족돼야

* 이 글은 『한국언론학보』 47권 2호(54~77)에 실린 "언론인 인식을 통한 한국 사회와 언론 자유의 조건 연구"(이재경, 2003)와 같다.

하는가?

이 연구에서는 이러한 문제들을 탐구하기 위해 1950년대와 1960년대부터 현직에 근무해온 원로 언론인 9명을 인터뷰했다. 그들이 직접 경험하고 관찰한 사실과 현장 언론인으로서 발전시켜온 언론 자유의 상황에 관한 인식을 분석하면 위에 제기한 문제들에 대한 실증적 자료를 확보할 수 있다고 믿었기 때문이다.

자유를 거부하는 언론인은 드물다. 그래서 끊임없이 자유롭고자 노력한다. 그러나 완전한 자유를 누리는 언론사나 언론인은 없다. 무수히 많은 내적, 외적 요소들이 언론에 영향을 미치기 때문이다. 이 연구는 언론을 자유롭게 또는 부자유스럽게 하는 모든 요소들을 찾아내려는 시도는 아니다. 이 연구의 주요 목적은 한국의 사회, 문화, 정치적 문맥 속에서 시대별로 언론의 자유에 영향을 미쳐온 주요 요소들의 확인이다. 또 이러한 요소들이 정부가 바뀌고 산업 구조가 변함에 따라 어떻게 달라졌는지, 그리고 궁극적으로는 자유로운 언론이 가능하려면 기본적으로 어떠한 내외적 조건들이 충족돼야 하는지를 밝혀보고자 했다.

2. 언론 자유에 관한 연구의 흐름

언론의 자유에 관한 연구와 논의는 밀튼(Milton, 1992)과 시버트 등(Siebert et. al., 1952)이 선도한 영향에 따라 기본적으로 정부의 통제인 검열(Censorship)의 존재 유무에 대한 토론이 중심이 돼왔다. 정부 대 언론의 양자 관계를 기본 인식틀로 삼아왔다는 뜻이다. 이는 이들이 연구 대상으로 삼은 영국의 절대왕조적 정치 체제를 개방적이고 민주적인 제도로 변화시키는 과정에서 왕과 그가 관장하는 정부 기관들에게로 집중된 권력의 실체를 인정할 수밖에 없었기 때문이다. 따라서 이러한 관점에서 보는 언론 자유의 문제는 예외 없이 정부 간섭으로부터의 자유나 정부 규제로부터의 자유라는 틀 속에서 논의된다. 법률을 통한 언론 활동의 제약과 정부 기관들을 매개로 한 언론 활동의 감시가 주요 관심 사항이라는 의미다. 시버트 등(Siebert et. al., 1956)이 저술한 『언론의 4이론4 theory of press』은 이러한 관점을 바탕으로 씌여진 대표적인 이론서이다. 2차 세계대전 이후 동유럽이나 아시아, 아프리카 신생 국가들의 언론 상황에 관한 연구는 대체로 이러한 관점에서 저술됐으며 남미 여러 나라의 상황도 마찬가지였다(Lent, 1978; Nam, 1983; Lee, 1990; Jakubowicz, 1995).

한국 언론의 자유에 관한 논의도 이러한 틀 속에서 진행됐다. 송건호(1987)의 다음과 같은 주장을 보면 한국 언론 자유론의 기본 인식틀을 확인할 수 있다.

> 언론의 독립은 민주주의를 지키는 가장 중요하고도 불가결한 조건이다. 언론만 자유를 확보하고 있으면 독재는 절대로 유지될 수 없고 민주주의는 반드시 승리하고 말 것이다. 독재자들이 정권을 유지하는 수단으로 정보를 독점하기 위해 먼저 언론의 독립을 파괴하고 언론 자유를 죽이고 그럼으로써 모든 정보를 독점하려고 하는 것은 이 때문이다(p.30).

다음 인용문에서 확인할 수 있는 박권상(1969)의 시각도 크게 다르지 않음을 알 수 있다. 그는 경영주와 언론의 책임도 거론하지만 이 또한 정부와의 관계 속에서 논의됨을 보여준다.

> 언론의 자유를 한마디로 있다, 또는 없다고 단정하기 보다는 위험선상에서 명멸하고 있다고 표현하는 것이 보다 적절한지도 모르겠다. 그리고 여기에는 적어도 세 가지의 뚜렷한 이유가 있다고 생각된다. 첫째로 국가 권력의 억압이요, 둘째로 대부분의 소유주나 경영주의 그릇된 언론관 또는 신념의 결여요,

셋째로 우리 언론인 스스로의 무기력 등을 들 수 있다(p.79).

1960년대부터 1980년대 무렵까지 언론 자유 문제를 논하는 송건호, 박권상의 관심이 억압적 정부의 역할에 집중돼 있음을 보여주는 글들이다. 이러한 정부 중심의 논의의 틀은 1990년대 초반까지는 커다란 변화 없이 지속된다(유재천 · 이민웅, 1994).

그러나 어느 정도 민주화가 진행되고 언론에 대한 기업의 영향력이 확장되면서 일찍이 브리드(Breed, 1995) 등이 제기한 언론사 내적 통제의 문제가 한국에서도 강조되기 시작한다(정인숙, 1997; 류한호, 1994; Youm, 1994; Lee, 1997). 1990년대 들며 언론의 자유를 제약하는 요인이 다원적으로 인식되기 시작했기 때문이다. 이러한 추세가 계속되며 정부의 영향력은 상대적으로 약화된다는 주장들이 힘을 얻는다(김정기 · 김학수, 1997; Youm, 1994; Lee, 1997).

김정기와 김학수(1997)는 1990년대 중반 이후 언론 자유를 제약하는 영향력에서 언론사의 사주와 광고주의 비중이 대폭 신장됐다는 조사 결과를 내놓았다. 김영삼 정부에서의 언론통제 상황을 조사한 정인숙(1997)은 1990년대 언론통제 방식이 1980년대까지의 직접적, 공식적 통제에서 비공식적인 양태로 전환했음을 제시한다. 그러나 정인숙의 주장에 따르면 정부와 광고주의 영향력은 여전히 핵심적이었고, 내부적으로는 사주의 영향력과 언론사의 상업주의적 경영 문화가 취재 보도의 자유를 제약하는 중심 요소로 등장했다.

이러한 상황과 인식의 변화는 언론 노동운동의 성장과 함께 언론의 내적 자유에 관한 논의를 활성화했다. 예를 들면 류한호(1994)는 정부나 자본 등 외부 세력들로부터의 독립도 중요하지만, 언론 조직 내부의 소유 및 경영 부문과 편집 부문 사이의 상호 관계 역시 바람직한 언론의 역할을 위해 매우 중요한 고려 사항임을 강조한다. 손석춘(1994)은 내적 자유 문제를 함축하는 개념을 편집권으로 정의하고 한국적 언론 현실에서 효과적으로 편집권의 독립을 확보할 수 있는 방안을 다각도로 제시하기도 했다.

이들의 논의가 대체로 특정 시기나 제한된 문제 영역에 초점을 맞춘 내용이라면, 윤영철(2001)은 좀 더 긴 기간을 대상으로 5공화국부터 각 정부의 언론통제 방식이 어떻게 특징 지어지는가를 언론의 통제 모형 이론을 활용해 분석했다. 그는 각각의 정권은 그 당시의 권력의 속성과 권력 구조의 성격을 반영하는 언론통제 정책을 펼쳐왔다고 정리한다. 그는 이 글에서 각 정권별로 통제 방식이나 언론 정책은 분명한 차이를 보이지만, 사회의 민주화가 계속 진행되더라도 권력으로부터의 내밀한 통제와 자본과 시장의 간접 통제는 사라지지 않을 것이라고 예측한다.

언론 자유의 문제를 탐구하는 해외 연구는 크게 두 집단으로 나뉜다. 하나는 닉슨(Nixon, 1960)과 켄트(Kent, 1972), 로웬스타인(Lowenstein, 1976), 위버(Weaver, 1977) 등이 중심이 되는데, 이들의 중요 관심사는 한 나라의 언론이 자유로운지 여부를 예측하려면 어떠한 사회, 경제, 문화 지표들이 효과적인가를 밝히는 일이었다. 이들은 일인당 GNP, 문맹률, 신문 보급률 등의 지표와 언론 자유도의 사이에 매우 밀접한 상관관계가 있다는 입장을 견지한다. 세계 여러 나라의 언론 자유도를 해마다 계량화해서 보고서를 내는 프리덤 하우스(Freedom House)의 작업은 이들의 시각을 활용한 결과로 이해할 수 있다.

그런가 하면 하-텐(Hachten, 1989)은 경제적 성장과 언론 자유가 상응하는 발전을 이루지 못하는 싱가포르나 타이완, 한국 등을 예로 들며 언론 자유의 발전과 매체의 성장은 반드시 비례하지는 않는다는 주장을 내놓았다. 기술과 설비, 매체 보급률 등은 서양 선진국과 차이가 없는 수준이지만 1980년대까지도 이들 나라의 언론은 전혀 자유롭지가 않았다는 것이 그가 강조하는 사항이다. 하-트(Hardt, 1983)는 비슷한 관점에서 언론 자유를 연구하려면 사회경제적 지표뿐 아니라 해당 사회의 역사와 문화적 문맥의 이해가 필요하다고 주장한다. 그에 따르면 모든 국가의 커뮤니케이션 체제는 구체적인 역사를 갖고 있고, 해당 사회의 정치, 경제, 문화 세력들의 관계 속에서 그 성격이 규정되기 때문이다. 이재경(Lee, 1991)은 이러한 관점을 좀 더 구체화시켜 각 국가의 시민사회(civil society)와 관련된 제도나 활동 상황 또는 공론 영역(public sphere)의 성격을 중요한 언론 자유의 조건으로 고려해야 한다고 제안한다. 이러한 사회, 문화적 제도가 경제적 지표들보다 더욱 중요한 요인으로 작용한다는 것이 그의 주장이다.

앞에서 논의한 선행 연구들을 통해 정리할 수 있는 내용은 크게 2가지다. 첫째, 언론 자유의 문제는 다원적 시각으로 접근해야 한다는 점이다. 이 분야에 대한 연구가 진행돼오면서 언론의 자유를 제약하는 요인은 크게 외부 요인과 내부 요인으로 나뉘는 사실이 확인됐다. 정부, 기업과 광고주, 문화적 전통과 시민사회 집단 등이 주요한 외부 요인을 형성하고, 사주와 편집 간부, 노조, 경영 문화 등이 내부 요인의 주요 요소들이다. 선행 연구를 통해 정리할 수 있는 두 번째 사항은 기존 연구들 가운데 통시적이면서도 실증적인 분석은 크게 부족하다는 사실이다. 대부분의 연구는 연구 시점의 언론 자유 상황에만 주목했었고, 분석 방법 또한 여론조사식 자료 수집이나 연구자 개인의 관찰에 의지한 경우가 지배적이었다. 이러한 작업 결과만 가지고는 한국 사회에서 언론 자유의 상황을 종합적으로 어떻게 규정해야 하는지, 지난 50여 년간 언론 자유의 조건들은 어떻게 변화해왔는지, 또 앞으로 자유로운 언론이 가능하려면 어떠한 요인들에 주목해야 하는지 등의 문제를 구체적으로 논의하기가 어려운 것이 사실이다.

따라서 이 연구는 선행 연구들이 제안하는 다원적 관점을 도입하면서 그동안 시도되지 않았던 통시적이면서도 실증적인 작업을 통해 위에서 제기된 문제들을 부분적이나마 해결해보고자 했다. 한 연구 시점에만 집중된 관찰이나 특정한 통제 요인에만 주목해서는 지난 50여 년간의 변화를 종합적으로 분석하기 어렵기 때문이다.

3. 연구 문제

이 연구에서 밝혀보고자 했던 연구 문제는 다음의 2가지이다.

- 연구 문제 1. 현장에서 근무했던 언론인들은 이승만 정부 이후 김대중 정부에 이르기까지, 한국의 언론 자유 상황은 어떠한 과정을 거쳐 현재에 이르렀다고 인식하는가?

이 질문을 통해서는 구체적으로 각 정권별 언론통제 방식의 특성을 알아보고 언론 자유를 제약하는 주요 요소들의 등장과 변화에 대한 분석을 통해 지난 50여 년의 기간 동안 진행돼온 언론 자유와 관련된 구조적 변화에 대한 언론인들의 인식을 검토했다. 또 한국의 사회, 정치적 특성을 반영하는 주요한 내적, 외적 요인들에는 어떠한 것들이 포함되는지도 분석했다.

- 연구 문제 2. 언론인들은 오늘날 한국 사회에서 언론 자유를 제약하는 요인들로 어떠한 것들을 지적하고, 그들은 이러한 제약 요소들이 극복될 수 있다고 생각하는가?

이 질문은 궁극적으로 한국 사회에서 언론은 서양적 의미의 자유를 누릴 수 있는가의 문제와 연결된다. 이 질문에 포함되는 내용들은 한국의 사회나 문화, 언론계의 관행들 가운데 언론의 자유를 제약하는 요소들은 무엇이며 그들은 극복될 수 있는가, 만약 극복을 위한 노력이 필요하다면 어떠한 노력이 필요한가 등이다.

4. 연구 방법

1) 문헌 조사와 심층 인터뷰

이 연구는 앞에 제시한 연구 문제를 탐구하기 위해 크게 문헌 연구와 심층 인터뷰의 2가지 자료 수집 방법을 활용했다. 문헌 연구의 대상은 언론 자유에 관한 다양한 논문과 저술이 포함되고 은퇴 언론인들의 회고록이나 잡지 기고문, 언론사의 사사 등이 해당된다. 이들 문헌 자료들은 원로 언론인들의 인터뷰를 위한 준비 자료로 활용됐을 뿐 아니라 각 시대별 상황 분석을 위한 비교 근거로도 중요한 역할을 했다. 심층 인터뷰는 30년 이상 언론 현장에 근무한 언론인들을 대상으로, 1950년대부터 1990년대에 이르기까지 정부나 기업, 사주 등 언론사 내외적 요인들이 공식, 비공식적으로 언론 자유 상황에 어떠한 영향력을 어떻게 행사해왔는지를 알아보기 위해 실시했다. 일선 기자에서부터 편집 간부까지 다양한 경험을 거치며 현장을 지켜온 언론인들의 증언들을 상호 검증하며 분석함으로써 그동안 소홀히 돼왔던 통시적이면서도 실증적인 자료를 확보하기 위한 시도였다.

2) 인터뷰 대상 언론인들

이번 연구를 위해 면담한 언론인은 모두 9명이다. 이들의 면담 조사는 2000년 2월에서 2002년 12월 사이에 이루어졌다. 조사 기간이 길어진 이유는 조건에 맞는 사람의 섭외가 쉽지 않았고 연구자의 일정도 조정이 어려웠기 때문이다. 면담 대상 언론인은 자유로운 증언을 고려해 현직을 떠난 사람들로 제한했다. 언론계 경력은 30년 이상, 기술이나 경영 쪽 경험자보다는 취재와 편집에 종사했던 사람들을 선택했는데, 이들의 평균 근속 연수는 34.7년이었다. 1920년대 출생자가 1명, 1930년대 출생자는 6명이었고, 2명은 1940년대 초반에 태어난 사람들이었다. 언론계 경력이 가장 긴 사람은 38년을 근무했고 가장 적게 근무한 사람의 근속 기간은 32년이었다. 1950년대부터 기자를 했던 사람이 2명, 1960년대 언론계에 들어온 사람이 7명이었으며, 남자가 8명, 여자는 1명이었다. 방송기자 경력이 있는 사람은 3명, 6명은 신문에만 종사했다.

면담 대상자들에게는 자료를 익명으로 처리하기로 약속했다. 면담 대상 언론인들의 개인적 경력 자료는 다음 〈표 1〉의 내용과 같다.

〈표 1〉 인터뷰 대상 언론인

언론인	출생 연도	언론사 재직 기간	근속 연수
A	1929	1954-1990	36
B	1932	1954-1992	38
C	1935	1961-1993	32
D	1937	1963-1998	35
E	1938	1963-1996	33
F	1939	1965-2002	37
G	1939	1964-1998	34
H	1941	1965-2000	35
I	1942	1965-1998	33
평균			34.7

인터뷰는 사람에 따라 30분 정도에서 1시간 남짓이 걸렸다. 이들에게는 공통적으로 어느 정부 때가 가장 자유롭게 취재하고 보도할 수 있었는

지, 가장 부자유스런 시기는 언제였는지, 각 시기별 언론통제 방식의 특징은 무엇인지, 언론 자유와 관련해서 주목할 만한 변화를 경험한 때는 언제였으며 주목할 요인은 무엇이었는지 등의 질문을 제기했다. 이들의 답변은 모두 동의를 얻어 녹음한 뒤 녹취록을 만들어 분석 자료로 사용했다. 자료의 해석은 증언의 일치도가 강한 내용들을 중심으로 진행했다.

5. 분석 결과

1) 거시적 언론 자유 상황의 흐름

한국의 언론 자유 상황은 정권의 변화에 따라 일정하지 않은 확장과 수축의 과정을 경험해왔다. 이는 경제가 발전하고 사회가 다원화하는 추세와 언론 자유의 확장이 반드시 긍정적인 상관관계를 갖지는 않았다는 의미이다. 어느 정부 때가 가장 자유로웠는지를 묻는 질문에 대해 다수의 언론인들(5명)은 이승만 정부 시대를 꼽았다.

> 언론이 가장 자유를 누렸다고 기억되는 것이 이승만 정권 때 같아요. 우리가 4 · 19 세대 아닙니까? 그래서 4 · 19 혁명에 참여하고, 그땐 전혀 제약이 없었죠. 심지어는 군인, 경찰까지도 데모를 할 정도로, 언론뿐만 아니라 모든 면에서 자유로웠죠(언론인 G).

당시 학생이었던 언론인의 말이다. 언론 현장에 있지는 않았지만 사회 분위기가 전반적으로 대단히 자유로웠음을 증언한다. 다음은 1950년대 중반부터 기자로 일했던 언론인의 증언이다.

이승만 정권 때는 지능적으로 조작하거나 억압하는 일은 없었습니다. 물론 말기 경향신문을 폐간할 때는 탄압을 했어요. 그러나 그 이전까지 언론사들이 장기집권 음모 등의 표현을 사용하며 정권의 움직임을 보도하는 상황을 보면 관리 시스템이 대단히 어수룩했다고 말할 수밖에 없습니다(언론인 B).

이들의 증언은 외국 전문가의 관찰과도 일치한다. 올리버(Oliver, 1957)는 『Journalism Quarterly』에 실은 글에서 한국의 언론 상황에 대해 방종이라는 말이 더 나을 정도로, 자유라는 말은 한국 신문을 설명하는 가장 적합한 용어(p.85)라고 말했다. 그는 같은 글에서 당시의 일간지 42개 가운데 60%가 반정부 어조를 취하고 있다고 추정하면서, 아마도 한국 신문이 지금보다 더 자유스러울 수는 없을 것이라고 주장했다. 롤랜드(Rowland, 1958)의 관찰도 비슷하다. 그는 한국 언론을 위협하는 요소는 경제적 어려움과 전문성의 부족이라고 판단했다.

한국의 언론 자유를 위협하는 가장 큰 요소는 정부의 통제가 아니라 경제적 조건이다. 현재 한국의 언론계에는 충분한 경쟁이 있으며, 언론에서의 다양한 목소리와 의견은 정부나 정당의 통제를 부정한다(p.452).

조사 대상 언론인들은 이 시기가 자유로웠던 이유에 대해 2가지를 제시하는데, 하나는 이승만 대통령이 미국에서 교육을 받고 사회 활동을 했기 때문에 지극히 미국적인 언론관을 가지고 정치를 했다는 것이다. 최고 지도자의 언론 철학이 대단히 중요한 요소임을 알 수 있게 해주는 자료이다. 언론인들이 제시하는 두 번째 원인은 언론에 대한 관리 시스템 또는 행정 체계가 치밀하게 작동하도록 설계되지 않았다는 점이다. 한마디로 언론을 관리할 능력도 없었다는 말이다. 그러나 대부분의 증언들이 이 시기에도 공산주의 또는 좌파적 노선을 드러내는 언론에 대해서는 매우 철저한 통제와 처벌이 가해졌다고 이야기한다.

이승만 정부 다음으로 김영삼 정부가 자유로웠다는 시각이 지배적이었다. 대부분의 조사 대상 언론인들은 김영삼 정부 시기는 직접적, 공식적 압력보다는 인간관계에 의한 영향력 행사가 주된 통제 방식이었다고 말했다. 예를 들면 정무 비서관이 정례적으로 언론사 간부들과 식사를 하거나 경영진과 술자리를 함께하며 정치적 의사를 전달하는 방식이다. 특히 방송과 정부가 소유했던 매체들에 대해서는 보직 임면권을 활용한 통제 방식을 효과적으로 사용하기도 했다.

노태우 정부와 김대중 정부에 대해서는 의견이 갈린다. 노태우 정부는 직전의 전두환 정부와 비교해 상대적으로 자유로운 느낌이 있었다는 것이 공통적인 답변이었다. 언론에 대한 정부나 집권층의 접근 자세가 근본적으로 바뀐 것은 적다는 뜻이다. 김대중 정부에 대한 평가는 개인별로 차이가 큰데, 어떤 언론인(언론인 G)은 김대중 정부가 이승만 시대 다음으로 자유롭다고 보는가 하면, 다른 언론인(B)은 김대중 정부의 접근법은 고도로 발달된 수법이고 올 코트 작업이기 때문에 일선 기자 입장에서는 가장 어려운 상황이라고 주장한다. 김대중 정부 시기를 자유롭다고 보는 주장의 논거는 주요 신문들이 지속적으로 견지하는 대정부 비판 자세와 비판적 보도의 강도이다. 자유롭지 않으면 어떻게 그 정도의 비판이 가능하겠냐는 것이 이러한 입장을 가진 언론인의 주장이다. 김대중 정부 시기를 고도로 발달된 통제 수법을 적극적으로 활용한 기간이라고 보는 언론인들은 하나같이 세무 조사 활용과 공정거래위원회 등 경제적 감시기구 동원을 비판적으로 인식했다. 국가정보원이나 보안사 등 권력 기관을 과거와 같이 사용할 수 없기 때문에, 법률적으로 가능한 모든 수단을 동원해 궁극적으로는 언론의 취재와 보도를 위축시키려 했다는 것이 이들의 주장이다.

가장 부자유스러웠던 시기는 조사 대상 언론인들이 이구동성으로 박정희 정부와 전두환 정부를 꼽았다. 이 시기는 경찰과 정보부, 보안사 요원 등, 소위 기관원을 활용한 언론사와 언론인에 대한 직접 감시 제도의 도입, 문화공보부와 청와대 공보비서실 등 행정 관청의 제도적 관리 강화와 일일 보도 지침을 통한 보도 내용 통제, 관변 언론사 사장과 주요 간부 임면을 통한 언론사에 대한 인적 통제 등 크게 3가지 요소를 들 수 있다.

그때는 언론사 출입하는 기관원이 있어요. 그 사람들 스스로 관선 기자라고 불렀어요. 이 관선 기자가 편집국이나 보도국에 들어오는 걸 기자들은 싫어하죠. 그래서 심지어는 기관원 출입금지라고 앞에 붙입니다. 그러면 이 친구들 전무나 사장실에 앉아 있어요. 전무나 사장은 이들을 못 들어오게 하는 것이 아니라, 출입처에서 기자들에게 촌지나 밥값 주듯이 밥값 준다고, 그러면서 보고서 잘 써줘, 그런단 말이에요. 그런 언론 사주가 세상에 어디 있어요(언론인 F).

제 기억에는 3공 때는 정보부 담당자가 보도국에 상주하다시피 하면서 일일이 간섭했고 5공 때는 상주는 아니지만 항상 전화를 해서 압력을 가했어요. 5공 때는 제 기억이 부장한테 직접 하는 거보다도 위에 보도국장이나 이런 사람들한테 얘기를 해가지고 그 사람들로 하여금 통제를 하도록 했죠(언론인 G).

가장 강력한 통제 수단이 기관원들을 동원한 직접 감시 체제였음을 알 수 있게 해주는 증언들이다. 당시는 이러한 일상적 감시 외에 특정한 기사를 문제 삼아 취재 기자와 편집 간부를 연행해 신체적, 정신적 고통을 가하거나 인신을 구속하는 사례도 적지 않았다는게 모든 조사 대상 언론인들의 증언이다. 경찰과 보안사, 안기부 등 기관원들이 언론사에 드나들기 시작한 시점은 대개 1965년쯤이었던 것으로 추정한다.

군사정부가 민간이양하면서 자연스럽게 신문사에 들렀죠. 65년쯤 시작일 거예요. 월남 파병하면서죠. 그때만 해도 편집국장, 사장한테 와가지고 문안하는 형식이었어요. 정보부 있죠, 시경 있죠, 관할 경찰서 정보팀들이 다 드나들었죠(언론인 D).

조사 대상 언론인들은 박정희 정부가 채찍만을 가했다면, 전두환 정부는 억압적이기는 하나 채찍과 당근을 동시에 사용하는 차별성이 있었다고 말했다.

그러니까 군사 정권 때는 채찍과 당근이에요. 박정희 때는 물리적 힘, 전두환 때는 교묘하게 언론 사주를, 간부를 매수합니다. 명절이 되면 전두환이라고 써가지고 촌지를 만들어 사장한테는 몇 백만 원, 기자들도 말할 것도 없죠. 당근으로 하는 거예요(언론인 F).

조사 대상 언론인들의 진술을 종합적으로 정리해보면, 한국 사회의 언론 자유 상황은 이승만 정부 시기에는 상당히 자유로운 환경으로 시작했다가 3공화국, 박정희 정부가 등장하며 극심한 부자유 상황에 처하게 된다. 이러한 상황은 군사 정부의 연장인 전두환 정부에도 지속돼 1960년대 초반부터 1980년대 후반 무렵까지 한국의 언론 자유는 극도로 통제된 상태에 놓여 있었다고 판단된다. 1987년 6월 항쟁 이후 등장한 노태우 정부부터 김영삼 정부로 연결되며 언론에 대한 정부의 공식적인 통제 체제는 대부분 사라지고 상당한 수준의 언론 자유가 회복된다. 그러다가 김대중 정부가 등장한 뒤로는 징세권과 공정거래법을 이용한 언론통제가 시도되며 언론의 자유가 과거와는 다른 의미에서 정부에 의해 제한을 받는 상황이 벌어졌다. 다음 〈표 2〉는 각 정부별 언론에 대한 통제 방식을 간단하게 정리한 내용이다.

〈표 2〉 정부별 언론통제 방식과 자유도

정부	언론통제 방식	자유도
이승만	자유주의 정책, 정교한 간섭 없음. 공산주의 언론 탄압, 말기, 경향 폐간	자유
박정희	법과 제도에 의한 통제, 기관원 사찰, 인신 구속과 협박, 보도 지침 일상화	극심한 통제
전두환	법률 재정비, 언론인 대량 해고, 기관원 사찰 계속, 당근도 사용	극심한 통제
노태우	공식 통제 구조 해체, 비공식, 간접 통제 탈권위화	자유의 확산
김영삼	인간관계 이용, 영향력 행사 식사, 향응을 통한 영향력 행사	상당한 자유
김대중	세무 조사, 공정거래법 활용	교묘한 통제

이처럼 여러 정부의 언론 자유 상황을 종합적으로 검토해보면 언론을 자유롭게 둘 것인가 아니면 강력하게 통제할 것인가를 결정하는 가장 중요한 요소는 최고 지도자인 대통령의 언론에 대한 철학임을 추론할 수 있다. 대통령의 의지가 무엇이냐에 따라 법과 제도가 그쪽 방향으로 결정되고 집행되기 때문이다. 대통령의 언론 정책은 철학적 입장 외에도 해당 정부가 정통성이 있느냐 없느냐 하는 조건에 크게 영향을 받기도 한다. 상대적으로 정통성이 적었던 정부들이 강력한 통제 시스템을 구축했었기 때문이다.

6. 기타 외적 통제 요인의 변화

가장 중요한 외적 통제 요인의 변화는 앞 장에서 제시한 정부 관련 요인들의 변화이다. 조사 대상 언론인들은 정부의 통제 이외에 2가지 요소의 등장을 중요하게 꼽았다. 첫째는 광고주 또는 기업의 압력이다. 물론 그 이전에도 신문에 광고가 있었기 때문에 광고주의 영향력은 존재했겠지만, 상황을 심각하게 인식하기 시작하는 시점은 대략 1965년 무렵이라는 것이 많은 언론인들의 입장이다.

보건사회부를 취재할 때는 광고에 문제가 되는지가 기사를 판단하는 데 영향을 주더라고요. 어느 제약회사가 약값을 터무니없이 올려서 팔았다는 기사를 쓰면, 어떻게 그 사실이 제약회사에 알려지고, 그 회사가 로비를 해서 해당 기사가 빠지는 일이 생기는 거예요. 그게 광고주 압력이에요. 국민이 알아야 할 중요한 사항이 광고주 압력으로 빠진다고요. 1964~65년부터 시작했을 거예요. 산업이 발전될수록, 광고 물량이 많아질수록, 지금까지 더 확대돼서 진행되는 거죠(언론인 D).

조금 다른 사례지만 기업이 직접 소유한 언론에서 어떻게 언론의 자유가 제한되는지를 알게 해주는 증언도 있었다. 광고주가 가하는 압력이 간접적이라면, 소유 기업의 압력은 저항할 수 없는 구조적 힘을 갖는다는 사실을 확인할 수 있다.

제가 1965년에 중앙일보 기자로 들어갔는데 1966년에 유명한 삼성 사카린 밀수 사건이 터집니다. 그런데 중앙일보에는 기사가 하나도 없어요. 당시 자세히는 기억 안 나지만 8면 시대인가 그랬는데 동아일보는 1면부터 해서 거의 6면을 사카린 뉴스로 덮는 거야. 그래서 이건 아니다. 제가 제일 먼저 느낀 것이 정치권력의 통제가 아니고 금력으로부터의 통제, 이걸 처음 맛봤어요(언론인 F).

이 또한 1960년대 중반 무렵의 일이다. 한국에서 경제 발전이 어느 정도 궤도에 오르기 시작하며 기업들의 규모나 국가 경제에서 차지하는 비중, 사회적 영향력 등이 커지기 시작하는 단계에서 대기업들은 광고주로서 기사의 게재 문제에까지 힘을 행사했고 중앙일보의 경우는 직접 소유를 통해 절대적인 영향력을 실질적으로 사용했음을 보여준다. 기업이 언론에 대해 행사하는 이러한 이중적 영향력은 이후 지속적으로 확대된다는 사실이 여러 연구에 의해 입증됐다(정인숙, 1997; 이재경, 1997 등). 1990

년대 중반에는 기업이 소유한 전국지가 중앙일보를 비롯해 문화일보와 경향신문 등 3개까지 늘었고 대부분 전국지의 경우 신문 수입에서 광고 수입이 차지하는 비중이 80%에 달할 만큼 지배적으로 확장됐다(이재경, 1997).

언론 자유를 제약하는 외부 요인 가운데 그 영향력이 계속 증가하는 요인으로 이익 단체의 압력을 빼놓을 수 없다. 한 언론인(H)은 한 신문의 경우 교육개혁에 관해 매우 비판적으로 교사 문제를 제기하는 기획 기사를 준비했다가 중요한 독자 집단 가운데 하나인 교사들이 저항할 것이 두려워 취소한 적이 있다고 말했다. 특정 직업군의 집단적 압력이 신문 편집에 직접적으로 힘을 행사했다는 의미다.

> 이익 단체들의 압력도 뿌리가 깊어요. 의사와 약사의 싸움이 있을 때 우린 공정하게 쓴다고 그러지만, 어느 집단이건 자신들에게 불리하다고 판단하면 엄청난 압력을 가하곤 했죠. 제 경우 과잉 진료하는 의사들을 고발하는 기사를 썼는데 의사 단체가 사장이나 전무에게 압력을 넣어서 단수가 축소되고 어떤 때는 빠진 경우도 있어요(언론인 D).

언론사에 상대적으로 강한 영향력을 행사하는 이익 단체들로는 자신들에 대한 보도를 저지하거나 축소시키려는 종교 단체들과 언론의 편향적인 보도를 감시하는 YMCA나 민주언론운동연합 등 시민단체들이 있다. 2002년 의약분업을 추진하는 과정에서는 서로 유리한 언론 보도를 이끌어내기 위해 의사협회와 약사협회가 조직적으로 언론을 대상으로 한 로비에 전력을 기울이기도 했다.

7. 주목할 내적 요인의 변화

언론 자유에 영향을 미치는 외적 조건들의 변화는 언론사 안에서 관찰되는 내적 요소들의 변화와 밀접한 관계를 맺으며 진행돼왔다. 가장 주목해야 할 현상은 언론에 영향력을 행사하려는 외부 세력이 내부의 어떠한 구성 요소를 통해 그러한 힘을 행사하려 했는지가 언론사 내부의 의사 결정 과정과 세력 관계에도 결정적인 영향을 미쳤다는 사실이다.

> 자유당 때는 일선 취재 기자를 상대로 부탁을 하거나 협박이라면 협박을 했습니다. 그러던 것이 공화당이 권력을 잡으니까 기자가 아니라 데스크에 압력을 가하는 거예요. 이 사람들은 군대 조직을 관리해봐서 그럴거예요. 효과적인 방법은 지휘자를 잡는 거다 하는 거죠(언론인 E).

3공화국 초기에 정부의 압력이 주로 부차장급 데스크를 통해서 언론에 전달됐다는 증언이다. 이는 내부적으로 보면 언론사의 조직이 확대되면서 부장들의 관리 대상 기자와 담당 영역이 세분화하고 확장되는 시기와도 일치하는 경향을 보인다. 정부의 압력이 데스크에 집중하는 현상은 특히, 억압적 성격이 강하고 기자들에게 인신의 위협까지 가했던 3공화국이라는 배경에서는 거꾸로 기자들에 대한 부장들의 장악력을 강화시켜주는 요소가 되기도 한다. 데스크들은 일선 기자들에게 권력자들과 교감하는 위치에 있다고 인식됐기 때문이다. 그러다가 3공화국 말기로 접근하며 10월 유신이 선포되고 동아일보에서 1974년 '자유언론실천선언'을 발표한 뒤부터는 정권의 상대가 언론사의 사주로 격상된다.

> 1974년에 동아일보 기자들이 노조를 만들었어요. 그때는 노조는 빨갱이라고 몰아붙이던 시절이었죠. 그러니 노조를 인정해줄 리가 없지. 그렇게 돼서

기자들이 농성을 하고 회사는 진압을 위해 백 몇 십 명을 들어냅니다. 이때 중요한 일이 벌어지는데 정권과 사주가 타협을 하는 겁니다. 사주 입장에서는 광고들이 차단돼 오랜 시간이 지나니까 회사의 생존을 위해 결정을 타협 쪽으로 했겠죠(언론인 F).

이 언론인은 사주의 타협은 언론인 스스로가 자유롭기를 포기한 것이라고 이 상황을 표현한다. 그때 사주가 끝까지 언론인 편에 섰으면 그 뒤로는 언론 자유의 원칙이 지켜졌을 것이라는 주장이다. 전두환 정부의 태동과 연결된 언론인 대량 해직 사태 또한 사주들과의 협력이 없었으면 진행되기 어려웠다는 것이 대부분 조사 대상 언론인들의 생각이었다.

사주가 편집권에 간여하는 것은 1965년까지는 거의 없었어요. 그런데 60년대 후반부터 70년대 경제 물량이 늘어나면서, 유신하면서부터 사주가 신문 경영 전반을 책임지고 독려하고, 좌지우지할 수 있는 권력을 쥐었죠. 군사정부가 그렇게 만들어버렸다고요. 그러니까 지금은 사주가 기자 뽑는 데까지 전부 간여하고 있잖아요. 기자 목숨도 좌지우지하고, 편집 방향, 논조까지 사주가 다 결정해요(언론인 D).

이러한 언론인들의 증언을 통해 추론해보면, 한편으로는 언론을 철저하게 통제하려는 군사정부의 정책이 효과적인 통제 창구로 언론 사주를 선택해 언론사 조직에 대한 장악력을 강화하도록 요구한 측면이 있다. 다른 한편으로는 경제 규모의 성장에 따른 광고 물량의 증가로 언론사가 언론적 기능보다는 기업적 성격이 강조되기 시작하며 최고 경영자 격인 언론 사주가 등장한 영향도 간과할 수 없다. 결국 이러한 커다란 2가지 조류가 맞물려 진행되며 오늘날까지 편집과 경영의 모든 부문을 제왕적으로 관장하는 사주 문화를 만들어왔다고 판단된다.

언론사 외적 조건과 내부 조건을 절묘하게 결합시켜 정권 쪽에서 활용한 또 다른 제도로 조사 대상 언론인들은 정치부 기자들에게 제공한 유정회 국회의원 같은 전국구 의원 자리와 정부 각 부처에 대규모로 설치된 대변인 제도를 든다.

> "좀 차원 높은 정치부 기자들에게 정치 권력이 줄 수 있는 것은 국회의원이에요. 지역구 공천이나 유정회 의원, 또 비례대표 의원 등, 그렇게 철저히 부패시킵니다. 그런데 언론이 어떻게 자유로울 수 있어요? 한 논문에서 통계를 보니까 3백 몇 명인가 그래요. 정치인으로 간 것이. 그리고 또 대변인 제도가 있습니다. 차장급 이상 중견급 기자를 전부 뽑아갑니다. 정부 정책을 언론에 이해시키기 위한 제도적 장치입니다. 그래서 정치권력에 기웃기웃하는, 좀 똑똑한 친구들을 전부 대변인으로 뽑아갑니다. 서로 가려고 싸웠어요. 그런데 어떻게 언론 자유가 있을 수 있겠습니까?(언론인 F)

이 2가지 제도는 결국 언론인을 이용해 언론을 효과적으로 통제하는 장치로 강력한 힘을 발휘했고, 오늘날까지도 큰 변화 없이 언론과 정부의 매개 고리 기능을 하는 것이 사실이다. 이러한 제도적 장치가 내부적으로 더욱 부정적인 영향을 미치는 이유는 정치를 하거나 대변인에 뜻을 둔 취재 기자나 데스크들은 전직을 하기 전 상당한 기간 동안 그러한 자신의 목적을 염두에 둔 채 언론인으로서 취재하거나 편집에 관한 결정을 내리기 때문이다. 그렇기 때문에 일부 조사 대상 언론인들은 이 문제가 정권의 문제라기보다 언론인의 양식의 문제로 보는 편이 옳다는 주장을 제시하기도 했다.

1980년대 후반부터 진행된 민주화와 함께 새롭게 등장한 내적 요인으로 노동조합이 있다. 1980년대 말 거의 모든 언론사에 설립된 노동조합은 다른 요인들과는 반대로 언론의 자유로운 취재 활동을 제약하는 외적, 내적 압력에 저항하는 세력으로 기능하기 시작했다. 각 언론사의 노조는 설립 초기부터 공정보도위원회 등의 활동을 통해 경영진과 편집 간부들이 독점하던 배타적이고 권위적인 편집권의 행사 방식을 바꾸려고 노력했다. 또 외부 압력과 경영진의 통제로부터 언론사의 편집 부문을 최대한 독립적으로 운영할 수 있는 제도적 장치의 일부로 편집국장 선거제나 편집국장에 대한 신임 투표 등을 도입하기도 했다.

조사 대상 언론인들은 대부분 이러한 측면에서 언론사 노동조합의 기능을 긍정적으로 인식하고 있었다. 그러나 일부 언론인들은, 특히 김대중 정부에 들면서 언론 노조가 언론사 내부의 계층 간 갈등의 전위로 역할을 하며 부장 이상의 편집 간부들에 대한 저항 기구가 됐다고 주장한다. 한 언론인은 이러한 상황은 과거와는 반대로 데스크들의 자유를 아래에서 제약하는 형국이라고 표현했다(언론인 E). 그는 이에 덧붙여 이러한 내적 조건을 외부의 정치권력이 자신들의 정략적 목적을 위해 활용하는 경우도 자주 있다고 말한다. 이러한 관점은 언론의 자유가 발행인과 기자의 자유를 구분하는 단계를 지나 같은 기자 집단에서도 직급의 구분을 통해 데스크급 이상 편집 간부들의 자유와 일선 취재 기자의 자유를 분리시켜 논의해야 할 필요가 있음을 시사한다.

조사 대상 언론인들이 제시한 다양한 내적 요소의 변화를 〈표 3〉으로 정리했다. 지난 50여 년의 시간이 흐르는 동안 각 시기별로 외적 조건들의 변화에 상응하는 내적 요소들의 변화가 분명하게 진행됐음을 알 수 있다.

〈표 3〉 중요한 내적 요소들의 변화

시기	내적 요소 변화 내용
이승만 정부	취재 기자를 통한 영향력 행사
박정희 정부 초기	데스크 권한 강화, 데스크들을 매개로 한 영향력 행사
박정희 정부 후기 · 전두환 정부	사주의 영향력 절대화, 사주를 통한 압력, 언론인 정계로 스카우트, 정부 부처 대변인제 도입
노태우 정부 이후	노조의 성장, 사주와 노조의 대립 구조

8. 언론 자유의 조건

이번 연구를 통해 확인할 수 있었던 언론을 자유롭게 하는 조건들은 크게 2가지 부류로 나눠진다. 하나는 사람에 관련된 조건들로, 여기에는 대통령의 언론 철학, 언론사 사주의 가치관, 개별 언론인과 기자들의 직업관 등이 포함된다. 다른 하나는 문화 또는 제도적 조건들을 들 수 있는데 여기에는 한국적 커뮤니케이션 문화와 조직 관리 문화가 해당된다.

1) 사람과 관련한 조건들

조사 대상 언론인들이 제시하는 가장 두드러지는 인적 요소는 최고 지도자인 대통령의 언론 철학이다. 한국이 제왕적 대통령제라 할 만큼 대통령에게 권력이 집중돼 있는 정부 형태를 유지해왔기 때문으로 판단된다. 특이한 사항은 대통령의 언론 철학이 언급된 경우는 이승만 정부의 언론 자유 상황을 설명할 때뿐이라는 점이다. 조사 대상 언론인들은 모두 이승만 정부 시기를 가장 언론 자유가 보장됐던 시기로 꼽으며, 이구동성으로 이 대통령이 미국에서 교육을 받았고 미국의 언론 상황을 경험했기 때문에 그러한 언론 철학을 실천했다고 말했다. 조사 대상 언론인들은 박정희, 전두환 대통령 시대를 대통령의 도구적 언론관이 제도화된 시기로 인식했다. 대통령이 자신들의 정치적 목적을 위해 언론을 다양한 제도적 장치를 통해 미세하게 관리하며 강력한 통제 체제를 유지했던 시기였기 때문이다. 중앙정보부나 보안사 등 기관원을 파견해 언론을 사찰하고, 문화공보부를 통해 관료적인 관리를 시도한 것 등이 그러한 언론 철학을 입증한다. 이러한 조건들을 통해서 볼 때 언론인들은 박정희, 전두환 대통령은 언론의 자유를 독립된 가치로 인정하는 사람들이 아니었다고 판단된다. 언론은 국가의 경제 발전을 위한 국민 통합의 도구이자 정권의 정당성을 홍보하는 선전 기구 정도로 인식됐었다는 것이 조상 대상 언론인들의 인식이다.

김영삼, 김대중 대통령의 언론 철학에 대해서는 뚜렷한 방향성이 제시되지 않는다. 이승만의 자유주의적 관점과 박정희, 전두환의 도구적 언론관의 중간 정도에 위치하지 않을까 하는 느낌이 있을 뿐이다. 한 언론인(E)은 이 두 대통령에 대해 다음과 같이 말한다. 이들은 모두 야당 시절부터 언론을 밀접하게 접촉하며 활용해온 정치가들이기 때문에 언론의 속성을 매우 잘 안다. 그래서 세무 조사는 아마도 그러한 수단을 통해 언론을 자기 정권에 유리하게 활용하기 위한 아이디어였을 것이다. 이는 두 김 대통령 또한 언론에 대한 도구적 통제의 의지를 가졌던 사람들로 인식한다는 뜻으로 볼 수 있다.

언론 자유와 관련된 인적 요소 가운데 두 번째로 중요한 요소가 사주 또는 발행인의 가치관이다. 사주는 소유주가 발행인을 겸하는 경우를 지칭하며, 발행인을 별도로 얘기하는 경우는 사주가 언론사 경영을 다른 전문가에게 전적으로 위탁하는 상황이 있기 때문이다. 발행인 또는 사주의 가치관은 언론사 내적으로 거의 절대적인 영향력을 행사할 수 있는 인물이 편집과 경영의 관계나 광고와 편집, 외부 정치 세력과 편집의 관계를 어떻게 생각하고 일상적으로 실천하는지의 문제를 말한다. 조사 대상 언론인들은 하나같이 3공화국과 5공화국 기간에 언론 사주가 정권과 야합을 했던 것이 한국의 언론 자유를 극도로 위축시킨 계기였다고 말한다(언론인 F, G, H). 이와는 정반대되는 경우가 동아일보의 최두선 사장이었다. 한 언론인(B)에 따르면, 최 사장은 매우 순수했다. 그 사람은 사장으로 있으면서 편집국에 오지도 않았고, 외부에서 오는 청탁도 모두 거절하면서 철저하게 편집국의 독립을 보호해준 경영자였다. 물론 정부가 강력한 의지를 가지고 수단과 방법을 모두 동원해 통제하려 할 때 편집의 자유를 보장하는 일은 어렵다. 그러나 그러한 상황이 오더라도 사주가 어떠한 가치관으로 언론을 경영하는가에 따라 현격한 차별성이 있다는 것이 조사 대상 언론인들의 인식이다. 이 문제는 특히 기업과 광고주 등 경제적 요인들에 대한 정책적 대응에서 더욱 분명한 차별성을 갖는다.

언론 자유의 조건 가운데 마지막 인적 요소는 일반 기자, 언론인들의 직업관이다. 조사 대상 언론인들은 이 부분을 언급하며 개인주의자, 자유주의자가 많아져야 언론이 자유로워진다고 말했다. 기자는 동료나 상사가 어떻게 생각하는지에 관계없이 자신의 생각과 판단이 있는 것이 좋다는 의미다. 집단적인 보조를 맞추려 하는 사람이 많으면 그만큼 덜 자유로울 수 있다고 조사 대상 언론인들은 생각했다. 개인의 가치관과 관련해 중요한 사항은 기자는 언론의 자유를 지키기 위해 투쟁도 할 수 있어야 한다는 것이다. 그럼 언론 자유는 어떻게 해야 하는가?

> 그건 주어지는 것이 아니고 기자들이 노력해서 쟁취해야 한다. 이게 대전제입니다. 그런데 지금 보세요. 언론 자유를 위해 감옥소 간 사람 있습니까? 우리나라에? 한 사람도 없습니다. 그러면서 언론 자유를 얻겠다, 그건 넌센스다 이겁니다(언론인 F).

권력에 대한 투쟁 못지 않게 강조하는 내용이 경제적 유혹, 상업적 압력에 대한 언론인들의 자세이다. 조사 대상 언론인들은 정치, 정권적 압력이 축소되면서 상대적으로 강화되는 기업 로비에 대해서도 철저한 가치관을 확립해야 한다고 강조한다.

2) 문화, 제도적 조건들

조사 대상 언론인들은 위에 제시한 인적 요소들 외에 언론 자유를 제약하는 요소로 한국인들의 문화적 전통을 빼놓을 수 없다고 말한다. 어떻게 보면 문화의 문제는 대통령이나 사주의 문제보다 더욱 근본적인 제약 요건이라는 의미다.

> 한국 사람들 사고방식이 위나 아래로나 다 원만하게, 좋은 것이 좋지 않느냐 이런 식이니까 어렵죠. 그게 정부 대 언론의 문제가 아니라 한국 사람 사고방식의 문제야. 말하자면 정신적인 거예요. 외국에 보면 존 스튜어트 밀이나 이런 사람이 언론 자유를 얘기할 때 보면 정신적인 자유부터 얘기해요. 그런데 우리는 말 안 하는게 미덕이거든. 말 많은 것이 미덕이 아니라고(언론인 A).

이 언론인은 한국 사회에서는 오래 전부터 곧은 소리하는 사람은 외톨박이가 되는 경우가 많기 때문에 서양 선진국 같은 자유를 누리기 어렵다고 말했다. 다른 언론인도 같은 의미의 의견을 제시했다.

> 한국에서는 자유롭게, 자기 스스로 판단하고, 독립적으로 생각하는 언론인이 되기는 어려울 수 있습니다. 민주주의 훈련을 오랫동안 받은 서구 쪽의 객관주의, 이런 거하고는 좀 거리가 있는 것 같아요. 의리, 정, 이해타산 등이 문제가 되는데, 저는 이해타산이 제일 큰 장애물이라고 봐요(언론인 G).

결국 동료들의 집단적 압력, 학연, 지연 등에 의한 부자유, 언론사 조직의 수직적 의사 결정 구조에 의한 자유의 박탈 등 문화적 요인들이 개인으로서의 언론인이 독자적으로 취재하고 판단하는 활동을 제약해왔다는 얘기다. 그리고 이러한 조건은 오늘날에도 여전히 자유를 제한하는 요소로 남아 있다는 것이 조사 대상 언론인들의 인식이다.

조사 대상 언론인들이 제시하는 또 하나 제도적 요소로 한국 언론의 인사 제도의 문제가 있다.

이것은 시스템의 차이, 심하게 말하면 언론 철학의 차이로 볼 수도 있습니다. 한국에는 자리를 갈라먹는 풍조가 있어요. 예를 들면 미국은 전문성 위주로 대기자를 키우고 편집국장도 한 사람이 10년 이상씩 하며 권위와 독립성을 보장하는데 우리는 자리 위주, 직급 위주, 연공서열 중심 등으로 인사가 이루어져 소신 있게 일하기 어려운 구조로 자리잡고 있는 것이 현실입니다(언론인 C).

공채 제도로 기자를 집단으로 고용하고 동기생들은 모두 함께 진급하며 비슷한 시기에 부장이 되고 부국장이 되는 인사 제도 때문에 구조적으로 개인주의적 가치에 바탕을 둔 언론 자유를 향유하기 어렵다는 의견이다. 기자 공채 제도는 입사 과정을 투명하게 관리하고 동기생들끼리의 단합이 용이한 점 등 외부의 부당한 압력에 집단적인 대응을 하기에 효과적으로 기능한 점도 있다. 그러나 대부분 조사 대상 언론인들은 개인의 능력이 기준이 아니라 다음 기수에게 데스크 자리를 넘겨줘야 하기 때문에 순환적인 인사 이동이 실시되는 현실은 분명히 심각한 문제가 있다고 생각한다.

9. 결론: 한국 언론 현실의 개선 방향

언론을 제약하는 요소는 공권력을 행사하는 외적 요인인 정부로부터 언론사 내부에서 운용되는 인사 제도에 이르기까지 매우 다양하게 구성돼 있다. 그리고 이러한 다양한 요소들은 항상 일정하게 영향력을 행사하는 것이 아니라 특정한 시점의 정치, 경제, 문화적 여건들이 어떻게 변화하는가에 따라 해당 시점에 적합한 유기적 관계틀을 형성해 다양한 종류의 기사별로 언론사와 언론인에게 구체적인 압력을 행사하게 된다. 이 연구에서는 지난 50여 년간 이승만 정부에서부터 김대중 정부에 이르기까지 한국 사회가 변화하면서 각 시대별 언론 자유의 조건들이 어떻게 특징지어졌으며 또 내적, 외적 요건들의 변화는 어떠한 과정을 거쳐 현재에 이르렀는지를 분석했다.

이 연구에 참가했던 언론인들은 대부분 언론이 자유롭다는 것은 궁극적으로 언론인 개인이 자유롭다는 것을 의미한다고 말한다. 그리고 개인이 자유로우려면 각각의 언론인이 철저하게 자유주의와 개인주의 사상으로 무장돼 있어야 한다고 주장한다. 이는 다시 말하면 언론의 자유는 누가 가져다주는 것이 아니라는 뜻이고, 그렇기 때문에 언론인은 필요하면 투쟁에 나설 자세를 가져야 한다는 주장이다. 언론인들의 이러한 인식은 정치적 민주화나 사회의 다원화, 개방화 등 거시적 외부 조건들을 도외시하려는 의도가 아니다. 그들은 자신들이 언론을 중심으로 사고했으며 언론의 자유는 언론인 관점에서 실천할 수 있는 대안을 제시해야 할 대상이었기 때문에, 이러한 입장을 가졌다고 판단된다. 이들은 이러한 여건을 만들기 위해 먼저 개별 언론인들이 철저한 윤리성을 확보해야 하고 언론직에 대한 자부심을 유지할 수 있어야 한다고 말한다. 특히 정권이나 기업이 제공하는 힘 있는 자리나 금전적 유혹을 뿌리칠 수 없다면 자유로운 보도와 논평은 생각할 수도 없기 때문이다.

또 원로 언론인들은 언론의 소비자인 독자와 시청자들이 혹독한 감시의 눈을 가지고 상시적으로 언론과 언론인을 견제하면 이것이 현실적으로 언론사와 언론인을 자유롭게 하는 효과적인 토양이 돼줄 것이라는 의견을 제시한다.

한국 사회에는 언론 자유의 근거가 될 만한 토착적인 사상의 뿌리가 빈약하다. 멀리는 원효 사상에서부터 가깝게는 이율곡의 글들 속에서 개방적인 언로 사상에 대한 선인들의 생각을 확인할 수는 있다. 그러나 이러한 사유는 왕조적 질서 속에서 지극히 제한된 지배 계층에 해당되는 개념일 뿐, 보편적인 언론 철학으로서 모든 사람의 표현의 권리나 알 권리를 뒷받침하지는 않았던 것이 사실이다(김용구, 1995; 이상희, 1993). 해방 이후 한국의 언론사와 언론학사는 서양의 제도와 철학, 이론을 도입해 한국 현실에 접목시키는 과정으로 요약할 수 있다. 그렇기 때문에 어떠한 측면에서는 자유 언론의 이론인 서양적 옷이 군사정부와 민주화 과정을 겪어온 한국 사회라는 몸과 여전히 제대로 조화를 이루지 못하고 있는 현실을 부인할 수 없다. 언론의 자유라는 원리는 민주주의와 마찬가지로 사회 구성원 모두가 내면화된 가치관으로 지켜주지 않으면 존립 기반이 안정되지 못한다.

이 연구는 한국 사회에서 자유 언론 이론이 거스를 수 없는 사회적 합의가 되는 기초 작업으로 활용되기를 희망한다. 이제 언론에 대한 안기부나 보안사, 경찰 등의 공개적인 사찰은 사라졌지만 아직도 대통령의 의지나 사주의 경영 정책, 광고를 매개로 한 거대 기업의 영향력 등은 강력한 힘으로 언론을 제약하고 있기 때문이다.

참고문헌

김용구(1995). 『언론사상연구』. 서울: 나남.

김정기 · 김학수(1997). "한국 언론인의 취재보도 행태에 관한 연구." 『한국 언론 2002년 위원회 전문위원 보고서』. 서울: 관훈클럽.

류한호(1994). "내적 언론 자유의 이론과 실천." 성균관대학교 박사학위 논문.

박권상(1969). "영광과 좌절: 60년대의 언론." 한국신문편집인협회 세미나 발표문(1969년 11월 29일).

손석춘(1994). 『신문 편집의 철학』. 서울: 풀빛.

송건호(1987). "우리의 언론 현실과 민주화의 길." 『민주언론 민족언론』. 서울: 두레.

유재천 · 이민웅(1994). 『정부와 언론』. 서울: 나남.

이상희(1993) 『조선조 사회의 커뮤니케이션 현상연구』. 서울: 나남.

이재경(1997). "신문광고의 역기능에 관한 연구." 『한국 언론 2000년 위원회 전문위원

보고서』. 서울: 관훈클럽.

윤영철(2001). "권력구조 변동과 언론통제 정책의 변화." 『한국 민주주의와 언론』. 서울: 유민문화재단.

정인숙(1997). "한국 언론의 자유와 통제구조 연구." 『한국 언론 2000년 위원회 전문위원 보고서』. 서울: 관훈클럽.

채의석(2000). 『99일간의 진실』. 서울: 개마고원.

Ascherson, Neal(1978). "Newspapers and Internal Democracy." In Curran, James(ed.). *The British Press: A Manifesto*. pp.124~137. London: Macmillan.

Breed, Warren(1995). "Social Control in the Newsroom." *Social Forces* 33: 326~355.

Hachten, William A.(1989). "Media Development without Press Freedom: Lee Kuan Yew's Singapore." *Journalism Quarterly* 66: 822~827.

Hardt, Hanno(1983). "Press Freedom in Western Societies." In L. J. Martin and A. G. Chaudhary(eds.). *Comparative Mass Media System*. New York: Longman.

Jakubowicz, Karol(1995). "Media Within and Without the State: Press Freedom in Eastern Europe." *Journal of Communication* 45: 125~139.

Kent, Kurt E.(1972). "Freedom of the Press: An Empirical Analysis of One Aspect of the Concept." *Gazette* 18: 65~75.

Lee, Byung-soo(1990). "Press Freedom during the 5th and the 6th Republics." *Sungok Journalism Review* 1: 15~35.

Lee, Jae-kyoung(1991). "Press Freedom and National Development: Toward a Re-Conceptualization." *Gazette* 48: 149~163.

______(1997). "Press Freedom & Democratization: South Korea's experience and some lessons." *Gazette* 59(2): 135~149.

Lent, John A.(1978). "Press Freedom in Asia: The Quiet, but completed revolution." *Gazette* 24: 41~60.

Lowenstein, Ralph L.(1976). "Press Freedom as a Barometer of Political Democracy." In Fisher, Heinz-Dietrich and John C. Merrill(eds.). *International and Intercultural Communication*. New York: Hastings House Publishers.

Milton, John(1992). *Areopagitica*. Santa Barbara: Bandanna Books.

Nam, Sun-woo(1978). "Newspapers Under Tribulation: The Present-Day Korean

Press?" *Gazette* 24: 109~120.

Nam, Sun-woo(1983). "Press Freedom in the Third World." In L. J. Martin and A. G. Chaudhary(eds.). *Comparative Mass Media Systems*. New York: Longman.

Nixon, Raymond B.(1960). "Factors Related to Freedom in National Press System." *Journalism Quarterly* 37: 13~28.

Oliver, Robert T.(1957). "Present-Day Newspapers in the Republic of Korea." *Journalism Quarterly* 34(1): 85~86.

Rowland, D. Wayne.(1958). "The Press in the Korean Republic: Its Status and Problems." *Journalism Quarterly* 35(4): 450~454.

Siebert, Fred S.(1952). *Freedom of the Press in England 1476-1776*. Urbana: University of Illinois Press.

Siebert, Fred S., Peterson, T. & Schramm, W.(1956). *Four Theories of the Press*. Urbana/Chicago/London: University of Illinois Press.

Weaver, David H.(1977). "The Press and Government Restriction: A Cross-National Study Over Time." *Gazette* 23(3): 152~170.

Youm, Kyu Ho(1994). "South Korea's Experiment with a Free Press." *Gazette* 53: 111~126.

12장

한국 언론의 사상적 토대*

1. 언론 사상을 생각해야 하는 이유

"모든 국민은 언론 출판의 자유와 집회 결사의 자유를 가진다."

1987년 10월 29일 개정된 대한민국 헌법 제21조 1항의 내용이다. 매우 간단한 선언이지만 바로 이 조항이 한국의 언론 제도와 다양한 신문, 방송, 잡지, 출판사, 그러한 회사들에서 일하는 언론인들의 존재 근거이다. 이 헌법 조항은 한마디로 한국 사회의 언론 제도는 중국이나 북한식의 국가 통제 방식이 아니라 자유주의 사상을 토대로 하는 서구적 자유 언론 제도를 근간으로 한다는 국민적 합의를 표현한다.

돌이켜보면 자유 언론 제도는 대한민국의 건국과 함께 줄곧 한국 사회의 언론 운영 제도로 공인돼왔다. 1948년 7월 17일 공포된 대한민국 건국 헌법은 제13조에서 "모든 국민은 법률에 의하지 아니하고는 언론 · 출판 · 집회 · 결사의 자유를 제한받지 아니한다"고 밝혔다. 그러나 한국 언

* 이 글은 『커뮤니케이션과학』 24호(1~24)에 실린 "한국 언론의 사상적 토대"(이재경, 2007)와 같다.

론 2000년 위원회가 발간한 『한국 언론 2000년 위원회 전문위원 보고서』(2000)는 "한국에 근대 신문이 등장한 이후 120여 년 동안 언론 자유가 보장되었다고 말할 수 있는 기간은 15년 정도에 지나지 않는다"고 진단했다(p.37). 이 보고서는 이승만 정권 시대의 2~3년간과 장면 정권 시대 1년, 그리고 1987년 6·29 선언 이후가 그나마 자유가 보장된 기간이라고 주장한다. 헌법으로 언론의 자유를 보장한 기간은 50여 년이지만 실제로 자유 언론 제도가 기능한 기간은 이 기간의 1/3이 채 안 됐다는 의미다. 『한국 언론 보고서』는 그 이유를 "민주 헌정 수난기에 해당하는 27년간은 언론 자유를 비롯한 모든 기본권을 보장하는 헌법 조항이 사문화(死文化)되었던 시기"였기 때문이라고 설명했다(p.36). 헌법의 사문화(死文化)는 말할 나위 없이 헌법 조항이 관련 현실을 규정하는 능력을 상실함을 의미한다.

헌법이 존재하면서 효력을 상실하는 경우는 제대로 된 민주 국가에서는 생각할 수 없다. 그러나 한국의 3공화국과 5공화국의 예에서 보듯이 이상주의적 헌법의 일부 조항들이 권위적 정권에 의해 조직적으로 무시된 사례는 2차 세계대전 이후 독립한 많은 아시아와 남미, 아프리카, 동유럽 국가들에서 지속적으로 발견돼왔다. 이러한 현상은 정치 이론 측면에서는 서구 이론과 저개발 사회 현실의 격차, 무리한 서구 이념 체계 이식의 문제 등으로 논의가 발전해왔고, 언론 이론의 측면에서는 "언론 자유 없는 미디어의 발전"(Hachten, 1989)과 민주화와 자유 언론 확산의 지체(Lee, 1997; Jakubowicz, 1995) 등의 틀 속에서 토론이 진행돼왔다.

이 장은 이러한 이론적 관심의 연장선상에서 한국의 언론 현실과 언론 제도사(史)가 만들어내는 구조적인 언론 사상의 문제들을 탐구한다. 사상의 문제를 다루면서 언론 현실과 제도를 강조하는 이유는 2가지다. 하나는 수십 년간 날마다 언론 현장에서 되풀이돼온 정형화된 실천 관행들이 관찰된다면, 그들이 명시적으로 표현되지는 않았을지라도, 언론에 대한 또는 저널리즘적 행위들에 대한 제도화된 고정관념을 담고 있다고 판단할 수 있기 때문이다. 이처럼 일상 관행화한 고정관념 또는 가치관들은 다른 말로 하면 언론 현실 속에 자리 잡은 생활 철학이라 할 수 있다. 그리고 이러한 가치 체계는 사실상 현장에서 뉴스를 취재하고 생산하는 취재 기자와 편집자들의 판단 기준으로 작용하기 때문에 더 주목할 가치가 있다.

사상의 문제를 다루며 현실과의 연결을 강조하는 두 번째 이유는 언론 현장이나 독자, 정책 관련자 등과 무관한 이념으로서만의 사상은 어쩔 수 없이 사회, 역사적 문맥과 분리될 가능성이 크고, 그렇게 되면, 자칫 공허한 관념의 유희가 돼버릴 수 있기 때문이다.

이 장에서는 언론 현장에서 관찰되는 일상화한 언론에 대한 고정관념들의 탐구와 함께 선언적으로 또는 명시적으로 표현된 언론 사상도 조사했다. 선언적 언론 사상은, 다른 말로 하면, 서양의 자유 언론 사상을 어떻게 도입하려 했는지를 의미한다. 주로 언론인들의 글이나 앞서 인용한 헌법 조항 같은 글 속에 담겨 있는 생각들의 성격을 검토하고 다양한 글 속에 투영된 공통점들을 찾아내는 것이 이 작업의 목적이다.

이 장은 궁극적으로 오늘날 한국 저널리즘을 지탱하는 언론 사상 또는 언론 이념은 이중적 구조를 갖고 있음을 비판적으로 드러낸다. 이중 구조의 한 축은 현실 조건들과 융합하지 못한 추상적 가치로서의 서구적 자유 언론 사상이고 다른 한 축은 매일의 활동에서 강고하게 행위 규범이 되고 있는 현실 저널리즘의 가치 체계이다.

대한민국이 해방 후 헌법을 제정하고 언론의 자유를 보장해온 지 50여 년이 지났지만 그 가운데 30여 년의 기간 동안 헌법이 사문화했던 이유는 선언적으로 도입된 서양 사상이 한국의 정치, 사회 토양에 제대로 접목해 뿌리내리지 못했기 때문이다. 현실을 반영하기보다는, 도달하고자 하는 목표로서의 서양 언론 사상과 하루하루 생활의 규칙, 또는 구체적 역사 상황의 요구들이 충돌해, 오랜 기간 동안 현실적 고려들이 토착화하지 못한 서양 이념들을 무력화해온 것으로 판단된다.

언론 개혁에 대한 다양한 논의가 진행되는 이 시점에서 언론 사상과 철학의 문제를 토론하는 이유는 크게 3가지다. 첫째는 언론 현실에 대한 개념의 혼란, 또 그를 바탕으로 전개되는 언론 개혁에 대한 개념의 혼란을 정리할 필요가 있기 때문이다. 한국 언론은 크게 3가지 원인에 의해 정체성을 도전받고 있다. 하나는 기술적 요인으로, 이는 다양한 온라인 매체의 등장과 매체들의 융합 현상으로 대표된다. 언론을 압박하는 두 번째 요인은 민주화와 개혁으로 압축되는 정치적 압력이다. 여기에는 정부와 언론의 관계, 사회 변화에서 언론이 수행해야 하는 역할 등에 관한 고려가 포함된다. 언론에 영향을 미치는 또 하나 요인은 상업적 압력이다. 특히 경영 압박이 가중되며 사주와 광고주의 힘은 거부할 수 없는 세력을 형성했다. 오늘날 한국 언론사와 언론인 들은 이처럼 삼중 압력에 포위된 채 생존을 위한 투쟁을 진행한다. 안타까운 것은 이러는 가운데 언론은 무엇이며 언론인의 본분은 무엇인가에 대한 국민적 합의는 실종돼버린 것이다. 최근 상황은 어떻게 보면 말하는 사람마다 서로 다른 언론의 개념을 상정하는 것처럼 보이기조차 한다. 이러한 혼란상은 결국 기본적인 철학적 논의가 토대가 돼야 해소의 실마리를 찾는다.

사상과 철학을 논의하는 두 번째 이유는 지난 120여 년 동안 한국 언론사(史)가 만들어낸 한국 언론 현장의 이념 체계나 가치 기준을 확인하고 정리할 필요가 있기 때문이다. 한국 언론 현장의 이념 체계 또는 가치 기준은 구한말에서 일제강점기, 권위주의 시대 등을 거치며 그러한 역사적 문맥이 어쩔 수 없이 한국 언론에 부여했거나 강제했던, 그리고 그러한 역사 상황 속에서 언론사와 언론인들이 선택했던 역할과 기능을 돌아봄으로써 정리가 가능하다고 생각한다. 또 과거로부터 전달돼온 언론 활동의 가치 체계는 오늘의 언론 현실을 구성하는 중심 요소로도 자리 잡고 있기 때문에, 이러한 가치 체계의 성격을 규정해보는 작업은 오늘날 전개되는 혼란상을 진단하는 데도 반드시 필요한 과정이다.

사상과 철학을 논의해야하는 세 번째 이유는 한국 언론이 제대로 기능하기 위해서는 이제부터라도 광범위한 국민의 지지를 받는 사상적 토대가 필요하기 때문이다. 권위주의 정권이 이상적인 가치를 담고 있는 헌법 조항을 사문화시킬 수 있었던 이유는 한국 사회가 자유 언론 제도를 뒷받침해줄 사상적 토대는 물론이고 그러한 이념을 제도적으로 지지할 인적, 사회적 하부 구조도 갖추지 못했기 때문이다. 광범위한 시민이 이해하고 수용하고 적극적으로 지지할 의지가 전제되지 않은 사상 체계는, 아무리 일부 법률가에 의해 헌법에 포함된다 해도, 현실적으로 힘을 행사하는 지도 이념으로 기능하기 어렵다. 이러한 사실은 지난 50여 년 한국 사회의 경험을 통해 실증적으로 검증된 내용이다.

따라서 한국 언론이 정상적으로 기능하기 위해서는 이제부터라도 언론 사상의 기본적인 내용들에 대해서 체계적인 논의를 시작해야 한다. 또 그러한 논의와 그 논의를 통해 제시된 주요 가치들에 대한 광범위한 국민적 합의를 만들어가는 과정도 함께 진행해야 한다. 이 장이 그러한 장기적인 토론의 조그마한 시발점이 되기를 희망한다.

2. 장의 성격과 구성

이 장은 기본적으로 관념적 성격을 가진다. 다시 말하면 체계적인 경험적 자료의 수집이나 분석을 위한 연구 설계를 사용하지 않는다는 뜻이다. 따라서 전체 논문의 논리적 흐름과 그 속에 담겨 있는 주장들은 대체로 연구자의 주관적 관찰이나 경험을 통해 체득한 판단 등을 바탕으로 했음을 밝힌다.

이는 물론 이 장에 담겨 있는 생각들이 주관적으로만 형성됐음을 강조하려는 의미는 아니다. 연구자는 이와는 반대로 전체 글의 흐름을 최대한 객관적으로 진행하고자 최선을 다했다. 또 그렇게 하기 위해 가능한 많은 경험적 자료들과 기존의 문서와 학술적 논의들을 포함시키려고 노력했다. 그러나 그럼에도 기본적으로 전제되는 시각의 주관성을 밝히는 것은 특히 한국 언론의 철학적 토대를 무엇을 중심으로 어떻게 형성시켜나갈 것인가를 모색하는 작업이 편협하게 흐르지 않기를 바라기 때문이다.

이 장에 사용된 주요 자료는 크게 2가지 종류다. 하나는 언론의 제도적 발전에 기여한 서양의 주요 서적들과 한국의 서적, 보고서 등이고 다른 하나는 독립신문과 동아일보, 한겨레신문 등 한국에서 발간된 주요 신문의 창간사들이다. 창간사들은 100여 년의 시차를 갖고 있지만 한국에서 신문을 만들어온 언론인들이 어떠한 언론 이념이나 철학을 주요 가치로 선언했는지 확인해보기 위해 자료로 활용했다. 또 하나 중요한 자료는 연구자가 언론인으로서, 그리고 언론학자로서 또 신문의 독자와 방송의 시청자로서 30여 년간 축적해온 개인적 체험이다. 이는 물론 계량화된 자료로 제시되지는 않지만 한국 언론의 실천적 가치 체계를 규정하는 작업에 핵심적 근거로 활용됐음을 밝힌다.

이 장에서 다루는 질문은 크게 다음의 4가지이다.

첫째, 오늘날 한국 언론의 현실을 이해하기 위해 언론 사상 또는 철학을 논의하려면 주로 어떠한 개념을 고려해야 하는가? 그리고 그들은 어떻게 범주화해볼 수 있는가?

둘째, 구체적인 한국의 언론 역사에서 발견되는 대표적인 가치체계들, 특히 언론 현장을 지배해온 저널리즘 이념들은 어떠한 것들이 있는가?

셋째, 언론 사상의 주요 개념들이나 이념들이 한국 언론의 역사적 현실들과 조화롭게 접목되지 않아 발생한 문제들은 어떠한 것들이 있는가?

넷째, 한국 언론의 철학적 토대는 무엇을 기반으로 해야 하며 어떻게 만들어나가야 하는가?

이 장은 위에 제시한 4가지 문제를 중점적으로 다루기 때문에, 이 장의 나머지 부분은 차례대로 이 질문들에 대한 토론으로 채워진다.

3. 언론 철학을 논의하기 위한 몇 가지 주요 개념

이 장에서는 언론 사상과 언론 철학, 언론 이념과 언론관 또는 언론에 대한 가치 체계 등 크게 4가지 개념을 주요 개념으로 다룬다.

이 가운데 언론 사상과 언론 철학은 서로 교환해 사용이 가능한 비슷한 개념으로 사용한다. 이들은 모두 언론 현상에 대한 체계적인 생각을 지칭한다. 이 개념들은 예를 들면 "영국의 언론 사상" 또는 "수정헌법 1조에 반영된 언론 철학" 등에서 보듯이, 기본적으로 객관적인 자세로 언론 현상을 탐구해서 얻어진 통일된 지식 체계라는 의미를 가진다.

그런가 하면 언론 이념 또는 언론에 대한 가치 체계라는 두 개념은 구체적인 행위 주체나 집단을 전제로 한다. 허버트 알철(Altschull, 1990, p.17)은 이들을 "언론의 직업 이념"(journalistic professional ideology) 또는 "신념 체계"(belief system)라고 부른다. 알철에 따르면 이러한 언론 이념은 언론인이라는 직업의 목적이 무엇이고, 그 직업이 어떻게 수행돼야 하는가를 규정하는 기능을 갖는다. 그는 이러한 언론인 이데올로기를 또 다른 말로 실천 철학(operating philosophy)이라고 부르기도 하고, 경우에 따라서는 직업 공동체가 공유하는 인식론(shared epistemology)이라는 이름을 붙이기도 한다.

이 장은 앞서 제시했듯이 언론 사상의 문제를 크게 2가지 차원으로 나누어 접근한다. 다시 정리하면, 이 장의 토론 대상은 언론 사상 또는 철학의 차원과 언론 이념 또는 언론에 대한 가치 체계 차원, 이렇게 2가지 영역으로 분리된다는 뜻이다. 언론 사상의 차원은 기본적으로 개념의 포괄

범위가 거시적이고 논의 대상에 대한 자세는 객관적이다. 여기 포함되는 구체적인 논의 주제들은, 예를 들면, 사회나 정치 체제에서의 언론의 역할, 민주주의 제도에 적합한 이상적인 언론 제도, 민주주의 체제에서의 언론의 기능 등을 들 수 있다.

이에 비해 언론인 집단의 실천 이념으로서의 언론 이념은 주로 언론인들이 일상적으로 직무를 수행하는 데 필요한 신념 체계로서 기자의 사실 추구 정신이나 보도의 객관주의, 언론인의 독립성 추구, 권력에 대한 감시 역할 강조 등의 내용을 포함한다.

언론 철학에 대한 토론을 이처럼 나누는 이유는 양자가 완전히 분리되는 관찰 대상이기 때문은 아니다. 거시적이고 학문적인 사상과, 상대적으로 미시적이고 실천적인 직업 이념은 현실적으로 매우 밀접한 상관관계를 가질 수밖에 없다. 왜냐하면 한 사회의 커뮤니케이션 방식을 규정하는 언론 제도에 대한 국민적 합의가 전제되지 않으면 객관 보도를 추구하는 개별 언론사나 사실 추구를 신념으로 활동하는 개인으로서의 기자가 존재하기 어렵기 때문이다. 이 같은 기본 인식에도 불구하고 언론 철학 논의를 2가지 차원으로 나눈 것은 한편으로는 이러한 구분이 한국 사회처럼 서양 사상을 도입해 제도화한 사회에서의 언론 철학의 문제를 분석하기에 효과적일 수 있다고 판단했기 때문이다. 이러한 구분은 토론 대상을 세밀하게 분리해 논의의 구체성을 확보할 수 있다는 또 다른 장점이 있다.

4. 서양의 자유주의 언론 사상

1) 사상적 차원의 주요 요소들

현대 자유주의 언론 제도의 사상적 토대를 구성하는 주요 요소들을 간략하게 요약하면, 다음의 몇 가지를 꼽을 수 있다. 첫째는 1644년 발간된 존 밀턴(John Milton)의 『아레오파지티카Areopagitica』에서 주장된 "사상의 자유 시장"(the Market Place of Ideas) 개념과 그러한 시장이 형성되면 이루어진다고 상정되는 "진실의 자체 정정 과정"(the self-righting process) 개념이다. 밀튼은 이 저서에서 권력에 의한 검열(censorship)은 아무리 그 목적이 도덕적으로 옳다고 해도 결국은 진실이 드러나는 것을 방해하거나 심지어 진실을 왜곡할 수 있다고 주장하며, 이는 신의 섭리에도 맞지 않는다고 강조한다. 따라서 가장 바람직한 상황은 모든 주장과 생각이 제약 없이 표현될 수 있도록 사상의 시장을 열어두는 것이다. 그러면 결국은 진실이 승리한다는 것이 밀튼의 생각이다.

> 진리와 허위가 맞붙어 논쟁을 하도록 하라. 누가 자유롭고 공개적인 대결에서 진리가 불리하게 되는 것을 본 일이 있는가. 진리의 논박이 허위를 억제하는 최선의 그리고 가장 확실한 방법이다(밀튼, 1644, 임상원 옮김, 1998, p.150).

밀튼의 이러한 생각들은 그 뒤 존 로크(John Locke)와 존 스튜어트 밀(John Stuart Mill), 제레미 벤담(Jeremy Bentham) 등의 자유주의 사상으로 이어져 영국과 미국의 시민민주주의 제도와 자유 언론 체제의 초석으로 굳건히 자리 잡게 된다.

자유주의 언론 제도의 사상적 토대를 이루는 두 번째 요소는 1791년 미국 의회가 채택한 헌법 수정안 1조(the First Amendment)이다. 이 헌법 수정안 전문은 다음과 같다.

> 의회는 종교의 설립에 관해서나 혹은 자유로운 종교 활동을 금지하는; 또 표현의 자유나 언론의 자유; 그리고 시민들이 부당한 조치의 시정을 요구하기 위해 평화롭게 집회를 가질 수 있는 권리를 제한하는 어떠한 법도 만들면 안

된다.

> Congress shall make no law respecting an establishment of religion; or prohibiting the free exercise thereon; or abridging the freedom of speech, or of the press; or the right of the people peaceably to assemble and to petition the Government for a redress of grievance.

헌법 수정안 1조는 이처럼 분명하게 언론의 자유와 표현의 자유를 제한하는 모든 법의 제정을 금지했다. 덕분에 미국에서는 지난 200여 년간 자유 언론 제도가 유지, 발전해올 수 있었다. 언론을 겨냥한 모든 소송은 궁극적으로 이 헌법 수정안 1조의 저촉 여부를 심의하는 대법원의 판결을 거쳐야 했다. 그때마다 미국의 대법원은 거의 예외 없이 이 규정을 토대로 언론 자유의 중요성을 강조하는 결정을 해왔기 때문이다(Lewis, 1991; Pember, 1977 등). 특히 2차 세계대전 이후 미국의 국제적 영향력이 급격히 강화되면서 이러한 미국적 언론 사상은 한국을 비롯한 개발도상국가들에도 지속적인 영향력을 행사해왔다.

자유주의 언론 제도를 뒷받침하는 세 번째 요소는 1962년 위르겐 하버마스(Jürgen Habermas)가 출판한 책에서 제시한 공론장 또는 공론 영역(the Public sphere) 개념을 생각할 수 있다(Harbermas, 1991). 하버마스는 공론장이라는 커뮤니케니션 공간이 서구 시민사회의 성장과 더불어 형성되고 변형돼가는 과정을 분석했다.

그는 이러한 작업을 통해 민주적 커뮤니케이션 방식의 이상형은 "억압과 왜곡이 없는 의사소통"이 가능한 사회의 형성이라고 주장한다. 이 저서에서 그가 강조하는 이상적 공론장의 조건은 모두 3가지다. 하나는 토론에 대한 참여가 모든 구성원에게 열려 있어야 한다는 점이다. 두 번째 조건은 모든 사람은 동등한 위치에서 토론에 참여할 수 있어야 한다는 점이다. 세 번째 조건은, 토론의 주제가 제한되지 않는다는 점이다. 그는 현실의 커뮤니케이션 상황과 언론 상황은 이러한 이상적 조건을 충족시킬 수 없도록 변형돼왔다고 비판하지만, 그러한 작업을 통해 공론장이 민주정치 과정에서 핵심적 역할을 하는 요소임을 폭넓게 인식시켰다.

하버마스의 공론장 이론은 초기 단계에서 칸트의 공시성의 원칙(the Principle of publicity)에 의지하는 바가 컸다. 하버마스에 따르면, 칸트는 이 원칙의 핵심 사항으로 개인 이성의 공적 사용은 항상 자유로워야 하고, 그러한 이성의 공적 사용이 있어야 시민들의 깨우침(enlighrenment)이 가능하다는 내용을 제시했다. 칸트는 이와 더불어 모든 시민은 공시자(the publicist)가 돼야 하는 의무를 가진다고 강조했다. 사회적으로 공동체에 관계되는 지식이나 정보를 가진 사람은 그 지식을 의무적으로 모든 시민들에게 공개해야 한다는 것이다. 그렇지 않으면 진실이 모습을 드러내지 않는다는 것이 그의 주장이다(하버마스, 1991, pp.105~106). 하버마스는 19세기 유럽의 공론장은 살롱과 카페, 커피하우스 등의 공간들이었지만 현대에 와서는 신문과 방송, 잡지 등 대중매체들이 공적인 사안들을 토론하는 핵심적인 공론 영역으로 등장했다고 설명하며, 그러한 영역의 자유가 중요함을 강조한다.

마지막으로 자유주의 언론 제도를 지지하는 네 번째 요소는 민주주의 이론에서 부여하는 언론의 역할과 언론 자유의 중요성이다. 대표적인 민주주의 이론가인 로버트 달(Dahl, 2000)은 이상적 민주주의(Ideal Democracy)의 조건으로 다음의 5가지를 제시한다.

1. 효과적인 참여(Effective participation)
2. 투표의 평등성(Equality in voting)
3. 계몽적 이해의 획득(Gaining enlightened understanding)
4. 쟁점에 대한 최종 결정권 행사(Exercising Final control over the agenda)

5. 모든 성인의 포함(Inclusion of adults)

이들 가운데 자유 언론 제도와 관련되는 조건은 세 번째인 "계몽적인 이해의 획득"이다, 달(Dahl)은 현실 민주주의(Actual Democracy) 에서는 위에 제시한 조건들이 보다 구체적인 6가지의 요소로 늘어난다고 설명한다. 그가 제시한 6가지 요소는 ① 선출된 대표들, ② 자유롭고 공정하고, 빈번한 선거 실시, ③ 표현의 자유, ④ 대안적인 정보 제공, ⑤ 결사의 독립성, ⑥ 참여적 시민권 등이다. 여기서 달이 제시한 6가지 민주주의의 핵심 요소를 살펴보면, 자유 언론에 관계되는 내용이 ③ 표현의 자유와 ④ 대안적인 정보의 제공 등 2가지나 됨을 확인할 수 있다. 이들은 모두 이상적 민주주의론에서 "계몽적 이해의 획득"을 가능하게 하는 현실적 조건들이다. 이러한 달의 민주주의 이론을 따르면, 자유 언론 제도가 존재하지 않으면 민주적 정치 제도는 성립할 수 없다는 점을 쉽게 인식할 수 있다.

2) 직업 이념 차원의 주요 요소들

직업 이념(Professional Ideology) 차원의 요소들은 기자와 편집자, 발행인 등 현장 언론인들이 스스로의 존재 이유를 설정하는, 언론인 공동체가 공유하는 가치 체계를 말한다. 알철이 실천 철학(Operating Philosophy)이라고도 표현한 언론인들의 직업 이념은 당연히 언론인들 사이에 공유되고 재생산되는 가치들이다. 하지만, 알철에 따르면 이러한 가치들은 일반 시민들의 동의와 지지를 바탕으로 해야 직업 이념으로서도 정당성을 갖는다는 점을 유념할 필요가 있다.

서양 언론의 직업 이념을 가장 포괄적으로 정리해놓은 저서로는 빌 코바치(Bill Kovach)와 톰 로젠스틸(Tom Rosenstiel)이 함께 출판한 『저널리즘의 기본원칙』(2002)이 있다. 이들은 이 책에서 모두 9개의 원칙을 언론인들이 꼭 지켜야 할 행동 준칙으로 제시하는데, 여기에서는 그들을 다시 좀 더 단순하게 정리해 크게 2가지 요소만을 토론하고자 한다. 언론인들의 실천 철학은, 단순화하면, 민주주의 체제 유지와 관련한 내용과 언론 자체의 핵심 활동인 보도 행위 원칙과 관련한 내용으로 요약할 수 있다.

민주주의 체제 유지와 관련한 내용은 코바치와 로젠스틸의 책에 매우 간결하게 요약돼 있다.

> 언론의 일차적 목적은 시민들에게 그들이 자유로워지고 또 스스로를 통치(self-governing)하는 데 필요한 정보를 공급하는 데 있다(p.17).

이러한 민주사회에서의 언론의 역할은 달의 민주주의 이론에서 언론이 수행해야 하는 기능을 언론인의 시각에서 자신들의 이데올로기로 구체화시킨 내용으로 이해할 수도 있다. 서양 언론인들은 이러한 기본 인식을 토대로 한걸음 더 나아가 "적대적 저널리즘"(the Adversary Journalism) 또는 경비견(the Watch-dog) 기능 등의 가치 체계를 형성해왔다. 주로 정부(the Government)에 대한 견제와 감시 임무를 언론의 사명으로 규정하는 이러한 가치 체계에는 그 바탕에 국민의 동의를 전제로 하는 정부(the Government by the consent of the People)는 언론의 적극적인 견제 기능에 의해서만 가능하다는 생각이 깔려 있다. 적대적 감시의 대상은 당연히 정부를 중심에 두지만, 경제, 사회, 문화적 권력들도 모두 포괄함은 물론이다.

언론인들의 보도 행위와 관련한 직업 이념의 핵심은 마이클 셔츤(Schudson, 1978)과 데이비드 민디치(Mindich, 1998) 등이 강조해온 보도의 객관주의를 들 수 있다. 셔츤은 1830년대 이후 미국 신문이 정파지나 상업적 홍보지 중심의 신문 제작 방침을 점진적으로 보도의 객관성(objectivity)을 강조하는 방향으로 변화시켜가는 과정을 분석했다(Schudson, 1978). 그는 이 작업을 통해 객관성의 추구는 현대 미국 저널리즘을 구성하는 가장 핵심적 가치임을 강조한다.

> 언론인들은, 또 그들의 비판자들까지도, 신문들을 객관성의 기준에 비추어 평가한다. 모든 언론인들이 자신들의 작업에 있어 스스로가 객관적이어야만 한다고 믿지는 않는다. 그러나 그러한 신념이 광범위하게 퍼져 있는 것은 사실이다(p.3).

셔츤은 이와 함께 직업 이념으로서의 객관성의 강조는 도덕 철학(moral philosophy)의 측면을 갖는다고 지적한다. 이는 다시 말하면, 특정한 기사가 객관적이냐 아니냐의 문제에서 더 나아가, 언론인들이 그들의 취재 보도 활동 전 영역에서 끊임없이 객관적인 자세를 유지하고자 노력해야 하는 도덕적 부담을 갖는다는 의미다.

민디치(1998)는 역시 저널리즘과 객관성의 문제를 집중적으로 분석해서 전략적인 객관주의가 내포하는 다양한 문제들을 비판적으로 드러낸다. 그러나 그의 작업이 객관주의가 언론에서 차지하는 중요성을 부인하는 내용은 아니다.

> 만약 미국 저널리즘을, 과거 종종 그렇게 불리기도 했듯이, 하나의 종교라고 가정한다면, 그 종교의 최고의 신은 아마도 객관성일 것이다(p.1).

민디치의 이러한 관찰은, 약간의 과장이 포함돼 있음을 고려한대도, 객관주의가 미국 저널리즘에서 차지하는 위치를 짐작할 수 있게 해준다.

이러한 객관주의를 직업 이념으로 받아들이는 것은, 기자들의 구체적인 취재 보도 활동에서 사실의 추구와 사실만을 기사에 담는다는 사실중심주의로 일상화한다. 코바치와 로젠스틸(2002)에 따르면, 미국의 퓨(Pew)

연구소와 '언론을 염려하는 언론인 위원회'에서 언론인 300여 명에게 무엇이 가장 중요한 가치인가를 묻자, 모두가 입을 모아 "사실을 틀리지 않고 보도하는 일"(getting the facts right)이라고(p.37) 답변했다고 한다.

이러한 사실중심주의는 자연스레 뉴스와 의견을 지면으로 구분하는 편집 정책으로 이어졌다. 이 같은 이유로 미국의 신문들은 일반 뉴스를 담는 지면과 사설이나 칼럼, 독자 의견을 담는 지면을 분명하게 분리시키고, 지면 책임자도 별도로 임명한다.

코바치와 로젠스틸이 그들의 책에서 단편적 사실의 위험성과 의견이 가미된 사실 등으로부터 진실(truth)을 가려내기 위해 언론이 철저한 검증 과정(verification)을 거쳐야 한다고 강조하는 것도 그 바탕에는 저널리즘의 기본 가치는 사실중심주의에 있다는 점을 다시 확인해주는 것이라 생각할 수 있다.

5. 한국의 언론 사상과 언론 제도의 성격

> "미국인은 어려운 때나 회의가 일 때면 미국 헌법 수정안 1조로 돌아가서 원점에서부터 탐구한다. 한국인이 그런 상황에서 돌아가는 원점은 따로 있다. '말길을 활짝 열어라'(조광조), '공론이 나라의 원기이다'(율곡)라는 사상이다. 진작 문명의 새벽에 말길(원효, 최치원)이 발견되었고, 16세기의 조선 정치 철학자들에 의하여 말길의 정치 사회학이 이루어졌다"(김용구, 1995, p.378).

이 인용문은 한국의 언론 사상을 탐구해온 언론인 김용구 선생의 말이다. 그에 따르면 한국 역사에는 신라시대부터 언로(言路)라는 개념이 등장한다. 이 말을 처음 쓰기 시작한 사람은 원효이며 최치원도 같은 개념을 사용했다는 것이 김용구 선생의 주장이다.

이미 통일신라시대부터 사용되던 "말길", 즉 "언로"의 개념은 조선 중기에 이르러 매우 체계적인 정치 커뮤니케이션 사상의 모습을 띄게 된다. 이 시대 언로 사상의 중요 내용은 첫째, 언로는 항시 열려 있어야 한다, 둘째, 백성을 위한 정책의 기초는 민심과 공론이어야 한다는 것이다(이상희, 1993). 조선시대의 이러한 언로 사상은 그러나 시민의식이 성장하며 발달한 기본권적인 사고는 아니다. 그렇기 때문에 이상희는 언로 사상을 "유교적 민본주의라는 위민정치(爲民政治)를 표방하지만, 근대 서구민주주의에 비해서 'by the people'의 측면이 제도적으로 약하다"고 평가했다(p. 202). 조선시대 통치 제도의 중요한 요소로 작용했던 언로 사상에는 하버마스가 제시한 공론장 개념과 유사한 요소들이 포함돼 있으며, 밀튼이 주장한 "사상의 자유 시장" 개념과도 일부 겹치는 부분이 있다. 그러나 이러한 언로 사상은 한국에서 근대적인 커뮤니케이션 매체를 만들어내는 데는 기여하지 못했다. 따라서 언로 사상과 현대 한국 언론 현실의 관계는 그리 밀접한 관련을 맺고 있다고 보기 어려운 것이 사실이다.

이러한 이유 때문에 한국의 언론 역사는 대체로 한성순보의 창간 시기인 1883년부터 시작된 것으로 논의돼왔고, 언론 철학과 이념은 서양에서 도입해 한국적 현실에 접목시켜온 것으로 정리해왔다. 이 책 역시 기본적으로 이러한 일반적인 인식을 수용한다. 19세기 말 근대 신문의 출현 이후 현대 언론 제도로 발전이 진행되기까지 한국 언론의 작동 원리로 기능해온 사상적 체계는 서양에 원류를 둔 외래적 체계였다. 그리고 한국의 언론사나 언론인들은 서양의 자유 언론 사상과 실천 이념들을 나름대로 수용해 시대별로 한국 사회의 현실이라는 문맥 속에서 언론의 기능을 수행해왔다.

따라서 이 연구는 한국 언론 사상의 탐구는 어쩔수 없이 서양 언론 사상의 도입 내용과 한국의 사회 현실이라는 2가지 요소가 변증법적으로 상호 작용을 진행해온 과정에 대한 관찰일 수밖에 없다고 전제한다. 여기서는 앞에서도 언급했듯이, 서양 언론 사상의 도입 내용은, 시대별로 신문사의 창간사를 살펴봄으로써 주요 내용을 확인할 수 있다고 판단한다. 물론 더 중요한 탐구 대상은 도입된 서양 사상이 어떻게 한국 현실에 접목되는가인데, 이 문제는 언론사와 언론인들의 정형화한 행동 양식을 분석하면 양자가 상호 작용하는 변증법적 과정의 특성을 드러내볼 수 있다고 생각한다.

1) 창간사들에 드러난 언론 사상

이 장에서 살펴본 창간사는 모두 4개다. 물론 4개의 신문이 한국 언론을 대표하지는 못하지만 가능한 한 한국 언론 120여 년의 시대적 특성을 고루 반영할 수 있도록 발간 연대의 분포를 고려했다. 창간사를 분석한 신문은 독립신문(1896년), 동아일보(1920년), 중앙일보(1965), 한겨레신문(1988년)이다. 여기 포함된 신문들은 모두 창간 시절에는 당시의 시대 상황을 선도하는 위치에 있던 신문들이다. 독립신문은 개화기 대한제국 시기에 창간됐고, 동아일보는 일제강점기, 중앙일보는 개발독재 시대에 발간을 시작했다. 한겨레신문은 1987년 6월 이후 확산되는 민주화 바람과 함께, 시민들의 모금을 통해 회사를 설립했다. 이들 신문은 모두 창간호에 스스로 자사의 창간에 부여하는 의미, 한국 사회에서 자사가 수행해야 할 역할의 다짐 등을 밝혔다.

이 장에서는 시대적으로 거의 100년에 가까운 시차를 갖는 신문들의 창간사를 분석함으로써 각 시대마다 드러나는 언론에 대한 인식의 특징을 찾아보고자 한다. 또 한편으로는 서로 다른 시기에 쓰여진 창간사 내용을 비교해, 지난 100여 년 동안 한국 언론이 성장하며 언론의 역할에 대해 언론인들이 스스로 부여하는 생각이 변했다면 무엇이 변했는지, 반면 변하지 않는 가치가 되풀이돼서 표현됐다면, 그러한 가치는 무엇인지도 밝혀보고자 했다.

독립신문은 1896년 4월 7일 게재한 창간 논설에서 자신들이 신문을 발간하는 "주의"를 밝힌다고 명시했다. 이 논설에 드러난 생각은 모두 6가지로 정리된다. 첫째는 정당과 신분, 지역 등에 치우치지 않는 불편부당의 정신이다. 둘째는 정부의 일을 백성들에게 알리고 백성의 정세를 정부에 전하는 정부와 백성 간 정보 통로 역할의 자임, 셋째는 언문만을 사용하고 값을 낮게 잡아 남녀와 상하귀천 관계없이 모두 볼 수 있도록 하겠다는 내용이다. 넷째는 관원의 잘못이나 탐관오리를 세상에 알리고 일반 백성 가운데도 법을 어기는 사람은 보도하는 비판자의 역할을 하겠다는 선언이 포함돼 있고, 다섯째는 편파적인 의논이나 한쪽만 생각하고 하는 말은 신문에 싣지 않겠다는 균형 보도의 다짐을 담고 있다. 독립신문 창간 논설에 담겨 있는 마지막 "주의"는 국제주의라 할 수 있는 내용으로, 신문의 내용을 일부 영어로 게재해 조선의 사정을 해외에 알리고, 한편으로는 해외 소식을 보도함으로써 백성들이 바깥세상의 동향을 접할 수 있도록 하겠다는 약속이다.

이렇게 살펴보면, 독립신문 창간 논설에 담긴 생각들에는 사상의 자유시장이나 미국 헌법 수정안 1조 등에 담겨 있는 민주주의 제도의 초석으로서의 언론 자유 사상 등은 포함돼 있지 않다. 제한할 수 없는 시민적 권리로서의 표현의 자유 등에 대한 생각도 들어 있지 않다. 그 이유는 아마도 이러한 서양 자유 사상에 대한 이해가 부족했거나 왕조적 정치 체제에서 민주주의 철학을 명시적으로 주장할 수 없는 구조적 조건이 서재필 선생 등을 제약했을 것이라 짐작해볼 수 있다.

따라서 독립신문 창간 논설에 담겨 있는 언론에 대한 생각은 알철이 얘기하는 언론인들의 직업 이념적 성격이 강한 내용들로 정리할 수 있다. 당파나 지역, 신분의 편파성을 배제한다든지, 한쪽만 생각하고 하는 말을 게재하지 않겠다는 다짐은 언론의 공정성과 균형 보도 원칙을 밝혔다고 판단된다. 그리고 정부 관원의 잘못을 고발하고 범법자들을 취재, 보도하겠다는 약속은 정부를 정면에서 감시하겠다는 적대적 저널리즘(Adversary Journalism)까지는 가지 못하더라도, 신문으로서 경비견적 기능을 수행하겠다는 의지를 밝힌 것으로 이해할 수 있다.

동아일보는 1920년 4월 1일 창간호를 내고 창간사를 게재했다. 일제강점기 초기 10년간 진행된 무단통치가 이른바 문화주의로 바뀌면서 약간의 자유가 허용된 시기였기에 신문을 창간한다는 언급이 창간사에도 나타난다.

동아일보가 창간사에서 표방한 이념은 크게 3가지다. 하나는 조선 민중의 표현 기관을 자임하는 것이고, 둘째는 민주주의 지지, 셋째는 문화주의의 제창이다. 이 3가지 이념은 자세히 살펴보면, 당시 동아일보가 처한 식민 시대의 상황이 얼마나 어려웠는지를 짐작하게 해준다. 조선 민중의 표현 기관론은 이 신문의 창간 이전 10년간 조선인을 위한 신문이 없었다는 데 대한 반작용적 선언으로 판단된다. 물론 그 바탕에는 민족주의 가치관이 놓여 있다. 그러나 여기 제시된 민족주의는 적극적 의미의 투쟁적 민족주의라기보다, 어떤 의미에서는 현실로 존재하는 식민지 상태를 인정하는 바탕 위에서 민족의 대변자 역할을 자임하겠다는 방어적 자세의 표방으로 읽혀진다.

문화주의의 제창은 실용주의적 발전 정책을 지지한다는 선언이다. 식민 체제가 폭압적으로 존재하는 조건에서 무장 투쟁 기구가 아닌 신문이 달리 선택할 이념이 적었을 것으로 짐작된다.

민주주의를 지지한다는 선언은 그 내용이 상당히 진보돼 있다. "이는 국체(國体)나 정체(政体)의 형식적 표준이 아니라 곧 인류 생활의 일대 원리요 정신이니 강력을 배척하고 인격에 고유한 권리 의무를 주장함이라." 이 문장을 통해 동아일보가 민주주의를 생활철학 차원까지 확대해서 이해하려 했음을 엿볼 수 있다. 이는 분명히 민주주의를 일상생활의 원리로까지 확장시킨 상당히 선진적인 민주주의 철학에 틀림없다. 그러나 같은 문장에서 동아일보가 민주주의를 국체나 정체의 표준으로 보려 하지 않는다는 입장을 밝혔기에, 이러한 선진적 민주주의관이 공허한 외침으로만 멈춰버리는 모순을 보여주기도 한다. 현실 정치 체제가 민주주의와는 아무런 관계도 없는 식민 총독부 체제였기 때문에, 그 안에서는 개인 차원에서의 민주적인 생활철학을 강조할 수밖에 없었을 수도 있다.

결국 종합해보면, 동아일보의 창간사는 전체적으로 식민주의 체제의 억압 때문에 제대로 된 자유 언론 사상을 담아내지 못했다는 느낌이 강하다. 사상의 자유 시장 등의 개념은 언급조차 되지 않는다. 동아일보 창간사에는 언론인의 직업 이념으로서의 객관주의 천명이나 권력에 대한 감시 기능 선언 등도 포함돼 있지 않다.

1965년 6월 22일자 신문에 게재된 중앙일보의 창간사는, 삼성이라는 창간 주체와 개발독재 시대라는 역사적 상황 때문인지, 강조하는 창간 이념이 대단히 실용적이라는 특징을 띈다.

> 이 나라와 겨레의 번영된 앞날만이 우리 모두의 지표가 되어야 할 것이며 모든 행동과 평가의 기준이 되어야 할 것입니다.

> 사회발전에 보탬이 될 수 없고 국민생활 향상에 기여가 될 수 없는 신문 제작이란 우리의 발간 취지에 어긋나는 일입니다.

위에 제시한 2개의 인용문은 모두 중앙일보 창간사의 일부이다. 이 창간사에서 가장 많이 사용된 단어는 "발전"이다. 그리 길지 않은 글임에도 불구하고 발전이라는 말은 8번이나 등장한다. 다시 말하면 당시 중앙일보가 가장 힘주어 강조했던 신문의 사명은 다니엘 러너(Lerner, 1958)가 주창한 발전 저널리즘 또는 발전 커뮤니케이션(Development Communication)

적 성격이었던 것으로 판단된다. 언론은 "특정 계층이나 세력의 이해에 구애됨이 없이 사회 성원 전체의 기준에 서며 문화 발전과 역사 발전에 적극적으로 기여"해야 한다는 창간사의 주장은 미디어가 근대화의 기수가 돼야 한다는 러너 등의 제안과 완전히 일치한다.

중앙일보의 창간사는 또 사회 감시와 권력 비판 기능을 중요한 언론의 사명으로 선언한다. "이 신문은 사회의 공정을 좀먹는 일체의 부정과 불의를 광정하는 데 온갖 힘을 다할 것입니다." 중앙일보는 사회 구성원 개개인이 모두 인간으로서의 존엄성을 가질 수 있도록 모든 제도와 기강이 공정의 토대 위에 서는 데 기여하겠다는 다짐도 곁들였다.

언론인으로서의 실천 철학 측면에서는 언론 자유를 침해하는 외부 구속을 용인하지 않겠다는 선언을 포함시켰고, 언론 기관으로서의 정신적, 재정적 자율성을 견고하게 유지하고, 사회적 책임을 벗어나는 일체의 보도나 논평을 지면에 싣지 않겠다고 말했다.

중앙일보 창간사는 이밖에 "취재에 있어서의 객관성, 편집에 있어서의 가치판단, 논평에 있어서의 시비분별"을 모두 국민지로서의 기준에 따라 지키고, 실행하겠다는 의지도 명시했다. 이 창간사에는 언론인의 도덕적 품격과 지적 소양을 강조하는 직업 윤리 측면의 가치도 일부 포함돼 있다.

1988년 5월 15일 첫 호를 낸 한겨레신문은 시민 주주들의 모금으로 회사를 설립한다는 사실을 강조해서 스스로 "이 신문은 개인 이익에서 벗어나지 못하는 재래의 모든 신문과는 달리 오로지 국민 대중의 이익과 주장을 대변하는 그런 뜻에서 참된 국민 신문임을 자임"한다. 이러한 자체 인식을 바탕으로 한겨레신문 창간사는 크게 2가지 신문 제작 "원칙"을 선언한다. 하나는 정치적 편파성의 배제이고, 다른 하나는 사상적 편향성의 거부와 민주주의의 실현이다.

> 한겨레신문은 결코 어느 특정 정당이나 정치 세력을 지지하거나 반대하는

> 것을 목적으로 하지 않을 것이며, 절대 독립된 입장 즉 국민 대중의 입장에서 보도하고 논평할 것이다.

한겨레신문 창간사는 과거부터 존재해온 모든 신문들은 정권이 바뀔 때마다 새 정권과 좋은 관계를 맺기 위해 변절해왔기 때문에, 언론 기업으로서의 "순수성을 잃고 독립성을 상실"했다고 주장했다. 그렇기 때문에 이 창간사는 한겨레신문은 정권이 아닌 국민 대중을 바탕으로 할 것이며 "정치적으로 절대 자주 독립적"인 입장을 추구한다고 밝혔다.

한겨레신문은 "민주주의 기본 질서를 확립하고자 하는 염원 이외에는 어떠한 사상이나 이념과도 까닭 없이 가까이하거나 멀리하지 않을 것"임을 천명한다. 이 창간사는 이를 "사상적으로 자유로운 입장"이라고 설명하는데, 이는 권위주의 군부 정권이 강요한 맹목적인 자본주의 일변도의 사상 흐름을 거부하고 분배와 민중의 생존권을 인정하는 경제민주화를 염두에 둔 생각의 표현으로 판단된다.

한겨레신문 창간사는 민주화의 진전이 "남북 간의 관계 개선을 위해서도 절대적인 조건"이라고 밝혔다. 이 글은 이와 함께 남북한 관계의 개선 또한 민주화에 불가결의 조건이라고 주장하며, 남북한 관계를 진전시키는 데 신문의 힘을 보탤 생각임을 선언했다.

또한 우리나라에서는 그때까지 민주주의와 자유 언론 제도가 "이데올로기로서만 이용돼왔다"고 진단하며, 자유롭고 독립된 언론으로서 한겨레신문이 이러한 이데올로기로서만 존재하는 자유 언론의 역사를 마무리하는 데 앞장서겠다고 다짐했다. 이 창간사는 "권력의 방종과 부패를 막고 국민의 민권을 신장하는" 언론의 비판적 기능을 언급하는데, 관심을 끄는 사항은 이러한 기능을 수행하는 언론을 "가장 믿을 수 있는 운동"이라고 표현한 것이다. 이는 다시 말해서, 한겨레신문은 시민 또는 사회 개혁운동의 연장선에서 신문을 발간한다는 집단의식이 표현된 것으로 볼 수 있다.

독립신문과 동아일보, 중앙일보, 한겨레신문의 창간사를 차례로 살펴봤다. 이 신문들의 창간사에 담겨 있는 생각은 한국 언론계에서 지난 120여 년 동안 제시한 언론 철학의 일부분에 불과한 것이 사실이다. 그러나 각 신문이 창간된 시대별로 갖는 의미나, 신문들 자체가 한국 언론사에서 차지하는 비중이 가볍지 않음을 고려하면, 이들 창간사에 표현된 언론에 대한 생각들의 의미는 역시 가볍게 판단할 내용들은 아니다. 다음은 창간사들에 감긴 내용들을 정리한 표이다.

〈표 1〉 창간사에 표현된 언론 철학

신문	언론 철학적 생각들	직업 이념적 생각들
독립신문	정부와 백성의 소통매체 보편주의(언문 사용, 저가 정책) 국제주의	불편부당(정당, 신분, 지역 불문) 관리와 사회의 비판자 균형보도
동아일보	민주주의 지지 문화주의	민중의 표현 기관
중앙일보	국가, 사회발전에 기여	사회 감시와 권력 비판 언론의 독립(외부 간섭 거부) 객관 보도 원칙 언론 윤리 강조
한겨레신문	민주주의 실현	정파성 배제 권력 감시 독립성 강조

〈표 1〉을 통해 언론 철학에 대한 한국 언론인 들의 인식의 특징은 크게 3가지로 정리해볼 수 있다.

첫째로 눈에 띄는 특징은 "사상의 자유 시장"이나 "공론장" 등으로 대표되는 거시적 의미의 언론 철학 또는 언론 사상에 대한 인식은 찾아보기 어렵다는 점이다. 독립신문 시대나 동아일보 시대는 왕조와 식민지라는 정치 제도의 제약이 분명했기 때문에 그러했다고 이해할 수도 있다. 그러나 1960년대 중반이나 1980년대 후반에도 그러한 사상이 언론인들의 기본 인식으로 자리 잡지 못한 상황은 서양 언론 사상의 핵심 내용들이 현업 언론인들에게는 도입조차 되지 않았을 수도 있다는 추론을 가능하게 한다.

창간사에 표현된 생각들의 두 번째 특징은, 전체 시대를 통해 꾸준히 관찰되는 내용으로, 언론인들이 언론을 그 자체로서의 가치가 아니라, 무엇인가를 위한 도구로 인식해왔다는 사실이다. 이러한 인식은 독립신문과 동아일보 창간 시기에는 상대적으로 덜 부각됐으나, 중앙일보 창간사에서는 가장 중요한 존재의 이유가 국가와 사회 발전에 기여하는 역할로 표현될 만큼, 언론에 대한 도구적 인식이 전면에 등장한다. 한겨레신문은 성취하려는 목표가 민주주의의 실현으로 바뀐다. 그러나 언론은 그러한 목적을 위한 가장 효과적인 "운동"으로 인식될 만큼, 도구적 인식이 강력하게 표현됐다.

한국 신문들이 창간사에서 이처럼 자신들을 무엇인가를 위한 도구로 드러내놓고 표현하는 이유는, 아마도 우리 사회가 어느 정도 성숙된 민주사회가 아니며 경제적으로도 충분히 발전한 사회가 아니라, 오래 전부터 민주주의 체제의 틀을 완성하고 경제적으로도 발전을 이룬 서구 선진국들과 같은 인식틀을 형성할 수 없었기 때문이 아닌가 한다. 민주주의가 원래부터 사회의 작동 원리로서 기능해온 서구 선진국과 권위적 체제 속에서 민주화를 성취하고자 노력해야 하는 개발도상국 사회 간에 존재하는 구조적 조건의 차이가 이러한 현실로 나타났다고 판단된다.

창간사가 보여주는 한국 언론 철학의 세 번째 특징은, 언론에 대한 실천 철학으로서의 직업 이념적 생각들이 이미 독립신문 시대부터 비교적 구체적으로 서구 언론의 실천 철학 이념들을 보여준다는 점이다. 모든 신문에 공통으로 제시되는 이념은 정파주의의 배격과 언론의 독립성 강조, 균형 보도와 객관 보도의 원칙, 권력에 대한 비판과 사회 감시 기능의 다짐 등을 들 수 있다. 창간사에서 이러한 가치들이 강조되고 지도 이념으로 선언됐다고 해서, 언론인들의 일상 활동에 이러한 이념들이 모두 관철됐다고 상정할 수는 없다. 그러나 적어도 이러한 이념들은 100여 년 전 독립신문 창간 무렵부터 한국 언론에 도입돼 기자와 편집자들의 일상적 지침으로 존재했음은 확인할 수 있다.

2) 제도화한 행동 양식에서 드러나는 언론 이념들

창간사를 통해 정리한 내용은 이 장에서 한국 언론의 선언적 언론 철학이라고 정의한 부분이다. 다시 말하면, 언론인들이 사회를 향해 스스로가 생각하는 언론의 이상형을 제시하고, 그러한 언론상을 실천하겠노라고 약속한 내용이라는 뜻이다. 그러나 실천하겠다고 제시한 이상형과 구체적인 현실 속에서 진행되는 저널리즘 행위 사이에는 어쩔 수 없이 편차가 있게 마련이다. 물론 이념과 현실이 완전히 일치하는 경우도 없지 않지만, 많은 경우, 이념은 표면적 장식으로만 남아 있고, 실제 행위들은 전혀 다른 가치를 지향하기도 한다. 한겨레신문은 창간사에서 이 같은 현상을 "이데올로기로서만 존재했던 민주주의와 자유 언론"이라는 말로 표현했다.

이 장에서는 이러한 현상을 한국 언론 철학의 이중 구조라고 부른다. 다시 말해, 한국 언론의 역사를 관찰해보면, 이념 또는 철학의 이중성이 나타나는데, 하나는 언론인들이 이상으로 추구하려는 가치 체계이고, 다른 하나는 언론사나 언론인들이 일상적 실천하는 고정 관행화한 행동 양식이다.

이 장에서는 크게 2가지 측면에서 한국 언론이 추구해온 실천 이념의 이중 구조를 밝혀보고자 한다.

공익적 도구주의와 사리(私利)를 위한 도구화

창간사에 포함된 언론 철학의 특징 가운데 가장 두드러진 내용은 역시 언론에 대한 도구적 인식의 보편성이다. 1896년 발간된 독립신문에서 1988년 출범한 한겨레신문에 이르기까지, 한국 신문들은 거의 예외 없이, 언론은 그 자체로서의 가치 때문에 존재한다기보다 무엇인가를 이루어가는 데 기여하는 도구적 존재로 인식해왔다. 일제강점기에는, 동아일보 창간사에 나타나듯이, 민족주의 정신의 도구로서 "조선 민중의 표현 기관"을 자임했다. 권위주의 시대인 1960년대는 언론인들 스스로 국가 발전에 기여하는 것이 언론의 핵심 역할이라고 믿었으며, 1980년대 후반에는 민주화를 실현하는 데 언론이 힘을 모아야 한다고 생각했다.

언론에 대한 도구적 인식은 물론 언론계에만 국한된 생각은 아니다. 대통령을 비롯한 정치 지도자들이나 장관 등 정책 집행자들은 언론을 이용해 자신들의 정당이나 자신들이 원하는 개혁 프로그램에 대한 여론의 지지를 만들어내고자 했고, 기업인들은 그들대로 자신들의 기업이나 제품에 대한 대중의 인식을 긍정적으로 유지하는 도구로 언론을 활용하고자 했다.

국가가 언론을 국가 발전 전략의 한 축으로 편입시켜 도구주의를 제도화한 것은 아무래도 개발독재 시대라 할 수 있는 1960년대부터 1980년대 중반까지로 볼 수 있다. 이 시기는 정치 지도자들이 법률 제도와 공안 기관, 인적 자원의 정치적 배치 등을 통해 전국의 신문과 방송사를 철저하게 정부 정책을 지원하는 하부 기관으로 편입시킨 시기이기도 하다.

정부가 언론을 도구화하는 행위가 일부의 저항에도 불구하고 보편적인 현상으로 용인되면서, 대기업 집단들도 점진적으로 소유와 광고의 두 축을 통해 언론을 도구화하는 노력을 지속적으로 추진해왔다. 1965년 중앙일보로 시작된 이러한 추세는 1990년대 초 경향신문(한화그룹)과 문화일보(현대그룹) 등이 대기업 집단의 직접 소유 언론사가 되며 절정에 이른다. 같은 시기에 세계일보(통일교)와 국민일보(순복음교회)가 종교 단체의 지원으로 창간되는 추세를 보면, 언론에 대한 도구적 인식이 종교계까지 확산돼 있음을 알 수 있게 한다.

이처럼 국가나 정부, 기업, 종교 단체 등이 법률 제도나 국가권력 기구를 이용하거나 또는 소유를 통해 언론사를 활용하는 행위를 제도적 도구주의 또는 외적 통제를 가능케 하는 도구적 인식이라고 한다면, 언론사의 내적 구성원들인 사주와 언론인들에 의한 도구적 사고 또한 심각한 문제를 제기한다.

먼저 사주의 도구주의가 제기하는 문제를 살펴보면, 가장 눈에 띄는 행태는 지면과 전파의 사유화 행위들이다. 지면의 사유화는 신문의 1면에 하루가 멀다 하고 등장하는 사고(社告)들을 보면 쉽게 실감할 수 있다.

사고의 내용은 신문사의 지면 개혁에서부터 새롭게 시작하는 캠페인 안내, 뮤지컬 공연과 마라톤 대회 개최, 미술 전시회, 전자 산업전 등 각종 사업의 안내까지 그 종류를 분류하기도 어렵다. 방송 역시 마찬가지로 프로그램 안내에서 자사 주최 체육 행사 안내 등까지 적지 않은 시간을 회사 경영을 위한 홍보물을 위해 사용한다. 현재는 이러한 신문과 방송사의 관행이 너무나 일반화돼 있는 처지이기 때문에, 어떤 의미에서는 언론사 내부, 외부에 있는 많은 사람들이 이러한 관행을 자연스런 현상으로 받아들이고 있다고 판단된다. 그만큼 이러한 행태가 우리 언론계에 깊은 뿌리를 내리고 있다는 뜻이다.

지면 사유화, 전파 사유화의 더 나쁜 측면은 기사를 싣는 공간과 뉴스를 방송하는 시간의 일부를 사주나 최고 경영인 또는 자사 행사나 프로그램 홍보 목적으로 사용하는 빈도가 너무 많다는 점이다. 사주가 해외여행을 하거나 자사가 기획한 세미나가 개최되었을 때 회장의 동정을 기사로 다루는 일은 언론 스스로 뉴스 가치 판단 기준이 독립적이지 않다는 사실을 드러내는 행동이다. 더구나 자사 프로그램을 홍보하거나, 자사가 관련된 쟁점을 의견 기사가 아니라 스트레이트 기사로 다루며 자사 편향의 시각을 드러내는 행동들 역시, 독자로 하여금 객관 보도의 약속을 의심하게 하기에 부족함이 없다.

편집자나 기자 등 현장 언론인들의 도구주의적 행태는 국회의원 등 정치인으로 변신하거나 정부에서 고위직을 맡고 있는 언론인의 숫자가 문제의 심각성을 입증하는 실증적 근거라 할 수 있다. 언제부턴가 정치를 하기 위해 수습 기자 시험을 보는 사람들이 나타나기 시작했으며, 역시 정치계로의 진출을 계산하며 경력을 관리하고, 좋은 출입처와 바람직한 보직 확보에 다양한 노력을 기울이는 기자들이 많아졌다.

이 같은 연유로 청와대 출입 기자, 워싱턴 특파원, 정치부장, 편집국장 등 주요 보직자 임명에 때때로 외부 세력이 개입하는 일도 있었고, 이들의 일상적 업무가 외부 입김에 영향을 받을 수밖에 없는 현실이 지속되기도 했다. 이는 근본적으로는 한국 특유의 소유 구조와 권위적 관리 제도가 빚어낸 결과겠으나, 그 원인의 일단은 기자들이 개인의 이익을 위해 언론의 역할을 사적으로 왜곡하는 행태를 지속해온 데서도 찾아야 한다.

지금은 많이 줄었지만, 기사와 금전적 이익을 교환하는 촌지 저널리즘 문제도 그 바탕에는 역시 도구주의적 사고가 자리한다고 보인다. 기사를 취재하고 판단하는 데 자신의 개인적 이익과 관련성을 먼저 고려해야 한다면, 이는 저널리즘으로서의 가치를 완전히 상실하는 행위이다.

언론인들이 스스로의 역할을 도구화하는 최근의 또 다른 최근 추세는 노동조합 활동을 통한 압력의 행사이다. 거의 모든 신문과 방송사는 노조를 갖고 있고, 그들은 또 전국 단위의 산별 노조를 형성하기도 했다. 노조가 노조원들의 권익을 위해 다양한 노력을 기울이는 것은 당연한 권리 행사라고 판단한다. 그러나 노조가 원하는 사회 개혁을 이루기 위해 기사의 방향에 집단적인 압력을 행사하고, 정상적인 편집 과정이 작동할 수 없도록 기사 제작 과정을 왜곡시키는 행동은 역시 언론의 정당성을 크게 훼손하는 또 다른 모습의 도구주의라 하지 않을 수 없다.

계몽주의에서 엘리트주의로

독립신문 이래 한국 언론의 실천 이념 가운데 하나로 두드러진 내용은 계몽주의이다. 독립신문이 창간사에서 가능하면 많은 사람이 읽을 수 있도록 언문을 사용하고 신문 값도 낮게 책정하겠다고 밝힌 이유는 사업을 성공적으로 이끌기 위한 경영적 고려도 있었겠지만, 그보다는 널리 알려진 대로 당시 조선 사람들에게 신문의 이름이 암시하듯 독립 정신을 전파하고 근대적인 서양 문물과 사상이 전달되는 통로가 되기 위함이었다.

그 이후 한국의 신문들은 국채보상 운동이나 브나로드 운동, 국산품애용 운동, 정보화 운동 등 끊임없이 국민 대중을 계몽하는 역할을 중요한 언론의 사명으로 생각하고 실천해왔다. 이른바 캠페인 저널리즘은 지난 120여년의 한국 언론사를 통해 단절없이 지속돼왔고 어떤 의미에서는 점차 확대돼왔다고 판단된다.

요즘 각 신문과 방송들은 해마다 새로운 캠페인을 기획하고 추진한다. 눈에 띄는 몇몇 언론사의 캠페인들은 다음 표의 내용과 같다.

〈표 2〉 2004년 신문사 캠페인

신 문	캠페인
동아일보	건강 캠페인(알레르기)
조선일보	우리 이웃
중앙일보	We start, 가난 대물림을 끊어주자
중앙일보	간판을 아름답게
한겨레신문	나눔으로 아름다운 세상
문화일보	credipia, 2004년을 신용회복원년으로(우리 가족 부채 파악 운동)
경향신문	녹색 문화 운동, 우리 나무 바로 알기 캠페인

캠페인 저널리즘은 신문이나 방송사가 독자들에게 사회적으로 의미 있는 공적인 사업에 참여하도록 설득해, 바람직한 변화를 이끌어내려는

의도가 실천되는 창구이다. 따라서 이러한 저널리즘의 가장 기본적인 전제는 독자나 시청자는 여전히 계몽돼야 할 대상이라는 인식과 신문과 방송사는 그러한 독자와 시청자를 올바르게 이끌어가야 할 책임이 있다는 리더십 의식이다. 이는 다른 말로 하면, 한국 언론의 엘리트주의 전통이라고 할 수도 있는데, 문제는 근대 신문 탄생 100년이 지난 오늘도 이러한 독자 인식과 자신의 역할에 대한 엘리트 의식이 현실에 부합하는가 하는 점이다.

언론 철학의 측면에서 더욱 심각하게 문제가 되는 것은, 캠페인 저널리즘이 상정하는 언론은, 사회 문제를 객관적으로 관찰자 또는 비판자적인 시각에서 보도하는 존재가 아니라, 구체적인 사업의 참여자와 기획자 또는 후원자로서 직접 관여하는 존재라는 점이다. 이는 언론의 독립성 원칙과 정면으로 부딪히는 이해 상충의 문제일 수밖에 없다. 그러나 한국 언론에서는 이러한 캠페인 저널리즘의 문제가 심각한 원칙의 문제로 제기된 적이 드물다.

한국 언론이 관행을 통해 제도화해온 또 하나의 부정적인 현상은 지나친 상업주의이다. 한국 신문의 상업주의는 신문 1면에 게재되는 광고들에 의해 가장 두드러지게 드러나는데, 주요 신문들은 하단에 실리는 3단 광고 외에도, 매일 1~2개의 돌출 광고와 제호 주변에 싣는 광고들까지 포함해 1면에만 3~4개의 광고를 고정적으로 싣는다. 이러한 관행은 신문 1면을 모두 뉴스만으로 채워, 독자들에게 최대한의 서비스를 제공하는 미국의 뉴욕 타임스나 워싱턴 포스트, L.A. 타임스 등과는 현격한 차이가 있는 편집 철학이다.

한국 신문의 상업주의는 온라인 판으로 가면 더욱 두드러진다. 정보통신 강국이기 때문에 앞서간다고 볼 수도 있으나, 초기 화면부터 2~3개씩 뜨는 팝업(pop-up) 광고들과 초기 화면을 포위하다시피 한 상업 광고들, 그리고 커서를 움직이면 활성화되는 광고들을 접하는 일은, 정보를 찾는 언론의 수용자에게 유쾌한 경험은 아니다. 대조적으로 서양의 유력지들을 한국 언론사와 비교해보면 광고 메세지의 숫자가 매우 적다. 이러한 현실은 과연 한국 신문이 독자에게 기사를 우선적으로 제공하고자 하는 것인지 의문을 갖게 한다.

5. 한국 언론 철학의 구조적 문제

지금까지 검토한 바에 따르면, 한국 언론의 철학적 또는 사상적 바탕의 문제는 크게 3가지로 요약된다.

첫째, 거시적 의미의 언론 철학 또는 사상이 체계적으로 도입되지도 않았고, 한국 사회의 내재적 조건들과 맞물려 제대로 검토된 적도 없다는 점이다. 따라서 언론 현업 종사자들이 그러한 가치 체계를 내재화할 수 없었고, 정부 종사자들이나 기업가, 일반 독자들 역시 그러한 사상 체계를 상식으로 받아들일 조건이 아니었다. 여기서 거시적 언론 철학은 앞서 제시한 밀튼의 "사상의 자유 시장" 개념이나 미국의 헌법 수정안 1조를 뒷받침하는 사고 체계, 그리고 하버마스가 설명하는 공론장(the Public Sphere)과 달(Dahl) 등이 제시하는 민주주의 이론에서 규정하는 "민주정치 체제에서의 언론의 역할론" 등을 의미한다.

이 장에서 분석한 한국 신문의 창간사들에는 이러한 내용에 대한 인식이 제대로 드러나 있지 않았다. 그리고 지난 100여 년 동안 되풀이돼온 주요 관행의 고찰에서도 이러한 사상적 토대에 대한 관심을 찾아보기 어려웠다. 김용구 선생이 제시하는 "언로 사상"은 한국 역사에서 관찰되는 중요한 사상적 요소이긴 하지만, 현대 언론의 존재 근거로 그러한 사상을 언급하는 사례 또한 찾아보기 힘들었다. 또 그러한 사상이 신문의 출현이나 제작 방침에 기여한 부분 역시 확인된 내용이 부족하다. 이렇게 보면, 한국 사회는 지난 120여 년 동안, 언론을 중요한 사회 제도로 운영해 오면서도 언론은 무엇인지, 언론의 핵심 기능은 무엇이어야 하는지 등에 대한 근본적인 생각을 정리하지 않았거나 체계화하지 못했다. 그러한 상태에서, 언론의 독립과 객관 보도 원칙, 권력과 사회 감시 기능 등, 이 책에서 분류한 "언론인의 직업 이념(Professional Ideology) 또는 실천 철학(Operating Philosophy) 몇 가지를 지도 이념으로 삼아온 것으로 판단된다.

한국 언론의 사상적 토대와 관련한 두 번째 문제는 이러한 거시적 언론 사상의 공백을, 신문 발간 초기부터 오늘날에 이르기까지, 계몽주의와 발전주의, 민주화를 위한 선도역 등 도구주의적 이념으로 채워왔다는 사실이다. 이는 다시 말하면, 언론을 보는 기본 시각이 항상 무엇인가를 위한 존재로서였다는 것이다. 한국 사회는 언론을 언론 자체가 스스로 존재 이유를 갖는 대상으로 인식하지 않았다. 이러한 도구적 언론관의 배경에는 우리 민족 발전사의 특수성이 존재한다. 구한말이나 일제강점기, 그리고 1960~80년대의 개발독재 시대는 모두 민주주의와는 거리가 있는 사회, 정치 체제였기 때문에, 현실적으로 서양의 언론 철학이 제대로 수용될 수 있는 상황은 아니었다. 그러나 문제는 이렇게 100여 년에 걸쳐 형성돼온 도구적 언론관이 오늘날 한국 언론의 지배적 인식틀로 자리 잡고 있다는 사실이다. 이 장은 그러한 의미에서 도구적 사고야말로 가장 폭넓게 수용되고 있는 언론 이데올로기라고 주장한다.

한국 언론 사상을 분석하며 발견한 세 번째 문제는, 초기에는 그래도 공익적 성격이 강했고 사회적 명분도 확보됐던 도구주의적 사고가 언론 사주와 언론인들에 의해 통제할 수 없을 정도로 사유화되고 있는 경향이다. 신문 지면과 방송 전파가 사주와 경영진을 위해 사용되거나, 기사 내용이 회사의 이익을 고려해 편향성을 지니고, 사회를 위한 캠페인이 회사의 홍보에 치중하게 되는 경향 등은 오늘날 언론의 정체성을 심각하게 위협하는 근본적인 문제로 등장한 지 오래다.

일선 취재 기자와 편집자들 또한 기사를 매개로 개인의 이익을 챙기는 일이 빈번하게 된 원인도 사적 이익을 위한 도구적 언론관이 광범하게 퍼져 있는 현실에서 찾아야 한다.

이러한 문제들을 종합적으로 고려해보면, 한국 언론은 사상적 토대를 결여했거나, 잘못된 철학적 토대를 바탕으로 객관주의나 비판적 자세 등과 같은 서양 언론의 실천 이념들만을 도입했다. 그리고 그들도 철저하게 내면화하지 못한 조건에서 상징적 이데올로기로 활용하고 있다는 판단에 이르게 된다.

이 장에서는 이러한 근본적 철학의 문제가 오늘날 벌어지고 있는 한국 언론을 둘러싼 혼란상의 핵심 요인이라고 주장한다. 함병춘(1986)은 한국 법률 제도가 제대로 기능하지 못하는 문제를 논의하며, 사법 과정에서 작용하게 되는, 문화적 요소인 변호사와 소송 절차, 재판관, 사법 체계에 대한 국민들의 인식 체계가 서양식 모델을 그대로 도입하다시피 한 한국의 법률 제도를 부적합하거나 비효율적(irrelevant and ineffective)으로 만들었다고 말했다(p.4). 이러한 함병춘의 관찰은 한국 언론 현실에서도 그대로 적용된다고 생각한다. 서양의 언론 사상들은 제대로 수용되지 못하고 있고, 일부 수용되고 있는 원칙들조차 명목적 이데올로기로서만 기능하고 있는 것이 사실이다.

참고문헌

김용구(1995). 『언론사상연구』. 서울: 나남.

송건호(1998). "한겨레신문 창간사: 국민 대변하는 참된 신문 다짐." 『한겨레』 1988년 5월 15일자.

이민웅(2003). 『저널리즘: 위기 · 변화 · 지속』. 서울: 나남.

이상희(1993). 『조선조 사회의 커뮤니케이션 현상 연구』. 서울: 나남.

최준(1997). 『한국신문사』(신보판). 서울: 일조각.
한국 언론 2000년 위원회 엮음(2000). 『한국 언론 2000년 위원회 전문위원 보고서』. 서울: 관훈클럽.
"논설." 독립신문 창간 논설. 1896년 4월 7일자.
"주지를 선명하노라." 동아일보 창간사. 1920년 4월 1일자.
"창간사." 중앙일보 창간사. 1965년 9월 22일자.

Altschull, J. Herbert(1990). *From Milton To McLuhan: The Ideas Behind American Journalism*. New York. Longman.
Blumler, Jay G. & Gurevitch, Michael(1995). *The Crisis of Public Communication*. London: Routledge.
Bourdieu, Pierre(1996). *On Television*. New York: the News Press.
Bryant, Jennings & Yang, Moon Hee(2004). "A Blueprint for Excellence for the Asian Communication Research." *Asian Communication Research* 1: 133~151.
Dahl, Robert A.(2000). *On Democracy*. New Haven: Yale University Press.
Entman, Robert M.(1989). *Democracy without Citizens: Media and the Decay of American Politics*. New York: Oxford University Press.
Gans, Herbert J.(2003). *Democracy and the News*. New York: Oxford University Press.
Habermas, Jürgen.(1991). *The Structural Transformation of the Public Sphere: An Inquiry into a Category of Bourgeois Society*. Cambridge, Massachusetts: MIT Press.
Hahm, Pyoung-choon(1986). *Korean Jurisprudence, Politics and Culture*. Seoul: Yonsey University Press.
Jakubowicz, Karol(1995). "Media Within and Without the State: Press Freedom in Eastern Europe." *Journal of Communication* 45: 125~139.
Kovach, Bill & Rosenstiel, Tom.(2001). *The Elements of Journalism: What News People Should Know and the Public Should Expect*. New York: Crown Publisher.
Lee, Jae-Kyoung(1996). "A crisis of the South Korean Media: The Rise of Civil Society and Democratic Transition." *Media Asia* 23(2): 86~95.

Lee, Jae-Kyoung(1997). "Press Freedom and Democratization: South Korea's Experience and Some Lessons." *Gazette* 59(2): 135~149.

Lerner, Daniel(1958). *The Passing of Traditional society: Modernizing the Middle East*. New York: Free Press.

Lewis, Anthony(1991). *Make No Law: The Sullivan case and the First Amendment*. New York: Vintage Books.

McNair, Brian(2000). *Journalism and Democracy: An evaluation of the Political Public Sphere*. London: Routledge.

Merrill, John Calhoun(1974). *The Imperative of Freedom: A Philosophy of Journalism Autonomy*. New York: Hastings House.

Mindich, David T. Z.(1998). *Just the Facts: How Objectivity Came to Refine American Journalism*. New York: New York University Press.

Milton, John(1992). *Areopagitica*. Santa Barbara: Bandanna Books. 아레오파지티카. 임상원 옮김(2007). 서울: 나남.

Pember, Don R.(1977). *Mass Media Law(Third Edition)*. Dubuque, Iowa: Wm. C. Brown Publishers.

Schudson, Michael(1978). *Discovering the News: A Social History of American Newspapers*. New York: Basic Books.

______(1995). *The Power of News. Cambridge*. Massachusetts: Harvard University Press.

5부

한국형 저널리즘 모델의 선진화 과제

13장

한국 저널리즘의 선진화 방향

1. 저널리즘 선진화 왜 필요한가?

> 언론은 지쳐빠진 공중과 황폐해진 공공 제도의 유일한 원인 제공자는 아니다. 그러나 매우 중요한 기여자임에는 분명하다. 미국은 자유롭고도 책임 있는 언론을 필요로 한다. 다른 기관들에게 그렇게 많은 것을 요구하는 미국 언론 기관들은 자신이 공적 의무를 져버리는 행위에 대해서는 너무도 무관심하다(Patterson, 1994. p.250).

『고장난 미국 언론Out of Order』(Patterson, 1994)이라는 책에서 패터슨이 보급판 결론 끝부분에 쓴 말이다. 1990년대 초반이면 상대적으로 형편이 좋았던 시기다. 그런데도 패터슨의 평가는 가혹했다. 이때 미국 언론을 평가했던 패터슨의 기준으로 오늘 날 한국 저널리즘을 들여다보면 우리 현실은 더욱 초라해진다.

1980년대 후반 이후 민주화가 진행되고, 경제가 고도화하며 질적인 발전을 꾀할 기회가 있었던 한국 언론은 고질적인 정파 구도에 매몰되며 지난 20여 년 좌와 우, 진보와 보수로 갈린 진영 사고의 대리 전사로 스스로의 역할을 축소, 고착시키고 말았다. 그 결과가 이 책에서 분석해 제시한 문제들의 심화다.

한국 경제는 경쟁력 면에서 세계 10위권을 다툰다. 반도체, LCD, 중공업, 휴대전화 등에서는 벌써 오래전에 세계 최고의 지위에 오르기도 했다. 그에 비해 신문과 방송 뉴스로 대표되는 저널리즘의 수준은 여전히 선진국과의 격차를 좁히지 못하는 형편이다. 과거 한국 저널리즘은 시대를 선도하고 사회를 이끌어가는 지도자적 역할을 자임했었다. 그러나 경제와 사회, 다른 문화 부문이 치열한 연구 개발과 품질 경쟁으로 선진국들을 크게 앞서 나가는 데 비해 언론은 거꾸로 자칫 잘못하면 사회 선진화의 걸림돌로 지탄받을 가능성이 커졌다. 시민의 알 권리를 보장하는 민주주의의 핵심 기구가 아니라 세력 간 갈등을 증폭시키는 사회 불안의 주요 원인으로 전락할 수도 있는 처지다. 게다가 급속한 디지털화에 따른 수용자 이탈과 하루가 달리 확산되는 SNS 류의 정보 전달 체제는 전통적인 매체인 신문과 방송 뉴스의 생존 자체를 위협하는 형국이다.

한국 저널리즘은 이렇게 소멸돼가야 하는가? 한때 200만 부에 달하는 발행 부수를 자랑하던 한국일보의 쇠락은 우리 저널리즘의 어려운 현주소를 그대로 드러낸다. 그러나 저널리즘이 사라진 한국 민주주의를 상정할 수 없다. 오늘도 취재 현장에는 작은 사실 하나라도 정확하게 확인하기 위해 애쓰는 많은 기자들이 있다. 또 그들이 공급하는 기사를 바탕으로 하루하루를 살아가는 5천 만 시민이 있다.

한 나라의 저널리즘 제도는 경제, 정치, 사회 제도와 마찬가지로, 그 나라의 역사와 문화적 맥락을 반영해 형성된다. 한국도 예외일 수가 없다. 중요한 것은 우리의 과거 맥락을 정확히 인식하는 일이다. 또 현재 미디어 환경을 구성하는 변화 요인들도 제대로 이해해야 한다. 그러면 한국 사회에 적합한 저널리즘 제도의 미래를 설계해나갈 수 있다.

물론 쉽게 이룰 수 있는 목표는 아니다. 캐나다의 철학자 노스롭 프라이(Northrop Frye)는 "우리의 자유는 노력해야 얻어지는 것"이라고 말했다 "자유는 훈련과 무관할 수 없다. 당신은 걷기를 배우지 않으면, 자유롭게 움직일 수 없다. 연습하지 않으면, 피아노를 자유롭게 연주할 수 없다. 언어 사용법을 배우지 않으면, 아무도 표현의 자유를 누릴 수 없다, 그러한 지식은 그냥 선물로 주어지지 않는다. 그것은 공부를 통해서. 노력을 통해서 얻어지는 것이다"(Adam & Clark, 2006).

이 책은 이러한 프라이의 제언을 수용하며, 저널리즘 영역에서 한국 기자와 시민들이 무엇을 배워야 하고, 어떠한 역량을 강화해나가야 하는지를 제시하고자 노력했다. 이러한 목적을 염두에 두고, 이 책에서는 1부에서 4부에 걸쳐, 한국 저널리즘을 구성하는 핵심 요소들인 기사와 기자 제도, 저널리즘 철학의 여러 구체적 현실 여건들을 주로 미국과 일본의 관련 제도나 현실과 비교하는 작업을 진행했다.

2. 한국형 저널리즘 모델의 형성 배경

해외 관행과의 비교 분석은 저널리즘이 다른 상품과 달리 단일 사회의 테두리 안에서 지극히 배타적으로 소비되는 특수성 때문에 그동안 외부의 현실에 눈감아온 관행을 탈피하기 위해서였다. 텔레비전 수상기나 자동차, 휴대전화기 등 산업 분야는 한 시도 미국이나 일본, 유럽의 동종 업체 동향에서 눈을 뗄 수가 없다. 언어와 문화가 다를지라도 근본적으로는 같은 시장에서 경쟁해야 하기 때문이다. 그러나 신문이나 텔레비전 뉴스는 다르다. BBC나 뉴욕 타임스가 한국 수용자를 겨냥하지는 않는다. 그만큼 뉴스 상품은 언어에 의한 자동적 폐쇄 시장이 가능한 상황이고, 한국 매체들은 그러한 시장 조건에서 동종 업자들끼리만 경쟁에 몰두할 수 있었다. 그것이 문제였다.

이러한 폐쇄적 시장 구조는 크게 2가지 문제를 만들어냈다. 하나는 한국의 저널리즘 현실이나 미국, 일본의 저널리즘 현실은 근본적으로 크게 다를 것이 없다는 착각을 경영자나 기자들이 폭넓게 공유하게 된 점이다. 신문과 방송사 기자들은 그들이 생산하는 기사들과 미국의 CBS나 워싱턴 포스트가 보도하는 기사들 사이에 기본적인 성격에 큰 차이가 있으리라고 예상하지 않는다. 비슷하게 취재하고 기사를 생산하고 있으리라 상정하기 때문이다. 독자나 정책 엘리트 들도 마찬가지다. 기자를 선발하고 교육하고, 진급시키거나 전문화시켜가는 기자 제도 또한 크게 다르리라고 생각하지 않는다. 한국에서 형성된 기자 양성 제도가 세계적 표준과 다르지 않을 거라 기대하기 때문이다. 그러나 앞 장들에서 제시된 기사 분석과 기자 체제를 분석한 글들이 보여주듯이, 현실은 이러한 막연한 추측과는 뚜렷한 차이를 드러낸다. 한국과 미국 기사의 평균적 품질과 생산체제는 현격하게 다르다. 기자를 교육하고 채용하는 방식도 전혀 다르다.

두 번째 문제는 이러한 광범위한 착각과 국내 수용자 시장에 대한 지배권 다툼에만 매몰돼온 경영 관행으로 인해 신문과 방송사들이 스스로가 생산하는 상품인 기사의 품질 향상을 위한 연구 체제를 전혀 발전시키지 못했다는 사실이다. 어떻게 하면 전문성이 있는 기자를 양성하고 그들의 가치를 극대화할 수 있는지 체계적인 연구를 실시한 사례가 거의 없다. 삼성, LG 등 주요 기업과 정부 각 부처에서 인력의 경쟁력 강화를 위해 이미 오래 전부터 다양한 교육 제도를 운용해온 사례와 너무 차이가 나는 현실이다. 이 틈새를 한국언론진흥재단이나 컨텐츠진흥원, 인터넷진흥원 등 관변 기관들이 적지않은 예산을 투입해 메우려 해왔다. 나름 성과가 없는 것도 아니었다. 그러나 이들은 정권의 성격에 따라 연구 의제와 운영방침, 지배 인력이 급변해왔기 때문에, 주로 초 단기적이고 정책적인 과제에 집중하며 저널리즘의 품질을 향상시킬 만한 구조적, 장기적 성과를 제대로 만들어내지 못했다.

여기에 3공화국, 5공화국 같은 지극히 폭압적인 정치 체제의 역작용이 더해졌다. 기본적으로 군사적 성격이 지배적인 이들 정부는 30여 년에 이르는 시간 동안 보도 지침과 사장과 주요 간부 임면권, 보도, 편집국에 대한 일상적인 사찰 활동을 통해 한국 저널리즘을 철저히 통제했었다. 민주화 이후 정부의 직접적인 통제는 대부분 사라졌지만, 특히 공영 방송사나 공적 소유 구조를 유지해온 YTN이나 서울신문, 연합뉴스 등 매체들은 정권 교체와 관계없이 정부의 강력한 영향력을 거부해오지 못했다.

이러한 여건들은 시민을 가장 우선으로 생각하는 저널리즘 생태계를 발전시키는 데 도움이 되기 어려웠다. 이러한 구조적 조건들이 오늘날 한국 저널리즘이 다른 산업 영역에 비해 상대적으로 낙후된 형편에 처하게 된 원인들이다.

3. 기사, 기자, 철학: 저널리즘 선진화의 세 과제

오늘날 신문과 방송사의 경영 환경은 1990년대와는 비교할 수 없을 만큼 나빠졌다. 그러나 저널리즘을 포기할 수는 없다. 저널리즘 없는 민주주의는 존재할 수 없기 때문이다. 무엇을 어떻게 해야 하는가?

역시 가장 시급한 과제는 시민이 현실을 이해하는 데 꼭 필요한 정보를 제공하는 기사의 품질을 높이는 일이다. 이 일에는 2가지 측면이 있다. 하나는 계량적 기준을 통해 좋은 기사의 표준을 제시하고 각 신문과 방송사, 통신사와 인터넷 매체들이 이러한 기준을 지키도록 요구하는 일이다. 두 번째 측면은 비계량적 또는 질적인 요소로 편집국이나 보도국에서 기사를 제작해내는 과정을 선진화하는 일이다. 이 책의 2부에서 주로 취재원 사용 관행과 기사 검토 과정에 대한 분석을 통해 이 문제에 대한 실증적 자료를 제시했기 때문에, 여기서는 핵심 사항만을 다시 간추려 제시한다.

두 번째 과제는 기사를 만들어내는 인력인 기자의 역량을 극대화하는 일이다. 채용되는 시점에 한국 기자들의 지적 수준은 어느 나라 기자들의 자질과 견주어도 부족하지 않다. 기자 채용 시험이 여전히 엄청난 경쟁률을 유지하고 있고, 지원자들이 제출하는 인적 자료의 수준이 해마다 향상되는 추세이기 때문이다. 그러나 근무 10년이 지나고 20년이 지나면 한국 기자의 경쟁력은 사회 다른 부문에 비해 상대적으로 정체되거나 후퇴하는 현실을 목격한다. 특히 전문성에서 이 문제가 두드러진다. 채용 방식과 교육, 경력 관리 체제가 두루 문제가 있기 때문이다. 한국형 기자 제도는 근본적으로 재검토돼야 한다. 그래야 어느 나라 기자들에도 뒤지지 않을 탁월한 기자 영웅들을 배출할 수 있게 된다.

기사의 품질 향상과 기자 제도가 편집국, 보도국에 직결된 현장의 문제라면, 저널리즘 철학은 한국 사회가 함께 고민하고 학습하며 풀어가야 하는 맥락의 문제다. 철학의 문제는 결국 저널리즘 관련 현실을 조율하는 헌법 가치의 문제이고 언론 관계법의 정신적 토대가 되는 문제이기 때문이다. 여기에 정치적 지배 엘리트가 공유하는 저널리즘 철학, 재벌로 대표되는 경제 엘리트가 갖고 있는 언론관, 신문과 방송사를 소유, 경영하는 사람들이 갖고 있는 사업 철학도 기자들이 뉴스를 취재하고 생산하는 활동에 모두 결정적인 영향력을 행사하는 요인들이다. 물론 기자와 편집 책임자들의 저널리즘 철학은 더할 나위 없이 중요하다.

이 책은 4부에서 이렇게 중요한 저널리즘 철학이 한국 사회에서 제대로 상식화, 생활철학화하지 못한 상황을 분석했다. 역시 근본적인 대응책이 필요하다. 특히 미디어 산업의 기반 구조가 급격히 무너져 내리는 오늘날 이 문제에 대한 대안 모색이 어느 때보다 절실하다. 자칫하면, 저널리즘은 사라지고 전략적 홍보 활동만 살아남을 수도 있기 때문이다.

4. 한국형 기사의 선진화 방향

1) 선진적 기사의 계량적 표준

이 책의 2부는 한국 신문과 방송 기사가 어떠한 특징을 갖고 있는지를 분석했다. 주로 기사의 내용적 요소를 대표하는 취재원과 인용문의 사용 행태가 분석 대상이었다. 거기에 기사의 길이와 유형에 대한 분석이 추가됐다. 분석틀은 과거에서부터 현재에 이르는 시간 축을 따르거나, 아니면 해외 엘리트 매체들의 기사와 한국 매체 기사들의 특성을 횡적으로 비교하는 접근법을 사용했다.

분석 결과를 간단하게 요약하면, 한국 신문과 방송 기사는 특히 뉴욕 타임스나 CBS 등 미국의 엘리트 매체가 생산하는 기사들에 비해 기본적으로 길이가 크게 짧다. 신문 기사는 1/3 혹은 1/4 정도의 길이로 밝혀졌고, 텔레비전 뉴스는 대략 절반 정도의 길이로 조사됐다. 기사당 사용하는 취재원의 숫자도 크게 적어서, 신문 기사는 평균 2개 남짓에 불과했다. 이는 한 기사에 평균 10개 가까이 취재원을 사용하는 뉴욕 타임스 기사 쓰기 방식과 현격한 차이를 보여준다. 인용문 사용 관행은 더 큰 차이를 드러냈다. 한국 신문이 직접 인용문을 기사에 쓰는 사례가 극히 적은 데 비해, 미국 신문은 상당히 많은 직접 인용문을 관행적으로 사용하는 것으로 드러났다.

이러한 한국 기사의 계량적 특성은 자연스레 기사 내용의 편향성으로 이어진다. 한국 기사들이 구조적으로 "갈등 유발형"이라고 주장한 2부의 첫 장은 이러한 기사 특성이 그 원인으로 판단된다. 사회가 선진화할수록 미디어는 사회를 구성하는 다양한 집단과 세력들의 갈등을 보도하게 된다. 현재 방식의 기사 구조를 유지해서는 한국 신문 기사나 방송 뉴스가 갈등 조정이나 해소 기능을 수행하기 지극히 어렵다. 또 현재 방식으로 주로 한쪽 취재원의 정보를 일방적으로 전달하고, 기사의 끝부분에 반대편의 입장을 형식적으로 덧붙이는 행태를 계속해서는 기사를 보도하는 기자의 전문적 능력을 강화하거나 신문사나 방송사의 신뢰도를 향상시키기는 실현하기 어려운 목표로 남을 뿐이다.

단기간에 기사 쓰기 관행을 바꾸는 일은 불가능하다. 취재와 편집에 투입되는 인력 구조를 하루아침에 바꾸지 못하는 것 또한 현실적 조건이다. 따라서 지금 한국 저널리즘에 필요한 것은 변화를 위한 좌표를 명료하게 설정하고, 그렇게 제시된 표준을 일상적 취재와 기사 제작 과정에서 실천하는 일이다.

현 시점에서 가장 설득력 있는 좋은 기사의 표준은 미국의 우수 기사 프로젝트(PEJ)가 제시하는 보도 지수(Reporting Index)로 판단된다(the State of News Media Report, 2005). PEJ가 제시하는 우수 기사의 조건은 다음의 3가지 표준으로 구성돼 있다.

1. 넷 또는 그 이상의 투명한 취재원(Four or more transparent sources)
2. 관점의 다원성 또는 복합성(A mix of viewpoints)
3. 넷 또는 그 이상의 이해 당사자(Four or more stake holders)

여기서 투명 취재원은 익명이 아닌, 신분을 명확히 드러낸 취재원을 의미한다. 불가피하게 익명을 써야 할 경우에는 익명 사용이 필요한 이유를 기사에서 최대한 설명하고, 해당 취재원이 그 기사가 다루는 쟁점에 대해 어떠한 입장을 갖고 있는지도 밝혀져야 한다는 것이 좋은 기사의 조건 가운데 하나다. 관점의 다원성과 넷 이상의 이해 당사자가 기사에 등장해야 한다는 기준은 같은 입장의 취재원만을 다수 사용하는 문제를 경계하는 내용이다. 현실적으로 취재원은 10개가 등장하지만, 이들의 관점은 모두 같거나 아니면 극단적으로 대립하는 두 진영으로 나뉠 수도 있다.

PEJ 분석을 보면, 미국 신문 기사 가운데 넷 이상의 투명한 취재원을 사용하는 기사는 48% 수준임을 보여준다(State of the News Media Report, 2005). 뉴욕 타임스와 L.A. 타임스, 워싱턴 포스트 등 유력 일간지만 따로 분석하면, 이 숫자는 80%로 올라간다. 다시 말하자면, 미국의 대표적 일간지들은 대체로 보도 지수가 규정하는 좋은 기사의 조건을 충족하는 기사를 일상적으로 생산한다는 의미다.

한국 신문의 좋은 기사 현황은 미국 신문과는 커다란 격차를 보인다. 박재영(2006)의 분석을 보면, 그가 분석한 5개 주요 신문의 1면 머리기사 144개 가운데, 보도 지수가 규정하는 좋은 기사의 조건을 갖춘 기사는 16개 뿐이었다. 이는 전체 기사의 11.1% 수준이다. 넷 이상의 투명 취재원과 넷 이상의 이해 당사자를 한 기사에 소화한 기사가 이 정도라는 뜻이다. 문제는 미국 주요 신문 기사는 1면 전체에서 표집한 데 비해 한국 기사는 1면 머리기사만을 표집했다는 사실이다. 1면 머리기사는 그날의 기사 중 가장 중요한 기사다. 그만큼 취재와 검토에 노력이 더 투입될 가능성이 높은 기사다. 다시 말하면, 1면 머리기사만으로 분석한 한국 우수 기사의 현실을 놓고 볼 때, 한국 신문의 편집국에는 아직 보도 지수가 제시하는 좋은 기사의 기준이 제대로 실천되지 못하고 있다는 뜻이다.

따라서 기사의 수준을 높이려면 우선적으로 보도 지수가 제시하는 좋은 기사의 기준이 신문과 방송사 기사 제작 현장에 제대로 알려져야 한다. 각 언론사의 편집 책임자들과 분야별 에디터들이 이러한 기준을 이해하고 수용해야 하며, 그들이 지휘하는 취재 기자들에게 이러한 기사의 기준을 교육하고 실천하도록 요구해야 한다. 그렇지 않고는 취재, 보도 관행의 변화가 시작되기 어렵다. 덧붙여 기자협회가 선발하는 언론상이나 다른 기관들이 수여하는 언론상을 심사하는 과정에서도 이러한 기준이 중요한 참고 기준으로 고려돼야 한다. 그렇게 되면, 좋은 기사에 대한 평가 기준을 사회 전반으로 확산시켜나갈 수도 있다. 1950년대 말 기사 하나에 평균적으로 2개 수준의 취재원을 사용하는 것으로 조사된 기사 쓰기 관행이 1990년대 후반까지 40여 년을 지속해온 사실을 고려하면 취재원 개수를 4개 이상으로, 그것도 다양한 관점을 가진 취재원들로 확장하는 과제는 실천이 쉽지 않다. 다행인 점은 2000년대 이후에는 기사당 3개 이상의 취재원을 활용하는 빈도가 다양한 신문에서 꾸준히 늘고 있다는 사실이다.

2) 비계량적 측면의 주요 사항

비계량적 측면은 기사가 만들어지는 과정인 취재와 기사 검토 과정의 선진화를 의미한다. 미국 PEJ는 좋은 기사의 조건 가운데 보도 지수에 포함된 내용 외에 "기사에 기자 의견을 섞어 쓰면 안 된다"는 내용을 추가했다. 사설이나 칼럼, 논평 등의 공간이 아닌 일반 기사가 실리는 지면에 게재되는 기사에는 기사 작성자의 의견이 가능한 포함되지 않도록 노력해야 한다는 뜻이다. 기자 의견은 대체로 판단이나 예측, 평가, 희망 등의 형태로 기사에 녹아 있는데, 한국 신문에서는 이러한 주관적 요소가 발견되는 경우가 대단히 빈번하다.

비계량적 측면에서 강조돼야 하는 또 다른 요소는 "사실 확인"(fact checking) 체제다. 기사의 생명은 역시 정확성이다. 진실이 아닌 내용으로 빠르게 뉴스를 전파하는 일은 매우 위험한 행동이기 때문이다. 정확한 보도, 사실에 충실하는 보도의 가치는 트위터와 페이스북 등 SNS 시대에 더욱 중요하다. 한국 신문과 방송사들은 아직 팩트-체커를 제대로 확보하고 있지 않다. 과거 유지되던 교열체 제도 인력, 기구 감축으로 크게 약화된 형편이다. 그러니 기사 제작 과정에 철저한 팩트 체킹을 기대하기는 어렵다. 그렇다고 언론사 밖에 있는 시민 단체나 대학 연구소에서 미국처럼 활발한 팩트 체킹이 이루어지는 상황도 아니다.

결국 팩트 체킹은 신문과 방송사의 몫이다. 자신들이 생산하는 기사의 위험성을 줄이고 휘발성 높은 뉴스들이 부정확하게 확산돼 가져올 수 있는 사회적, 국가적 피해를 줄이려면, 팩트 체킹 체제의 도입은 필수적이다. 물론 취재 기자와 기사 출고 책임데스크는 그들대로 스스로 해야 할 팩트 체킹 임무를 수행해야 한다. 이 책에서 제안하는 팩트-체커는 취재 부서와는 별도로 팩트 체킹만을 전담해서 처리하는 별도의 팀에 소속된 사람들을 말한다. 팩트-체커로는 인턴을 사용할 수도 있고 시간제 근무자를 활용할 수도 있다.

기사의 신뢰도를 높이는 또 하나의 요소는 글쓰기의 투명성이다. 투명한 기사 쓰기는 정보를 얻는 과정과 기사에 사용되는 취재원을 명료하게 드러내 독자가 기사가 다루는 쟁점의 여러 측면을 쉽게 이해하도록 돕는 접근법을 말한다. 부득이 실명 사용이 불가능한 경우에는 그 배경을 기사 속에서 또는 각주를 사용해서라도 독자가 이해할 수 있도록 써주어야 한다. 팩트 체킹을 일상화하고 투명한 기사 쓰기가 저널리즘의 상식이 되면, 기사의 품질은 현격하게 향상되고, 기자와 언론사의 신뢰도 또한 크게 높아질 것이다.

5. 기자 제도의 선진화

미국 CBS TV에서 〈60 minutes〉 프로그램 리포터로 일했던 마이크 웰레스(Mike Wallas)는 67년 동안을 기자로 일했다. 공영 라디오 방송, NPR을 위해 말년을 바쳤던 다니엘 쇼우(Daniel Show)는 대학 이후 사망 직전까지 기자 생활 경력이 71년이었다.

UPI 등 통신사에서 일했던 헬렌 토머스(Hellen Thomas)는 백악관 취재만 50년이 넘었고, 워싱턴 포스트의 정치 전문 기자였던 데이비드 브로더

(David Broder)는 정치 문제만 42년을 보도했다. 같은 신문의 밥 우드워드(Bob Woodward)는 1970년대 초부터 2013년 현재까지 탐사 기자로 역시 40년 넘게 한 자리를 지키고 있다.

모두 한국 방송이나 신문에서는 생각할 수 없는 사례들이다. KBS, MBC 등 한국 방송사는 58세면 회사를 떠나야 한다. 20대 후반에 기자 일을 시작하면 30년 정도가 최대 근무 가능 기간이라고 볼 수 있다. 신문사는 회사별로 55세에서 60세 정도를 정년으로 정해두고 있다. 따라서 매체에 관계없이 50대 중 후반 정년퇴직은 60세 퇴직이 법률로 의무화하는 2016년까지는, 여러 현실 여건을 고려할 때, 바뀌기 어려운 실정이다.

중앙일보의 김영희 대기자는 한국에서는 예외적으로 종신 근무가 보장된 경우다. 조선일보 김대중 고문도 70이 넘어 계속 칼럼을 쓰는 드문 경우에 속한다. 그러나 이들 같은 극소수를 제외하면, 한국 언론계에서는 기자 생활 40년은 제도적으로 전혀 불가능한 현실이다. 일본 아사히신문의 와카미야 요시부미 전 주필에 따르면, 일본 주요 신문사 기자들은, 정년퇴직은 60세지만 본인이 원하면 65세까지는 현장에서 일할 기회를 가질 수 있다고 한다. 급여는 조정해야 하고, 근무 지역이나 부서는 회사의 필요에 맞춰야 하지만, 일할 기회가 연장되는 점은 역시 우리와는 다른 여건임에 틀림없다.

이 책은 3부에서 한국형 기자 제도의 현실을 분석했다. 40대 후반부터 인생 후반부를 위해 정치, 정부, 기업 등 전혀 다른 분야에서의 기회를 모색해야 하는 한국 기자의 현실은 명망 있고 신뢰받는 대기자가 탄생할 수 없는 여건이다. 이는 또 사회적으로도 품질 높은 기사와 논평을 기대할 수 없는 구조적 제약으로 자리 잡았다.

이러한 기자 제도의 현실을 어떠한 방향으로 개선해가야 하는가? 필자는 크게 4개의 키워드에 해답이 있다고 생각한다. 이들은 유연화, 전문화, 현장 중심 교육 체제의 내실화 등이다.

1) 기자 제도의 유연화

유연화는 크게 채용 방식과 인력 운영 방식의 2가지 측면을 포함한다. 고용의 유연화는 국제 금융위기 이후 이미 상당히 실천되고 있는 요소이기도 하다. 비정규직 채용의 확대나 인턴 제도의 도입, 임금피크제에 대한 고려 등이 그 사례들이다. 또 계속 증가하는 수시, 경력자 채용 추세도 한국 기자 인력의 운용 체제가 1970～80년대와 비교하면 몰라볼 정도로 달라진 단면을 보여준다.

그러나 이 책에서 제안하는 유연화는 이러한 요소들에서 훨씬 더 과감한 변화를 추구하는 유연화다. 이 책은 3가지 유연화가 시급하게 필요하다고 주장한다. 첫째는 정년 보장식 고용 구조를 계약제로 바꾸자는 것이다. 어차피 현재의 정년 제도는 폐기되거나 수정돼야 한다. 급속히 노령화하는 사회 구조를 지탱할 수 없기 때문이다. 그렇다고 능력과 적성이 다른 다양한 인재를 대상으로 일률적으로 정년을 늘리는 일은 효율적인 인사 제도가 아니다. 따라서 채용시부터 개인의 조건과 능력을 바탕으로 계약제를 점진적으로 도입해 정착시키면, 대량으로 채용함과 동시에 승급시켜야 하는 부담이 큰 공채 기수 중심의 인사 틀을 벗어던질 수 있게 된다. 계약제는 이미 폭넓게 자리 잡은 경력 기자 수시 채용부터 적용을 시작해 그 범위를 확산해가면 기존 인사 틀과의 마찰을 최소화할 수 있다고 생각한다.

두 번째 유연화 과제는 정년 제도의 폐지다. 기자 고용이 개인과 회사의 계약 방식으로 전환되면 정년 제도는 과감히 폐지할 수 있는 여건이 만들어진다. 회사와 개인은 나이가 아니라 개별 기자의 능력과 건강, 희망, 회사의 필요 등을 바탕으로 근속 기간을 협의해 정할 수 있기 때문이다. 급여 문제도 자연스레 계약 틀 속에서 고려하면 된다. 회사는 동기생이나 동년배이기 때문에 직책이나 급여를 동등하게 해줘야 하는 부담에서 벗어날 수 있고, 개인은 역량과 회사의 판단에 따라 60세가 아니라 70세 이후까지도 현장에서 취재하고 글을 쓸 수 있는 기회를 가질 수 있다.

유연화의 세 번째 과제는 보직 연령과 연한의 관습을 깨는 일이다. 한국 신문의 편집국은 나이에 따라, 근무 경력에 따라 차장, 부장, 국장으로의 진급이 이루어진다. 역시 공채 기수가 가장 중요한 고려 사항이다. 그리고 보직을 맡으면 대체로 2년 정도 근무를 하고는 다음 일로 자리를 바꾸거나 경우에 따라서는 다시 2년을 같은 일을 맡기도 한다. 이는 기본적으로 연공서열과 기회의 평등주의가 조합돼 형성된 한국적 현실이다.

문제는 이러한 틀로는 과감한 혁신이 불가능하고, 강력한 지도력을 가진 편집 책임자를 배출할 수도 없다는 사실이다. 서양 신문, 방송은 초기에서부터 특히 이 분야의 유연화가 정착되어왔다. 40세 편집국장, 20년 근속 편집국장은 뉴욕 타임스, 워싱턴 포스트, 월스트리트 저널, CBS, NBC 등 주요 매체들에서 모두 확인 가능한 사례들이다. 1~2년이 아니라 5~10년을 편집국장을 하게 하면, 그 사람은 자신의 편집국에서는 강력한 권한을 행사하게 된다. 기자의 채용, 진급, 부서 이동 등에서 취재 보도 정책의 집행에 이르기까지 자신의 원칙을 관철할 수 있다는 뜻이다. 이러한 구조에서 워터게이트 사건을 지휘한 벤 브래들리(Ben Bradlee) 와 같은 저널리즘 영웅이 만들어질 수 있다. 1980년대 섹션 신문을 창안해냈던 뉴욕 타임스의 에이브 로젠탈(Abe Rosenthal) 도 20년 가까이 자기 회사의 편집책임자로 일했다.

한국 언론계는 국장, 부장 자리뿐 아니라, 출입처 배치 기간도 대체로 1~2년 주기로 변화를 꾀한다. 이 역시 지독한 평등주의 때문이다. 결과는 전문 역량을 축적할 수 없는 평균적 기자의 양산이고, 타 사회 부문과의 점증하는 전문성 격차다.

2) 기자의 전문화

기자의 전문화는 한국 언론의 수십 년 숙원 과제다. 민주화 이후에는 중앙일보 등 몇몇 언론사를 중심으로 다양한 기자 전문화 방안을 실험해 오기도 했다. 그러나 현실은 크게 바뀌지 않았다. 의학, 건강 분야, 과학, 환경 분야, 바둑, 여행, 문학 분야 등에서 어느 정도 진전이 있었을 뿐이다. 금융위기, 디지털 혁명 등으로 편집, 보도국 인력 운용에 여유가 없어진 환경 요인도 중요하게 작용했다.

기자 전문화는 이제 더 미룰 수 없는 현실 과제다. 각종 인터넷, 모바일 정보원의 출현이 1가지 원인이고, 또 다른 원인은 사회 각 분야의 선진화다. 사회가 선진화하면서, 기업의 지식 수준, 정부 각 기관의 정보 처리 역량이 과거와는 비교할 수 없을 만큼 성장했다. 사회에 유통되는 정보의 양과 질도 과거와는 비견하기 어렵고, 수용자의 정보 수준이 비약적으로 향상된 것 또한 사실이다.

그러나 기자들의 근무 방식, 취재 체제는 별로 진보하지 않았다. 편집국과 보도국에서 기자들의 전문 역량 강화를 고려한 인사 제도 개선을 추진할 의지와 여력이 거의 없었기 때문이다. 결과는 취재원과 기자의 지식 격차가 심화되는 현상으로 나타난다. 이는 다시 언론에 대한 신뢰도 저하로 이어진다. 취재원의 존경을 받지 못하는 기자가 독자, 시청자의 신뢰를 얻기는 더욱 힘들다.

기자의 전문화는 저널리즘의 전문성, 기자로서의 직업적 전문성을 강화하는 측면과 각 취재 기자의 보도 영역별 전문 지식을 심화하는 영역별 전문화의 두 측면을 포함한다. 기자직, 또는 저널리즘 종사자의 프로페셔널리즘 강화는 결국 취재와 글쓰기 과정에서 지켜야 하는 기본적 원칙의 확립과 실천, 그리고 그러한 작업을 수행하는 기자의 처신에 관한 윤리 의식의 확립이 핵심 사항이다. 다행히 한국 주요 매체들은 모두 윤리 강령과 제작 지침을 제정해 실천하고 있다. 회사들과는 별도로 기자협회나 프로듀서연합회 등 직능 단체도 그들의 윤리 규정을 운영한다. 그만큼 취재, 보도 윤리에 관한 인식은 어느 정도 보편화가 이루어져 있다고 볼 수 있다.

문제가 있다면, 이 규정들이 현실적 구속력을 제대로 행사하지 못한다는 점이다. 이는 아직 개별 회사들이 규정 위반 사항에 대한 구체적인 징벌 규정을 준비하지 않은 데 있다. 또 설사 그러한 규정이 있고 인사위원회도 설치돼 있다 해도 그러한 조직이 잘 가동되지 않는 문제도 존재한다. 전문직으로서의 직업윤리 의식을 제고하려면 앞으로 시급히 정비가 필요한 사안이다.

취재 보도 영역의 전문화는 보다 근본적인 체제 전환이 필요한 작업이다. 특히 의학이나 환경 등 뉴스의 주류가 아닌 특수 영역의 전문화 수준을 넘어, 정치와 외교, 안보, 교육, 복지, 노동, 법률, 교통, 재정, 통상무역 등 기사 출고량이 많은 핵심 영역의 기자 전문화는 현재의 기자 운용 체제에 대한 대대적 혁신이 전제가 된다. 이는 결국 고용제와 교육 체제의 문제다. 경영 주체의 결단이 필요한 일이고 기자들의 동의를 바탕으로 점진, 단계적으로 추진해갈 일이다. 기본 원칙은 기자에게 한 분야를 평생 취재할 수 있도록 공간을 열어주는 방향이어야 한다. 물론 역량에 대한 평가는 계속 이루어져야 한다. 또 필요에 따라 교육 지원도 제공돼야 한다.

수혜의 대상인 기자들은 기회의 독, 과점에서 오는 불평등주의의 도입에 동의해야 한다. 한 기자가 청와대를 20년씩 출입하는 일을 특권으로 보지 않고, 전문화의 정착으로 받아들일 수 있어야 기자 전문화의 정착 기반이 만들어진다. 그렇게 돼야 우리도 헬렌 토머스 같은 전설적 기자를 사회적 자산으로 가질 수 있다.

3) 관리 중심에서 현장 중심으로

한국 매체의 기자 인력 운용 시스템은 기본적으로 부장과 국장으로 대표되는 관리자 중심 체제였다. 수습 기자들은 차장을 거쳐 부장이 돼야 유능한 인재로 인정받는 상황이었고, 주요 부서의 부장을 경험하지 못하면 뉴스 제작을 총괄하는 국장이 되는 일은 불가능했다. 또 경영자 측은 국장과 부장을 통해 편집, 보도국의 주요 결정을 통제하기 때문에 관리 중심의 기자 운영 체제는 어찌 보면 경영자를 위한 체제이기도 했다.

관리 중심 체제는 두말할 필요 없이 유능한 기자를 관리자가 되도록 유도하는 제도다. 편집, 보도국의 권력이 부장과 국장에게 집중되는 상황에서 이러한 현상은 자연스런 귀결이다. 따라서 이러한 관리자 중심의 지휘 체제를 계속 유지해서는 앞에서 제시한 기자 전문화는 의미 있는 결과로 이어지기 어려운 시도로만 남을 뿐이다.

편집, 보도국에는 유능한 관리자인 부장, 국장이 반드시 필요하다. 그러나 각 분야에서 탁월한 역량을 발휘하는 기자를 모두 관리자로 유도할 필요는 없다. 지금까지 유지해온 그러한 인사 제도의 폐해가 언론 영웅이 만들어지지 못하는 토양으로 고착돼왔다. 오히려 관리 능력과 편집 지휘 역량이 탁월한 인물이 있으면 그러한 인물들에게 오랜 기간 관리 책임을 맡겨두고, 취재 현장의 각 분야에서는 분야별 역량이 뛰어난 기자들이 각자의 능력을 지속적으로 발휘할 수 있는 제도의 정착이 필요하다.

다시 말하면, 관리직에 집중된 편집 권력을 현장과 나눠 갖는 제도의 개선이 필요하다는 뜻이다. 그렇게 되면 수직적이던 기사에 관한 의사결정 구조도 어느 정도는 개방적이고 관리자와 현장기자의 상호 존중적 구조로 바뀔 수 있으며, 경영자들이 관행적으로 독점해온 편집권의 행사 방식이 보다 민주적인 형태로 진화할 가능성이 생긴다.

4) 기자 교육 제도의 선진화

한국에는 제대로 된 저널리즘 스쿨이 없다. 또 한국 언론사들은 체계적인 자체 교육 제체를 갖추지 못했다. 극히 일부 형편이 나은 매체들이 적은 예산을 배정해 기자들의 사내 학습 조직 운영이나 해외 연수를 지원하는 정도다. 이는 다시 말하면 한국에는 저널리즘 교육의 인프라가 전혀 갖춰 있지 않다는 뜻이다.

수십 년 계속되는 상식, 논술 중심의 대규모 공채 제도가 만들어낸 특이한 풍경이다. 한국처럼 기자를 채용하는 유일한 다른 나라는 일본이다. 그러나 일본 매체들의 자체 교육 제도는 적어도 한국의 현실과는 비교가 안 되게 잘 정비돼 있다. NHK나 아사히신문 등의 예를 보면 신입 기자의 교육에서부터 1～5년차에 대한 직업 연수, 특파원 지원자를 위한 해외 어학 연수 등 기자가 새로운 역량을 필요로 하는 보직 변화가 예견될 때면 상당 기간 그 준비를 위한 교육을 회사에서 지원한다.

그런가 하면 미국이나 유럽 선진국들에서는 저널리즘 스쿨이 잘 운영되고 있다. 대학 학부와 대학원 과정 등을 통해 기자로 일하고 싶은 학생을 대상으로 현장에서 필요로 하는 직무 역량을 최대한 함양할 수 있도록 교육을 제공한다. 직업 윤리와 새로 개발되는 취재 기법도 교육하고, 전문분야의 첨단 지식도 제공한다. 여기에 외부 자선재단과 언론재단들이 제공하는 각종 교육 기회가 기자들에게 풍부하게 준비돼 있다. 지역 연구, 과학 저널리즘, 경제 저널리즘, 예술 저널리즘 등 그 주제 영역이 다양하고 교육 기간도 6개월에서 1년짜리까지 다양하게 제공된다. 공부하는 기자를 키우고 전문기자를 양성할 수 있는 사회적 기반이 탄탄하다고 말할 수 있다.

한국에도 삼성, LG, SK 등 대기업에서 제공하는 연수 프로그램이 있다. 1년에 50～60명의 기자가 가족과 함께 해외 대학이나 기업 연구소에

가서 공부할 기회를 부여받는다. 그러나 문제는 교육 내용이 채워져 있지 않은 점이다. 대부분 언론 재단의 해외 연수는, 극히 일부를 제외하고는, 휴식의 기회로 사용되는 것을 부인하기 어렵다. 재단들의 교육 기획 역량이 부족하고, 해외 기관들과의 협력 구조도 지극히 느슨한데다, 연수를 희망하는 기자들의 형편이 교육을 위한 어학 준비조차 제대로 하기 어려운 정도이기 때문이다.

저널리즘은 사람이 가장 중요한 비즈니스다. 훌륭한 기자와 편집자가 있으면, 기사의 품질은 좋아질 수밖에 없다. 그러나 한국 저널리즘 업계는 인재에 대한 투자 개념이 전통적으로 크게 부족했다. 대부분의 한국 기자는 수습기자로 채용된 뒤 한국언론진흥재단이 실시하는 2주일짜리 기본 교육을 받는 것으로 공식적인 교육을 마감한다. 한국언론진흥재단 교육이 처음이자 마지막 교육인 경우가 대부분이라는 뜻이다. 이러한 현실은 공무원이나 삼성, 현대, 포스코 등 대기업 직원들의 교육 연수 체제와 비교해도 너무 심각한 격차를 보여준다. 기자 교육 제도가 낙후된 현실이 일반적인 한국의 기업 문화와 여건 탓이 아니라 언론사들에서만 예외적으로 발견되는 지극히 비정상적인 상황이라는 뜻이다.

기자 교육 제도는 대대적인 혁신이 시급하다. 그러기 위해서는 적어도 4~5개의 제대로 된 저널리즘 스쿨이 필요하다. 대학 저널리즘 교육이 신입 기자를 양성하는 기능에서부터 경력 기자들의 재교육에도 매우 유용한 교육 기반이 되기 때문이다. 저널리즘 스쿨이 제대로 가동되면 기자의 전문화, 기자직의 전문직화 등 작업을 효율적인 기반 위에서 체계적으로 진전시켜갈 수 있다. 전국의 거점 도시에 저널리즘 스쿨이 운영되기 시작하면 이들은 다시 유능한 기자들이 노후에 젊은 후학들을 지도할 수 있는 제2의 직장 기능을 하게 된다.

기업에서 운영하는 언론재단들의 연수 프로그램은 기자들의 휴식 기회나 재벌의 홍보 네트워크 구성이 아니라 기사의 품질을 높이고 기자들의 전문지식을 심화하도록 제대로 지원할 수 있는 방향으로 혁신돼야 한다. 그러기 위해서는 이들 재단 운영이 기본적으로 기금을 출연하는 재벌 사들로부터 독립되도록 조정돼야 하고, 교육 프로그램의 설계와 집행에 보다 전문성이 있는 관련 인사가 참여할 수 있도록 개방이 필요하다.

그러나 역시 가장 중요한 교육 제도는 각 회사가 자체 예산을 편성해, 자사 인력의 필요에 적합한 교육 기회를 제공하는 방식이어야 한다. 한국의 대표 기업인 삼성전자는 전체 매출의 0.5% 정도를 인재 교육에 투입한다. KT는 1%, 삼성SDS는 1.12%를 교육 훈련비로 사용한다. 그에 비해 언론사 상황은 너무 열악하다. 가장 많이 배정하는 KBS가 0.15%, 중앙일보는 매출액의 0.1%를 교육 예산으로 사용한다(『한국과 세계의 언론인 교육』, 2001). 인재가 경쟁력의 원천인 언론사에서 이러한 예산 구조를 유지해서는 세계적 수준의 미디어로 발돋움하는 일은 거의 불가능한 상황이다.

6. 저널리즘 철학의 선진화 방향

저널리즘 철학, 혹은 언론 사상은 실체를 관찰할 수 없다. 기사를 취재해 작성하는 기자의 마음 속에, 그렇게 송고된 기사를 편집하고 검토하는 편집 책임자의 머리속에서 작동하기 때문이다. 그러나 무엇이 기사가 되는가에서부터, 특정한 기사를 어느 정도 비중으로 보도할 것인가를 결정하는 가장 중요한 기준이 바로 저널리즘 철학이기 때문에 그 중요성은 어떻게 보면, 기사의 품질이나 기자 제도의 우수성보다 훨씬 무겁다.

저널리즘 철학, 더 크게는 이 책의 4부에서 다루었듯이, 언론 사상은 기자가 아니라 언론사를 소유한 사주와 대통령으로 대표되는 정치 지도자, 광고를 제공하는 기업인, 독자 또는 시청자인 시민들이 공유하는 생각이기 때문에 문제가 된다. 결국, 어느 사회든 이 생각들의 최대공약수가 저널리즘 활동을 규정하는 법률 체제가 되고, 하루하루 기사 생산 작업을 규율하는 행동 준칙이 되기 때문이다.

4부에서 다뤄졌듯이, 한국 사회에서는 미국 수정 헌법 1조로 대표되는 서구적 언론사상과 우리 전통의 언론 사상, 그리고 3공화국, 5공화국적인 통제 체제의 유산과 1980년대 후반 이후의 민주화 과정에서 표출된 가치관 등 다양한 힘들이 부딪히며 오늘의 저널리즘 현실을 구성하고 있다. 좋게 말하면, 이러한 혼돈 상태는 현대 한국 사회에 적합한 저널리즘 철학이 형성되는 시기로 볼 수 있고, 나쁘게 말하면, 한국 사회가 필요로 하는 저널리즘의 기본 가치에 대한 사회적 합의가 존재하지 않는 상태로 볼 수도 있다. 따라서 한국의 저널리즘 철학과 관련해 이 책이 강조하는 요점은 크게 3가지다.

첫째, 한국 사회는 진보, 보수로 갈라진 기자와 언론사들을 포함해서, 사회 구성원 전체가 공유하는 저널리즘 철학의 기본 가치들에 대해 명료한 이해를 공유하고 있지 못하다.

둘째, 이러한 철학적 혼란, 또는 저널리즘 가치의 상대주의 때문에, 공동체의 다양한 구성원들인 정치 지도자와 공무원, 기업인, 사회운동가, 심지어 기자들까지도 저널리즘을 자기의 이익을 위해 사용하려는 극심한 도구주의에 사로잡혀 있다.

셋째, 따라서 한국 저널리즘의 선진화는 이러한 현실을 제대로 인식하고, 그러한 현실 진단에 모든 구성원들이 동의하는 일에서 시작된다. 저널리즘의 기본 가치에 대한 사회적 합의가 없으면, 각 구성원은 저널리즘의 이익을 최대한 사유화하고, 자신과 자기 조직의 이익을 확대하는 데만 매몰되기 마련이다.

그러면 어떻게 한국 사회에 적합한 저널리즘 철학을 형성해갈 것인가? 필자는 한국 정치 민주화의 성숙도나 산업의 고도화 단계, 사회의 다원화 수준을 고려할 때, 수정 헌법 1조를 뿌리로 하는 미국식 저널리즘 철학을 제대로 수용해나가는 것이 가장 바람직하리라고 생각한다. 다시 말하면, 유교적 전통이나 국가 발전의 당위성을 앞세워, 저널리즘의 자유를 제한하는 아시아적 언론 철학을 벗어버려야 한다는 뜻이다.

이러한 선택을 하게 되면, 가장 시급한 과제는 여전히 각종 규제와 진흥 정책으로 방송사와 신문사에 강력한 영향력을 행사하는 정부의 구조적 간섭을 축소해가는 일이다. 정치에 예속된 공영 방송의 지배 구조와 대통령을 비롯한 정치인과 관리들의 인사 관여 관행을 다시 성찰해야 하고, 각종 인, 허가권으로 신문과 방송의 보도 방향에 영향을 행사하는 악습도 고쳐가야 한다.

정치와 언론, 정부와 언론의 관계가 정상 궤도를 찾아가기 시작하면, 다음 단계는 재벌, 기업과 언론의 관계, 각종 사회 세력과 언론의 관계를 바람직하게 변화시켜가는 일이 필요하다. 이는 정치 권력과의 관계를 바로잡는 일보다는 상대적으로 덜 어려운 일이다. 개입되는 권력의 성격이 다르기 때문이다.

이처럼 권력과 금력 등 외부 압력에 대한 철학이 자리 잡으면 남는 과제는 일상적으로 좋은 저널리즘을 실천하는 일이다. 이 과제들은 이 책의 2부와 3부, 기사와 기자의 문제를 다루는 장들에서 이미 자세하게 대안을 제시했다.

코바치와 로젠스틸(Kovach and Rosenstiel, 2001)이 함께 쓴 『저널리즘의 기본원칙』이라는 책에서는 좋은 저널리즘을 일상적으로 실천하기 위해 무엇을 어떻게 해야 하는가를 10개의 원칙으로 정리해 명료하게 제시하고 있다. 필자는 한국 기자들이 지켜야 하는 저널리즘의 실천 윤리가 코바치와 로젠스틸이 제시하는 원칙들과 다르지 않다고 생각한다.

결국 우리가 해결해야 할 핵심 과제는 외부에서 유입된 지식으로만 존재하고 있는 저널리즘의 기본 가치들을 사회 구성원 모두가 공유하는 상식으로 만들어 매일매일의 취재, 보도에서 실천하는 일이다. 미국 건국의 아버지 가운데 하나인 토머스 제퍼슨(Thomas Jefferson)은 "신문 없는 정부와 정부 없는 신문 가운데 선택해야 한다면, 주저없이 후자를 선택하겠다"고 말했다. 제퍼슨은 이 말을 편지에 쓰며, 바로 앞에 더 중요한 전제를 제시했다. 제퍼슨에 따르면, "우리 정부의 토대(the basis of our government)는 시민들의 의견(the opinion of the people)이다. 다시 말하면, 신문이 없어 시민의 의견이 표현되지 못하고 반영되지 않는 정부는 좋은 정부일 수 없다는 뜻이다"(Thomas Jefferson to Edward Carrington, 1787). 제퍼슨은 또 "나라를 평화롭게 할 수 있는 가장 효과적인 엔진은 공공의 이익에 봉사하는 신문들(public papers)"이라고도 말했다. 독재 정부는 항상 진실에는 전혀 관심 없이 관료들이 필요로 하는 기사를 날조해내는 수많은 기자를 고용해 시민의 판단을 호도하기 때문이다(Thomas Jefferson to G. K. van Hogendorp, 1785). 이 인용문들에는 200여 년 동안 보존돼온 미국 정치 지도자들의 저널리즘 철학이 녹아 있다. 이러한 생각이 바탕에 깔려 있기 때문에, 미국 역대 대통령들은 시민 위에 군림해 일방적으로 지시하는 지도자가 아니라, 기회가 있을 때마다 연설이나 기자회견을 통해 적극적으로 정책을 설명하고 시민과 대화하는 지도자상을 형성하려고 노력한다. 신문이 발행된 지 120여 년이 지났지만 우리나라에서는 저널리즘의 가치를 이렇게 옹호하는 정치 지도자를 찾기가 어렵다.

미국 사회에서 저널리즘 철학이 상식화돼 있는 현상은 2013년 여름 아마존의 창업자 제프 베조스(Jeff Bezos) 가 워싱턴 포스트를 인수하는 과정에서도 잘 나타났다. 베조스는 워싱턴 포스트 신문사 직원들에게 보낸 메모에서 다음과 같이 말했다. "워싱턴 포스트의 핵심 가치들은 바꿀 필요가 없습니다. 신문의 임무는 앞으로도 계속 사주들의 개인적 이익이 아니라 독자들을 위한 봉사로 남을 것이기 때문입니다"(Whoriskey, 2013). 같은 기사에는 워싱턴 포스트 사주 도널드 그레이엄(Donald E. Graham)의 말도 인용돼 있다. 그는 "신문은 단순한 사업체(business)가 아니라 공중의 신뢰(a public trust)를 구현하는 기관이다. 따라서 신문을 소유한다는 가치는 이윤과 손실의 사고틀을 크게 넘어선다"고 말했다. 이 기사에 따르면, 도널드 그레이엄은 그동안 기자들과의 대화에서 이 말을 여러 차례 반복했다. 다시 말하면 신문 사주가 기자들에게 자신의 경영 철학을 되풀이해서 이렇게 언명했다는 뜻이다.

안타깝지만 한국의 신문, 방송 사주들 가운데 3공화국 이후 이러한 경영 철학을 공개적으로 언명한 경우를 기억하기 어렵다. 그만큼 저널리즘 철학의 일상화가 이루어지지 못했다는 반증이기도 하다.

참고문헌

박재영(2006). "뉴스 평가지수 개발을 위한 신문 1면 머리기사 분석." 『한국의 뉴스미디어 2006』. 147~220. 서울: 한국언론재단.

이재경(2007). "한국 언론과 글로벌 스탠더드." 임상원 외(2007). 『민주화 이후의 한국 언론』. 183~231. 서울: 나남.

한국언론재단 엮음(2001). "한국과 세계의 언론인 교육." 『언론재단총서 26』. 서울: 한국언론재단.

Adam, G. Stuart & Clark, Roy Peter.(2006). "Introduction: reflection on journalism. and the architecture of Democracy." In *Journalism: The Democratic Craft*. New York: Oxford University Press.

Kovach, Bill & Rosenstiel, Tom(2001). *The Elements of Journalism*. New York: Three Rivers Press.

Patterson, Thomas, E.(1994). *Out of Order*. New York: Vintage Books.

The Project for Excellence in Journalism(2005). "the State of the News Media Report."(www.journalism.org)

Whoriskey, Peter(2013). "For Jeff Bezos, A New Frontier." *The Washington Post*. August 11, 2013.

| 맺음말 |

이 책에 담긴 생각들은 한 이상주의자의 독백일 수도 있다. 이러한 생각은 여기 포함된 글들을 쓰면서 줄곧 가져온 내용이기도 하지만, 특히 아사히신문의 와카미야 요시부미 전 주필을 만나며 다시 상기하게 됐다. 와카미야 주필에 따르면, 2013년 현재 아사히신문의 기자는 대략 2,500명에 이른다. 많을 때는 3,000여 명에 달했다고 한다.

알고는 있었지만 충격이었다. 한국을 대표하는 조선, 중앙, 동아일보 가운데 어느 신문도 300명이 안 되는 기자진을 운영하는 데 비해, 일본 유력 신문의 인력 규모는 거의 10배에 달한다는 뜻이다. 이는 다시 말하면 한국 신문 10개 정도를 합해야 아사히신문 하나 정도의 규모라는 뜻이기도 하다. 취재진의 규모는 세계적인 취재 역량과 신문의 영향력이 어디에서 나오는지를 보여주는 지표 가운데 하나임을 부인할 수 없다. 뉴욕타임스는 1,100여 명, NHK도 1,100여 명, BBC는 3,000명 이상의 기자를 보유하고 있다.

그에 비하면 한국의 신문과 방송사는 사업, 인력 규모가 너무 작아서, 근본적으로 저널리즘의 품질을 선진화하기 어렵다는 한계를 지닐 수 있다. 이 문제는 이 책에서 다루지 못한 경영과 소유 구조의 핵심 과제다. 소유와 경영 문제를 다루지 못한 점은 안타깝게 생각한다.

한국 저널리즘계는 과거의 고정 틀을 넘는 혁명적 발상을 하는 영웅이 필요하다. 상대적으로 크게 실추된 저널리즘의 위상을 사회, 경제적 선진화에 걸맞은, 아니 보다 앞서가는 수준으로 끌어올리기 위해서는, 게임의 구도를 바꾸는 수준의 발상을 할 수 있는 탁월한 개혁가의 출현이 필요한 시점이다. 한국의 국가 위상이나 급변하는 국제 정세를 고려하면, 우리에게도 적어도 500명 이상의 기자진을 운영하면서 세계 최고를 지향하는 수준의 신문, 방송사가 필요하다는 생각을 지울 수 없다.

그나마 다행인 점은 여전히 기자를 꿈꾸는 유능한 젊은이가 많다는 사실이다. 이들의 열정과, 적지만 현장에서 저널리즘의 품격을 높히기 위해 애쓰는 기자들의 노력이 합쳐지면, 새로운 선진적 저널리즘 모델이 만들어지리라 기대한다. 이 책은 그러한 변화를 위한 밑거름이다.

한국형 저널리즘 모델

한국 저널리즘 선진화를 위한 성찰

펴낸날 초판 1쇄 2013년 12월 27일
지은이 이재경
펴낸이 김훈순
펴낸곳 이화여자대학교출판부
주소 서울특별시 서대문구 이화여대길 52(우120-750)
등록 1954년 7월 6일 제9-61호
전화 02) 3277-2965(편집), 02) 362-6076(마케팅)
팩스 02) 312-4312
전자우편 press@ewha.ac.kr
홈페이지 www.ewhapress.com
책임편집 이정원
디자인 신성기획
찍은곳 한영문화사

ISBN 978-89-7300-994-7 93300
값 25,000원

* 잘못된 책은 바꾸어 드립니다.

이 도서의 국립중앙도서관 출판시도서목록(CIP)은 서지정보유통지원시스템 홈페이지(http://seoji.nl.go.kr)와 국가자료공동목록시스템(http://www.nl.go.kr/kolisnet)에서 이용하실 수 있습니다.(CIP제어번호: CIP2013027314)